日本政治学会 編

政治における
忠誠と倫理の理念化

年報政治学2011-Ⅰ

木鐸社

はじめに

　啓蒙思想に典型的に示されるとおり近代西欧世界における政治的思惟は人間行動の基準として合理性を高く評価してきた。それは他者にも理解可能な合理的行動が肯定的に評価されるという近代西欧に特有な現実政治のあり方にも対応している。そのため近代政治学の理論的な枠組みは人間の合理的な行動をもとに作られてきたし，通常は人間の非合理な行動は積極的には評価されてこなかった。

　しかしその一方，人間の感情や情念の爆発が政治において重要な機能を果たしてきた点にも政治学は着目してきた。合理的判断を超えた行動が想定外の結果をもたらす事例は政治の現実としては例外的なものでなかった。また20世紀に入ると社会の様相も激変する。大衆社会状況が出現し，特にファシズム体制を備えた全体主義国家が勢力を拡大するにしたがって人間行動の集積は従来とはまったく異なる政治的意義をもつようになった。

　本特集では，以上のような人間的な行動様式がどのように政治学において理念化されてきたのかが論じられ，特に「忠誠と倫理」という概念に焦点があてられている。その理由はこの「忠誠と倫理」という観念が個人と組織との関係について議論する際に重要な視点を提供すると考えられるからである。

　個人の政治行動がそれ自体で完結することはありえない。それらは常になんらかの組織，共同体との協調，対立，調整として表出する。それらの組織や共同体は国家，政府，民族，労働組合，宗教団体，家族など無限の多様性を見せるが，それらは個人に対して忠誠を求め，個人の具体的な行動は個人を超えた位相からの倫理的判定を受けることになる。

　この問題について一貫して論じてきたハーシュマンは，合理性の発露と見られている「利益追求」が，世界市場形成以前の世界における倫理と同様の機能を現代社会において果たしていると主張した。それは利益追求という私的欲望が他の価値を圧倒しながらも，結果として社会の秩序を形成するための倫理的機能を担っているという指摘である。

また忠誠に関しては，それが自らの利益を放棄するものであるように論じられ，非合理で反民主主義的だと指摘されることも多い。しかし現実世界においては忠誠の観念がもつ政治的機能は非常に複雑であり，単に上位権力に対する恭順を意味するだけではない。たとえば丸山真男が『忠誠と反逆』において，日本政治思想史における「忠誠」の主体的意義を描き出そうとしたとおりである。以上のように忠誠と倫理という観点から政治社会の多様な問題を論じることによって個人と組織の関係を再検討することが可能である。

　さらにこれらの問題領域は以上のように伝統的な政治理論的主題というだけではなく，同時代的な民主主義理論においても中核的な位置を占めている。20世紀の重要な政治理論であった利益集団多元主義は利益の合理的追求に基礎をおいていた。その多元主義への批判を起点とする討議的民主主義理論において私的利益の追求へと向かう欲望を否定しようとする一種の「禁欲主義」が復活していると指摘しているのがウォルツァーである。

　ウォルツァーはそのような理性による情念の抑制を唱える禁欲主義こそが政治を混乱させると指摘し，忠誠や倫理といった諸観念がもつ政治的効果を評価しようとしている。さらに非自発的結社への忠誠が結果的にその結社を含む社会体制への総体的な批判へ至ることも強調している。そして「自由と平等を尊重する近代的主体」による討議よりも，従来のリベラルな政治理論が看過してきたような忠誠や倫理といった契機による民主主義の安定性が重視されているのである。したがって現時点での重要な政治理論的関心のひとつである討議的民主主義をめぐる議論の対立軸に，忠誠と倫理といった問題が存在しているといえる。

　しかし本特集の各論文においてこうした議論に対する結論的なものが示されているわけではない。また「倫理」や「忠誠」，その他の関連する概念の統一もおこなわれていない。本特集は年報編集委員の全員参加による継続的な研究会での討論をもとに執筆されたが，その研究会において概念の定義の問題が議論されたことは幾度もあり，ある程度の共通理解は委員間に成立していると思われる。しかし最終的に各論文においてはそれぞれの論旨に沿ってそれらの概念は自由に使用されている。定義の統一的確定による整合性よりは，論者のコンテクストに応じた概念使用を優先させた結果である。

研究会の議論においては倫理や忠誠といった概念のみならず，合理性や利益といった観念まで再検討することになっていった。「政治における個人の利益」といった事項に関しても，たとえば大規模な自然災害のあとの被災地で活動し続けるボランティア・スタッフにとっての「利益」とはどのようなものかということが議論された。また，彼ら／彼女らの「忠誠」は何に対して向けられているのかということも問題になっていった。経済的な収入には結びつかない行動だと認識しているけれども，何らかの満足感，使命感，達成感を得るような場合，それらの行動を評価，計測することは政治学においてどのように可能なのかということも議論された。

　さらに研究会の議論においては理念化ということ自体も議論の対象となった。現実政治のなかで忠誠や倫理と規定できる人間行動が存在するにしても，それらをどのように理念化するかということはまた別の問題である。たとえばナショナルなものへの忠誠であると規定できる事態が存在したとしても，その事態の政治的意義をどのように理念化，評価するかによって，その忠誠の意味はまったく異なったものになる。そうした理念化に関するイデオロギー性についても長時間の議論が展開された。

　以上のような議論は各特集論文に強い影響を与えているが，各編集委員はそれぞれの専門領域において自由に主題をあつかっている。各テーマに関する研究はそれぞれ継続されていくものであるが，現時点での報告として各論文はまとめられている。

　なお本号には特集論文以外に5本の査読論文が収録されている。執筆者各位に感謝すると同時に，厳正な査読作業を担当された遠藤乾査読委員長をはじめ，関係各位の尽力に謝意を表したい。

2011－Ⅰ　年報編集委員長
越智敏夫

日本政治学会年報 2011-Ⅰ

目次

はじめに　　　　　　　　　　　　　　　　　　　　　越智敏夫（3）

〔特集〕 政治における忠誠と倫理の理念化

「国民」を疑う　　　　　　　　　　　　　　　　　　岡本仁宏（11）

トランスナショナル・デモクラシーはデモクラティックか
　　―脱領域的政治における市民的忠誠の行方―　　　　押村　高（49）

リベラルの夢から醒めて
　　―フェミニズムの政治と情念―　　　　　　　　　　岡野八代（69）

強制される忠誠
　　―フィランソロピーとリベラル・ナショナリスト―　越智敏夫（93）

弱者の保護と強者の処罰
　　―《保護する責任》と《移行期の正義》が語られる時代―石田　淳（113）

協同セルフヘルプ型（「クラブ財型」）集合行為におけるコミットメントと忠誠
　　―ラテンアメリカの事例から―　　　　　　　　　　出岡直也（133）

戦争と小林秀雄　　　　　　　　　　　　　　　　　　都築　勉（167）

〔論文〕

社会的協働と民主主義の境界　　　　　　　　　　　　遠藤知子（187）

「主権者」についての概念分析
　　―現代主権論の展開と特質―　　　　　　　　　　　鵜飼健史（208）

現実主義と構成主義
　―国際関係学史の視点から―　　　　　　　　　西村邦行（229）

レーガン政権における大統領権力の拡大
　―保守的法律家の憲法解釈と署名見解の制度化―　　梅川　健（247）

政策情報のフレーミングと争点熟慮動機形成に関する一考察
　―「少年法厳罰化」を争点にした実験室的調査研究から―
　　　　　　　　　　　　　　　　　　　　　　　小川恒夫（271）

〔書評〕

2010年度　書評　　　　　　　　日本政治学会書評委員会（291）

〔学会規約・その他〕

日本政治学会規約　　　　　　　　　　　　　　　　　　（311）

日本政治学会理事・監事選出規程　　　　　　　　　　　（313）

日本政治学会理事長選出規程　　　　　　　　　　　　　（314）

日本政治学会次期理事会運営規程　　　　　　　　　　　（315）

日本政治学会倫理綱領　　　　　　　　　　　　　　　　（316）

『年報政治学』論文投稿規程　　　　　　　　　　　　　（317）

査読委員会規程　　　　　　　　　　　　　　　　　　　（321）

Summary of Articles　　　　　　　　　　　　　　　　（324）

政治における
忠誠と倫理の理念化

「国民」を疑う

岡本仁宏＊

はじめに

　「今日世界中において『ネーション』は忠誠市場における，たとえ独占体でなくとも，少なくとも寡占体として公認されている」[1]。本稿は，nation，そして特にその翻訳語としての「国民」という概念について，その用語としての必要性を再検討しようとするものである。すなわち，「国民」概念は必要なのか，という問いを立て，その答えを探ることを目的としている。

　もちろん，この問いに対しては，「国粋主義」者やネット右翼はもちろん，おそらく現在の議席を持つことができる程度に政治的に影響力のあるあらゆる政治勢力からすれば，馬鹿げた問いであるとされる可能性が高い。また，例えば日本国憲法の解釈学において，憲法規範に明確に国民概念が存在する限り，今後も国民概念は議論され続けるし，重要な政治用語たり続けるであろう。その意味では，この問いを立てること自体の弁明について成功すれば，本稿の課題の過半が果たされたと言ってよい[2]。そして，先回りして言えば，本稿の主張は，我々はあまりにも国民概念を問わなさすぎる，ということである。その結果，この概念を使うべきでない場合，使う必要がない場合にすら安易にこの言葉を使うことによって，我々の政治世界に大きな制約をもたらしている，と主張したい[3]。

　さて，前提としていくつかのことを整理しておくことが必要である。
　第一に，そもそも，nation，民族，国家，そして市民社会などという言葉，さらに言えば，民主主義や自由等を含め，政治学，また政治において

＊　関西学院大学法学部教授　西洋政治思想史，NPO/NGO論，政治哲学

使用される重要な概念は，それぞれにアカデミックな一義的正確さを求めれば絶望的と言ってよいほど多義的である。そもそも政治的に重要な概念であるということは，必然的に政治的闘争の場においてその語義を争う価値があるということでもある。それぞれの政治的主体が概念定義をめぐって争うことは，それだけその言葉が豊かな触発的喚起的な歴史的遺産を持った概念であるということを意味しているにすぎない。したがって，この多義性を根拠として，その概念のアカデミックな有用性に関する批判を行ったとしても，それ自体は一定の文脈において議論を鮮明にするために必要である作業であるにしても，言葉自体の有用性・必要性を問うことにはならない。

第二に，当然であるが，英語における nation とその翻訳語としての「国民」を議論することとは明らかに異なる。他のいくつかの西洋語においてももちろん nation の対応言語は，ラテン語の natio という同一語源に発するものが多いとはいえ，もちろんその意味内容は異なる。日本語のような言語体系の異なる言葉に移した場合の意味変容が一層大きくなる可能性も高い。この場合において，もちろん，特定の言語の意味内容が「正しい」ということはできない。とはいえ，日本が西欧の圧倒的な影響力によって近代化過程（その内容はここでは問わない）を遂げた以上，輸入された制度体系との関係で，輸入語源との相違を意識しておくことが，制度の整合的運用や内実を伴った運用を可能にするという点では重要である。本稿では，nation と国民という二つの言葉の齟齬に注意しつつ，特に「国民」という言葉の意義を問い直すことにしたい。

この齟齬に関して具体的に考えると，nation という言葉は，少なくとも，三つの翻訳語に対応するという点を前提とせざるを得ない。すなわち，国民，民族，そして国家である[4]。

市民社会と nation との切り結びという点からは少なくともこれら三つの側面において，nation との関係を整理していくことが不可欠である。すでに，別稿において，これらの内の二つ，すなわち民族及び主権国家と市民社会との関係について若干の考察を試みた[5]。そこで，本稿においては，これらを前提としつつ「国民」概念を論じることにしたい。

第一章　言葉の整理のために

ナショナリズムを議論する場合の前提となるのが，nation の翻訳問題である。先に挙げた三つの翻訳語の使用は，決して一貫していない。たとえば，R・ローティのある翻訳において，nation が国家と訳され，nationalism が国家主義，civic religion が国民宗教と，citizenship が国民性と訳され[6]，E・ゲルナーの翻訳においては，nation が民族と訳される[7]。このような訳語の混乱状況は，もちろん，翻訳者や，あるいはそのような混乱をもたらしている日本語を非難して済む問題ではない。西洋語自体の中にも，英語とドイツ語，オランダ語，において，nation や nationalism に当たる語の意味がかなりの相違を持っているということも，すでに何人かの論者によって指摘されている。state の形容詞形がないがゆえに，national が state という形容詞の役割を果たす[8]ことによって，とりわけ nation に国家の意味も強くあらわれるというような英語の特徴は，日本語における nation の翻訳語の多様性と重なりつつ，混乱をますます激しくしていると思われる。

このような状況を整理するためにも，最初にこれまでの我々の検討を前提にした簡単な表を提示しておきたい。

表1は，ナショナリズムを「民族」と「国家」とに引き付けてそれぞれ解釈しようとする図式である。ゲルナー風に，文化的単位と政治的単位が一致するべきであるというイデオロギーとしてナショナリズムを把握するとすれば，文化的単位のイデオロギーとして「民族」が，そして政治的単位のイデオロギーとして「主権国家」のイデオロギーが存在し，多かれ少なかれ（つまりエスニック・ナショナリズムであれシヴィック・ナショナ

表1　ナショナリズム関連用語の整理のために[9]

	<文化 culture	⇔	文明 civilization >	
人種・民族帝国主義	民族・国民	nation	国家・国民	文明帝国主義
	民族主義 Ethnic nationalism	nationalism	国家主義・愛国主義 Civic nationalism	
	民族浄化と同化主義	体制内	権威主義	
	寛容・多文化主義		共和主義[10]	
	権力掌握		革命・クーデタ	
	自治・連邦	反体制	変革	
	分離独立		分離・独立	
	民族・国民の名による		国家・国民・人民の名による[11]	

リズムであれ）その二つの統一としての nation 概念がナショナリズムを支える中心的イデオロギーとして存在する。そして，このイデオロギーを端的に表現している言葉が「国民」である。

この構造を図式化して示すために，表1では，横軸に＜文化 culture ⇔ 文明 civilization＞軸を置き，いわゆるエスニック・ナショナリズムとシヴィック・ナショナリズムと，さらにその帝国主義的展開をこの軸にそって整理している[12]。他方縦軸として，上段二段の概念名称 nation, nationalism の部分の下は，政治共同体に対して取る立場をもとに区分してある。

なお，念のため付言すれば，ここでいう「国家主義・愛国主義，civic nationalism」は，封建的な，あるいは絶対主義的な，王党派的（君主主義的）忠君愛国主義をその典型例としてはいない。国家の政治的主体を，nation という抽象的な存在として定礎することが可能になるためには，本来は，少なくとも単なる国家の統治の客体として，あるいは国家以前の君主の支配の客体としての臣民の統一体としての観念的把握とは異なる，その意味では，ある一定の歴史的状況における人々の政治的能動性の重要な意味での承認が必要である。もちろん，具体的な国民の政治的権利の法的承認やその制度的整備がなされない場合にはそれは幻想性，つまりはイデオロギー性を強める。民衆の忠誠心の対象が，封建制の場合のように私的な主従関係の積み上げになっているような状態では，nation にせよ国民にせよ，決してリアルなものとしては認識されることはない。「愛国心」の問題としていえば，パトリオティズムは郷土愛の段階を抜けきれず，祖国に対する愛に集中されることができない。とはいえ，この観念によって政治的動員を強化することの必要性が国際的状況において政治的リーダーにより強調され，政治的資源として対外危機が訴えられる場合には，対他的な意味で「国民」的なアイデンティフィケーションが強化される可能性ももちろん存在している[13]。もちろん，支配層にとっての家畜的な存在としての民衆であれば，支配層はそのアイデンティフィケーションを通例は他の「民族」の支配層との間で共有する身分的な形式で強く持つのであって，それは通婚関係が国内の下層民との間ではありえないが他国や他民族の貴族や王族との間では例外ではなかったという歴史的事実によくあらわされている。そのような状態では対外危機の状況において nation の称揚が行われたとしても，通例の近代国家の在り方のもとでよりは遥かに観念的幻想性を

強く持たざるを得ない（もちろん，だからと言って少なくとも短期的に言えば，その強度や動員力が弱いというわけではないとしても）。

再度表1に戻ろう。この表の左側では，「民族」概念が中心となっているが，そのことは，国家を排除しているというわけではない。他方，右側では「国家」概念が中心となっているが，そのことは「民族」を排除しているわけではない。「民族」概念は，国家的な要素なくしては存在しえないし，近代主権「国家」は，「民族」概念と全く切れてしまうことはできない[14]。先にも述べたように，これらの概念をともに包括するのが英語でのnationであり，日本語の「国民」でもある。ただし，nationよりも「民族」概念との距離が大きい点においては，より表の右寄りに若干添った概念であるということができようか。

先に翻訳語の混乱について触れたが，nationに一対一で対応する翻訳語がないことの原因の一つは，この表のような概念の構図がnationに含まれているからである。

第二章　「国民」，人民，市民

ところで，先に述べたような，翻訳語の混乱は，ある程度は政治用語の宿命であって，嘆かれるべきものではない。しかし，もし，この混乱によって，我々の政治世界についての認識の曖昧さが一層助長されたり，あるいは目隠しの役割を果たすことに貢献しているとするならば，そのことは意識し，批判するに値するであろう。意識せずに使っている言葉によって我々の意識が規定され，世界認識の構図に負のゆがみが出ているとすれば，それは対象化し批判するに値する。

そこで，冒頭の問題を再度提起したい。「国民」概念は，使うべくして使われているのであろうか，と。そして，使われている場合，どのような効果を持っているのであろうか。「国民」という言葉が使われているいくつかの文脈を手掛かりにして検証していきたい。

第1節　日本国憲法の翻訳と「国民」

まず，「国民」という言葉がもっとも重要な意味で使われているであろうと想像されえる憲法典を見ていこう。日本国憲法における「国民」は，英訳（あるいはもともとの原文？）では基本的には，the peopleあるいは,

the Japanese people であって，一箇所「日本国民たる要件」(10条) において，a Japanese national という言葉が使われているにすぎない[15]。ただし，日本以外の「国民」あるいは国を呼称する場合には，nation である。前文は以下のようになっている。

　　日本国民は，正当に選挙された国会における代表者を通じて行動し，われらとわれらの子孫のために，諸国民との協和による成果と，わが国全土にわたつて自由のもたらす恵沢を確保し，政府の行為によつて再び戦争の惨禍が起こることのないやうにすることを決意し，ここに主権が国民に存することを宣言し，この憲法を確定する。

　We, the Japanese people, acting through our duly elected representatives in the National Diet, determined that we shall secure for ourselves and our posterity the fruits of peaceful cooperation with all nations and the blessings of liberty throughout this land, and resolved that never again shall we be visited with the horrors of war through the action of government, do proclaim that sovereign power resides with the people and do firmly establish this Constitution.[16]

　ここで見られるように，「国民」と訳されている部分は，「人民」と訳することができるし，他国の人々について nations が使われているところは，「すべての国々の人々」あるいは「国々」と訳せる。もっとも重要な「第三章　国民の権利及び義務」は，Rights and duties of the people である。これは，「人民の権利及び義務」と訳せる[17]。

　ところで，日本国憲法の制定史において，この「国民」という言葉の採用過程が非常に意識的な松本・佐藤達夫ら日本側の官僚たちの操作によっていたということは，すでに資料によって明確に跡づけられている[18]。

　当初 GHQ 草案にあった We, the Japanese People, acting through our duly elected representatives in the National Diet, という表現は，当初は「我等日本国人民ハ，国民議会ニ於ケル正当ニ選挙セラレタル我等ノ代表者ヲ通シテ行動シ」と翻訳されていた。この表現自体が，"We, the people" というアメリカ憲法の前文の表現にそったものであって，当初の「我等日本国人民」という翻訳は自然なものであった。しかし，その後日本案の提示を経

て1946年3月4日の徹夜の議論の過程を経て，日本国憲法には「国民」概念が使用されるようになった。

ちなみに，逆に，アメリカ憲法の翻訳において，通例「国民」という言葉は使われていない。日本語の「国民」に該当する文脈で使われているのは，the People of the United States, people あるいは，citizens of the United States などであるが，それぞれ，「合衆国人民」，「人民」，「合衆国市民」と訳されている[19]。大統領は通例 my fellow citizens と呼びかける[20]。そして，ケネディは，かの有名な演説で連続して，My fellow citizens of the world に対して呼びかけもした。そこには，「市民」としての連続性が存在している。

憲法において，「国民」という言葉を使うことは，必要ということができるであろうか。少なくとも，なぜ the people を「人民」でも「日本市民」でもなく，「国民」と訳したのであろうか。それは，松本が明確に表現しているように，人民主権を不明確にするためであった。もちろん，現在では，少なくとも，国家機関説的な主権の所在に関する議論が克服されるべきものであることは，通説的理解になっている。

もし，憲法において，the people が「国民」ではなく，「人民」，あるいは「日本市民」と表現されていた場合，我々の政治生活は同一であったであろうか。憲法規範における「国民」という遺産を我々は背負っている。この事実は重い。だからと言って，我々自身がこの言葉を，政治生活の場で積極的に背負っていくべきであろうか。また，アカデミズムのなかでも積極的に担っていくべきなのであろうか。この点について，もう少し概念の中身を検討してみよう。

第2節　国民概念とデモスの自己定義の政治

(1) people は「国民」か。

国民概念について，日本国憲法の解釈上三つの意味が取りだされている[21]。すなわち，第一に，国籍保有者，第二に，主権者としての国民，第三に，有権者，である。とはいえ，第一の国籍保有者概念，及び第三の有権者概念と区別された第二の，主権者としての国民概念には，これら二つとは異なる概念的重さが想定されている。典型的には，憲法制定権力の担い手としての国民概念が想定され，しばしば歴史的，伝統的な共同体性や，さらにはエトノス性によって意思を表現することが可能な，あるいはとも

に政治共同体を樹立し生きるという意思を表現することが可能な統一性が想定されることになる。この統一性の観念は，第一の国籍保有者概念の境界線を区切る際の理念として，また有権者総体の範囲を決定する際の理念として，機能する[22]。この意味で，第二の国民概念が概念構成上決定的な位置を占めるということができる。つまり，デモスの自己定義が，その範囲を定める。この第二の国民概念について政治思想的に，二点を指摘したい。

　第一に，本来，この憲法制定権力[23]としての論理的に前国家的な「国民」主体は，people なのであって nation ではない。例えば，国連憲章において，「人民の同権及び自決の原則」(the principle of equal rights and self-determination of peoples) が語られ，かつ「第11章　非自治地域に関する宣言」において，「人民がまだ完全に自治を行うに至っていない地域」(territories whose peoples have not yet attained a full measure of self-government) という表現が見られるように，論理的に前国家的な存在としての人民が想定され，その人民が一定の時点において政治共同体を樹立する可能性が表現されている[24]。

　この場合に people であって nation が使われていない，ということは，nation の意味の分岐にしたがって二つの意味がある。すなわち，第一に，people を一義的に民族あるいはエトノスとして定位することはできない，ということである。もちろん，「民族自決権」として，つまり nation を民族として読み，その自決を主張する場合があることは歴史的常識である。しかし，同時に，例えばヨーロッパ的言葉遣いで言えば national minorities[25] をそのうちに含んだ people も当然あり得るのであって，エトノスとしての単一 nation に限定されているわけではない[26]。歴史的な社会契約論的な国家の正当性論においても，それが民族に限定されることはない。そして，少なくとも日本国憲法の解釈上は，国民概念に，いわゆる民族的な意味はないと解釈されるのが通例であろう[27]。

　また第二に，国家の存在を前提にした上で参政権の主体として国籍保持者としての国民を語るのではなく，国家を樹立する主体としての people が論理的に先行するということである。もちろん，先に言及した日本国憲法の制定過程やフランス革命期にも見られたナシオン主権論のような，君主を含んだ国民及び国家の存在が参政権に先行するという論理は，people に

よる国家の樹立の議論からは出てこない。

　この意味では，people が，民主主義的な自決をするということが前提となって，国籍や有権者の境界線が決められるべきであることは，論理的必然であろう。

　もちろん，このような論理的前後関係は，社会契約論的な正当性論と同様，歴史的実証的な裏付けを主張するものではない。歴史的に見れば，この people の内容として，その people を自決へと導く決意に至らせるような，エトノスや共通の歴史的経験など多様な形での所与的なるものが存在することが必要であった。

　とはいえ，フランスのかの1793年憲法のように市民権が定住外国人に認められる場合もあったことからも，その市民の総体としての people がそれ以前に存在する国籍や民族の観念の後に来ることは，論理的必然ではない。そこには革命という重大な歴史的経験の共有が前提とされているという点からすれば，当然所与的に存在すると仮定された歴史的なデモスの一体性の存在を否定することはできないとはいえ，この一体性は，国籍や民族の境界線に従属するものではない。このことは，アメリカ合衆国の独立過程とその後の多様なエスニシティの内包の過程，また，インドネシアのような，もともと多様な諸民族が人為的な植民地分割線を前提とした被支配と独立闘争の経験を踏まえた建国過程においても，言うことができる。つまり，デモスとしての people は，それまでのエトノスや国籍の境界線の引き方，歴史的な経験など，様々な形での所与的一体性に依拠するとはいえ，それらによって決定されることはない。

　このデモスとしての people に，人民という訳語を当てず国民という言葉を使うことによって，論理的混乱が引き起こされる。第一に，国民＝nation＝民族という誤解，そして第二に，国籍保有者や法律に規定された有権者概念など国家による法制定が先行するという誤解である。

(2) people を国民とすることの否定的な意味作用，その１：民主主義の要件から

　第二に，この誤解は，決して単なる言葉の遊びとしてではなく，現実的に否定的な意味作用を持つ。その一つの文脈を挙げよう。

　かつてダールは *On Democracy*（邦訳『デモクラシーとは何か』）で，民

主主義的な政治制度の具えるべき六つの要件の最後に、「市民権の包括的付与」(inclusive citizenship)[28]として、「その国に永住的に居住しその法に従う成人は誰でも、市民が手にすることができ、かつ上述の五つの政治制度にとって必要とされる諸権利を否定されることはあり得ない」という条件を加えた。他方、憲法学者の浦部法穂は、「『国籍』が先にはっきり決まっていて、その国籍保有者を主権者とする原理として『国民主権』が唱えられたわけではなく、まさに、『国民主権』原理に基づく統治機構のもとで、主権者の範囲を確定する前提として、『国籍』の明確化が必要とされたのである。単純に図式化していえば、『国籍』が『国民主権』の内容を規定したのではなく、『国民主権』が『国籍』の内容を規定したわけである」[29]とし、さらに、「結局、『国民主権』原理の『国民』が具体的にどの範囲の者を指すかは、どの範囲の者が主権者であるべきかによるのであって、当然に『国籍保有者』に限られるというものではない」としている。

　この「国民」こそ people であるが、それが「国民」とされ「国民主権」の文脈で使われることによって、解釈学の必然的制約であるが言葉の強い制約を受けて、ダールが主張していることと同一の趣旨が困難な形で表現されていることが分かる。浦部は、「もちろん、『国民』という言葉は、厳密には、日本に即していえば日本国籍をもつ者を指すことに、疑いを容れる余地はない。しかし、『国民』という言葉は、日常的な用法としてはもちろん、法律上の用法としても、つねにこういう厳密な意味において用いられているわけではない。だから、言葉の問題としていっても、『国民主権』だから当然外国人は含まれないとはいえないはずだ」としている。「国民」という言葉を「厳密に」使おうとすると、自説が否定されるというジレンマが表現されており、このことは、彼のいう「その昔の『天動説』と同じ類の、誤れる常識」（外国人は当然に参政権を持たないという常識）を支えることになっているわけである。人民 people の全員が政治的な市民権を持つべきである、という単純な民主主義の命題が、「常識」外れになる言語世界が存在している。憲法解釈学の範囲での限界的作業を浦部は敢行しているわけであるが、こういう「国民」概念に関する緊張感は、日本の言語世界に一般に存在しているであろうか[30]。

(3) people を国民とすることの否定的な意味作用、その２：民族主義的な同

一化への回路

　もう一つの文脈を挙げよう。

　先に，「歴史的に見れば，この people の内容として，その people を自決へと導く決意に至らせるような，エトノスや共通の歴史的経験など多様な形での所与的なるものが存在することが必要であった」と述べた。このことは，もちろん先にもふれたように，植民地からの独立闘争の際などの近代政治史において簡単に見出すことができる。

　しかし，歴史的経緯においてそのような歴史があったということと，規範論として，一体性がなければならない，なければ創出しなければならない，と主張することは，全く別のことである。単純な一体性の強調は，ルソーがポーランド統治論で力説したように「心のなかに共和国を打ち立てること」「すべての愛国的な諸徳を名誉と公的報酬によって称えるべきこと，絶えず市民たちを祖国に夢中にさせ，それを彼等の主要な関心事にすること」までに至る徹底的なと言ってよい，共和主義的同化を強要するかもしれない。あるいは，天皇を中心とする国体への民族的かつ「国民」的な一体的同化を強要することになるかもしれない。また，実際，西川長夫がつまびらかに展開したような国民形成過程として，一体的同質性が現実化されてもきた。立憲主義的な国家の自己限定，言い換えれば国家領域の自由主義的な限定を前提としない限りは，人民概念そのものが規範的な強制的同化の正当性根拠ともなりえる。

　ナショナリズムの歴史を一見すれば明らかなように，特に，対外危機を媒介として決定的に，「国民」の一体的同質化のプロセスは強化されてきた。政治共同体の危機と認識された場合には，「国民」の一体性は，その規範的影響力を格段に強める。敗戦後日本は組織的な形で戦闘行為に携わった経験がなく，この意味で，パトリオティズムにせよナショナリズムにせよ，決定的なイデオロギー的インパクトを持つことがなかった[31]。とはいえ，近年，中国やロシアとの間の領土問題の緊張が少々高まった時点ですらナショナリズムの高揚が見られたように，今後，日本の近隣地域で緊張感が高まり（たとえ自衛的であれ）小規模であれ実際の軍事行動が行われたとすれば，国内でのパトリオティズム・ナショナリズムの急速な激化は避けられないであろう。

　ここでは，そのような戦争行為が，いわゆる「正義の戦争」であるかど

うか，は問わない。今問題としたいのは，そういう場合でも，第一に民族主義的な排外主義によって，異民族や外国人に対する人権抑圧がもたらされないか[32]，また第二に，一般に，民衆の様々な市民的権利を押しつぶすことがないかである。

本稿の文脈では，第一に，「国民」概念に距離を置き，できるかぎり「人民」概念で代替することは，ナショナリズムの，民族主義的な，つまりエトノス的な強制的同一化の力を弱めるであろうということが重要である。表1で示したように，国民概念は，常に民族概念の窓口になる。日本の場合には，民族概念のアイデンティティに天皇制の存在が結合されたことから[33]，国民概念は，民族概念と「国体」概念とを媒介に国家主義と接合しやすい。人民概念では，この機能を果たすことが困難であろう。

そして，第二に，さらに，この人民概念を，自由な市民の総体として把握することができれば，パトリオティズムの圧倒的力に対して，少なくともリーズナブルな限定や歯止めをかけることが可能になるであろう。人民の名による政治的抑圧については，我々は，古典古代は置くとしても，少なくともフランス革命期やソヴィエト，さらに様々な人民共和国の歴史において，十分な事例を与えられている[34]。明らかなように，国民から人民へ，だけでは十分ではない。現代的な市民概念が必要なのである。とはいえ，まず，国民概念の安易で無意識的な使用を排除することは，少なくとも，第一の点において，将来的に大きな意味を持つ可能性がある。

第3節　市民と社会

辻村みよ子は，より積極的な，つまり「グローバリゼーションと国民国家の相対化」の文脈において「市民主権」を位置づけている[35]。

彼女は，フランスでのEU市民権や欧州市民権を持たない定住外国人の「新しい市民権」をめぐる議論によりながら，1793年憲法の規定に注目する。すなわち，「主権は人民に存する」（権利宣言），憲法7条の「主権者人民とはフランス市民の総体である」という規定，そして，「フランスで出生し居住する21歳以上のフランス人（男性）と一定の要件[36]を満たす外国人（男性）は，フランス市民としての権利を行使することが認められた」，という点である。つまり，この規定では，国民（国籍保有有権者）と人民とは等しくない。人民とは市民（国籍保有有権者＋外国人有権者）総体であり，

この人民に主権があるとされているわけである。
　このことは、単に外国人参政権の問題として重要なのではない。国籍と切り離された市民権を創設することは、外国人労働者をはじめとする外国人永住者などへの民主主義の基本的な充実に繋がる[37]一方、他方で、EU市民権などの動向を踏まえると、地方政府、中央政府、さらにそれ以上の国際的な地域における統治機関等への重層的な政治的な自決の仕組みを構想する展望に道を開いている[38]。
　さらに、辻村は、樋口陽一のルソー＝ジャコバン型国家像とトクヴィル＝アメリカ型国家像、及び市民の類型論を手掛かりに、「二つの市民概念」と、「二つの道」とを区別して、危機対応としてではなく、積極的な民主主義論の展開としても、議論を進めている。単純化していえば、共和主義的な主権コントロールに対応する市民とその政治と、NPOや組合などの多様な中間団体の活動や社会運動の担い手としての市民の政治とを区別しつつ、双方での法理論的な裏付けと制度化の検討を試みているということができる。
　この水準までいけば、「国民」概念は、理論作業のなかで現状よりはるかに小さな役割しか果たさない。それは、人々が、自らを「国民」としてというよりも、自分たちの様々な場での社会生活の担い手であり、かつ民主主義の自治的な主体である（社会的にも政治的にも）「市民」としての自覚をより現実的なものにするからである。
　山室信一がいうように、「権利・義務・参加・アイデンティティをめぐる市民性のあり方の問題は、今後はローカル・ナショナル・リージョナル・グローバルという四つの空間層のなかで考えざるを得ない状況にあり、もはや市民か国民かといった対抗軸だけでは捉えられない局面に来ている」[39]。単なる市民ではなく、その内実も問われている。一方での国家、他方で統治単位との関連のない「市民運動」的市民との二者択一ではない。
　この点に関連して、セイラ・ベンハビブは、『他者の権利』[40]の中で次のように主張している。先ず、ハーバーマスによりながら、規範的普遍的な人権の要請と、特定のデモスを限界づける民主主義の要請との「裂け目」が、自然主義的な、つまり所与的なものに依拠した「ナショナリズム」による国民形成、すなわち「国民という成員資格（national membership）」によって埋められてきた、という歴史認識を提示する。「市民であることと

政治的成員資格をめぐる実践は，国民（nation）が空間的に再生産される儀式であった」。しかし，この「国民国家」（nation-state）に代わるものとして，彼女は，「民主的反復」（democratic reiteration）という実践を提起する。つまり，「普遍的人権は，文脈を超えるアッピールを持つけれども，人民的かつ民主的主権は，自らを統治するために行動する限定されたデモスを構築しなければならない」というジレンマを，「国民国家」によってではなく，継続的な，「民主的な人民のアイデンティティを定義する」「立憲的な自己創出のプロセス」によって，架橋し乗り越えていこうとする。この試みとして，「民主的反復」という「法生成的政治」が提起されるのである。つまり，彼女は，「デモスの自己定義と構成に関わる」「成員資格の政治」が，「自らの排除の実践を批判的に継承し，それを変更する人民によって行われる」ことを要請する。人民（people）の「自己統治は，自己構築を含む」と彼女はいう。こうして，EUの状況を検討しながら，「集合的アイデンティティ，政治的成員資格の特権，社会的便益の付与は，国民としての市民資格（national membership）という一元的な制度ではもはや束ねられなくなった。それらは分解され，様々な権利レジームと，多様で入れ子状になった主権体の範囲のもとにある」とする。

　つまり，市民の政治的な権利や能力は，「国民」に吸収されてしまうのではない。それは統治単位の多層性・多重性や，また，社会的な様々な場での自治単位においても発揮され，構造化されていかざるを得ないのである[41]。

　ところで，国民概念が，日本における負の遺産を表現している可能性について，興味深い指摘がある。

　日本NPO学会の初代会長でもある林雄二郎は，日本では「社会」societyの力が弱いと指摘する[42]。特に会社や学校，組合，学会などの「特定多数の集団」に対して「不特定多数の集団」の概念化が弱い。彼は，江沢健之助の次の言葉を引く[43]。

　　日本人に欠けているのは頭脳としての能力としての知力ではなく，社会的能力としての知力である。／社会的能力としての知力とは，それを社会の成員が使い合うことによって本来孤立した無力な存在である人間の間に生産的な秩序と未来性と持った運動が可能になる，そう

いう種類の力です。それは日常においては議論の力であり，争いの能力であり，打算の能力であり，決定の能力であり，押し通しの能力です。そういう能力が日本人は実に弱い，そういう人間として持っているものではなく，人間が使うもの，いや使うことによって初めて存在するもの，使わなければなくなってしまうもの，そういう社会的能力としての知力が実に弱いのです。しかしこの重大な事柄に気付いている日本人は今でも割に少ないのではないかと思います（11-12頁）。

林は，そして「社会という概念がわからないのでは，"個人的能力としての私智を社会全体に広げた社会能力としての公智こそ重要だ"などということがわかるはずがない」という。その上で，彼は，さらに「people は国民か」と問いかける。

終戦直後，新憲法が制定されるとき，GHQ 側の憲法草案中の people を日本政府が『国民』と訳し，GHQ 側が反発したこと——people を国民と訳されたのでは主権在民の民主主義の根本が崩される。国民に対応する英語は nation であって，nation と people とは意味が異なるというのがその理由であった——は有名な事実であるが，考えてみると，現在でも，people に対応する日本語としてどんな言葉があるだろうか。"人々"では法律や憲法にそぐわないし，"人民"というともっと狭い意味になってしまう，今日でもやはり『国民』と訳さざるを得ない状況は少しも変わっていない。そして，そのことに対して，ほとんどの日本人が別に何の違和感も覚えず，少しも気にかけることもないらしいということは，これこそ日本人の意識のなかに，社会概念が適格に自覚されるに至っていないという何よりの証拠ではなかろうか（20-22頁）。

people が「国民」とされてしまう，つまり人々が社会を媒介せずに国家に引き寄せられて概念的に組み込まれてしまう，という批判の意味を，我々は受け止める必要がある。国民ではない people についての存在感のなさ，そのものが問われるべきだと言ってもよい。本稿では，people を，基本的に人民と訳した。しかし，林や江沢のような問題意識を踏まえれば，

peopleは，社会的な公智を担うことが可能であり，日常的な社会形成を媒介としつつ，その一つの決定的あり方として政治共同体の樹立とそのコントロールを行う主体，という含意を持つ。つまり，ベンハビブの主張するように，政治的な様々な自己統治につながる市民の総体としてのpeopleが表現されるべきなのである。この意味を表現できるようなpeople概念の適切な翻訳語はまだない，というべきかもしれない。

　かつて植木枝盛は，人民が「精神の主部」に何を置くかを基準として，次のような三つの歴史的段階を区別して論じた[44]。すなわち第一段「未開」では，人民の「精神の主部」に「君」が置かれ，人民は，「尊王（勤王）」をもととし，「君の為」として人民が「君ニ忠義ヲ盡ス」，次の第二段「稍未開」では，人民の「精神の主部」に「国」が置かれ，人民は，「報国」「愛国」を唱え，「国の為」として「国家の義務」を果たす，第三段「文明」では，人民の「精神の主部」に「人民」が置かれ，「政府」と「人民」とがその「職分」をなすようになると言う。主体の言葉で言えば，臣民から国民へ，そして人民（及び市民）へ，ということができるだろう。

　ここでは，人民の，君主の人格への忠誠から，さらに国家への忠誠へ，そしてその先に人民自身が自らを主権者化し政府をいわばその道具として使う段階が発展段階的に展望されている。植木は，当時の日本人は，第二段にいると考えた。おそらく福沢諭吉であれば，第一段から第二段への移行は，第三段の質を持たずしては行われないがゆえに，人々の独立の精神が不十分な状況では，未だ困難な状況にあると言ったであろう[45]。実際の歴史過程を見れば，福沢や，そして後に丸山眞男が想定したような第三段を含む第二段の「国民」形成は頓挫したということができるかもしれない。

　しかし，現時点において，第二段から第三段を構想することをあえて課題とすべきではないか。すなわち，国家を先に置くのではなく，市民の社会的な営みがあり，その総体としての人民が，道具としていくつかの段階における政府を樹立し運営するという概念構成を持つ段階に目を向けるべきであろう。そのような展開は，植木の発想を，現代に展開させたものということができる。第二段と第三段を区別するためには，無批判的に，「国民」概念を使うのではなく，その使用について意識的な歴史的限定をかけるべきではなかろうか。

第三章　国民概念の使用例の検討

第1節　法律上の国民概念は，適切な形で使われているのか。

「国民」という言葉が遍在しており，それが無批判的に使われていることを示す例を挙げよう。最初に比較のために，市民，及び人民（民衆）という言葉が法律用語としてどの程度使われているかを示そう。

日本において，憲法・法律において，「市民」という言葉は，次の七つの用法においてのみ，本則条文のなかでは，14の法律の中においてのみ使われている[46]。

第一に，「市民農園」，つまり，市民農園整備促進法や農地法，農山漁村の活性化のための定住等及び地域間交流の促進に関する法律，において多くの文脈で。

第二に，「市民緑地」，つまり，都市緑地法や首都圏近郊緑地保全法等において多くの文脈で。

第三に，「市民生活」，つまり，警察法第二十二条一項「犯罪，事故その他の事案に係る市民生活の安全と平穏に関すること」という表現が一か所，「暴力団員による不当な行為の防止等に関する法律」において，「市民生活の安全と平穏の確保を図り，もって国民の自由と権利を保護することを目的とする」等という表現が三か所において。

第四に，「市民権」武力攻撃事態における捕虜等の取扱いに関する法律第百四十六条（送還の特例）の，「送還令書の発付を受けた者が，第三条第四号ロ，ヘ又はチに掲げる者に該当し，かつ，敵国軍隊等が属する外国以外の国籍を有する者であるときは，防衛大臣は，その者の希望により，その国籍又は市民権の属する国に向け，我が国から退去することを許可することができる」という部分一か所において。

第五に，「市民活動」，つまり，内閣府設置法第三条で「市民活動の促進」がその職掌事務として規定され，さらに，中央省庁等改革基本法第十条，内閣府の任務及び機能の一つとして「五　消費者行政，物価行政及び市民活動を行う団体一般に関する行政」とされている部分それぞれ一か所ずつにおいて。

そして第六に，「市民」，特定非営利活動促進法第一条の「この法律は，

特定非営利活動を行う団体に法人格を付与すること等により，ボランティア活動をはじめとする市民が行う自由な社会貢献活動としての特定非営利活動の健全な発展を促進し，もって公益の増進に寄与することを目的とする」という部分一か所において。周知のように，法律名としての当初の「市民活動促進法」という名称は，まさに，法律名に「市民」を入れたくない，という政治的圧力によって葬り去られた。しかし，本法は，条文のなかに初めて単体としての「市民」という言葉が登場した歴史的画期となった。

　以上，市民農園，市民緑地，市民生活，市民権，市民活動，そして市民，である。初めの二つの頻度は関連法にまたがって何度も使われているが，市民生活以下，特に，市民権，市民活動，そして「市民」は，それぞれの法律の中で非常に限定してのみ使われている。これですべてである。

　ちなみに，「人民」は，中華人民共和国という国名においてのみ，「民衆」は，２法律（地域伝統芸能等を活用した行事の実施による観光及び特定地域商工業の振興に関する法律第二条「『地域伝統芸能等』とは，地域の民衆の生活の中で受け継がれ」という表現，伝統的工芸品産業の振興に関する法律第一条「伝統的工芸品が，民衆の生活の中ではぐくまれ受け継がれてきたこと」という表現）において，また行政事件訴訟法第五条，第四十三条の「民衆訴訟」として六か所があるにすぎない[47]。

　このように，市民，人民，民衆等という言葉は，非常に限定的に使用されていることが明らかである。

　他方，国民概念が出てくる法律は，憲法を含め735法律である。その文脈はあまりにも多様である。

　例えば，近年策定の基本法の一つ，2009年の公共サービス基本法では，

> 第二条　この法律において「公共サービス」とは，次に掲げる行為であって，国民が日常生活及び社会生活を円滑に営むために必要な基本的な需要を満たすものをいう。
>
> 第三条　公共サービスの実施並びに公共サービスに関する施策の策定及び実施（以下「公共サービスの実施等」という）は，次に掲げる事項が公共サービスに関する国民の権利であることが尊重され，国民が健全な生活環境の中で日常生活及び社会生活を円滑に営むことがで

きるようにすることを基本として，行われなければならない。
一　安全かつ良質な公共サービスが，確実，効率的かつ適正に実施されること。
二　社会経済情勢の変化に伴い多様化する国民の需要に的確に対応するものであること。
三　公共サービスについて国民の自主的かつ合理的な選択の機会が確保されること。
四　公共サービスに関する必要な情報及び学習の機会が国民に提供されるとともに，国民の意見が公共サービスの実施等に反映されること。
五　公共サービスの実施により苦情又は紛争が生じた場合には，適切かつ迅速に処理され，又は解決されること。

　とされている。この文言は，本当に「国民」でなければならないのであろうか。
　日本には，2009年には758万1,330人の入国者数があり，同年末現在で，218万6,121人の外国人登録者（うち永住者53万3,472人，日本人の配偶者等22万1,923人，永住者の配偶者等1万9,570人，定住者22万1,771人，特別永住者40万9,565人，就労目的は21万2,896人，他に，研修，留学・就学等様々な在留類型が存在）である[48]。これらの人々は，法律上，「公共サービス」の対象でもないし，また上記の権利は与えられていない。もちろん，国際人権規約第二条（「この規約の締約国は，この規約に規定する権利が人種，皮膚の色，性，言語，宗教，政治的意見その他の意見，国民的若しくは社会的出身，財産，出生又は他の地位によるいかなる差別もなしに行使されることを保障することを約束する。」）によって直接に，また憲法解釈論上の権利性質説によって解釈論上間接的に，あるいは単なる反射的利益として?，日本に住む外国人にもサービスを受けることは認められるであろう。
　しかし，このような国民概念の使用は，妥当であろうか。このような文言の使用は，枚挙にいとまがない。735の法律における国民概念の使用は，すべて妥当であろうか。

第2節　「国民」総所得？

　もう一つの事例。

国民総生産，GNP は長らく日本人にとって，自己のアイデンティティに重要な意味をもった概念であった。国民総生産概念は，現在では使われず，国民総所得，及び国内総生産概念が使われる。最近も，「中国GDP，日本抜き世界2位が確定　10年名目」（日本経済新聞 2011/2/14）というニュースが，話題となり，マスコミを賑わせたところである。GDP は，domestic つまり国内のモノ及びサービスの付加価値額の合計であるが，先進国の積極的な海外直接投資が行われている世界経済の現状においては，それぞれの国の経済的力を測る指標として，GDP に海外からの所得の純受取を加えた，かつての GNP に該当する GNI（国民総所得）が参考にされることもある。

　実は，国民総所得概念自体が，日本「国民」，例えば日本国籍を持っている人々の所得概念ではない。実際には，基本的には 93SNA に準拠する日本の「国民所得統計」における「国民」概念は，「居住者 residents」（「居住者の要件を満たす企業，一般政府，対家計民間非営利団体及び個人」）である[49]。つまり，この概念は，国民ではなく，むしろ領土（厳密にはそれ以外の経済的領域を含むが）内にその経済的利益の中心を置く経済主体の活動の表現となっており，国籍は関係がない。たとえば，いわゆる在日韓国・朝鮮人や永住者の経済活動は，基本的には「国民総所得」に含まれる。英語の gross national income という言葉は国民総所得と訳すよりも，むしろ「国内居住者総所得」と訳すべきなのであって，「国民」という表現は，実は現実を見えにくくすることに役立っている。

　このことは，経済的に一つの国の豊かさを測る指標として，国籍よりもむしろ居住によって把握することが重要になっているという国際経済の現状を表現もしている。

　一般に，national という言葉の多義性，特に state の形容詞型的意味で使われているような場合に，日本語できちんと検討することなく「国民」という表現を使うことも多い。グローバル化の進む現状において[50]，再度国民概念に伴う問題を見直し，訳し直していくことも必要なのではないか[51]。

むすびにかえて

① 「国民」という言葉はどの程度使うに値する言葉なのであろうか。

　もちろん，国民という言葉は，日本近代史における歴史的経緯から必然

化され，かつ神話的表象と結びついた強力な言葉である。したがって，人々の強い思いを運んでいることは当然である。イグナティエフがその旅でみたように，「満ち足りた人間にはコスモポリタンでいられるだけの余裕がある」[52]という言葉は，それ自体重い。nation，つまり「民族」と「国家」とを求め，そしてだからこそ「国民」としての形成を追い求める人々が世界中に存在している。そして，先進国と言われる国に住む我々も，多くの先人たち（誰をこの先人として特定するかも，重要な論点であるが）が生命を賭して戦ったシンボルとしてのnationや「国民」概念の重さを思うことは，それらの人々の生に対する敬意を表するという点においても不可欠なことであろう。日本にひきつけて言えば，とりわけ幕末から明治期にかけての「国民国家」形成の途上において，非常に意識的に「国民」形成を追及し戦った人々の努力が現在の日本の姿形に決定的影響を与えたということに思いを致すことも，そして同時にその背後で踏みつけられていった人々の怨嗟の声とともに思いを致すべきことも，当然なされるべきことである。それゆえ，本論文の問題提起にも拘わらず，「国民」概念は，今後も日本の政治の世界において強い力を持ち続けるであろう。特に，重要であり続けているし続けるであろう政治共同体としての国家が，対外的危機にさらされた場合には，とりわけその影響力を強めるであろう。

　しかしながら，だからこそ，現状において，第一に，近代国家の枠組み自体を明瞭に意識すること，第二に，同時に，その枠組みの持つ特殊なイデオロギー構造自体の魔術的な作用を明瞭に意識し，それを弁別できる言語セットを作り上げていくことは，重要な学問的実践的課題である。この営み自体の必要性は，冷戦後の大国による民族紛争のイデオロギー的抑え込みが終わった後に，巨大なグローバリゼーションの動きが展開し，さらに新興国によって世界の勢力地図が大きく塗り替えられようとしている現在，同時に我々がグローバルな市民社会の台頭をも目にしている現在にこそ，そしてさらに特にアジア地域の今後の激動の中で，日本においても傷ついた自尊心の表現としてナショナリズムが再生する現実的可能性も見通し得る現在[53]，かつてよりも，一層重要になっているといえるだろう。特に，近隣国家との間の摩擦や紛争の可能性が増大すれば，一層，国家とその国に住む人々との区別，また市民的なコミュニケーションと連帯のメカニズムの確保などの必要性は，増大する。そのような努力をすべて非「国

民」的であるとするような言説空間を拡大しないためにも，国民概念の再審が必要になるのではないか。nation の曖昧なる語義を，あえて分解し，民族と国家，さらに人民とに分け，国民という鵺(ぬえ)のような概念をできる限り使わない努力がなされるべきなのではないか。

　まず，民族や国家を意味する文脈で，国民という言葉を使わないようにすべきであろう。もちろん，国有化は，国有化であって，ナショナリゼーションを訳して「国民化」とする必要はない。

　そして，さらに，国民にかえて人民や市民という言葉を使うこともできる。nation が，ドイッチュのいうように「国家を持っている人民」という意味54ならば，「日本人民」「日本市民」と呼べばよいし，あえて参政権を持つ人々という意味で，子供や，被後見人など55の人々を含まない場合には，「有権者」，あるいは「総有権者」と呼べばよい。また，『百科全書』で書かれたように「nation は，特定の境界線によって囲まれた特定化された土地の部分に住み，同じ政府にしたがうかなりの数の人民のことを指して使われる」56とするのであれば，そのような場合には，定住外国人を含めて，「日本に住む人々（あるいは人民）」，「居住者」や「住民」概念を使えばよい。英語では基本的に，people と代替可能である文脈が多いとも言われる57。なお，国家によって同質性や規律化によって形成された一定の範囲の人々という意味で社会学的歴史的に「国民」を議論したい場合には，そのような限定を付して使えばよいのであって，あえてあいまいな通常の文脈で「国民」を使う必要はない。

　つまり，このイデオロギー的な「国民」という言葉を，少なくとも多くの文脈で迂回する試みは可能である。「国民主権」は，「人民主権」にすることによって，天皇などの君主を排除した people の主権であるということがより明確になる。「国民」の法的権利は，日本市民，あるいは日本人民の法的権利に，することができる。中華人民共和国憲法では，「公民」という言葉が使われているが，あえて公民としなくても「市民」で十分であろう。憲法上の権利主体，及び義務を担う主体としては，「国民」ではなく，「市民」で問題はないし，集合的には「人民」でよい58。

　もちろん，市民，民族，人民，それぞれに歴史的な意味ではそれぞれの「原罪」を語ることも可能である。いわゆる「人民民主主義」の帰趨や，「民族」問題，そして，「市民」への批判（奴隷と在留外国人を挙げれば，

少なくとも明らかであろう），数え上げればきりがないであろう。さらに，「人間」概念についてもフーコーのように，生物学的な水準での人間性の否定を押し付けるイデオロギー装置として機能するとして批判されるだろう。それにも拘わらず，我々は，すべてを批判して，言葉をなくすわけにはいかない。サバルタンやマルチチュードがオルタナティブであると言えるであろうか。我々は，おそらく，新しい言葉の道具も取り入れながら，同時に，手持ちの道具の中から取捨選択しつつ，使い方を工夫しつつ政治の世界を構成していくことになるであろう。問題は，その時，我々は，どの程度まで「国民」概念を必要とするのであろうか，と問うことである[59]。

②市民社会と「国民」概念について

ところで，我々は，市民社会とナショナリズムとの関係を議論するために，すでに別稿において，主権国家 state と市民社会，そして民族 ethnicity と市民社会を議論してきた。そして，我々は，本稿において，あえて「国民」nation と市民社会とを議論することをしない。このことが，市民社会論の現代的な展開の可能性を拓くために重要な意味があるのではないか，すなわち，市民社会を統治単位としての国家，文化的な単位としての民族との関係において展開させ，「国民」の特権的な支配から解放することが必要なのではないか，というのが，我々の仮説的な理解である。

かつて，山室信一は，近代の悪しき遺産としての「アジア」という言葉をやめてはどうか，と提案した[60]。アラブの広大な世界から，中国，そしてインドネシアから日本まで，すべてを含み，実質的積極的内容を持たず，古代ギリシャから見たときの「東」の領域というような無内容な概念であるのみならず，それが近代ヨーロッパによる侵略という被害者意識の共通性によって強化されたことによってのみ意味を持ちえるような概念を，克服することが，それぞれの文化・文明圏の内容から地域概念を自立させることにつながる，と彼は主張した。

「国民」という概念は，この水準と同様の，優れて近代[61]の負の言語的遺産であるということができるのではないか。すぐ明日に我々は「国民」という言葉をなくすことはできない。しかし，近代という時代が問われ，その遺産をどのように継承していくかが問われている現在，たとえかつては歴史的な大きな意味をもったとしても，その負の遺産を克服すべき課題と

して意識化していくべきなのではないか。

　nationと近代市民社会とは，ほぼ時を同じくして生まれ，そしてそれぞれに歴史的展開を遂げた。近代市民社会論は，その内容を実態としては維持しつつも，新しい理論的展開として現代市民社会論を生んだ。ナショナリズムについては，その展開の中で，nation-stateが自決権理論によって正統なものとされる時期を経て，現状では，民族と国家との切り離し，あえて言えば国家という自治・統治機構からエスニックな文化を切り離す方向が模索されている。

　しかし，我々の政治言語は，近代の政治用語の世界からの負の遺産も引きずっているようである。nationという言葉，その翻訳語としての国民という言葉は，対等平等で非暴力的な自発的秩序形成を理念的核とする市民社会論の可能性を開いていくためにその有用性が再検討されるべきものである。

　公的な世界を担う主体としては，市民の活動が求められるであろうし，この活動は国という単位を重要な統治単位として尊重するが，しかしこの尊重はこの地理的境界線の外にいる人々との連帯可能性によって，制約されるべきである。この市民の一定のまとまり，特に統治単位ごとのまとまりはpeople，すなわち人民と呼ばれる。国家の主権は，総体としての市民である人民に帰属する。民族は，宗教と同様に伝統的かつ自発的な集団として，つまり市民社会内のグルーピングとして位置づけられ得る，国家との独占的な結びつきは，宗教において政教分離が行われ，国教が憲法によって否定されたように，民族においても，否定されるべきであろう。民族コミュニティは，国境の中に入るかもしれないし，国境を超えるかもしれない。

　近代国家は，人民を規律・教化し，国家宗教たる「国民」教をつくり，民族と一体化させ，人々のアイデンティティ構造において，文化的な民族と政治的な国家とを重ねさせ，強大な力を顕現させた。この構造から市民を解放すること，つまり，「国民」から市民を解放することが，憲法ナショナリズムや共和主義的愛国心をその意図せざる神秘化から守り，適切な範囲内において機能させるためにも，必要ではないか。市民社会の新しい可能性のための一つの必要条件として，「国民」からの解放がめざされてよい。「国民」を問うこと，この問いによって，無限定な，そしておそらく無意識

的な「国民」概念の使用から解放されることを提起したい。

※　本稿は，日本学術振興会科学研究費補助金基盤研究Ｂ（FY2008～FY2011）「人間，国民，市民：市民社会，ナショナリズム，グローバリズムと新しい政治理論」代表者：岡本仁宏（関西学院大）による成果である。

（1）　丸山眞男『忠誠と反逆』（ちくま学芸文庫版）筑摩書房，1998，74頁。「忠誠」そのものが，概念として死語化しつつあるという可能性は，もちろん排除できない。新聞のデータベースで調べてみると明らかに「忠誠」という言葉の使用頻度が落ちていることは簡単に証明できる（また，その対象が国家よりもむしろ企業であったりスポーツチームであったりというような変容も同様に）。このような傾向が，第一に，ポストモダニズムやニーチェの名と結びつくようなタイムスパンの変容の表現であるのか，第二に，単に一つの政体あるいは社会システム全体としての価値的凝集性がその衰退期に解体していくという現象の表現であるのか，あるいは／また，第三に，それが新しい水準での忠誠心の対象の編制替えの過渡期の表現であるのか，などの問いが連続して浮かび上がってくる。これらの問いに答えることは本稿の課題ではない。

　しかし，いずれにせよ，「伝統的忠誠の実質が解体するにしたがって，『諫争』とか『謀叛』とかいう用語自体が時代遅れになっていくのは自明の歴史的過程であって，それをいうだけでは実は何事もいわないに等しい」。しかし，「……（伝統的な：引用者挿入）中間勢力の自主性……の伝統が，近代日本においてなぜ自発的集団のなかに新しく生かされなかったのか，さらに，日本ではなぜ絶対主義的集中が国家と社会の区別を明確に定着させる……かわりに，かえって国家や社会に，逆に社会を国家に陥没させる方向に進んだのか」，という丸山の問いが有意味であるとすれば，本稿において，現代においても，「国民」概念の日本の政治・社会生活におけるこれほどの遍在に，なぜ無意識的・無批判的であり得るのか，という問いを立てることも許されるであろう。それは，国家への新しい忠誠をことさらに言い立てる新しいネット右翼や，『国民の歴史』を描こうとする典型的にナショナリスティックな（つまり典型的に神話創造的な）企てのなかの，けばけばしい言葉遣いに対するものではなく，むしろ「国民総所得」とか「国民生活の安定」などという「普通」の言葉の使い方において，問われるべきではないか，というのが本稿の問題意識である。

（2）　本稿は，筆者にとっては，市民社会とナショナリズムという二つの言葉を切り結ばせたときにできる諸問題を整理するための一連の作業の一環をなす。拙稿「市民社会論と民族：市民社会とナショナリズムとの関係の

探求のために」『彦根論叢』第383号（小西中和教授退職記念号）滋賀大学経済経営研究所，2010年3月：「市民社会論と主権国家」『法と政治』61巻1・2号，関西学院大学法政学会，2010年6月。

（3）　本稿の課題の設定は，本文で述べたような政治的現状からは，過大であると思われるであろうが，他方，山崎望が広範な文献を渉猟し鋭利に整理して見せたような現代民主主義論の現状から見れば，過小であると思われるであろう（「世界秩序の構造変動と来るべき民主主義（1）～（4）」『駒澤法学』9－1, 2, 10－2, 2009年10月～2010年12月，『駒澤大學法學部研究紀要』第68号，2010年3月）。この乖離の原因の分析は，それ自体重要な課題であるが，本稿ではこの乖離を前提として，現状における我々のほとんど無意識に行われている言葉の使い方について問い直すことを試みたい。

（4）　もちろん，志賀重昂が，nationality を「国粋」と翻訳したことはよく知られている（『日本人』が懐抱する処の旨義を告白す」『日本人』2号，1988年）。「這般の所謂国粋なるものは，日本国土に存在する万般なる囲外物の感化と，化学的反応とに適応順従し，以て胚胎し生産し，成長し発達したるものにして，且つや大和民族の間に千古万古より遺伝し来り化醇し来り，終に当代に至るまで保在しけるもの」とされており，相対的に言えば，民族性に近いものとして考えられていたと言ってよいであろう。

（5）　注2を参照。

（6）　Richard Rorty, *Achieving Our Country: Leftist Thought in Twentieth-Century America*, Harvard University Press, 1997, pp.14-15, 27（小澤照彦訳『アメリカ未完のプロジェクト』晃洋書房）14－15頁，25頁など。nation を国家と訳すのは例外ではない。後注の日本国憲法の翻訳も参照されたい。

（7）　Ernest Gellner, *Nations and Nationalism*, Cornell University Press, 1983（加藤節監訳『民族とナショナリズム』岩波書店，2000年）．

（8）　アメリカの場合には，federal が national の代わりに state の形容詞形の役割を果たすことがしばしば見られる。この点については，Friedrich Hertz, *Nationality in History and Politics*, Oxford University Press, 1944, p.2 を参照。しかも，international などの合成語を通じて，national の国家としての用法はより広範に広がっている。

（9）　佐藤成基「国民国家とは何か」『茨城大学政経学会雑誌』第74号，2004年，塩川伸明『民族とネイション：ナショナリズムという難問』岩波書店，2008年も参照。「ネイションおよびその関連語は，英仏では非エスニックな『国民』の意味で使われることが多い（アメリカではそれが最も徹底している）のに対し，独露ではエスニックな意味合いが相対的に濃いということになる。そして，日本語の場合，ネイションを『国民』と訳すと英仏

的なニュアンス,『民族』と訳すと独露的なニュアンスになる。言い換えれば,日本語の『民族』は,エスニシティと比較的近い意味合いだが,英語のネイション（特にアメリカ的ネイション観）はエスニシティと明瞭に異なる」(塩川,19頁)。表1では,むしろ,「国家」にひきつけた用法を軸の片方におき,「国民」がそれらを統合する概念として用いられるという整理を行っている。なお,この場合の「国家」は,state や government のような政府機構的意味よりも,むしと「国」という表現が近いようなある程度の共同体性を持ったものとしての意味合いがある。しかし,「国家」という「家」付きの言葉には,このようなニュアンスをすでに含むとも言えることから,「国家」を用いた。

(10) ヴィオーリの言うような共和主義的パトリオティズムも,また,ハーバーマスらの表現である憲法パトリオティズムもここに入れることが可能であろう。なお,拙稿「パトリオティズム（愛国心）」古賀敬太編『政治概念の歴史的展開 第三巻』晃洋書房,2009年,105-135頁も参照。

(11) 基本的に,あらゆる政党党派は,自らが支持を受けるべき全体の利益を表現していると主張する。そのために,一部の悪人を作りあげたり（「階級敵」・「腐敗した政党」「腐敗した官僚や公務員」など),外部（あるいは外部と通じている内部,「第三列」「売国奴」「ユダヤ人」「カソリック」「テロリスト」「外国人」「アメリカ帝国主義」など）に敵を設定する。このメカニズムは基本的に同一であって,その意味では,誰が「全体」の利益を表現しているといえるかが激しいイデオロギー的政治闘争の争う所となる。したがって,革命であるかクーデタであるか,民主化闘争であるか,権力の強制的乗っ取りであるかは,しばしば不分明となる。

(12) 拙稿「国民」古賀敬太編『政治概念の歴史的展開 第二巻』晃洋書房,2007年,27-53頁,において,nation 概念をめぐる三つの軸を提示した。他の軸は,(1) 集団形成における＜出生⇔意志＞軸であり,(2) ＜民主主義＞軸である。(1) は,＜出生（血・土）⇔意志＞軸とも表現できるし,(2) は,＜臣民 subject ⇔ 市民 citizen ＞軸,あるいは＜（奴隷 slave）⇔平民 plebs ⇔ 人民 people ⇔ 貴族 noble ＞とも書き換えることができる。文化・文明という軸については,西川長夫の図式に依拠している（『国民国家論の射程：あるいは＜国民＞という怪物について』柏書房,1998年）。

(13) nation 形成史にとっての,古典的研究であるリンダ・コリー,川北稔監訳『イギリス国民の誕生』名古屋大学出版会,2000年,は,nation 論にとって,常に問題的であり続けてきたイギリス（Briton）の nation 形成について,フランスやカソリックへの対外関係を主要な要因として説得的に描いている。

(14) 例えばアメリカ合衆国やイギリスについての,シヴィック・ナショナ

リズムの典型としての描き方と，それに対する有効な批判については，前掲拙稿「市民社会論と民族」において，Taras Kuzio の議論を使いながら論じた。また，「部族」「種族」（「〜〜族」とされることが多い）と「民族」との差異（「〜〜人」とされることが多い）は，しばしば国家を形成する意志と能力があるかないかという，強い政治的・イデオロギー的位置づけによって与えられてきた。

なお，酒井直樹の次の議論も参照。「国民共同体が民族的なものと結びつかざるをえないのはこの神話作用の為であるといえるでしょう。国民に成員の構成という点で対応し，しかも歴史的特殊性を担う集団は民族という名で呼ばれ，国民は他の国民にはない固有性を民族において獲得し，その意味で国民共同体性は，民族において成立するという議論が成り立つのはこのためです」（『死産される日本語・日本人：「日本」の歴史－地政的配置』新曜社，1996年，58－59頁）。

(15) Article 10. The conditions necessary for being a Japanese national shall be determined by law. 第10条　日本国民たる要件は，法律でこれを定める。

(16) 逆に，英文憲法においては，nation は，別の翻訳で使われていることにも注目しておきたい。

前文　the National Diet 国会, all nations 諸国民, no nation is responsible to itself alone いずれの国家も, all nations 各国, with other nations 他国, our national honor 国家の名誉にかけ, international society 国際社会

9条 an international peace 国際平和 a sovereign right of the nation 国権の発動たる戦争 international disputes 国際紛争

10条 a Japanese national 日本国民

22条 divest themselves of their nationality 国籍を離脱する

49条 the national treasury 国庫

54条 national emergency 国に緊急の必要があるときは

72条 reports on general national affairs 一般国務

83条 national finances 国の財政

91条 on the state of national finances 国の財政状況

98条 the supreme law of the nation 国の最高法規

形容詞及び複合語を含め以上であって，そこでは，nation は，国，国家，及び熟語として，国会，国務，国権などの言葉に national などが使われ，international として，国際社会，国際平和，国際紛争が見られる。

(17) ちなみに，日本語での「国民主権」は，英語では，通例，Popular sovereignty あるいは the sovereignty of the people, フランス語では，Souveraineté nationale あるいは Souveraineté populaire である。

国民主権か人民主権か，ナシオン主権かプープル主権かという論点につ

いては，杉原泰雄の研究を筆頭にフランスでの用語法やそれを支えた歴史を対象にして重要な研究史が存在する。杉原泰雄『国民主権の研究』1971年，『人民主権の史的展開』岩波書店，1978年，『国民主権の史的展開』岩波書店，1985年。最も単純化していえば，ナシオンは，「国籍保持者の総体」という「抽象的観念的存在」であり「国民代表」原理を媒介として「人民主権」を排除し，国王すらその代表としての役割を果たし得る，とする。「人民主権」は，具体的な市民による代表を内在する原理であるという。

(18) いくつかの文献によってすでに触れられているが，最近のものとして，John W. Dower, *Embracing Defeat: Japan in the Wake of World War II*, Penguin; New Ed, 2000, pp.379-383。また，定評あるものとして，古関彰一『新憲法の誕生』中央公論社，1989年（特に，136－172頁）の研究がある。Kyoko Inoue, *Macarthur's Japanese Constitution: A Linguistic and Cultural Study of Its Making*, Univ. of Chicago Press, 1991, pp.188-220（キョウコ・イノウエ著，監訳（古関彰一・五十嵐雅子訳）『マッカーサーの日本国憲法』桐原書店，1994年）によれば，「言葉の使い方の問題で言違いに異なるとも同じであるとも云えないが，草案に於て『国民』としたのは，（イ）国の組織員たる意味を表にあらわしたいということ及（ロ）『人民』というと天皇を除外した，天皇と対立する意味での人民となる処があると考えたからである（佐藤達夫関係文書84）」とされている（466頁）。国会の審議でも，野坂参三や宮沢俊義の質問において，主権を君主に置くのか人民に置くのかという点が本質であるはずであるとか，国民の平等と天皇の地位との関係で条文上の整合性が欠如している，などの批判的な議論に対しても，金森徳次郎国務大臣は，首尾一貫して主権が「天皇を含めたる国民全体にあり」として，「国民」概念の中身に天皇が含まれるという形であいまいな表現を，意識的戦略的にとった（296－346頁）。

この点について，民政局主席在日経済分析官であったトーマス・A・ビッソンは，次のように言う。「憲法にかんして民政局員が提起したいくつかの主要な争点のうち，主権の存在については，結局，不幸な妥協に終わってしまった。それは全面的ではないにせよ，少なくとも部分的に天皇主権を復活させようとする本格的な政治的努力をのちに引き出しかねない曖昧さを残していた」(247頁)。「この『人民』か『国民』かという問題は，言葉の意味自体としては簡単明瞭であって，取るに足りないことのように見えるかもしれない。ところが，この問題は，もっと一般的な当時の〔日本側の〕意図と非常に直接的に関連しているのである。その意図とは，前文と第一条において天皇をピープルのなかに"溶け込ま"せ，天皇とピープルの間にはなんら対立とか意思の分裂がないかのように仕組むこと，あ

るいは日本の政治理論の一学派のいうごとく，天皇を国家もしくはネーション（「国民」）の不可分の一機関として観念させることである。こうした意図を実演させようとする際，最も恐ろしいのは，人民主権を，あまりにも具体的かつ厳密に規定してしまうことであって，日本の内務官僚たちは，そうさせまいとあらゆる骨身を惜しまず，日本語文案をできうる限り微妙な表現とするよう努めたのである」(248-249頁)。このあと，ビッソンは，(1)1946年6月20日英文草案，(2)国会に提出された案の英訳，(3)英文憲法最終確定分，(4)日本国憲法最終確定分の英訳の一例，を，それぞれ，前文，及び天皇の地位を示す第一条について，提示して比較して問題の重要性を強調している。

　興味深いのは，(4)日本国憲法の「英訳の一例」として，現在の英文日本国憲法とは異なる訳例が示されていることである。それによれば，「主権が国民に存することを宣言し (do proclaim that sovereign power resides with the nation)」また，「この地位は主権の存する日本国民の総意に基づく (depriving his position from the general will of the Japanese nation with whom (or which?) resides sovereign power)」とある。つまり，日本文から逆に英訳した場合には，国民に nation が使われてもおかしくない，というよりも，むしろ自然でもある，ということである。

　その意味では，現在，これらの憲法の条文等を国家主権説よりも人民主権的な形にひきつけて解釈するのが通説的である（もちろん拘束委任などまでは行かないけれども）ということは，国家機関説的な天皇と人民との共同主権のような「国民」主義的と言ってもよい解釈を許さない政治的な力関係を作り上げてきたということの証明であって，このことは，日本の people の大きな政治的成果であるということができるだろう。

(19)　合衆国憲法では，nation は第8条に2回ある。それぞれの原文と翻訳。To regulate Commerce with foreign Nations, and among the several States, and with the Indian Tribes; 諸外国との通商，および各州間ならびにインディアン部族との通商を規定すること。To define and punish Piracies and Felonies committed on the high Seas, and Offences against the Law of Nations; 公海における海賊行為および他の重罪ならびに国際法に反する犯罪を定義し，処罰すること。

　一か所は，外国を指して使われ，もう一か所は，国際法 the Law of Nations という言葉においてである。その他に，people は，前文と第2条，つまり，有名な冒頭の，We, the People of the United States, の部分と，第2条の下院の選挙に関して，by the People of the several States つまり，「各州の人民」によって選出される，という文脈である。他は，一般に，合衆国市民 Citizen of the United States が使われている。ちなみに，第3条第2節

に他の国の「市民あるいは臣民」Citizens or Subjects として，この二つの概念はきちんと区別して表現されている（修正第11条で改正）。なお，ちなみに中華人民共和国憲法においては，人民と公民とが使われているが，その英訳は，people 及び citizen である。
(20)　J・F・ケネディは，かの，大統領就任演説（1961年1月20日）で，以下のように呼び掛けた。「わが同胞のアメリカ人よ，あなたの国家があなたのために何をしてくれるかではなく，あなたがあなたの国家のために何ができるかを問おうではないか。わが同胞の世界の市民よ，アメリカがあなたのために何をしてくれるかではなく，我々と共に人類の自由のために何ができるかを問おうではないか。／最後に，あなたがアメリカ市民であろうが，世界の市民であろうが，我々があなたに求めるのと同じ高い水準の力と犠牲をここの我々に求めて欲しい」。
(21)　例えば，「①国家構成要素としての国民または個人としての国民，②主権者としての国民または主権の主体としての国民，③国家機関としての国民または有権者団としての国民」である。たとえば，舘田晶子「フランスにおける国籍制度と国民概念（1）－その歴史的考察」北大法学論集，55（4）：89頁，2004年，また，芦部信喜，高橋和之校訂『憲法第四版』岩波書店，2007年，43頁参照。
(22)　第一の国籍保有者の境界線は，第二の「国民」概念の内実にしたがって，例えば血統主義や出生地主義などが帰結してくるであろうし，第三の有権者概念の境界線を区切る際の理念としては，例えば，男性，大人，国籍保有者などの境界線を引く理念として機能する。歴史的な女性の排除は，フェミニズムによって問題化されてきているが，例えば国民概念に定住外国人を含めて解釈できるという浦部法穂の「国民主権」論によれば，本来の有権者概念は国籍保有者よりも狭くはないということができる（浦部法穂『全訂憲法学教室』日本評論社，2000年：「日本国憲法と外国人の参政権」徐龍達『共生社会への地方参政権』日本評論社，1995年）。
(23)　「憲法の妥当性および正当性を『憲法制定権力』という権限問題に帰着させることは，生産的ではない」（長谷部恭男「われら日本国民は，国会における代表者を通じて行動し，この憲法を確定する。」『公法研究』日本公法学会，(70)，1-21，2008年，2頁）とする主張，さらに言えば，改憲論者の押しつけ憲法論の声に応える形で自主憲法制定のために「『日本国民』が本当に出現したら（そんなものが存在するかどうかは別として），観客も笑っているわけにはいかないだろう。とくに，それがうしろから手をつっこまれているような『日本国民』であれば。」（『UP』東京大学出版会，2007年6月，27頁）という主張は，強い説得力を持っている。本稿の文脈は，憲法の正当性論としての議論ではない。本稿は，呼び出されるも

の，つまり「世界の存在を説明するために措定される人格神と同等の概念」（「われら〜」19頁）としての「国民」という神の名を，可能な限り呼び出さないために何ができるか，を探求するための考察である。その意味では，「国民」のカウンター概念としての people（人民・民衆）やまた市民概念を提示する意義を見出すが，そのことは，新しい神を招聘するためではない。政治理論において何らかの主体概念が必要であるとするならば，国民一神教的主体概念から離脱し少なくとも多神教的な水準を樹立する方向で踏み出すことを主張するためである。

(24) もちろん，国際人権規約では，ＡＢともにその第一条で人民の自決権を掲げている。

(25) この概念について，Tove H. Malloy, *National Minority Rights in Europe*, Oxford University Press, 2005 は，co-nation という言葉で代替することを提案している。一つの state が co-nation によって構成されているとすれば，この nation は，国民ではありえない。

(26) 長谷部は，「言語，文化，宗教あるいは民族の同一性に基づく，政治体制前の ethnos の存在が自明視されがちな社会においては，憲法前の具体的実存たる人民というイメージがもたらす危険性，それが立憲主義の体制にとって持つ危険性は，いくら強調してもしすぎることはない」(同上，17頁) として，「憲法前の具体的実存たる人民というイメージ」を持つことの否定的な役割を指摘する。しかし，逆に，そのようなイメージが肯定的な役割を果たす可能性について，例えば後述する浦部法穂の国民主権論がある。

(27) 例外的な憲法解釈論としては，「憲法の前提する『われら』国民という集合体に，天皇によって統合を象徴される共同体という性格付け」を見る，高橋正俊「日本国民の観念」米沢広一，松井茂記，土井真一編『現代立憲主義と司法権』青林書院，1998年，528頁；同「国民の精神的統合」『公法研究』(70)，96−104頁，2008年がある。

(28) Robert Alan Dahl, *On Democracy*, Yale University Press, 1998（中山孝文訳『デモクラシーとは何か』岩波書店，2001年．117頁の図６及び117頁の「6，全市民の包括的参画」は，inclusive citizenship であるが，全市民の参画を主張しているのではなく，全成人を市民にすることが主張されているのであって，誤訳である。「包括的な市民権の付与」とでも訳されるべきであろう。

(29) 前掲『全訂憲法学教室』，477−8頁，他に，54−61頁，507−8頁。

(30) ドイツにおいて「一つの大きな流れとなっている」「国民概念を居住を要件とする住民概念に再編するという考え方」について広渡清吾「『市民・市民社会』と『国民・国民国家』：法律家的覚書」飯島紀昭・島田和

夫・広渡清吾編『市民法学の課題と展望』日本評論社，2000年，23頁参照。それによれば「国民（ドイツ人）」の憲法上の権利を，「市民」に置き換え，「市民」を「ドイツ国籍を有する者及び市民の法的地位を取得した者」と定義し，市民の法的地位を 5 年以上の適法な定住を要件とし，さらに「すべての市民の総体が，この憲法にいう国民を形成する」とする提案がなされているという。彼はこれを「新たな『国民』国家，いいかえれば市民社会国家の構築が展望されている」とする。憲法規定上の「国民」概念の読み変えの試み。

また，長谷部恭男「『外国人の人権』に関する覚書：普遍性と特殊性の間」『行政法の発展と変革』上巻，有斐閣，2001年，は，功利主義哲学者であるグッディンの議論によりながら，普遍的である人権と特殊的な国家の区切りとの間の緊張を「国籍は，普遍的に保障されるべき権利を効果的に保障すべく，それを保障する任務を負う者を予め指定するための，つまり国際的な調整問題を解決するための標識として用いられている」し，用いられるべきである，という主張を展開している。功利主義の様々な計算可能性の問題はあるにせよ，具体的な境界線を，「便宜的なものさし」，とする点で，本質論的な国民定義よりもはるかに正当性が高い。

(31) 戦後体制樹立期や60年安保改定の時期に反体制側からの国民・民族イデオロギーの動員があったが，国家権力との決定的結びつきを欠いていた以上，国家主義と民族主義との同一化は起こらなかった。また，2005年から 8 年までの世界価値観調査 WVS 2005-2008 では，「もし戦争が起こったら国のために戦うか」（Willingness to fight for country）では，「いいえ」の比率が世界57カ国中最高で75％である。また，「自国民であることの誇り」（How proud of nationality）についても，世界で最も自国民としての誇りを感じていない国の一つであると言ってよい。World Value Survey ＜http://www.wvsevsdb.com/wvs/WVSAnalizeQuestion.jsp＞　2011年 2 月末確認。

(32) 「ネーション以外にアイデンティティの単位が意識されない状況では，ナショナル・アイデンティティを相対化する契機が乏しく，何かのきっかけによってナショナリズムが亢進する潜在的可能性が高い。今日では，資本や財の移動に加えて，難民や労働者など人の移動が盛んになっているが，そうした動向に対応する上でも，ナショナルなシティズンシップ論だけでは不十分である」（杉田敦「憲法とナショナリズム」杉田敦編著『岩波講座　憲法〈3〉ネーションと市民』岩波書店，2007年，79頁）。

(33) 民族概念の近代的性格からして，つまり近代国家形成過程と神話的・言語的民族神話の形成過程の併行性からして，天皇制と民族概念の結合は，ほぼ必然的であった。とはいえ，戦後，反米愛国主義といわゆる民族解放闘争論の結合と，「国民」総動員体制とその焦土化による敗戦という帰結の

超絶的経験とによって，左翼的な民衆＝民族概念が展開したこともある（わらび座的文化と「民族の怒りに燃ゆる地沖縄」など,,,）。小熊英二『〈民主〉と〈愛国〉—戦後日本のナショナリズムと公共性』新曜社，2002年。

(34) 加藤哲郎「20世紀日本における『人民』概念の獲得と喪失」『政策科学』立命館大学政策科学会，8巻3号（田口富久治教授退職記念号），2001年2月＜http://homepage3.nifty.com/katote/jinmin.html＞2011年2月末確認。加藤は，人民概念の歴史を追いながら，その「近代主義的構成」を批判する（「階級的『人民』の脱構築から『サバルタン』へ」）。

ただし，その前段では，共産党の60年代以後の「国民」路線を批判する形で，次のような指摘が見られる。「『人民』から『国民』にシンボルを転換するにあたって，『人民』をいったん諸個人＝『市民』に解体して『市民的公共性』を構成する理論的手続きを経ぬままに，もともと『人民』内部の『階級・階層』として措定されていた『労働者，農民，漁民，勤労市民，知識人，婦人，青年，学生，中小企業家など』を並列して『住民の集合体＝大多数の有権者』に一括し，それを平板に『国民』として表象することになった。ルソー＝杉原泰雄風にいえば，『市民の総体』としての『人民』概念をもつことなく，ずるずるべったりに『国民』へと移行したのである」。そして，「20世紀日本における『人民』の概念は，それを構成する『市民』との緊張・媒介を欠き，『市民的公共性』への回路を設計できないままで，『国民国家のゆらぎ』の時代に『国民』へと置き換えられた」。

この市民的公共性の問題を再提起するためにも，つまりは現代的市民社会論で提起されている問題を受け止めるためにも，「国民」概念を放棄あるいは意図的に制限する可能性を考えるべきではないか，ということが本稿の趣旨でもある。そのことが，少なくとも，「道具主義的権力奪取の『社会主義革命』や『プロレタリアート独裁』観念と結びついた『多数派形成＝人民』のイメージと決別」する際の前提条件でもあるのではないか。なお，この点については，後述の林雄二郎の言葉も参照されたい。

(35) 以下，主に『市民主権の可能性』有信堂，2002年，参照。

(36) この要件とは，「独立の生計を営むか，財産を所有するか，フランス人女性と結婚するか，養子をとるか，老人を養う等の条件を満たし一年以上フランスに居住する21歳以上の男性」（171頁）である。

(37) 新しい市民権論の展開が，一般に外国人と国籍保有者との参政権における全くの同一を帰結するというわけではない。例えば，完全なる入国規制の撤廃がないとすれば，入国審査水準の問題もあるし，また必要な在留期間を定める可能性は当然にある。とはいえ，基本的な論理的道筋として普遍的人権としての位置づけを与えるかは大きな違いがある。また，長谷部，前掲「『外国人の人権』に関する覚書」も参照。

(38)　「各国の人権状況は国際社会の正当な関心事項であって，かかる関心は内政干渉と捉えるべきではない」＜http://www.mofa.go.jp/mofaj/gaiko/jinken.html＞という外務省の掲げる人権外交の基本原則があるにもかかわらず，人権規約の選択議定書の批准をせず，人権委員会への個人通報制度を導入していない数少ない先進国である日本は，重層的な統治システムについての想像力を，民衆レベルで実感することも容易ではない。

(39)　「『市民』育成へのまなざし」『アステイオン』72．2010年5月，阪急コミュニケーションズ，67頁。なお，彼は，このことなどを「前提としつつ」「現時点において市民力について考えるべき課題は，個人の自立を必須要件とするような公共空間としての社会の再生が必要なのか，個人として自立が困難な状況に置かれている人をも前提とするような共同性の構築なのかを双方とも視野に入れ，そこにおいて市民が果たすべき役割を再検討していくこと」(66頁) を提起している。
　　　また，人権論としての最近の論考としては，新村とわ「流動する『市民』の権利」長谷部恭男編著『人権の射程』法律文化社，2010年，参照。

(40)　Seyla Benhabib, *The Rights of Others*, Cambridge University Press, 2004 (向山恭一訳『他者の権利』法政大学出版局，2006年)。以下の下線は，翻訳との対比のためにつけた。本文で下線を引いたところは，訳書ではすべて「国民」になっている。翻訳の16-18頁 (原著，pp.17-20) のわずか2頁の中で，national membership が「国家的な成員資格」, the nationality and citizenship rules of all peoples が「あらゆる諸国民の国籍や市民資格の規則」, popular sovereignty が「国民主権」, citizen' equality が「国民の平等」, the democratic people が「民主的国民」, postnational は「脱国家的」17頁，「脱国民的」19頁とされている。苦心の訳し分けがなされていることは十分に理解できるが，ベンハビブが people と nation とを区別して使っていることへの配慮は十分ではない。ただし，これは，訳者が混乱しているのではなく，日本語における国民概念に関する混乱状況に原因があると言えるだろう。

(41)　このような認識は，ある程度一般的なものであると言ってよい。たとえば，「第二の近代」という視点から広範囲に民主主義関連文献を渉猟し現時点におけるその到達点を俯瞰したものとして，山崎望，前掲，がある。たとえば，次の指摘。「主権は脱中心化され国民国家との結合を解除され，多様なレベル，すなわちスープラナショナルなレベルやサブナショナルなレベル，トランスナショナルなレベルへとマルチレベル化すると同時に，他方ではプライベートな領域におけるアクターとして主権国家システム (ウェストファリア・システム) という主権の相互承認のシステムからは排除されてきたアクターとも結合しつつあり，その意味でネットワーク化

している。主権は国際／国内，公／私という境界線を横断する形態でその姿を変えている。同時に主権は「永続性」をも失いつつある。既に論じたように，主権は時には国家をはじめとする諸制度の元で永続性を持っているかのように見えながら，時には主権は時限的なものとなり，フレキシブル化が進んでいる。時間的にみれば主権は永続性を失いいつでも凝集化／解体する存在となり，また空間的に見ればどこにでも凝集化／解体する権力関係の焦点としての性質を可視化させつつある」(1)，35-36頁）。もちろん，この現象を，どのように価値的に評価するかは多様である。

(42)　林雄二郎・山岡義典編著『フィランソロピーと社会：その日本的課題』ダイヤモンド社，1993年。

(43)　「福沢諭吉の智徳弁別論と現代日本情報化社会」1993年1月22日慶応義塾大学福澤研究センターにおける講演記録，上記林論文からの再引用。

(44)　「人民ノ国家ニ対スル精神ヲ論ズ」（明治13年11月12・20・28日・12月5日付『愛国新誌』第13・14・15・16号，『明治文化全集』第6巻・自由民権編・下巻，日本評論社，1992年，115-122頁）。なお，最近の文献として，小畑隆資「植木枝盛の憲法構想：「東洋大日本国国憲案」考」岡山大学大学院社会文化科学研究科『文化共生学研究』第6号（2008年3月）。

(45)　あるいは『帝室論』の読み方によっては，第一段のある質を第二段にも維持すべきという議論の可能性もあるかもしれない。

(46)　もちろん，条約については別である。なお，条約上の，市民，国民，人民の概念については，衆議院外務委員会，昭和54年3月23日の議事録には，人権規約の批准をめぐって政府委員外務省条約局外務参事官山田中正による興味深い発言がある。

(47)　すでに法制度上の用語である「民衆訴訟」における民衆概念は，peopleに対応する日本語として今後「人民」以外の可能性としても注目していくべきであろう。

(48)　平成22年版『出入国管理』。

(49)　国際基準（93SNA）では，「無期限，あるいは長期間（通常1年以上携わっている者と解釈されている）にわたって」＜http://unstats.un.org/unsd/sna1993/toclev8.asp?L1=1&L2=5　2011年2月末確認＞であるが，日本の場合には，下記のように別個の基準が用いられている。とはいえ，国籍保持者ではなく居住者である，という点についてはかわらない。「国民という概念は，当該国の居住者主体を対象とする概念であり，外国為替及び外国貿易管理法（外為法）の通達『外国為替管理法令の解釈及び運用について』の居住者の要件を満たす企業，一般政府，対家計民間非営利団体及び個人をさす。例えば，居住者たる個人とは，主として当該領土内に6ヶ月以上の期間居住しているすべての個人をいい，国籍のいかんを問わない。

また，一般に，国外に2年以上居住する個人は非居住者とされる。」「国内（Domestic）概念と国民（National）概念」（『平成22年版国民経済計算年報』より転載』）＜http://www.esri.cao.go.jp/jp/sna/term.html#k_o＞2011年2月末確認。

(50) 「生権力は国民国家という制限された時空から解き放たれ，空間的には脱領域国家化しグローバル大に拡大して作動すると同時に多様なレベル，すなわちスープラナショナルなレベルやサブナショナルなレベル，トランスナショナルなレベルへとマルチレベル化している。他方ではプライベートな領域におけるアクター，例えば企業や家族，地域共同体とのネットワークを発展させ，その意味でネットワーク化している。生権力は領土内の人口や国民の生を管理・調整し，個別化と同時に全体化する権力の技術を使用して国民国家の生産力が最大化するべく事物の適切な配置を行う最適化の権力ではなく，その輪郭を把握することがきわめて困難なものとなっている。生権力は国際／国内，公／私という境界線を横断する形態でその姿を変えていると言えよう」（山崎望，前掲，33-36頁）。

(51) ロシアにおける民族問題の専門家であるValery A.Tishkovは，「nationを忘れろ」と主張する。nationのような言葉は，1，強い慣習的効果を発揮し，社会的多少性や言語的経験の多様性に適応しなくなる。2，現実に対して働きかけ動員し，現実を作り出す力さえ持つ，3，アカデミックな水準の言葉は，世界的な広がりをもった高い水準での常識を作り上げる。こうして，定義をめぐって意味を樹立する論争が，政治的意志や力を押しつける上で重要な要素となる。しかし，現実把握においては，語義が混乱しており分析には役立たないばかりか混乱を招いている。現実を把握する際に「機能しないカテゴリーを解体する過程は，アカデミックな定義としてはnationを忘れ去り，そしてこの論理を，政治と日常的言語に展開していくという知的な勇気を持つことから始められるべきである」。「国家，そして人民と文化とをすくうために，nationを忘れろ」。"Forget the 'nation': post-nationalist understanding of nationalism" *Ethnic and Racial Studies*, 23:4, 2000, pp.625-650.

(52) マイケル・イグナティエフ，幸田敦子訳『民族はなぜ殺しあうのか』河出書房新社，1996年，352頁。

(53) とりわけ，中国の軍事力の急速な拡大とその経済力の急速な向上とともに政治的影響力を拡大させ，領土的な問題のみならず様々形での摩擦が継続的に生起することは当然に予測できる。対外関係に決定的な影響を受けやすいナショナリズムの高揚，それに付随する国民表象の強化の可能性も当然に存在する。

(54) Karl Deutsch, *Nationalism and Its Alternatives*, Random House, 1969.

p.19.
(55) 公職選挙法第11条。
(56) "NATION, s. f. (*Hist. mod.*) mot collectif dont on fait usage pour exprimer une quantité considérable de peuple, qui habite une certaine étendue de pays, renfermée dans de certaines limites, & qui obeit au même gouvernement. in *Encyclopédie*.
＜http://artfl.uchicago.edu/cgi-bin/philologic31/getobject.pl?c.80:185.encyclopedie0308＞ 2011年2月末確認。
(57) Hertz, *op.cit.*
(58) 前掲のルソーの社会契約論の定義を参照。
(59) ちなみに，ゲルナー的に，nationがnationalismを作ったのではなく，nationalismがnationを作ったということができれば，もし我々がナショナリストでなくなろうとするのであれば，nationという言葉を使う必要がない，と主張できるかもしれない。
(60) 『思想課題としてのアジア——基軸・連鎖・投企』岩波書店，2001年。
(61) もちろん，周知のような，近代主義者とそれに対する批判派との争いを含めて，nation概念やnationalism概念の概念史が踏まえられるべきである。この点については，前掲の拙稿「国民」で簡単な整理を試みた。

トランスナショナル・デモクラシーはデモクラティックか
―脱領域的政治における市民的忠誠の行方―

押村　高＊

はじめに

　グローバル化の中で，領域的な管轄権を前提とした国民デモクラシー，また地域的な選挙区画に基づく代表デモクラシーの限界が明らかとなっている。それを受けて，D・ヘルド，D・アーキブーギ，J・S・ドライゼク，R・フォークなどを代表とする論者たちは，国境を越えるデモクラシーへの展望を導いてきた。

　しかしながら，各国デモクラシーの機能低下，国際機関の正当性不足の解決策として呈示されているトランスナショナル・デモクラシーの「デモクラシー」が，理念，運動，方法，制度，機構などへ概念分化の進んでいるデモクラシーのどれを意味するかは，論者たちの間で見解が一致しているわけではない。

　実際に，デモクラシーの国家レベルで失った部分を回復するために，トランスナショナル・レベルでのデモクラシーの必要性を訴える理論家がいれば，トランスナショナル・デモクラシーの目標を地球環境，格差と貧困などのグローバル・イシューズの解決におく論者も存在する。なお，それを「下からのグローバル化」(globalization from below) と同義で使っている実践家もいた[1]。

　かつてダール (Robert A. Dahl) は，古典的名著『規模とデモクラシー』(*Size and Democracy,* R. Tufte との共著) において，統治範囲の異なる政治が競合した場合の人々の忠誠心について触れ，「国民国家を越え始めた複雑な政体における忠誠の問題は，よりいっそう難しいものになる」(Dahl

---

＊　青山学院大学国際政治経済学部教授，国際関係論，国際政治哲学

[1973] p.141）と述べていた。トランスナショナル・デモクラシー論は，この「忠誠」という問題に関しても，解答を与えるよりも新たな疑問を提出したに過ぎないだろう。

そこで本稿では，トランスナショナル・デモクラシー論の生成の背景やその理念を分析し，とくにその構成要素をデモクラシーとして言い慣らわされてきたものに還元できないかどうかについて検討を加えたい。さらに，トランスナショナルなデモクラシーの包含がきわめて広範である点を確認したのち，その構成要素相互に矛盾の生ずる可能性があることをも指摘してみたい。

もっとも，トランスナショナル・デモクラシー論を批判的に検討しようとしてはいるが，組織化された政治や統一された政府が存在しないことを理由に挙げて，トランスナショナルな空間ではデモクラシーはもとより支配（cracy）についても語ることはできない，と唱えるリアリストの論調に筆者は与していない。

なぜならば，国際社会に世界政府は存在しないが，諸大国によって「秩序」が維持され，また多国籍企業，国際金融資本による「権力行使」が行われ，さらに国連や国際機関，グローバル市民運動によって「世界政治」ともいうべき金融，開発，環境，軍縮，テロ対策などの政策が執行されているからである。そこには，国内との類推からみるときわめて不十分なものとはいえ，まぎれもなく権力や支配の作用が認められる。

問題は，国境を越える支配，決定，政策には，デモクラティックとみなし得ないものが多くあるという点だろう。国際規範やグローバル・ガバナンス自体もまた，デモクラティックになることもあれば，大国や強国，そして資本の装置に成り下がることもあろう。「国連は大国の利益を，WTOは富裕な先進国の企業利益を擁護している」といった批判が止まないのもその証拠といえる。

そこで本稿では，国境を越える政治の「デモクラティックな正当性」を高めるにはどうしたらよいかという点にも目を配りながら，トランスナショナル・デモクラシー論の射程を明らかにしたい。

I　グローバル化とデモクラシー後退論

グローバル化を背にした越境的なパワーの出現，領土的な管轄権の流動

化，決定空間のトランスナショナルな再編は，デモクラシー論者に危機感を抱かせた。それらによって，デモクラシーの根本原則の一つである統治（支配）者と被治者の一致，つまり自己決定が揺らいでいるからだ。

> もはや，国家政府が有効な政治権力を持つとはみなされない。有効な権力は国家，地域，国際レベルで様々な勢力や行為者により共有され，交換されている。運命を共有する政治的共同体という考え方は，そして，自らのアジェンダや生活条件を形成する自己決定的な集団という考え方は，いまや単一の国民国家の境界の内部だけで意味を持つものではなくなった（Held [1998] p.21）。

 とくに，日常生活に多大な影響を及ぼすにもかかわらず国内デモクラシーによるコントロールの不可能なグローバル・マーケットパワーのような権限体が出現し，国家からそれらへパワーがシフトしてゆくことは，デモクラシーに対する深刻な脅威とみなされた。そしてそのようなパワーへの警戒感が，トランスナショナル・デモクラシー論台頭の背景の一つを成している。
 1980年代のアングロ・アメリカン諸国でマーケットパワーは，消費者やメディアとともに，規制緩和による自由競争の増進，企業の効率性を見習った税の運用などの点で，各国のデモクラシーを向上させるものと考えられた。しかし，グローバルな影響力が感知され始めた1990年代以降，それは急速にアンデモクラティックな勢力として認識されてゆく。
 実際に今日，経済，金融の領域では，グローバル・マーケットパワー，ときとしてそのパワーを保護するような国際機関や国際公共政策，そしてそのトレンドを反映する「格付け機関」が，各国の政策に制約条件を課してゆく。より自立性の弱い途上国政府の中には，1997年のアジアの金融危機の折，グローバル・マーケットパワーによって財政破綻に追い込まれるものさえ出ていた。
 さらにまた，グローバルな企業や資本は，収益性の論理にしたがって投資の集中投下，一斉引き揚げ，工場の閉鎖や移転などを行い，地域の政治経済に決定的な影響を及ぼす。資本は景気，雇用，厚生などとも深い関係にあるところ，住民に説明責任を負わないそれらの退出が，一国や一地域

の経済に大きな打撃を与えていた。

　なるほど、企業が領土内で活動する限りにおいて、政府がそこにコントロールを及ぼすことは原理的に不可能ではない。依然として中央ないし地方政府は、国民の意思表示である選挙結果に従って信用の創造、担保、強化、そして課税、規制などを執行する能力を手放してはいない。とくに地域色の強い労働力については、国籍、市民権、課税権などを使ってコントロールするという姿勢を崩そうとしないだろう。

　にもかかわらず、多国籍企業や国際金融資本は、徐々に政府のコントロールをすり抜ける能力を蓄え、国家からの自立性を高めてきている。このような資本の力の「越境性」と統治空間の「限定性」というパラドクスが、政治の現実を「統治者と被治者の一致」というデモクラシーの理想から遠いものにしたのである。

　もとより、デモクラシーの理念に従うと、決定権限の保持者に対し、決定の影響を被る人々（stakeholder）への説明責任を負わせなければならない。権力者は無規制のままに置かれるべきではなく、対抗権力や反対勢力を樹立する必要がある。

　つまり、グローバルパワーの規制には、国境を横断して作動するようなカウンターパワーの役割が重要となるのである。その母体を形成するものが「社会運動」や「市民運動」だとみなされ、その組織理念がトランスナショナル・デモクラシーであると考えられた。いうまでもなく、この運動には、とくに左翼や新左翼の知識人や活動家など、これまで各国の枠内で資本への抵抗を試みた人々の多くが合流していた（Amoore et al [2000] pp.110-22）。

　運動としてのこのトランスナショナル・デモクラシーは、アクティヴィストたちによる「サミット会議」などへの抗議行動により衆目を驚かしたのちに、次第にその標的を、グローバル化やグローバリズム、そして暴力的な形でネオリベラリズムの改革を推進する内外の勢力にも向けていった。

　90年代半ば以降、さらにかれらは、受身の姿勢による（reactive）反発や抵抗でなく、積極行動による（proactive）創造やグローバル・ガヴァナンスへの貢献への道を模索してゆく。その結果として生み出されたのが1999年にウィーンで宣言された『グローバル・デモクラシー憲章』（*Charter for Global Democracy,* 1999）であり、運動を集約するために掲げられた目標が、

資本のグローバル化に対抗して「社会のグローバル化」を推進しようという「オルター・グローバリゼーション」や「下からのグローバル化」の運動であった。

Ⅱ　あらたな自己決定主体の探索

　トランスナショナル・デモクラシーの論者たちは，国家政府がネオリベラル思想の攻勢に対して受動的となり，「グローバル化の推進者」として振舞い，いまや公共財の守り手としても，また自律的な行動主体としても弱体化したという認識を共有している。

　『生成しつつあるグローバル・ヴィレッジの法』（*Law in an Emerging Global Village*, 1998. 邦題は『顕れてきた地球村の法』）を著したフォーク（Richard Falk）によると，これまで公共政策の主体であり，デモクラシーの主なスポットと考えられてきた国家は，今日，先進デモクラシー国の政府をも含めて，国民の意思に配慮し公益を促進することができなくなっている（Falk [1998]，邦訳 [2008] 6－7頁）。

　先進各国の政党や政治家にとって，保守政党であるか社会民主主義政党であるかを問わず，どれほど魅力的な政策を公約し選挙で勝利しても，市場やリソースに課される様々な制約からそれらを実施に漕ぎ着けることが容易ではなくなった。トランスナショナル・デモクラシーの推進者にとってこのような事態は，政府が弱体化した証拠というよりも，むしろ政府そのものが国民の庇護者たる地位を諦めて国際資本の出先を演じようとしている証拠に映ったのである。

　「制度化された国民デモクラシー」へのこのような失望が，「オールタナティヴな」政治運動の動源となり，運動を進めてゆく過程においてトランスナショナルな地平が拓かれた。したがって，このデモクラシーの運動を，グローバル化以前に先進デモクラシー各国でみられた，政治屋や官僚の政治に代わる「市民による政治」や「下からの公共空間樹立の運動」の地理的拡大と捉えることもできるかもしれない。

　すなわち，これまで統治の客体（対象）に甘んじていた市民が，「選挙代表を通じて意思を政府に伝達する」という仕組みに限界を感じて，グローバル化による参加機会の拡大を活かした政治の形を模索する。その結果として，脱国家的かつ脱領土的なアクティヴィストの行動ネットワークが組

織され，それが，トランスナショナル・デモクラシーという共通の目的や理念のもとに行動することになった。

このようにみてくると，トランスナショナルなデモクラシー論の台頭は，グローバル化に伴うアイデンティティの噴出や拡散，政治的忠誠心の流動化とも深い関連のあることがわかる。トランスナショナル・デモクラシー論は，その流動化をデモクラシーの危機よりも再興のチャンスと捉え，そこに脱領域的な市民社会再組織化の可能性を見出そうとしている。

トランスナショナル・デモクラシーが注目するのは，極端な個人主義者の傍らに，むしろ最新のコミュニケーション技術を使って遠隔のネットワークを進んで構築しようという人々がいるという事実である。かれらは，単に趣味や友好のためではなく，環境運動，階級闘争，反戦運動，反グローバル化運動などの形での，弱者や犠牲者の間の（ための）連帯にも積極的であった。

国際法学者フォークは，このような「規範的な約束事と情報への接近に基づいて行動する市民のトランスナショナルなネットワーク」に対して，とくにグローバル・イシューズ解決への貢献を期待している。フォークのみるところ，それこそが「国益によるパワーポリティックス」を改善する役割を引き受け，ポスト・ウェストファリア体制への重要な契機を提供するのであった（Falk [1998]，邦訳 [2008] 6－11頁）。

『人間を重視するガヴァナンス』（*On Humane Governance*, 1995）においてフォークは，トランスナショナルなデモクラシーの役割について次のように述べている。

> 望ましい方向への転換が起る可能はある。それが起るかどうかは，トランスナショナル・デモクラシーが成長を止めることなく，能力を蓄え，正しい方向に進んでゆくかどうかにかかっている。それらの勢力は，世界の新しい支配エリートになろうとする必要はあるまい。そうではなくて，支配－搾取というパターンが，やがて公平な，参加型の，説明責任を負った，そして人々の生活を支えるようなオールタナティヴへと置き換わるよう，地政学に頼った既存の主導体制に対して，影響を及ぼし規制を掛けることを目指すべきなのである（Falk [1995] p.36）。

実際に，国内選挙による権力の獲得競争では，いかにデモクラティックな環境でそれが行われたとしても，競合政党や対立候補に勝利するため国際協調よりも国益への貢献を強調せざるを得ない。しかしトランスナショナル・デモクラシーは，たとえば地球環境，人間の安全，人権などの問題領域において，国内の党派性を越えたグローバルな立場から領土政府に特定の政策の採用を促すこともできる。

　問題対処経験の共有と積み重ねにより，地域のレベルであれ，グローバルなレベルであれ，地政的空間にかわる「共治」ともいうべき公共的空間が生まれ，それを支える開放的な連帯意識，その延長としての「グローバル市民社会」（global civil society）が強化される。トランスナショナル・デモクラシー論によると，それはそのままグローバル・デモクラティック・ガヴァナンスの母体と成り得るだろう。

　トランスナショナル・デモクラシーの論者は，この展望をさらに推し進め，ときに各国家や国際機関との連携も視野に収めて，デモクラティックな運動を拘束力を持つ「国際規範」の制定に役立てる，という見通しを抱き始めていた。

　トランスナショナル・デモクラシー論の描く，グローバルな規範制定への貢献とは，グローバル・マーケットパワーや底値競争（race to the bottom）に対抗する「労働スタンダードの確立」の例についてみると，次のようになる。

　まず社会運動は，ILOが制定した規範を基に，メディアとも連携しつつ，規範をないがしろにする企業や国家を「名指しで誉を傷つける」（name and shame）という手法で追及することができる。この場合には，政府間組織である国際機関を警戒の対象とみるのではなく，それらとの，また場合によっては規範を遵守してきた模範国との連携をはかることで，より大きな成果がもたらされるだろう。

　次に，国際機関が規範化という役割を充分に果たしていないと思われる場合には，政府間組織の代表制メカニズムの不備を補う形で，社会運動やINGOが国際機関に情報をインプットする。あるいは，社会運動の側が自ら規範を考案し，道義的な消費者をも巻き込んだ不買運動などによって，企業にそれを守るよう牽制することもできる。

第三に，社会運動は，草の根ロビーをも含めた国家内のロビー活動によって，政府の選択の余地を規範遵守に向けて狭めてゆくことができるだろう。ドレズナー（Daniel W. Drezner）が指摘するように，「大国が協調しない」か「大国間で争いのある」場合に国際規範は実効性を殺がれることが多い。しかし社会運動は，その後ろ向きな大国政府に圧力を行使することで，規範化の阻害要因を取り除くことができる（Drezner [2001] pp.19-31）。

Ⅳ　グローバル市民社会の内包と外延

トランスナショナル・デモクラシーにおける「統治者」と「被治者」とは誰か。またその意思決定者とステークホルダーとは誰なのか。nation を越えた demos による cratia という語の響きから考えると，ともに「トランスナショナルなデモス」ということになるだろう。

しかしながら，そのような想像上の集団，また，至る所でサブ・デモスが競合関係に立つと予測されるような包括的かつ多層的なデモスは，デモスと呼ぶのを止めてそれを市民社会と言い換えたとしても，公共的意思を持ち，同一の問題関心を共有し，自己決定の主体となることができるのか。

法的に資格を決定し得る「公民」ではなく，脱領域的かつ開放的な「市民」をデモクラシーの主体として想定するからには，トランスナショナル・デモクラシー論は何らかの形で市民社会を定義しなければならない。ところが，かれらの論理において市民社会が定義不能なほど過剰な包括性と無限の多様性を持つため，トランスナショナル・デモクラシー論自体にもつねに曖昧さが付き纏っている。

市民社会をデモクラシーの主体に設定することによって生ずる矛盾とは，たとえば，市民社会と同盟関係に立つと期待される消費者やメディアが，マーケットパワーへの抵抗において市民の期待通りには行動してくれないことであった。ムーディーズやＳ＆Ｐなどの「格付け機関」という私的な権威体は，国家に対抗する場合には市民社会の領域とみなし得るが，むしろマーケットパワーを背にしているという意味において，グローバルな対抗パワーたる資格を失う。

さらにグラムシ流の分析を施すならば，ドライゼク（John S. Dryzek）がいうように，メディアもまた市民社会の領域に身を置くことのある一方で，資本にとって有利な環境を築くためのグローバル・ディスコースを再生産

する側面を持つ。そのディスコースとは,「官僚は不効率かつ消費者の敵,また規制は不道徳であり,課税は民間活力を損う」というものであった。

　　国内政治においても,立憲デモクラシーの構想がこの第三そして第四の権力を無規制におくことがしばしばあろう。たとえば,デモクラシーの理論がアイデンティティ・ポリティックスや,ビジネス・エリートによって行使される権力に対処する際に困難に突き当たるのは,それゆえである。企業の宣伝,プロパガンダ,解説者の偏向のせいで,人々は,かれらの利益がエリートの利益と同一であると確信してしまうのだ（Dryzek [2006] pp.162-63）。

　マーケットパワーは,消費者意識や文化レベルという市民社会の深奥まで浸透している。したがって,トランスナショナル・デモクラシー論は,たとえ市民についての最終的な定義を設けないとしても,デモクラシーの主要舞台である市民社会が「マーケット,そして国家とどのような関係に立つべきか」について規範的に問い直し,その暫定的な結論を探し求め続けなければならないのである。

　多くのトランスナショナル・デモクラシー論者たちは,市民社会の内包と外延という問題への解答として,多様性を保持しつつ,コミュニケーションや討議によってイシューごとの合意を模索する「イシューと関わり合いを持つ市民の集合体」という解決を準備している。あるいは,想像上の包括的なデモスという考え方を止めて,A・ネグリ＝M・ハートの描く「マルチチュード」のように,縦横に張り巡らされるネットワークの強化を通じての統合を考えるものもいる。

　しかしながら,このような解釈によってトランスナショナルなデモスが公共的意思に至るという確信を得られたとしても,デモクラシーの広域化や重層化に伴う「政治的な有効性感覚」の減退を食い止めることはできないだろう。

　　もし市民が目の前に無限の数の不定形なユニットを並べられれば,コミュニケーションと情報の費用,したがってコントロール費用は,負担できないほどのものになるだろう。実際に,複合的な政治のシス

テムにおいて，こうした費用は，市民的有効性を損なうほど急速に高くなってゆくようにみえる（Dahl [1973] p.141）。

ダールによると，広範かつ複合的な政体においては，様々なサブ市民社会の中から公共的意思を見出したり，組織したりするのに費用がかさむため，市民は「政治に効果を及ぼせる」という感覚を失ってしまう。人々は，自分の主張や意思が公共のそれとして採用される可能性を，地方自治体や国家にいるときと比べて低く認識するに違いない。

トランスナショナル・デモクラシーに参加し，現に運動に従事している人々が高いレベルの有効性感覚と，それゆえ忠誠を保持していることは疑いない。けれども，最大多数を巻き込みながら持続的な運動としてそれをグローバルに展開してゆくには，デモクラシーの場が有効性感覚とその結果としての忠誠を抱かせる存在であることが決定的に重要となろう。

人間の持つことのできる政治空間の規模に制約があることは，移動やコミュニケーションの範囲に物理的な限界が存在する点からも推察されよう。実際に，そのような境界を越えてしまったグローバルな政治においては，市民相互の，あるいは代表や代理と住民によるコミュニケーションの機会は著しく縮小される。

INGO が組織を拡大するにつれて執行部の寡頭制に悩まされ，現下の国際機構や地域機構が「民主性の目減り」（democratic deficit）という問題を抱えていることを，単にエリート主義的，官僚的な傾向を克服できない証拠としてではなく，意思決定アリーナと市民とで交わされるべきコミュニケーションの，物理的，地理的な困難さの証拠としてみることもできる。

理論上，有効性感覚はコミュニケーションで結ばれる身近な「自決」の枠が制度的に保証された場合に最大化される。したがって，グローバルな市民社会が，その過剰な包括性と有効性感覚の希薄化を克服するには，結局コミュニケーションの可能な「ローカルな運動の磁場」の見直しが必要となるに違いない[2]。

そのように考えると，トランスナショナルなデモクラシーは，運動を制度に移し変えた場合，自決を保持する地域的な共和社会が確保され，それらが集まって「連合」を組織するような政体へ向かってゆくと予想される。なおその場合に，トランスナショナル・デモクラシー論は，地域の市民社

会とグローバルな市民社会の間柄を規定した「補完性原理」の構想という新しい課題と取り組まねばならないだろう。

ところで，市民社会といえども，それが領土の外枠と重なるとき，排除や抑圧の構造を持つことがあった。今日，移民，難民の発生や流入という事態に臨んで，デモクラシーの根幹を成してきた公民権や選挙権などの概念が批判的な脱構築の対象とされていることは，そのことと無縁ではない。

対照的にトランスナショナル・デモクラシーは，「市民と非市民」という二分法の抑圧性を取り除くため，市民社会を領土国家から切断し，市民社会の多層化，市民社会相互の連携，より大きな市民社会への包摂によって，グローバル化時代の難問である移民，難民，市民権へも有効な解決策をもたらそうとしている。とはいっても，そこで再定義された脱領域的な市民社会が，より排除性の少ないデモクラシーを意味するかどうかは，必ずしも自明とはいえないだろう[3]。

たとえば，問題対処のためのガヴァナンスに，イシューと関わり合いを持つ数多くの自発的結社やINGOが参加し，それらの主体がネットワークと討議で結ばれ，国際機関や地域機構，そして国家政府がいわばステークホルダーとしての市民社会の討議結果に配慮するという意味で，市民の公共的意思を反映するようなガヴァナンスが達成されたとしよう。

その場合にも，トランスナショナル・デモクラシーが最も耳を傾けるべき最弱者，あるいは最貧国の人々は，資源や時間の不足によって，あるいは声を上げる方法を知らないことによって，ネットワークや討議から弾き出されてしまうだろう。

さらに，能動的市民がネットワークで結ばれたトランスナショナルな政治への参加インセンティヴは，ほぼ地球の三分の一を占める未だデモクラティックでない政治体制のもとに暮らす市民に対しても及ぶのだろうか。いやおそらく，かれらの大半は，熟議の方法も市民社会の文化にも馴染まないという理由で，実際上そこから排除される可能性が高い。

言い換えると，トランスナショナルなデモクラシーや市民政治がどれほど領域的国家との訣別を謳い，その包摂性と参加者数を誇ったとしても，弱者の声が過少に反映され，権利の表明に長けているという意味での能動的市民，具体的には富裕国，先進国の市民の声が過剰に反映されているという批判をかわすのは難しい。

そのような市民政治は,「能動的でない市民」を包摂するメカニズムが不在であるため,トランスナショナルなエリート・デモクラシーに容易に転化してしまう。そこにおいては,市民社会のうち「ゲームのルールを知り尽くしている」特定のもののみがプレイヤーとなるという意味で,排除が継続されるかもしれない (Stammers [1999] p.77)。

　グローバルな格差を考えた場合に,最貧国家でもその公的な代表が国連総会で発言権や一票を有し,その主権が対等に扱われるよう保証している領域的な「国民国家システム」の方が,より進んだ包摂メカニズムとみなされる場合もあるだろう。この場合は,最貧国の国内でデモクラティックな代表選出過程を実現し,国連におけるその国家の発言権を増した方が,グローバルな排除や周縁化の阻止に貢献するかもしれない。

　要するに,グローバルな市民政治が,それのみで「排除のない」という意味での包括的な権威に発展するとは考えられない。ここには,「グローバルな参加のパラドクス」や「新たな排除」という厄介な問題が生じているのである。

V　トランスナショナル・デモクラシーにおける代表観念の不在

　成員がアプリオリな同一性感覚で結ばれることを前提としているコミュニタリアン・デモクラシー論とは異なって,トランスナショナル・デモクラシーの論者たちは,今日においてもはや同一性を土台とするデモスが成立しないという認識を保持している。

　そこでは,伝統的「市民権」にかわる,多様性をもとにした市民社会の再組織という考え方が提唱される。実際に,アメリカやカナダの連邦制が示しているように,住民の多くが新着移民などによって構成されていたとしても,市民社会という仮想概念によって接合された人々の間でデモクラシーは機能するかもしれない。

　しかしながら,アメリカ合衆国をみればわかるように,連邦制のような複合的な政体においては,多様な利害にフィルターを掛け,多様な意見を「重なり合う合意」という形で集約するため,対話,議会,政党,利益団体,選挙などの精巧な「代表制度」と,宗教,民族,文化,階層に対して「中立とみなされる中央政府」が必要であった。

　中立な中央政府の問題はおくとしても,トランスナショナル・デモクラ

シーの論者たちの多くは，意外なことに代表制度の考案という難問を避けて通ろうとしているのである。たとえばカルドー（Mary Kaldor）はいう[4]。

　グローバル市民社会は，正式に選出された地位にある人々のように，人々を「代表」していると主張することはできいない。しかし，問題は代表というよりも討議にある。議会制民主主義はつねに討議をめぐるものであった（Kaldor [2003] p.140，邦訳［2007］199頁）。

　このことは，包摂性を目指したグローバル市民社会論者が，「対話者の」包摂性を実際上あきらめて，討議の成り行きに身を委ね，あるいは討議に「加わるべき市民や団体」と「加わるべきでない市民や団体」を暗黙のうちに区分けしている証拠と捉えることができるかもしれない。
　いずれにしても，代表制度を設けぬまま同意や妥協の発生を待つばかりだとしたら，社会運動が単なる多数者の政治あるいは「利益団体政治」に陥る危険性は高まる。しかも，グローバルな市民社会の中に企業やマーケットパワーが包含されるとなれば，公益団体とマーケットパワーが同一平面上で競合し，パワーの優劣以外にはその競合を解消する方法がないといった事態に陥るだろう。
　代表制度を欠くグローバル市民社会が利害の対立を必ずしもデモクラティックに解消することができないという問題は，グローバルな労働運動にも妥当する。かつては，先進国の労働者の真の利害が途上国のそれと対立するとは認識されなかった。しかし，今日，両者の利害は真っ向から対立するものとみなされている。
　適切な代表制度というフィルターが介在しなければ，先進諸国の労働者が交渉において優位に立ち，市民社会の公共的理性は富裕国の声で満たされてしまう。トランスナショナル・デモクラシーの提唱する「討議において市民団体が相互に，水平的に権力をチェックし合う」という考え方も意味を失いかねない。
　さらに，トランスナショナル・デモクラシーの目指すのはデモクラティックなガヴァナンスであるところ，マーティン・シャピロ（Martin Shapiro）に従うと，ガヴァナンスの意思決定者において，「中立でなければならない」という意識が大幅に後退し，一方で，ガヴァナンスのプロセスには，

全体を代表するつもりのないような「専門技術者」と「熱狂的運動家」が多く参入してくるという (Shapiro [2001] p.376)。

言い換えると,「公正である」と認識される代表制度を持つまでは,市民社会のネットワークもまた,国際機関と同じようにその決定や政策の正当性について問題を抱えたままでいるということになろう。

もとより,領土的な統治であるガヴァメントにおいては,国民が弱者を含む全領土民が参加し得る選挙によって統治者を監視し,そこに公的な正当性を付与している。外交や政府間会合も,参加者のそれぞれが国民をデモクラティックに代表する限りは,そこに正当性が供給されているとみてよい。

これに比して,グローバル・ガヴァナンスにできる限り多くの市民団体が参画し,グラスルーツINGOに参加する人々に,たとえ「グローバル市民」という自覚があったとしても,かれらが領土的代表である政府あるいは外交団より世界の人々を「正当に」かつ「公的に」代表しているとは言い難い。

グローバル・ガヴァナンスの中核にいて,中立であるべきとされる国際機関や地域機構,そして国際公共団体の場合において,この問題はなおさら深刻であった。それらのデモクラティックな正当性に異議が唱えられる理由は,強力な権限を得ているにもかかわらず,それらが世界の各地域,各階層の人々の意見を満遍なくつまり「公平に」代表することが叶わないからであり,さらにいえば,国際社会で「公平無私」かつ「透明に」意思決定を行うことが難しいからである。

現在,国際機関の意思決定の方法には,①国連の安全保障理事会で用いられている有力国（拒否権を持つ5大国）代表に強い発言権を持たせ,それを各地域の代表が補完する方法,②国連総会で用いられている一国一票制,③責任の分担比率に応じて発言権や議決権を増してゆく加重議決権制度などがある。

加えて,いまだに試みられたことはないが,多数決民主的な代表制度として,各国の人口に比例する形で票を割り当てるという意思決定の方法も,仮想することができなくはない。しかし,いずれの方法を採るにしても,各地域,各文明,各階層を偏り無く代表することは至難といわざるを得ない。

なぜならば，安保理の方法では，有力国や大国が優先され，P-5（常任理事国）が拒否権を持っているからであり，なお一国一票制では，分担拠出金などの義務の果たし方とは無関係に，小国，途上国の意見が過重に代表されるからである。

　なるほど，IMFは，一国一票主義ではなく，各国が同数保有するところの基礎票の上に，主に経済規模や融資への貢献で決定されるクォータの大きい国ほど票が余分に加算されるという「加重議決権制度」を採用している。一見して，負担や発言権とのバランスが計られているようだが，出資義務を果たした国の持票が多いということは，とりもなおさず経済大国ほど発言権を多く持つことを意味する。

　さらに，各国，各地域の人口に比例する数の代表で組織される国際機関を仮想すれば，中国とインド，ないし両国の合意事項がほぼすべての決定を左右しかねないことを考えると，国際社会における「デモクラティックな（この場合は多数決という意味における）代表制度」の考案がいかに難しいかがわかるだろう。

　ここからは，グローバル社会において政治空間を構想すれば，結局その公共の意思を決定する「現実的な方法」は，公共政策に出資する余裕があり，義務負担能力のある富裕な大国やその市民の意見を尊重することである，という悲観的な結論が導かれるかもしれない。また，グローバル公益や人類益とはつまるところ「強者の利益」に過ぎない，という現実主義やノミナリズムの分析，そしてC・シュミット的な異議が妥当してしまうかもしれない。

　しかしながら，ここでわれわれは，デモクラティックといわれる先進国の「国内における」代表制度もまた，様々な改良を加えながら，また新しい意思決定の方法を考案しながら現在の公平といわれる代表制度に辿り着いたという経緯を思い起こす必要があろう。

　つまり，トランスナショナル・デモクラティック・ガヴァナンスにおけるより良き代表制度の模索は，まだ緒に就いたばかりであり，今後の改良如何によって，「考え抜かれた公平性」の観点に立つ代表制度が，あるいは国家以外，たとえば文明，宗教，地域，企業，組合，団体を代表の選出母体とするような制度が生まれる可能性は充分にある。

　「民主性の目減り」を指摘されつつも，特定加重多数決制度，小国優遇原

則，補完性原理，欧州議会の権限強化，欧州委員会と民衆との対話などを実施することで代表制度の改良に取り組んできた EU は，その可能性の一端を示しているのかもしれない。

おわりに

　トランスナショナル・デモクラシー論の台頭の背景とその主張について考察してきた。さらに，トランスナショナル・デモクラシーを分節化し，要素の個々を取り上げて，それが伝統的なデモクラシーの理念と緊張関係に立つ可能性がある点をも指摘した。

　まだ台頭して日の浅いことを考えると，トランスナショナル・デモクラシー論に対して検討を加えれば総じて懐疑的評価が導かれることは，致し方ないのかもしれない。しかし，だからといって，グローバル化の中でもなお国民デモクラシーが最良であることにも，これまでの領域的デモクラシーの側に問題や限界がないことにもならないだろう。

　トランスナショナルなデモクラシー論が多くの難点を抱えているようにみえるのは，リアリストのいうように国家間ないし国際社会が無政府状態にあるからではなく，むしろ，デモクラシーの諸目的が相互に対立しあうからであり，その対立がトランスナショナルな空間においては国内よりいっそう激しくなるからである。そのうえ，エリート主義，官僚支配などの国内デモクラシーの難点が，トランスナショナルな市民社会のレベルにまで持ち込まれ，しかもそこで増幅されてしまうからである[5]。

　容易に推測されるように，参加者の数が増え，活動空間が拡大しているという感覚が成員を支配するにつれて，「公共的意思の発現」という期待や「決定に影響を与え得る」という有効性感覚は逓減する。トランスナショナルな政体である EU に対する，そして欧州議会に対する一部のヨーロッパ人の懐疑的な態度は，その証拠と捉えることもできる。

　この場合，比較的に同質な文化社会において，領域的デモクラシーを実践してきた多数者の忠誠は，とくに減退するかもしれない。しかし一方で，そのような一国の市民社会で「異議申し立てを行ってきた人々」の有効性感覚は増加し得る。むしろかれらの感覚は，広域の連邦制やグローバルな社会運動のなかで最大化するだろう。

　さらに，トランスナショナルなデモスを前提にして，かれらの多数の意

向に沿うようなグローバル政治を構想すれば，国際社会の大多数を占める途上国の立場は改善され，グローバル政治の規範化や格差の解消にも劇的な効果がもたらされるかもしれないが，ローカルな自己決定が危うくされるに違いない。

逆に，少数者に優しく，ユニット間の平等を重視する連邦民主的あるいは多極共存型のトランスナショナル・デモクラシーが追求されれば，地域に根ざすデモクラシーの磁場が確保され，各ユニットの独立や自己決定はよりいっそう保障されるものの，グローバルな合意の形成にさいしては相対的に規模の大きなユニットの拒否権が立ちはだかることになる。

それぞれの事例において，どちらがどれだけデモクラティックかを考えても余り意味がないだろう。それらの矛盾する事例は，むしろトランスナショナル・デモクラシーの真の課題が，国内よりはるかに複雑な，相互に矛盾する諸目的の調整作業である点を暗示している。

いずれにしても，ナショナルな空間を越えたデモクラシーは，①各国家によるデモクラティックな体制へのスムーズな移行，②グローバル・マーケットパワーに対する対抗権力の樹立，③グローバル弱者の意見をより公平に代表させるための国際機構や国際公共団体の改良，④格差や不平等などグローバルなアンデモクラティックな構造の変革，などを組み合わせることによってはじめて可能となる。

してみると，デモクラシーという用語は，トランスナショナルな政体の目標や理念を表すためのスローガンとして，最良とはいえないのではないか。その用語は，国民デモクラシーより複雑さを増すだろう来るべき政体について余りに単純なイメージを抱かせるし，それを求めることによって逆に失われる可能性のあるものについての認識を薄めてしまうかもしれない。

むしろ，デモクラティックの代わりに「正当性を持つ」（legitimate）あるいは「正当化し得る」（justifiable）グローバル・ガヴァナンスとでも命名した方が，分析概念としても理念目標としても相応しいように思われるが，この点についての詳細な検討は，別の機会にゆずることとしたい。

（1） マッグルー（Anthony G. McGrew）は，トランスナショナル・デモクラシーの源流もしくは類型として，①国際機関，国際制度のデモクラティ

ックな改革を提唱するリベラル・インターナショナリズム, ②環境, 貧困, ジェンダーなどの問題について, 被排除者や被抑圧者の越境的連帯を組織しようとするラディカル・デモクラシー, ③地域, 国家, グローバルの3レベルでのデモクラシーの強化を目指すコスモポリタン・デモクラシー, そして④国家を越えたイシューのステークホルダーたちによる対話をデモクラシーの本質と考える熟議デモクラシー, の四つを挙げている。Anthony G. McGrew, 'Models of Transnational Democracy', David Held and McGrew (eds.), *The Global Transformation Reader* (Cambridge: Polity Press, 2000), pp.500-513.

本稿で検討対象とするのはおもに①と③であるが, 付随的に②と④にも言及している。なお, トランスナショナル・デモクラシーとコスモポリタン・デモクラシーの異同としては, アーキブーギ (Daniele Archibugi) の指摘に従って, 後者がよりグローバルな制度の樹立に力点を置いている点を挙げておく。「コスモポリタン・デモクラシーを同種の他のプロジェクトと区別するものは, 前者が, グローバルな諸問題に個人 (彼/彼女が国内で賛同を得ているか否かにかかわらず) の意見が反映されるような制度を創ろうとしていることである」。Daniele Archibugi, 'Cosmopolitan Democracy', Archibugi (ed.), *Debating Cosmopolitics* (London and New York: Verso, 2003), p.8.

（2） トランスナショナルな労働運動ないし社会運動もまた, 持続可能性と動員可能性を得るために, 地域の集合アイデンティティをもとにした, かつ地域における個別問題 (環境, 人権, 安全, 雇用など) の解決を運動目標に据えるような小集団を強化しなければならないだろう。この点については, 次を参照。Byron Miller, 'Spaces of Mobilization: Transnational Social Movements' Clive Barnett and Murray Low, *Spaces of Democracy: Geographical Perspectives on Citizenship, Participation and Representation* (London: Sage Publications, 2004), pp.223-246.

（3） 理論的な厳密さを追求すれば, ここではグローバルな「市民であること」(global citizenship) とグローバルな「市民社会の成員であること」(membership of global civil society) の区別が必要となろう。なぜならば, 政治組織の無いところに「法的に保障される」という意味における市民権は存在しないという理由で, さらに, NGOは相互に「共同体感覚」を持っているわけではなく, またNGOでさえ政府に圧力を掛けられるのはその国家の市民権を得ているからだ, などという論拠からNGOネットワークの築くグローバル市民社会とその効果に懐疑的な論者が存在するからである。Michael Walzer, 'The Civil Society Argument', Ronald Beiner, *Theorizing Citizenship*, New York: Albany, 1995a; *Toward a Global Civil Society*, Providence,

RI: Berghahn Books, 1995b. これに対する反論としては次を参照せよ。Derek Heater, *World Citizenship: Cosmopolitan Thinking and Its Opponents*, London and New York: Continuum, 2002.
(4) 代表制度に関する考察の不在は，熟議によるトランスナショナル・デモクラシーを提唱する論者たちにも共通している。たとえばJ・S・ドライゼクは，デモクラティックな正当性の源流が投票でも代表制度でもなく熟議にある点を力説していた。J. S. Dryzek, 'Transnational Democracy', *Journal of Political Philosophy*, Vol.7, No.1, 1999.
(5) ダールは以下の論考において，「官僚的な交渉システム」ともいうべき国際機関をデモクラティックに組織することは，「エリート政治を根絶する」作業に等しく，コストの膨大さゆえに本来的に不可能であると論じている。Robert Dahl, 'Can International Organizations be Democratic? A Skeptic's View, Ian Shapiro and Casiano Hacker-Cordon (eds.), *Democracy's Edges* (Cambridge: Cambridge University Press, 1999), pp.19-36.

主要引用・参考文献一覧

Amoore, Louise. Et al. 2000. 'Overturning Globalization: Resisting the Teleological, Reclaiming the Political', Michi Ebata and Beverly Neufeld (eds.), *Confronting the Political in International Relations*, London: MacMillan Press.

Archibugi, Daniele. 2003. 'Cosmopolitan Democracy', Archibugi (ed.), *Debating Cosmopolitics*, London and New York: Verso.

Dahl, Robert, and Edward R. Tufte. 1973. *Size and Democracy*, Stanford: Stanford University Press.

Dahl, Robert. 1999. 'Can International Organizations be Democratic? A Skeptic's View, Ian Shapiro and Casiano Hacker-Cordon (eds.), *Democracy's Edges*, Cambridge: Cambridge University Press.

Drezner, Daniel W. 2001. 'State Power and the Structure of Global Regulation', http://faculty.msb.edu/murphydd/CRIC/Readings/Drezner-01.pdf

Dryzek, John S. 1999. 'Transnational Democracy', *Journal of Political Philosophy*, Vol.7, No.1.

――. 2006. *Deliberative Global Politics*, Cambridge: Polity Press.

Falk, Richard A. 1995. *On Humane Governance: Toward a New Global Politics*, Cambridge: Polity Press.

――. 1998. *Law in an Emerging Global Village: A Post-Westphalian Perspective*, New York: Transnational Publishers.（川崎孝子監訳『顕れてきた地球村の法：ポスト・ウェストファリアの視点』東信堂，2008年）

Heater, Derek. 2002. *World Citizenship: Cosmopolitan Thinking and Its Oppo-*

nents, London and New York: Continuum.

Held, David. 1998. 'Democracy and Globalization', Daniele Archibugi, David Held, and Martin Kohler (eds.), *Re-imagining Political Community: Studies in Cosmopolitan Democracy*, Stanford: Stanford University Press.

Kaldor, Mary. 2003. *Global Civil Society: An Answer to War*, Cambridge: Polity Press. (山本武彦ほか訳『グローバル市民社会論：戦争への一つの回答』法政大学出版局, 2007年)

McGrew, Anthony G. 2000. 'Models of Transnational Democracy', David Held and McGrew (eds.), *The Global Transformation Reader*, Cambridge: Polity Press.

押村高, 2008.『国際正義の論理』講談社現代新書

———, 2010.『国際政治思想』勁草書房

———編, 2010.『越える―境界なき政治の予兆』風行社

———, 2011.「グローバル・イシューズに対する倫理的アプローチ：行動すべき主体とその責任」,『平和研究』36号

Risse, Thomas. 2005. 'Global Governance and Communicative Action', David Held and Mathias Koenig-Archibugi (eds.), *Global Governance and Public Accountability*, Malden, MA: Blackwell Publishing.

Stammers, Neil. 1999. 'Social Movements and the Challenge to Power', Martin Shaw (ed.), *Politics and Globalization: Knowledge, Ethics and Agency*, London and New York: Routledge.

Shapiro, Martin. 2001. 'Administrative Law Unbounded: Reflections on Government and Governance', *Indiana Journal of Global Legal Studies*, No.8.

Thomlinson, John. 2002. 'Interests and Identities in Cosmopolitan Politics', Steven Vertovec and Robin Cohen (eds.), *Conceiving Cosmopolitanism: Theory, Context, and Practice*, Oxford: Oxford University Press.

Walzer, Michael. 1995a. 'The Civil Society Argument', Ronald Beiner, *Theorizing Citizenship*, New York: Albany,

———. 1995b. *Toward a Global Civil Society*, Providence, RI: Berghahn Books.

リベラルの夢から醒めて

―フェミニズムの政治と情念―

岡野八代 *

はじめに――リベラルの「夢」

ウォルツアーによれば，リベラルな思想が理想として描くアソシエーションは，規範的な理念としては正しいかもしれないが，社会学的な記述としては誤りである。

> アソシエーションの生活は，リベラルな英雄たち，すなわち，どこに属するかを自ら選択し，市民社会においてある集団から別の集団へと自由に移動する自律的な諸個人たちの所産ではない [Walzer 2004: x/2][1]。

わたしたちの大部分は，自ら選んだわけではない集団――そのことは，排他的・抑圧的であることを必ずしも意味しない――にまず生まれ，自らのアイデンティティをある程度決定され，そしてその集団内で，自らの性格・能力を育成していく[2]。ウォルツアーによれば，リベラルにとっての最高の価値である個人の自由が実現される社会を築いていくためには，実は，リベラルが前提とする自発的なアソシエーション・自発的な帰属という理念，自律的な個人という前提，そしてその前提に基づいた解放モデルの過ちを認めなければならない。そして，むしろ，わたしたちは，非自発的なアソシエーションに否応なく帰属し，各アソシエーションがある社会のなかでヒエラルキーを構成し，したがって，あるアソシエーションに属

---

*　同志社大学大学院グローバル・スタディーズ研究科教授　フェミニズム理論／西洋政治思想史

することによって，不利益や抑圧を蒙っている者たちがいる，という現実を出発点にしながら，自由という理念にむかって，こうした事実といかに向き合っていくかを考えるべきだと提唱する。

ルソーら社会契約論者が提唱したのとは逆に，わたしたちは生まれにおいて自由ではない。社会は，すでに存在する社会的ヒエラルキーを構成している多様な複数のアソシエーションから構成される平等ではない社会であり，わたしたちはそのなかに生れ落ち，それゆえ，不平等な扱いを受けることになるのだ。

> もしわたしたちが，所有と地位のヒエラルキーを，平等ではない社会の基本構造だと考えるとしたら，そのとき自発的でないアソシエーション involuntary association こそが，まさに男女を地位と秩序に縛りつける。だが，リベラルの自律がつねに約束してきたのは，リベラルの自律が束縛を解き放って，個人が選択することや，少なくとも自分が望む地位を獲得しようとすることができるようになること，すなわち自由に移動することができ，また（より格差が少なく）平等な，男女からなる社会を作り出すことであった。こうしたリベラルの約束は偽りであるか，あるいはより適切に言えば，大げさに誇張された約束である［ibid.: 2-3/ 11］。

リベラルがその理論の理想であると同時に，これからの新しい社会を構想しようとするさいの前提としてしまう「自律的個人」という理念は［ex. 岡野 2004: 44-45］，多文化主義の理論家から，マイノリティ集団に対してはより抑圧的に作用することが批判されてきただけでなく，多くのフェミニスト理論家たちも，なぜリベラリズムは男性中心主義的なのか，を検討するさい，批判の的となってきた誤った理念である［ex. Benjamin 1988; Brown 1995; Fineman 2004; Kittay 1999］。

本稿では，ウォルツァー自身も，「否定的なカテゴリーに属することによる不平等のうち最も困難な事例」と指摘する［Walzer 2004: 33/ 59］，ジェンダーのヒエラルキーに埋め込まれている状態が喚起する情熱について，その内実を明らかにし，リベラルな自由・解放モデルを批判しつつ，非－自発的なアソシエーションへの帰属という現実から，現在のフェミニズム理

論が，いかにより平等な自由を構造するための道筋を切り開こうとしているのかを考えてみたい。

　結論を先取りして言えば，「ケアする者とケアされる者のあいだの，対面での相互関係がすべての活動における重要な一要素」とされるケアという営みの実践面での特徴ゆえに [cf. Bubeck 1995: 129]，これまで閉鎖的で，差別的であり，個別的であるとされ，したがって，公的な価値をもつとは認められてこなかったケアの倫理のもつ，社会構想の可能性を明示することが，本稿の目的である。また，その可能性は，グローバルな広がりをもつことにも試論の域を超えないが，若干触れてみたい。

1　非－自発的なアソシエーションへの帰属とジェンダー

　ウォルツァーによれば，〈非－自発的なアソシエーション〉は四種類に分類され，「平等を求めて闘う人々も，自由になろうと闘う人々も」，そうしたアソシエーションの被造物である [ibid.: 3/ 12]。

　第一の非－自発的なアソシエーションを形作るのは，家族的・社会的束縛 familial and social constrains である。わたしたちは，親族集団の成員，国家の成員，社会階級の成員として生まれ，そして男性や女性として生まれる。

　第二の非－自発的なアソシエーションを形作るのは，たとえ人々があるアソシエーションを選択したとしても，その構造とスタイルは文化的にすでに決定されたものである，という事実である。たとえば，いまや婚姻は対等な成人同士の自由意志によるものと多くの文化では観念されているが，しかし，その婚姻が法的に何を意味するか，どのような責任を伴うのかについては，すでに慣行となっている[3]。

　第三に取り上げられるのは，政治的束縛である。グローバル正義論者の一人であるトマス・ポッゲがすでにロールズの正義論の恣意性を，そのナショナリズムのなかにみていたように [Pogge 1989]，わたしたちは誕生と同時に，ある政治的共同体の一員とならざるを得ない。多くのリベラルな議論は暗黙の同意を想定するが，実際に政治的共同体は，ある重要な意味において「ユニオン・ショップ」である [Walzer 2004: 8/ 19-20]。政治的共同体を「束縛」と考えるウォルツァーの指摘が重要なのは，有無を言わさずある一定の領域内のすべての者を強制的に帰属させることによって，

逆に，自発的な選択や決断，他者に参加を呼びかけ積極的活動を喚起する運動を可能にすると論じる点である。「十分に成熟した民主主義はこの場合にのみ可能であり，それを可能にするのが，すべての労働者/市民の強制的なメンバーシップなのである」[ibid.: 9/21]。

そして，最後に，道徳的束縛があげられる。それは，「個人が社会的・文化的・政治的動物としてだけではなく，正しい物事を行おうとする個人としても直面する束縛」であるかぎり [ibid.: 9/21. 強調は引用者]，そのような束縛は存在しないと考える者もいるかもしれない。ウォルツァーが道徳的束縛においてもっとも注目するのが，それが心の内面から自分自身に語りかける声であるという点である。「このアソシエーションに参加すべきだ，あの社会闘争，政治闘争に参加すべきだ，このアソシエーションを見棄てるべきでない」と [ibid. 9/22]。

以上，リベラリズムからみれば自発的なアソシエーションに対する障害とさえみなされる四つの束縛は，ウォルツァーによれば，わたしたちの自由，平等を求める闘争の萌芽として [ibid. 12/26]，より精緻な考察の対象となるべきである[4]。

以下では，以上四つの束縛のうち，第一の束縛と第四の束縛を，フェミニズム理論内の議論に即してさらに論じていくことにする。

第一の束縛に関して，フェミニズムの始まりは，自らが所与の社会のなかで，女性として位置づけられ，女性として成長するといった具体的な個々の経験と切り離すことはできない。もちろん，人種や民族，階級などによって，そして，もっといえば，女性たちが生まれ落ちたそれぞれの環境によって，彼女たちが体現するようになる〈女性らしさ〉は異なっているが，それでもなお，女性と認識され，法的にも女性として承認されることから自由になれる者，あるいは自由になろうとする者は，じっさいにはほとんどいないのが現実である。

この現実は，「女性解放の歴史」として始まると考えられてきたフェミニズムの理論と実践に [水田 1979]，ある困難を強いてきた。以下，その困難の所在について，説明してみたい。

女性であることが，女性たちが抑圧される原因であるならば，では，解放の道は，男性中心主義的な社会を女性であっても差別されない社会に変革するか，女性であることによって外部から押しつけられる〈女らしさ〉

を否定するか，それとも，そもそも女性であることから解放されるかである。このように分節化すると，フェミニストたちはそれぞれ，上記のいずれかの道をとることによって，解放を唱えてきたかのように認識される嫌いがあるが，実際には，この三者の関係は，互いに両立可能，相補的であったり，あるいは，鋭く対立したりもする。

たとえば，女性であっても抑圧されない社会を構想することは，職場や公的領域において，女性扱いされないことを意味するかもしれないし，外部から押しつけられる〈女らしさ〉を否定することは，女性であっても抑圧されない社会を構想するさいの障害となるかもしれない。なぜなら，たとえば身体的な弱さに還元されるような〈女らしさ〉を否定することは，男性並みに強くなければ一人前とみなされないような社会を助長することにもつながりかねないからである。

以上のような，身体性を伴う女性として社会の中に生きざるを得ない者たちが目指す解放は，したがって，歴史的に女性たちが担ってきた営みの価値を再評価し直すことで，既存の価値体系からの解放を唱えるか [cf. Gilligan 1982]，既存の法的・政治的体制を男性支配の構造と捉え，男性への従属からの解放を唱えるか [cf. MacKinnon 1989]，女性であることに起因して強制されてきた性的役割分業を，再生産レヴェルから否定するか [cf. Firestone 1970]，そもそも女であることを止めようとするか[5]，といった道をたどろうとする。しかし，繰り返せば，この四つの道については，いずれかの選択肢ではないし，じつは解放といっても，「わたしたちには逃げ場はないままである。わたしたちは，男性的な象徴界 [言語に始まる，法制度などのシステム世界——引用者補] に閉じ込められていて，壁に自分の頭をぶつけることが運命づけられている」[Cornell 1995: 91]。現代社会における女性たちのそうしたありようを，竹村和子は，21世紀に入り以下のように論じている。

　　これまでのフェミニズムの歴史が，一方で「女」という降格された名前（支配言語から与えられた名前）を脱ぎ捨てようとする試み——つまり名前を否定しようとする試み——と，もう一方でみずからの差異を肯定的・積極的に評価して，「女」という名前を奪取しようとする試み——またそれに加えて，「女のなかの差異」（たとえば有色人種の女）

や「女ではない差異」(たとえばレズビアン)をみずからに与えようとする試み——のあいだで揺れ動いてきたならば，いまフェミニズムが直面している事柄は，こういった試みが，それぞれを志向する個人によってべつべつに分離されているのではなく，それらの動的な混淆を，いままで以上に複雑に重なり合って一人の個人が抱え持っているという現実を，どのように批判分析していくかという問題です[竹村 2001: 78-9. 強調は引用者]。

女性たちにとっての，女性性からの「逃げ場はない」状態，竹村のいう「女」に対する様々な試みを「一人の個人が抱え持っている」状態は，こうして，女性の女性性に対する執着として，さらには皮肉なことに，そうした執着こそが，女性性を表す現象として，否定的に捉えられてきた。すなわち，女性性からの解放を様々な形で試みることが，かえって女性性への固執を生み出すという困難こそが，女性解放をめぐる困難の一つの在り処なのだ。

そして，こうした女性性からの解放をめぐる困難こそが，ウォルツァーのいうように「情熱的な強度を帯びる」ことは [Walzer 2004: 31/ 56]，いうまでもないであろう。さらに先回りして言及しておけば，女性性へと閉じ込められた生を生きることは女性たちに困難を強いるのだが，しかしまた同時に，後に第三節でみるように，女性たちに「対立と抵抗のために一定の場所を提供している」ことは確かなのだ [ibid.: 12/ 26, also see Cornell 2002]。

しかしながら，そうした困難は，哲学，社会理論，政治思想を貫徹するようなさらに深刻な壁として，フェミニストたちに立ちはだかることとなる。

たとえば，男性が支配する公的領域に女性もまた進出することを求めるリベラル・フェミニズムに多くみられた，〈男と同じように女性も働けるし，働くべきだ〉といった主張と，社会において周縁化されてきた女性性の価値を認めようとする文化的フェミニズムに多くみられた〈女性の差異に社会的価値を認めよ〉という主張には克服しがたい緊張が存在する。スタンド・ポイント理論によって克服しようとしたハートソックは[6]，80年代に対象関係理論を参照しながら，そうした緊張について，すでに次のように指

摘している。すなわち，女性が自らの経験や環境から距離をとることが難しい一方で，男性は，日常生活の具体的な世界を超えて，抽象的な理想自我を獲得することができると考えられてきた。男性性の世界と女性性の世界という，「二つの世界の経験は，一方は，抽象的で，なかなか手に入れることが難しいのだが価値があるとされ，他方は，具体的で必然のものであるために，無価値で卑しいとされる。この経験が，一連の二元論の核心にあるのだ。すなわち，抽象的／具体的，精神／身体，文化／身体，理念／現実，恒常態／変化，といった二元論である」[Hartsock 1998: 118-119]。そうした，二元論が社会を貫いている限り，女性は，この二つの世界のいずれかを選ぶよう強制され続けているのだ。

こうした二つの世界の中で切り裂かれた女性たちは，第四の束縛に関しても，やはりある困難を抱えこんでしまう。ウォルツァー自身の道徳束縛の例示は，危機に瀕した共和国の市民は逆に，そうでないときのように自由にそこから退却することができない，という例であるが，本稿で着目したいのはむしろ，具体的な他者との間で女性たちは，退却する自由を奪われる経験をしている，という事実である。

歴史貫通的に，というよりもむしろ，西洋政治思想史上，つまり規範的に女性たちは，家庭内の役割によってその自然を規定され続けた [cf. Okin 1979]。そして，近代主権国家成立と資本制下における近代家族成立以降は，経験上もまた，多くの女性たちは，家庭内での性別役割分業を果たすことによってのみ，生きる術をなんとか獲得してきた。そしてまた，そうした役割を果たすからこそ，公的領域における自律的な市民にはふさわしくない存在として，二級市民扱いされてきた。だが，リベラリズムの理念が浸透し，法の下の男女平等が保障された現在，家庭内における性別役割分業の強制は，リベラリズムの理念としては許し難いこととして観念されるようになった。制度としての婚姻は，あくまで個人の同意にのみ基づくのであり，法的婚姻が性別役割分業を固定化することは許されない。同意に基づく婚姻による夫婦の間にある強制力が働き，妻の意志に反して一定の役割が強制され，それが女性にとっての許容範囲を超えるのであれば，婚姻を解消する自由，つまり，退却の自由が法的に保障されるようになった。

文化的・宗教的マイノリティの集団としての権利をめぐるリベラルの議

論を敷衍するならば［cf. Kymlicka 1995］，退出の自由を認めない婚姻関係もまた，リベラルな社会では許容できない存在である7。しかしながら，こうしたリベラルな婚姻観は，家庭内において多くの女性たちが果たしてきた，そして現在も果たしている役割と，社会における経済的地位のために，女性たちが実際にどのような束縛を生きているかについて，捉え損ねてしまう。彼女たちもまた，ウォルツァーが指摘するように，「心の内面から自分を束縛する声を聞くのであり，その声は，彼女たちが（これまでは）選択したわけではないことを，そして，むしろあえて選択しなかったような，あれこれをするべきだと言う」のである［Walzer 2004: 9/ 21］。

　この道徳の声は，個人に語りかけるので，本人以外には聞こえないかもしれない。たとえば，自分はできればやりたくない，代わってくれる人がいるならば辞めたいと思っている育児や介護，家事を，それでも自分がやらなければ〈他に誰もやってくれない〉という消極的な理由から，家庭内の役割を引き受ける者もいる。それだけでなく，ケア提供者は，自分がその仕事を果たさなければ，ケアを受ける者が死んでしまうかもしれないために，あるときには，自分の欲求を抑え，ケアを必要とする人に寄り添っていなければならないこともある［cf. Kittay 1999: esp. chap 2］。

　たしかに，自分も同意した婚姻から築き上げられた家族関係は，子どもの世話，高齢者の介護，ときには障碍を抱える家族に対する介護など，ある程度は予想したかもしれないものの，はっきりとそれと選んだわけではない仕事を，多くの場合女性の肩に背負わせる。そして，彼女たちのほとんどは個人として8，その責任を自分の責任において果たすべきであるという，まさに文字通り「心の内面から自分を束縛する声を聞く」。

　女性たちは，家庭内においては，自分を内面から道徳的に束縛する声を聞くのであるが，家族からの退却の自由は，経済的な理由から，すなわち，家庭外からの圧力によってもまた，妨げられている。ロールズの正義論に依拠しながらも，配分の正義が家庭内には適用されないことを批判するオゥキンが指摘するように，女性たちの多くは離婚後，その生活水準が下がり，子どもを引き取るならば，公的な保護を受けないかぎり彼女たちの生存が脅かされることも例外ではない［cf. Okin 1989］。現在の日本社会における母親の多くがそうであるように，彼女たち自身の経済力は，世帯主には到底及ばず，世帯主である夫に経済的に依存することによって，生活を

成り立たせているからだ。依存者のケアを担うために，家庭内の誰か（＝ほとんどの場合は，夫）に経済的に依存した状態を，多くのフェミニストたちは二次的な依存と呼んで批判してきた9。

かつてオッキンは，多文化主義は女性の権利を真剣に捉えていないのではないか，と問いかけ，マイノリティ女性は集団から退出する自由をリベラルな社会から形式的に与えられたとしても，マイノリティ男性と同じようにはそうした自由を行使できないことが多い。と論じた［Okin 2002: esp. 207, 216-222］10。だが，伝統的な公私二元論にしたがって，家族をリベラルな社会の外にある集団と捉えるならば，マイノリティ女性だけでなくマジョリティ女性もまた，家族からの退出の自由を行使できずにいるのだ。

2　解放モデルの挫折

多くの先進国ではリベラリズムの浸透によって，とりわけ70年代以降，女性たちもまた，「自分のことは自分で決める」存在，カントの言葉を参照すれば，「自分がよいと思うやり方で幸福を追求してよい」存在，だれも「私にたいして強制的に（その人が他の人の幸福をどのようなものと考えるかという）その人のやり方で幸福にすることなどできない」存在として［カント 2000：187］，法的にも，そして形式的ではあれ社会的にも認められるようになった11。すくなくとも，日本を含め多くの国々の女性たちは，二級市民であることからは解放され，法の下で男性と同じ権利を得て，平等に自由な存在として承認されるようになったのだ。

しかしながら，ウーマンリブを経た80年代，高度資本制の浸透とグローバリゼーションの波，さらに福祉国家に対するネオ・リベラル的な攻撃のなかで，フェミニストたちは第一節でみたように，〈女性であることからの解放とは何か〉をめぐって壁にぶつかるようになる。

たとえば合衆国において，女性は解放されたはずなのに，なぜなおも，多くの女性たちは貧困にあえぎ，働く女性が増えてもその賃金格差は縮小されず，とりわけシングルマザーたちの苦境はそのままに放置されているのか，といった疑念を，「逃げていく平等」として理論的に考察した一人に，エヴァ・キテイがいる12。

キテイによれば，女性たちは男性との平等を求めて闘い，合衆国ではそ

の闘いに勝利したかにみえる。「すべての西洋諸国で，平等の理念によって女性運動が起こり，女性参政権運動として頂点に達した。アメリカ合衆国では，女性の平等権が確立されて三〇年が経ち，その範囲はスポーツから教育，軍隊への参加まで全域に及ぶ。女性の参加は宇宙飛行士から企業の最高経営責任者にまでおよび，いまや労働力のおよそ半数を占める。［…］実に輝かしい成果である」[Kittay 1999: 2-3/ 31-32]。

しかしながら，その成果は，平等を求めて闘ってきた女性たちの平等という理念を裏切ってしまうのだ。なぜならば，リベラリズムの理念の下で平等を勝ち取った後の，女性たちの現実を見ていくと，「実質的な平等へ向かう速度や変化の道筋，成果がもたらす利益が女性間に不均等にしか配分されないといった問題」に苛まれることになるからだ［ibid.: 3/ 33］。平等を求めて闘ってきたはずのフェミニズムが，女性のあいだの不平等を許すのであれば，そもそもフェミニズムが求めた平等とは何だったのか。

こうした疑問から，彼女がまず解明しようとするのが，女性たちの手を平等がすり抜けていく原因である。キテイはこの問題を解くために，リベラリズムの理念である自由と平等が見落としてきた〈わたしたちはみな誰かお母さんの子ども〉という現実13，すなわち，わたしたちは自律的で独立した個人であるどころか，他者に一方的に依存する存在として生まれてくる現実を直視するよう，訴えるのである。

ウォルツアーもまた，リベラルの掲げる「解放モデル emancipation model」が，〈自発的でないアソシエーション〉に属している者たちに真の解放をもたらさないこと，そして，リベラルの解放モデルがそもそも誤ったモデルに依拠していることを批判する。このモデルによれば，女性たちが平等をめぐる闘いに勝利し，もはや女性の解放などと叫ぶ必要さえないかのように現実は記述されるであろう。なぜならば，ウォルツアーによれば，解放モデルの解放とは，以下のような解放であるからだ。

> 彼らは，抑圧の現場で［…］，そして投票所において抑圧者に挑戦する。彼らは，リベラルで立憲主義的なシステムの抑制と均衡の仕組みを利用し，ときには州レヴェルで，ときには国家レヴェルで，議会や裁判所で，あるいは公務員の間で支援を得る。徐々に，だが着実にそうした成員は権限を獲得し，民主的な成功に必要な資源を蓄積し，その成

功から自信を得る。最終的には彼らは，抑圧からだけでなく，抑圧さ
れた集団からも逃れることで解放を達成する［…］彼ら，あるいは彼
らの子どもは，社会的・地理的・政治的流動性をそなえた行為主体で
ある［Walzer 2004: 28-29/ 52-3. 強調は引用者］。

　だが，このモデルは，そうした解放後も「持続する不平等」を理解する
ことができない。このモデルから見れば，市民的平等を獲得した者は，自
らの力で，「社会的・地理的・政治的流動性をそなえた行為主体」であり，
これまで抑圧されてきた集団からは，もはや抜け出しているのである。こ
のモデルによれば，キテイがフェミニズムの理念を裏切る現象と捉える，
女性たちの間の不平等は，行為主体である個々人の能力の問題であって，
集団としての女性の問題としては理解され得ない。
　ウォルツアー自身は解放モデルにとって代わるモデルを提示しようとす
るのではなく，むしろ解放モデルを補足するためのモデルを提供しようと
するのだが，それでもなお，解放モデルの欠点が，「自発的でないものは，
歴史や個人の生活史において自発的なものに先行していること，すなわち，
それは，自由か不自由か，平等か不平等かを問わず，あらゆる社会生活の
不可避の背景である」ということを［ibid.: 18/ 35. 強調は引用者］，真剣に
捉えていないとする点において，先のキテイと関心を共にしているといえ
る。
　そこで，ここからは，「自己の流儀で生きる諸個人からなる社会について
論じようとする試みは，必然的に自己破壊的なのではないか」と考える
［ibid.: 15/ 30. 強調は原文］，ウォルツァーの議論がもたらすフェミニスト的
含意を，ケアの倫理における議論に助けられながら引き出してみたい。そ
うすることで，ケアの倫理は，これまでの多くのフェミニストからも批判
されてきたような〈閉ざされた，私的領域にこそ相応しい〉倫理なのでは
なく[14]，むしろ，わたしたちの社会の構成原理を考えるうえでも相応しい，
他者にも開かれた倫理であることを確認してみたい。

3　ケアの倫理の社会性

　ウォルツァーによれば，たしかにわたしたちの社会には，「自己創造 self-
creation」をしながら，自らの生を，純粋に個人のプロジェクトとして生き

る人も存在している。しかし，いかに純粋に個人のプロジェクトとして自己創造を追求する人にとっても必ず，彼女たち・かれらが選択しなければならなかったような選択肢を，与えてくれた人（＝多くの場合が親）が存在したことは確かである。したがって，「わたしたちは，単に無作為に選ばれた人達から成る社会ではなくて，そのような［親やその親に育てられる子といった——引用者補］人々から成る社会を想像しているのである」［ibid.: 15/ 30-31. 強調は引用者］。

フェミニストたちもまた，ロールズの無作為に選ばれた人びとから成る原初状態ではなく，ウォルツァーが提唱するような，「子どもたちを自由で自己形成する個人へと変えることには，正確には何が含まれるのだろうか」という問いを［ibid］，社会の問いとして投げかけてきた。そしてこの問いは，女性たち自身が抑圧的な制度として最も強く批判してきた家族になお，女性たちが留まり続けたり，そこに価値を見いだしたりする意味を解き明かす窓口となっているのだ。

たとえば，ロールズの一連の正義論をめぐる著作を詳細に検討するなかで，リベラリズムが構想する社会における「平等のイデオロギーは，依存関係の外にいる自律的な個人として人を見ている」［Kittay 1999: 47/ 111］とキテイは批判し，いかに，既存の公的領域（＝ロールズ的な市民たちが集う場）で保障される機会の平等が，依存関係にあるものたちを市民から排除し，それだけでなく，依存労働を担う者たちの価値を評価しない一方で，その労働に，社会の存続を頼ってきたかを強く批判する。

さらに，ウェンディ・ブラウンはリベラルな主体こそが「徹底した男性中心主義者」であるとして厳しく批判し［Brown 1995: 164］，批判の根拠として，再生産労働に携わる人々とその活動をめぐって，正義の射程から排除することによって，社会的には彼女・かれらの活動を現状のままに保守し続けてきた事実を挙げている。依存労働をめぐる様々な議論を，社会正義の射程から，いや社会の構想そのものから排除してきた理由は，皮肉なことに，多くのリベラリストたちが，依存者に対する責任を果たす者がいないかぎり，自律的存在者だけでなく，社会そのものが存続しないことに気づいていたからである。「リベラリズムは，古代アテネの市民たちのあからさまな信念を打ち破るどころか，暗黙のうちに維持しているようだ。すなわち，誰かが奴隷とならなければ，他の者が自由になれない，という

信念を」[ibid.: 156]。

　こうして，多くのフェミニストたちは，自律し，自発的に競合社会へと参入する準備のある個人からなるアソシエーションを社会と考えるのではなく——むろん，そうしたアソシエーションも社会の一部であることは確かもしれないが——，むしろ，女性たちが決して自ら選んだわけではないが，そこに個人の生存だけでなく，社会の存続さえかけられているような，依存関係にこそ，社会関係の原型を見いだそうとするのである[15]。その試みは，リベラルな夢が描いた自律的な個人が自発的に形成するアソシエーションからなる市民社会が，じつは，ブラウンが暴いたように，市民ではない者たちの「奴隷」労働に依存していたことを批判すると同時に，これまでの公的領域のイメージを縮減し，社会をむしろ，依存関係を中心に捉え返す試みでもある。

　しかし，なお母子関係に喩えられることが多い依存関係を，より複雑で広範な他者をも含む社会関係の中心と捉えることに多くの批判があることは確かである。とりわけ，個別具体的な他者への注視，そこから生まれる愛着や愛情，そして一定期間持続するうちに育まれる特別な関係性がもたらす束縛は，一般化不可能な特別な感情を生み出し，それらは義務を超えた利他主義，歴史的には母の愛といった言葉で説明されてきた。

　たとえば，前述のキテイは，トニ・モリソンの小説『ソロモンの歌』を取り上げながら，依存関係をめぐる道徳的問題を論じている。それは，どのようなニーズであれば，他者にそのニーズを満たす義務を課すことができるのか，をめぐる問いである。

　奴隷労働を搾取することで富を得たバトラー家に仕えてきた召使サーシーは，バトラー家の没落以後も，その旧家に残された娘とともにバトラー家の世話をし続ける。サーシーによるバトラー家の物語を聞いていた聞き手が，サーシーが女主人に揺るぎない忠誠心をもっていると誤解したために，サーシーは次のように答えるのだ。

　　お嬢さんは，私が生まれてからずっとしてきた仕事をするよりも，自
　　殺することを選んだと私は言っているんだよ。……聞いているかい，
　　私の言うことを？　お嬢さんは生まれてからずっと，私のする仕事を
　　見ていて，そして死んだ。聞いているかい？　私みたいな生活をする

よりは，と思って死んだんだよ［Kittay 1999: 58/ 139. 強調は原文］。

キテイは，基本的で原初的なニーズ，つまりそのニーズが満たされない限り，誰も生きていけないようなニーズは，道徳的重みをもち，誰もが応えられるべき正当なニーズであるが，まずは，どのようなニーズであれば，必ず他者によって満たされるべきなのかを腑分けする必要があると論じる。そして，そうしたニーズの内実以上に，わたしたちは，「そのニーズを満たすことが道徳的にその人や他者を貶めることがあるということをも知らねばならない」と論じる［ibid.］。

キテイが具体的な例を挙げながら，格闘するのは，ケアの倫理をめぐる誤解，つまり，ケアは利他主義，自己犠牲を必要とするといった認識や，母性愛の名の下で女性にケア労働を強制する自然主義である。たしかに，原初のニーズと彼女が呼ぶ，必ず誰かによって満たされなければならないニーズが存在する。それゆえに，わたしたちは，やはり誰かがそうしたニーズに，責任をもって一方的に応えてあげなければならない。この関係性は，あくまで個別具体的な文脈のなかで育まれる関係性である。だが，そうした関係性が，依存労働を担うことになる者たちに，自己犠牲にまで至る利他主義を要請しているように見えるのは，依存労働を担う者に対する社会的責任について真剣に考えず，むしろ，彼女たちを公的領域から排除された奴隷のように扱ってきた，（男性健常者を基準とする）市民たちの無責任のせいなのである。ケアの倫理とは，ケア関係にある者たちの間の関係性が支配＝服従関係に陥らない，非－暴力的な関係性を維持するための倫理を探求すると同時に，より重要なのは，ケア労働を担う者たちに自己犠牲を強いることのない，彼女たちもまた，ケアに値する者，すなわち，〈誰かお母さんの子どもである〉ことを，社会規範として確立することを目指しているのだ。そして，後者にこそ，ケアの倫理の社会的可能性が秘められている。

私たちが第一義的なニーズと呼んだものを扱うこれらの人々にとってとりわけ問題が深刻なのは，そのニーズをもつ人々が，有無を言わさない要求を行うこと，しかもその要求は依存関係のなかで満たされるものであり，依存労働者が大きな犠牲を払うことになる可能性が高い

からである。依存労働者が引き受けるケアする義務の根拠と，依存労
・・・・・・・・・・・・・・・・・・・・・・・・・・・・・・・・
働者に対する義務の両方が明らかにされる必要がある［ibid.: 64/ 151.
強調は引用者］。

　すなわち，キテイによれば，依存労働を引き受ける者は，依存者を傷づけるかもしれない立場にあることは確かだが，なお，依存者に傷つけられやすい立場にもあり，さらに社会的に問題にされるべきは，依存関係にある依存労働者が，その関係性のなかにある限り，社会的に非常に脆弱な立場に立たされる，という二次的な依存問題なのだ。多くのケア労働者が経験しているように，彼女たちは，依存者のニーズの緊急性から，一時的ではあれ，自らの欲求を棚上げしなければならない状態にある。しかし，繰り返すように，自分の欲求を抑え，他者のニーズを聞きとらなければならない依存関係は，個人の存続と社会の存続に不可欠な背景を形成している。それは，道徳的束縛を感じない，自由な市民にとっては，選択し得る関係性だと妄想できるかもしれないが，自らの来歴を振り返れば明らかなように，社会的にみれば，それは選択の余地ない「背景」である。

　そこで，キテイは，ケアの倫理が公的な倫理として，「第一に，誰かがケアを必要とすることそのものや，ケアが提供される状況が適切であるような関係性に，第二に，ケア提供者の福祉を引き下げることなく誰かをケアできるよう社会的に支える状況に対して，権利を与える」ことを主張する
　　　　　　　　　　　　　　　　　　　　　・・・・・・
のである［ibid.: 66/ 155. 強調は引用者］。

　キテイが提唱する公的倫理としてのケアの倫理は，ハートソックが分析したような二つの世界で切り裂かれていた女性たちに対して，解放を呼びかけるのではなく，むしろ，ウォルツァーが提起する「集団に対するエンパワーメント collective empowerment」に近いといえよう［Walzer 2004: 58］。なぜならば，ケア労働に携わることによってもなお道徳的価値を貶められない方途，あるいは，男性健常者を基準として成立している労働市場にいながらもなお，ケアする権利を奪われない政策，それらを通じて，かつて「女の世界」とされていた世界の社会的価値を高める方法を見いだそうとするからである。そして，それは，これまで男性健常者を主人公とする社会ではなく，まさに女性たちの経験上紡がれてきた営みを中心に社会を考える，一種の革命思想だともいえるのだ。

フェミニズムは，一つの革命的なプログラムである。なぜならば，それは，あらゆるヒエラルキーのなかでもっとも深刻で，もっとも堅固なヒエラルキーである，ジェンダーのヒエラルキーを転覆する試みであるからだ。それは，支配関係において男性の位置に女性がとって代わろうとする試みではなく，支配そのものを克服しようとしている。ケアの倫理によって評価されるケアは，相互依存の世界において遠くの他者をも配慮することができる（し，ケアが正当化されるためには，そうあらねばならない）。それは，あらゆる人の権利が尊重され，かれらのニーズがみたされることにも，気を配ることになる（し，そうあらねばならない）［Held 2006: 66］。

むすびにかえて
非－共同体論的なケアの倫理から，グローバルな正義論の可能性へ

　ケアの倫理は，これまでの多くのフェミニストからも〈閉ざされた，私的領域にこそ相応しい〉倫理であると批判されてきた[16]。また，通常，ケアの倫理とは，個別具体的な，しかもケアを必要とする者とケアする者との非対称的な関係性ゆえに，普遍的な抽象的原理とは相いれないために，国家の構成原理とは相いれない——あるいは，補完する原理として認められたとしても，ジェンダー規範を強く帯びざるを得ない——，と論じられてきた。しかし，グローバル化する世界の文脈に目をうつしてみるなら，それはむしろ，わたしたちの社会の構成原理を考えるうえでも相応しい，他者にも開かれた倫理であることが見えてくる［cf. 岡野 2005][17]。

　たとえば，グローバル化のなかでのケア労働者——いうまでもなく，その多くは女性たち——の大量の移民行動は，ケアする・される者たちの関係性を維持するための社会的責任を社会正義の議論の射程内に入れることなしには，社会正義は成立し得ないとさえいえる状況が顕著となっている。また，じっさいにケア労働移民として外国に移住し，彼女にとっては外国人家族という親密圏のなかで，ケア労働を行う——他人の子どもに対して，自分の子どもに与えることができないような，愛情を注ぐ（＝「心のグローバルな移植」［ex. Kittay: 2008］）——者たちは，国境だけでなく，言葉も文化も伝統も共有し得ない者たちに，一種の忠誠心を示し始めるのであ

る。そうしたことから見いだし得るのは，ケア関係には，国家であれ，民族や人種であれ，既存の共同体の境界を超え得る情念や，ある種の忠誠を育み，新たな社会性を構想しうる萌芽をどのような状況にあっても生みだす契機が内包されている，という事実である。

その意味では，ケア関係こそがもっとも排他的で，親密圏内でのみ可能であると考えられてきたがゆえに，国家の構成原理には相応しくない，と考えられてきた通説は覆され，むしろ，ケアの論理に内在するこの越境性こそが，主権国家においてケアの倫理のもつ価値が不当に貶められてきた理由ではないか，と主張するのは，あまりに穿ちすぎであろうか[18]。

ケアを巡る一般論がいかに，わたしたちの社会を見る目を曇らせてきたのかについて，ジョアン・トロントは次のように述べている。

> わたしを含め，多くの研究者は，ケアは概して私的だと論じてきた。今ではそれは間違っていると考えているのだが，わたしはこれまで，ケアとは一般的に，政治以上の，あるいは政治以下の場に相応しいと論じてきた［…］。つまり，一方で，ケアは政治の一部にしては，あまりにつまらなく，凡庸だから，政治的ではないと論じてきた［…］。他方では，ケアは，政治の一部にしては，あまりに崇高・高貴 exalted で，したがって，政治を越える慈愛の領域により相応しい，と論じてきたのだ［Tronto 2005: 141］。

だが，トロントによれば，外国人をそもそも排除し，ケア労働に従事し始めた国内の外国人たちの搾取に無関心でいられる「市民」こそが，普遍的な原理ではなく，偏狭で parochial 局所的な local 原理に基づいているのだ。すなわち，「公的な存在」としての市民に相応しい徳とされた「正義」は，そもそも他者との共存を可能にする社会を構想しようとする原理としては，相応しくないのではないだろうか，と正義の倫理に根本的な疑義を呈しているのである。

先述したウォルツァーが論じたように，ケアの倫理もまた，「わたしたちは，単に無作為に選ばれた人達から成る社会ではなくて，そのような［親やその親に育てられる子といった——引用者補］人々から成る社会を想像しているのである」［Walzer 2004: 15/ 30-31. 強調は引用者］。

そして，義務論的であれ，功利主義的であれ，リベラリズムの原理が適用される範囲をむしろ限定的に捉え，ケアという営みによって育まれる道徳，人格，そして行動規範をより一般的な社会理論に適用するべきだと唱えるバージニア・ヘルドは［Held 2006: esp. 43］，権利や尊厳の尊重は，配慮しなければならない他者への気づきがなければ不可能であり，それを根本的に支えるものこそが，ケア関係であると主張する。以下のヘルドが掲げる一見単純なケアの倫理の一大目標は，フェミニズムの政治の射程の広さと可能性を伝えているはずである。

> ケアしあう社会 a caring society においては，す・べ・て・の・子・ど・も・のニーズに注意を向けることが，主要目的となるだろう。そして，そのようにすることは，共同体の構成員たちが本当に必要とする，経済的で，教育的な支援と，子どもの養育支援や医療支援などを提供する社会構成を要請することになるだろう［ibid.: 136. 強調は引用者］。

このような目的を掲げるケアの倫理によって，自ら選び取ったわけではない——しがたって，ある意味で強制的な——，政治体制・非対称的な他者との関係性・親密な関係性といった布置のなかに置かれてしまっている現状から，他者への配慮をともなった（決して，愛情という盲目な熱情ではないような），グローバル社会の一員としての責任感が芽生えてくると論じることができはしないだろうか。

（1） 本書の訳語については，齋藤・谷澤・和田訳『政治と情念』（風行社）を参考にさせていただいたが，文脈に応じて，筆者自身が訳している部分もある。
（2） 非−自発的な共同体への注目は，ウォルツァーも同書で指摘するように，ウィル・キムリカらに代表されるマルチ・カルチュラリズム論における文化的共同体と政治的共同体の区分や，リベラルな正義論を文化的に構築される差異に着目することで批判した，アイリス・ヤングらの差異の承認論と関心を共有している。なお，ロールズ『正義論』においても，わたしたちはまず，自ら選んだわけではない，所与の社会構造の中に生れ，育つことから議論が始まってはいる。だからこそ，かれは，そうした所与の不平等の構造の偶然性に左右されることのない，個人の自由を平等化する

ような，公正な社会の原理を導き出そうとする。しかし，所与の社会構造からいったん解放され，所属するアソシエーションを自由に選択できること，という理念は，本稿で後に見るように，解放後も残り続ける不平等を説明できないし，また，フェミニズムにとってさらに深刻なのは，この理念を掲げる限り，じつは，理念の下で構想される社会の前提（＝自律的個人こそが社会の構成員であると，前提してしまう）としても働き続ける点で，一部の者たち，とくに依存関係にある者たちにとっては，常に抑圧的に作用する。

（3）ウォルツァーも指摘するように，婚姻の意味を揺るがしかねないゲイ・カップルの社会的承認もまた，婚姻という制度に組み入れられることを求めることが多い［Walzer 2004: 7/ 18］。

（4）ここで，ウォルツァーが参照する例は，ナンシー・ハーシュマンが考察する，ヴェールを被るムスリム女性たち自身の声である。ハーシュマンが文脈に即したムスリム女性たちの声から明らかにするところによれば，「自分自身による自己統制，外的な束縛の不在，個人の重要性」といった自由をめぐる理念を，西洋社会同様に，ムスリム女性たちも共有している。しかし，異なるのは，ムスリム女性たちは，自由の主体を「血縁や共同体，文化的伝統，社会構造や関係性のなかに位置づけており」，それゆえ，「欲望の形成と欲望に基づいて行為する能力は，ある決定的な契機であるというよりむしろ，一つのプロセスのなかの一部分にすぎない」と考えるのである。ハーシュマンは，そうした複雑な文脈のなかで形成される主体認識と自由の観念を理解することなく，文脈から別個独立したかのような自由の主体の立場から，ヴェールを被るムスリム女性たちを批判することを厳しく戒めている［Hirschmann 2003: esp. 192-198］。

（5）管見では，単純にそもそも女であることを止めよう，と主張するフェミニストは存在しない。ただ，社会構築主義，ポスト構造主義の理論を経た現在では，「女性は存在しない」と主張したラカンの議論の可能性を探求しようとする，フェミニストたちは存在する。つまり，〈男性ではない，なにものか〉として女性を定義し直す，現存するなにものでもない，未だ分節化不可能で定義不可能な者として女性性を捉えることに可能性を見いだすフェミニストたちは存在する［cf. Cornell 1995］。コーネルによれば，象徴界には女性は否定形としてのみ存在しうると主張した，「ラカンの分析は，フェミニズムが頭を打つ障壁について，考えることを助けてくれ，それゆえ，わたしたちが何に対して闘っているのかについて，異なる考え方を提供してくれている」［ibid.: 1995: 91］。

（6）ハートソックのスタンド・ポイント理論とは，フェミニズムとマルクス主義が出会う中で考案された重要な方法論の一つである。しばしば，と

りわけ日本において，女性の立場にたって主張することが本質主義として批判される現状は，このスタンド・ポイント理論についてあまりに考察されてこなかったことにも起因しているように思われる。

　スタンド・ポイント理論は，「交換と生産」，「抽象的なものと具体的なもの」「外観と本質」といった二元論の克服といったマルクスの議論を継承し，女性が置かれた状況は「純粋に自然なのか」「純粋に社会的なのか」と問うような，誤った二元論を否定しようとする立場である。歴史認識としても，物質的な意識の規定（「存在が意識を規定する」）という点から，性別役割分業の歴史の中に埋め込まれた女性は，男性の意識とは異なる意識をもつという点が強調される一方で，しかし，女性もまた，男性中心主義的な社会の中で生きていることには違いないことも同時に指摘される。スタンド・ポイントとは，単に利害関係を持った者の偏向した見方（＝虚偽意識）ではなく，ある特定の状況にある社会に「関わっている，という意識 the sense of being engaged」に着目する [Hartsock 1998: 107]。

（7）　スーザン・オッキンによれば，リベラルでない宗教的・文化的集団に対して，特別な集団的権利を認めるのか，リベラルな法規制の一部を免れることを許容するのか，といった多文化主義をめぐる議論は，リベラルの中心的価値をどこに置くかをめぐる議論として大きく二つに分類することができる。一方は，リベラルの価値を個人の自律に見いだそうとする議論，他方は，リベラルの価値を，多様な生に対する寛容に見いだそうとする議論である。しかし，いずれの議論にも共通するのは，それがリベラルの価値に基づく集団的権利の擁護であるかぎり，集団から退出する個人の権利は，いかなる集団的権利にも優先されることを保障している点である [Okin 2002: 205]。

（8）　「個人として」という点をここでは，強調しておきたい。道徳的束縛は，内面の声が聞こえない人には，存在しないからである。ウォルツァーが批判するリベラルの社会構想からすれば，それは，単なる個人の選択であり，したがって，その結果は個人の責任である。なぜならば，その関係性から退出する自由は保障されているにもかかわらず，なお，その関係性にとどまろうとするからである。ただ，親子関係においては，法的に退出の自由が確保されているとは言いがたく，また，刑法上保護責任遺棄罪が存在することを考えればそれは，道徳的束縛ではなく，法的拘束である。ただ，ここで問題としたいのは，直接的な子育てに関わる負担の多くは，父親でなく，なお母親が担っているという事実である。また，父親の育児放棄は，社会的に許容される――それどころか，育児を担う男性は，社会的に称賛を浴びる――が，母親の育児放棄に対する社会的バッシングは非常に根強いものがある。

(9) たとえば，［牟田 2010］，［Kittay 1999］，［Fineman 1995］．
(10) マイノリティ男性に比べ，マイノリティ女性にとって，集団からの退出がなぜ困難なのか，については，教育環境，婚姻制度と離婚制度，そして性別役割分業に基づく女性の社会化という三つを，オゥキンは挙げている。すなわち，リベラルな議論からすれば，非リベラルで不寛容な集団であっても，かれらを取り囲むリベラルな社会に脱出できる権利さえ保障されていれば，かれらが集団内で生き続けることは彼らの選択であり，したがって彼らの自由は保障されている，と論じる。しかしながら，オゥキンから見れば，女性に対して抑圧的な集団内で女性が生きているかぎり，そもそも，集団から退出する自由は存在しないのだから，そうした集団が存続するという事実において，退出する自由という個人の権利が侵されていることになる［Okin 2002: 229-230］．
(11) 女性たちがいかに，カント的な自律的存在として認められなかったか，そして，そのことに対して，女性たちもまた自律的な存在であることを理性に訴えて主張した最良のテクストは，やはり，ウルストンクラーフト『女性の権利擁護』であろう。カントに代表される自由観をいかにウルストンクラーフトが共有していたかについては，以下のウルストンクラーフトの言葉に顕著に表れている。「立法者として，是非次のことを考えて下さい。男性は，自分の自由を求め，そしてまた自分自身の幸福に関しては自分で判断することが許されるべきだと主張しますが，その時に，女性を服従させるということは，たとえそれが女性の幸福を増すのに最も良く工夫された方法だとあなたが堅く信じていようとも，筋が通らないし，かつ不正ではないでしょうか？」［Wollstonecraft 1995: 69/ 17］．
(12) また同様の関心の下でマーサ・ファインマンは，家族法の分野から，女性の二次的な依存に関して論じている［cf. Fineman 1995, 2004］．
(13) 『愛の労働』の鍵概念である〈みな誰かお母さんの子ども〉は，以下のような問題意識の下で提案された概念である「私たちは，女性の経験を真剣に考えるために，フェミニストが掘り起こしてきた人間生活と人間関係についての真実を表現するための概念が必要である。再びウォルツァーを引用するなら，平等の夢は，自分たちが住む社会の基準と価値観によって形成され，その価値観と基準は，大部分が権力を持つ人々によって形成される。もっぱら女性が依存者のケアを担う社会では，彼女たちの正義の要求は，これらの基準と価値観によって形成された平等の領域の外に追いやられるだろう。/ これが正しいとすれば，どうすればいいのだろうか。［…］女性は，他者を支えケアし育むといった理念を放棄し，子どもを産み育てることを拒否すべきだろうか。もし女性たちがそうしたならば，どうなるだろうか。誰が子どものケアをするのだろうか。人をつなぎ養育す

る社会のニーズや社会の結束はどうやって生じるだろうか」[Kittay 1999: 18/ 58-59]。

(14) フェミニストの立場から，自律性や自己中心的であることの重要性を論じながら，ケアの倫理の限界を論じたものとしては，[Koehn 1998] があり，以下の点で詳細にケアの倫理を批判的に検討している。①ケアの倫理がいかに，限定的な規範力しかもっていないか。②他者のために語ることができる，との過信から，ケアの倫理がいかに，他者の個別性を奪っているか。③個性を生み出すために必要な自律性や自己決定に対して，ケアの倫理がいかに不十分な関心しか寄せていないか。

(15) たとえば，次のようなジェシカ・ベンジャミンの議論を参照。「社会活動を，交換・計算・支配といった対象に引き下げてしまった合理性は，実際には男の合理性であると，私は考える。社会レベルで見た合理化とは，ジェンダー的に中性で，一人の家来も持たぬように見える外見のもとで，ジェンダー支配形態の舞台を設定することである。[…]女らしさを心理的に放棄すること——依存と相互承認の否定を含む——は，慈しみと間主観的な人間関係を，女と子どもの私的・家内的な世界に追放してしまうことと一致する。[…] このように，社会全体の合理化は，社会生活の中の真に「社会的」であるものを否定するという，皮肉な結果をもたらすのである [Benjamin 1988: 184-185/ 251-252. 強調は引用者]。

(16) ケアの倫理をめぐる両義性について，とりわけフェミニストからの批判については，[岡野 2005] を参照。

(17) たとえば [岡野 2005] では，ケアの倫理を繕い repair という営みに関わる倫理と考え，国家中心主義的な正義論を超え得る，修復的正義と結びつけたスペルマンの議論を検討した。

(18) たとえば，スーザン・オゥキンによる，フェミニズム政治思想の古典と呼んでよいであろう『政治思想のなかの女』を再読すると，近代以前より，政治哲学者たちが心を砕いていたこととは，家族をいかに政治的共同体の論理に従わせるか，であった。とくに，オゥキンによるプラトン『法律』と『国家』の読解により極めて明らかになるのは，「かつて自立的な存在であった氏族集団に向けられていた家族の忠誠心」をいかに，国家という政治的共同体へと振り向けていくか，であった [Okin 1979: 33/ 25. cf. 牟田 1996]。古代ギリシャにおけるアンティゴネーの悲劇はまさに，忠誠心の相克のパラダイムを表現していたのであり，「家族は明らかに社会的不和をもたらす要因となり，国家にたいする市民的忠誠心への潜在的脅威」だったのである [ibid.: 34/ 26]。したがって，その事態を深刻にとらえたソクラテスは，家族と私有財産の廃棄を唱えるが，その後の著名な政治思想史家たちによって，時代錯誤的に——当時の，同性愛の実践と，情緒

的な結びつきは軽視され経済の中心地であった家族の在り方については無視するかのように——，男女の異性愛を前提とする家族の廃棄がいかに自然に反するかが繰り返し唱えられるようになる。

参考文献

Benjamin, Jessica 1988 *The Bonds of Love: Psychoanalysis, Feminism, and the Problem of Domination* (NY: Pantheon Books). 寺沢みずほ訳『愛の拘束』（青土社，1996年）。

Brown, Wendy 1995 *States of Injury: Power and Freedom in Late Modernity* (Princeton: Princeton University Press).

Bubeck, Diemut 1995 *Care, Gender, and Justice* (Oxford: Clarendon Press).

Cornell 2002 *Between Women and Generations* (NY: Palgrave). 岡野八代・牟田和恵訳『女たちの絆』（みすず書房，2005年）。

——1995 "Rethinking the Time of Feminism," in Benhabib, Buter, Cornell, Fraser, *Feminist Contentions: A Philosophical Exchange* (NY: Routledge).

Fineman, Martha 2004 *The Autonomy Myth: A Theory of Dependency* (NY: The New Press). 穐田 信子・速水 葉子訳『ケアの絆』（岩波書店，2009年）。

—— 1995 *The Neutered Mother, the Sexual Family and Other Twentieth Century Tragedies* (NY: Routledge). 上野千鶴子監訳『家族，積みすぎた方舟——ポスト平等主義のフェミニズム法理論』（学陽書房，2003年）。

Firestone, Shulamith 1970 *The Dialectic of Sex* (NY: Bantam Books). 林弘子訳『性の弁証法』（評論社，1972年）。

Gilligan, Carol 1982 *In a Difference Voice: Psychological Theory and Women's Development* (Cambridge: Harvard U.P.).

Hartsock, Nancy 1998 *The Feminist Standpoint & Revised other Essays* (Boulder, Oxford: Westview Press).

Held, Virginia 2006 *The Ethics of Care: Personal, Political, and Global* (Oxford: Oxford University Press).

Hirschmann, Nancy 2003 *The Subject of Liberty: Toward a Feminist Theory of Freedom* (Princeton: Princeton University Press).

カント，イマニュエル 2000 北尾宏之訳「理論と実践」『カント全集 14 歴史哲学論集』（岩波書店）。

Kittay, Eva 1999 *Love's Labor: Essays on Women, Equality, and Dependency* (NY: Routledge). 岡野・牟田監訳『愛の労働あるいは依存とケアの正義論』（白澤社，2010年）。

——2008 "The Global Heart Transplant and Caring across National Boundaries" *The Southern Journal of Philosophy* XLVI.

Koehn, Daryl 1998 *Rethinking Feminist Ethics: Care, Trust and Empathy* (NY: Routledge).

Kymlicka, Will 1995 Multicultural Citizenship: A Liberal Theory of Minority Rights (Oxford: Oxford University Press). 角田・石山・山崎監訳『多文化時代の市民権──マイノリティの権利と自由主義』（晃洋書房，1998年）。

MacKinnon, Catharine 1989 *Toward a Feminist Theory of the State* (Cambridge: Harvard U.P.)

水田珠枝 1979 『女性解放史』（筑摩書房）。

牟田和恵 1996『戦略としての家族』（新曜社）。

── 2010 「ジェンダー家族と生・性・生殖の自由」岡野八代編『自由への問い 7 家族』（岩波書店）。

岡野八代 2004「法＝権利の世界とフェミニズムにおける『主体』」和田・樫村・阿部編『法社会学の可能性』（法律文化社）。

── 2005 「繕いのフェミニズムへ」『現代思想』第33巻第10号。

Okin, Susan 1979 *Women in Western Political Thought* (Princeton: Princeton U.P.). 田林・重森訳『政治思想史のなかの女──その西洋的伝統』（晃洋書房，2010年）。

── 1989 *Justice, Gender and the Family* (NY: Basic Books).

── 2002 ""Mistresses of Their Own Destiny": Group Rights, Gender, and Realistic Rights of Exit" *Ethics* 112/ 2 (January).

Pogge, Thomas 1989 *Realizing Rawls* (Ithaca: Cornell University Press).

竹村和子 2001 「フェミニズムは新しい時代に入った」『大航海』（7月号別冊）。

Tronto, Joan 2005 "Care as the Work of Citizens: A Modest Proposal" in ed. by M. Friedman, *Women and Citizenship* (Oxford: Oxford University Press).

Walzer, Micheal 2004 *Politics and Passion: Toward a More Egalitarian Liberation* (New Heaven: Yale U.P.). 齋藤・矢澤・和田訳『政治と情念──より平等なリベラリズムへ』（風行社，2006年）。

Wollstonecraft, Mary 1995 *A Vindication of the Rights of Women*, edited by Sylvana Tomaselli, (Cambridge University Press). 白井堯子訳『女性の権利の擁護』（未來社，1980年）。

強制される忠誠
―フィランソロピーとリベラル・ナショナリスト―

越智敏夫＊

1. はじめに

　2011年3月2日，日本の野党である自由民主党は「国旗損壊罪」という犯罪を新設する刑法改正案を国会に提出する方針を決定した。各種の報道をまとめると「日本を侮辱する目的で日章旗を焼却，破損したら2年以下の懲役か20万円以下の罰金を科す」という主旨とのことである。またこの刑法改正案は自民党単独ではなく，「民主党や公明党など他党にも協力を呼びかけ」ることによって成立をめざすとも報道されている。さらに報道では「自民党は『君が代』の替え歌など国歌への侮辱に刑事罰を科す改正案も検討している」という記述も見られる[1]。この法案が成立するかどうかは不明だが，この刑法改正案の意味について考えてみたい。本法案には現代政治における忠誠に関するある特質が表現されているように思えるからである。

　まず日本の国旗に関しては，日章旗への好悪という個人的感情はどうあれ，「国旗及び国歌に関する法律（通称，国旗国歌法）」が1999年に成立した以上，係争中の裁判も多くあるものの，あの日章旗を国旗ではないと主張することはかなり難しい。問題はそれを焼却，破損することが犯罪となる意味である。他人の財産である日章旗を焼却すれば当然それは「器物損壊罪」の対象となる。自分で購入あるいは作製した日章旗を燃やした場合には，その焼却の方法等があからさまに危険なものでなければ，これまでの刑法では犯罪とはならないだろう。ところが自民党案ではこの自分の財産を勝手に焼却するという行為も犯罪となる。

＊　新潟国際情報大学情報文化学部教授　現代政治理論

国旗損壊に関して，現在の刑法では他国の国旗を損壊することは犯罪となる。刑法第92条「外国国章損壊等」は，「外国に対して侮辱を加える目的で，その国の国旗その他の国章を損壊し，除去し，又は汚損した者は，2年以下の懲役又は20万円以下の罰金に処する」と規定している。しかしこの条文は第4章「国交に関する罪」に属していることから，外交上の利益を損なう可能性を考慮して外国国旗を損壊する行為を犯罪と定めていると解釈されるべきであり，だからこそ第2項として「前項の罪は，外国政府の請求がなければ公訴を提起することができない」と規定されている。さらに，この刑法92条成立時（1947年）には日本の国旗は存在しなかったので，日章旗の損壊は本条項の対象になっていない。そのため現在でも自国の国旗損壊は刑罰の対象にならない。そこで自国の国旗の損壊を犯罪とするためには新たな法律を制定する必要があるというのが自民党の認識なのである。

　今回の自民党試案と刑法92条にはある共通する表現がある。「外国に対して侮辱を加える目的で」と「日本を侮辱する目的で」という点である。ところがこれらの表現では侮辱という行為とはどういうことなのか不明確なだけでなく，ある行為の目的を侮辱だと判断する主体についても不明確である。さらには「日本を侮辱する」という表現における「日本」の実体もわからない。ナショナルなものに関わるものであろうことは想定できるが，その実体が政府なのか国家なのか，それとも社会なのか日本国籍をもつ人間集団なのか。この自民党試案では法律の条文が何を意味するのかが曖昧なまま，個別具体的な行為だけが処罰されることになっている。

　また侮辱という行為には，その対象を批判する姿勢がかならず含まれる。逆にいえば，なんらかの対象を批判しようとする姿勢は，その対象を侮辱したと解釈される可能性がかならず生じる。したがって「日本を侮辱する目的」をいっさい禁止することは，日本を批判すること自体への牽制，威嚇ともなる。そしてその判断は国家権力がおこなう。国旗を損壊すること，また国歌の替え歌を歌うことが国家によって犯罪とみなされるというこの論理の前提にはどのようなものがあるのだろうか。

　特定の政府が全市民によって支持されることは絶対にありえない。政治に不完全さはかならず存在し，市民は政府を批判しつづける。しかし民主主義社会においては市民による政府への批判は，政治をよりよい状態に変

革する起点として重要なはずである。ところが自民党による「国旗損壊罪」をめざす刑法改正案ではその市民の批判的姿勢が，ナショナルなものを根拠に否定されている。

　さらにその国家への批判的精神を，国旗の損壊，あるいは「君が代」の歌詞を変えて歌うという身体的行為によって判断する。沖縄の市民が米軍基地問題に対する本土の人間の無関心に対して憤るという精神状態だけであれば，国家権力も処罰の対象にはしない。ところがその憤りを国旗の焼却で表現しようと沖縄の市民が身体を動かした瞬間，それが刑事罰の対象となる。ロック・シンガーの忌野清志郎がどのような価値観をもっていようが犯罪ではないが，ライブの会場で「君が代」の歌詞を変更して歌うと犯罪となる。このような方法で市民の批判的精神を否定することは何を市民に要求するのか。

　精神のレベルでの反ナショナリスティックな思想は国家権力によっては判断のしようがない。そこで国家に対して批判的な市民の精神状態は，行為のレベルで判断されるしかない。各人の思想は外部から視認できないが，行為は確認が容易である。しかしもっとも重要な点は，そうした批判的行為をしないという消極的な姿勢が国家によって評価されるということにある。つまり市民の批判的精神の有無を批判的行為の視認によって判断することによって，逆に国家への忠誠という精神状態が社会内で称揚されるようになっているのである。

　こうして現代の市民社会においてさえナショナルなものへの忠誠を国家権力がなるべく具体的に規定しようとする。そのうえでそれが共有されることによって社会的倫理として機能しはじめる。本稿ではこのナショナルなものへの忠誠の強制と社会的に共有された倫理の強制について考察するが，以下の部分ではまず民主主義論とナショナリティの関係について論じたい。

2. リベラル・ナショナリズム

　現在議論されている民主主義論においては，その主要な論点は既存の政治社会内における民主主義的な領域の構成に重点がおかれている。つまり研究する主体が民主主義的だと想定する条件を社会の構成要件とし，それらの維持・発展を構想するものである。しかし現実の政治社会の変動を考

えると，民主主義的な諸制度が機能不全に陥る時空間を特定しその態様を論じることにも重要な意義が存在すると考えられる。

たとえば既存の民主主義体制においてナショナリスティックな運動が唐突に勃興し，それまで安定していると見られていた民主制度が危機に瀕することはひろく見られるとおりである。そうした状況は機能不全に陥ったそれぞれの民主制度の個別の問題として考えるべきではなく，各制度の崩壊を可能とする市民社会の構造的問題と把握するべきである。さらに重要なのはこうした市民社会における民主主義の脆弱性の発現が多くの場合，ナショナルなものをめぐって起きているということである。

市民社会におけるナショナルなものの発現は，個人的行動の規制，あるいは内面への介入という形をとる。それは多くの場合，国家権力への忠誠の表明の要求として，また一元的倫理の国家的強制として個人の行動を規制する。しかしそうした国家権力の圏外においても，郷土愛，友愛，伝統などの諸概念のもとでナショナリスティックな運動が勃興し，個人の行動がそれらによって規制される状況も出現する。

しかしその一方でナショナルな枠の存在が民主主義を可能にしているとも説明しうる。その枠を前提とした国民国家という制度の利用によって，大規模な人間集団へ民主主義を提供することが可能となった。それはまずナショナルな枠を前提にして市民資格を持つものを限定し，その限定された者のみを対象として民主主義的制度を確立したのちに，その枠を徐々に拡大していくというものである。さらにその民主主義的制度を安定させるためにナショナルなものを活用すべきだという主張が現れる。つまり民主主義を機能させる場，あるいは枠組みとしてナショナルなものの機能を評価する立場である。熟議民主主義との関連でいえば，熟議そのものではなく，熟議のための言語空間や社会的構成を維持するものとしてナショナルなものが期待されている。このようなリベラル・ナショナリストの見解はナショナリズムの一形態というよりも，民主主義論の一形態として考えられる。なぜならば彼らの議論においては，ナショナルなものが自己目的化しておらず，民主主義の安定性を向上させるための枠組みとして想定されているからである。

ウィル・キムリッカ，デイヴィッド・ミラー，ヤエル・タミールといった論者たちによって展開されているリベラル・ナショナリズムでは，各論

者のあいだに主張の差異があるのは当然である。しかし彼らに共通するのは，ナショナリズムを非合理なものとして全否定せず，その内在的論理を抽出し，民主主義との両立可能性を探る，という主張であるように思われる。

しかし彼らが主張する具体的な「リベラル・ナショナリズム」はそのようなものとして肯定的に一般化できるのだろうか。たとえば，タミールの主張において英米的リベラリズムは確かに理念的に丁寧に語られている。しかしネーションに関しては，それが具体的にはイスラエル政府，およびユダヤ人国家の正当化のなかで語られているのであって，その点を考慮するとタミールの思想的立場はリベラル・ナショナリズムと表現されるよりは「リベラル・シオニズム」と評されるべきである[2]。この場合のリベラルという呼称も，その単語によって形容されるシオニズムを主張する際の西欧への言い訳のような機能を果たしている。タミールにとっては自分自身がリベラルであることよりも，シオニストであることの方がはるかに重要なのである。パレスチナとの共存を可能にするリベラリズムを選択せず，リベラルな装いをもったシオニストであることを選択しているのである。リベラルな論理を根拠としてパレスチナ人の抑圧を肯定するという主張を「リベラリズム」と呼ぶべきなのだろうか。

この点においてタミールのナショナリズムは，ナショナルな単位を形成する際の「他者の排除」という点を看過している思想であるように思われる。たとえばタミールが民族問題を解決する方法として提示している「複数ネーション主義」という観念も，それ自体は理想的なものとして構想されているが，現実的には単一国家において民族集団同士が対立状態に陥る可能性が高いにもかかわらず，その危険性については充分に論じられているとは言い難い[3]。したがって，ナショナルな帰属意識が自由や平等といった民主主義的理念とどのように関係を持ちうるかという点に関する理念的考察のみならず，ナショナルな単位による自己決定権の確立や，リベラルな理念とナショナルな理念との現実的接近についてもより具体的な考察が必要となるだろう。

国民国家成立後の民主化において，市民資格を確定したうえでその枠を拡大しつづけることによって民主主義を享受する人口を拡大させてきたということは，逆にいえば常に「非市民」をつくりつづけることによって民

主主義を成立させてきたということでもある。その非市民となる他者に関してタミールのようなリベラル・ナショナリストはどのように対応するのだろうか。

また彼らが主張する民主主義の安定化のためのナショナルなものの必要性に関しても，その民主主義の安定性そのものをさらに論じる必要があるだろう。「安定した民主主義」と表現しても，実際にはその安定は社会統合の安定であり，より具体的には統治機構としての政府の安定性を意味することが一般的である。そのような体制下で国家権力や政治指導者は「統治不可能な世界」という恐怖を常に煽りたてることによって政府への服従を強制し，みずからの正当性を主張する[4]。

しかし現在の先進資本主義国において社会統合の危機という状態がどのようなものかは明確ではないし，さらにはそうした状態が本当に存在するかという点についても不明確である。政府やその政策が批判されることは広く見られるが，その主張の延長線上に統合自体を否定，破壊しようとするような主張はほとんど存在しない。民主主義体制の安定にしても，それは社会秩序の安定とほぼ同義であり，その秩序はナショナルなものの影響力によってのみ成立しているわけではなく，社会慣習や刑罰制度，徴税制度といった複合的なものの総合的な規制力によって成立していると考えるべきである。したがって，もし民主主義の危機が存在するとしても，その危機を回避する方法はナショナルなものによってのみ可能となるわけではない。

また言語的統一のような社会的特徴をナショナルなものとして肯定的に評価し，その点からナショナルなものを民主主義の必要条件とする主張も多い。しかし実際の政治社会では言語的統一が存在しなくても政治統合が成立している多言語国家のような例は多く見られるとおりである。以上のようなリベラル・ナショナリズムに付随する問題について，ここでは先に述べたようなナショナリズムにおける「他者」の問題を端緒としてナショナルなものを語ること自体の意味について考えたい。

3. 召喚される他者

自分たちのナショナリティを語るとき，私たちは自分たちとは異なる他者の像を必要とする。一般化していえば，私たちは「自分が何者であるか」

ということを単体で議論する能力を持っていない。「自分たちはこの点において誰々とは異なる」という差異の指摘からしかはじめられない。そのための他者を必要とする。

　しかしその他者はある条件を満たした特定の他者である。まずその存在さえ知らないような他者は必要とされない。自らが語りたい自らの特性を論証するために必要とされる他者である。それは地理的な距離とは関係がなく，さらに自らと何らかの共通点をもつ他者である。良いものとして自分たちが主張したいアイデンティティの一部を目立たせるためには，他の部分は近似的なものであったほうが望ましいからだ。

　たとえばそうした他者として，アメリカ独立時の植民者にとってのイギリス本国，明治維新以前の日本にとっての中国，あるいは戦後日本にとってのアメリカ合衆国などが挙げられるだろう。そうした他者の像を措定しないで，ナショナルなアイデンティティは形成されえない。自分たちが望む自画像を語るための対象物が常に必要とされる。またそれらのナショナリティは他者を材料として語られるが，自らのナショナリティは常に「忘れていたことを思い出す」という形式をとる。あるいは自らの集団性を過去の経験をもとに語り始める。

　そうしたナショナリティが過去に実在したかどうかは明確ではない。より正しくは「そういう集団性が過去にあった」と現在語っているのである。ベネディクト・アンダーソンが主張するようにナショナリティは存在していなかったものをあったかのように想像することによって成立する。その意味でナショナリティは語られることによってのみ成立するのである[5]。

　しかしナショナリティは常に語られなければならないのだろうか。世界中の人間が常に時間と空間を超えて集団的自我を問い続けてきたのだろうか。こうした「自分とは何か」を問う状況は常に生起するわけではない。個人的体験としては，「自分とは何か」を問う日常が継続するとすれば，それは一種のノイローゼ状態ともいえるだろう。ふだん，私たちはそうした問いを持ち続けるわけではない。社会的にも「私たちは誰か」という問いが発せられるのは非日常的な政治状況においてである。

　政治家はそうした非日常を作り出すことによって自らの権力行使を正当化する。しかしその非日常性が強制されるたびに私たちが応答する必要はない。もしそうした状況になったとしても，私たちにはなぜナショナリテ

ィが眼前で語られているのか，その理由と目的について考えるべきである。誰が何の目的のためにナショナリティを語っているのか。その意味において，「民主主義のためのナショナリズム」という表現も含めて，「ナショナルなものは有益」であるという表現自体がナショナリズムの中心をなすと考えるべきである。ベンジャミン・バーバーも主張するように共同体に依拠した主張は「現在の慣習への鋭い批判と同時に，家族の価値と伝統的に調整機能を果たしてきた制度とに依拠する保守的イデオロギーをも呼び出す」ものである[6]。

さらにバーバーは共同体に依拠して政治社会の統合を主張する場合の危険性について，「結束はもちろんそれに付随して階層性，排他性，画一性をもたらす」と指摘し，その根拠として，常に「共同体は権威を必要とする」こともあわせて主張している[7]。「消滅した古い共同体の『新たな』再来は，元の共同体以上に問題を孕んでいるかもしれない」のである[8]。

したがって，民主主義とナショナルなものの関係が問題になっている状況において本来必要なのは，民主主義に有用だとしてナショナルなものを日常生活のなかに発見しようとすることではなく，ナショナリズム自体をどのように民主主義によってコントロールするべきかという方向性ではないだろうか。

そのための予備作業として重要になるのが共同性をもとにして忠誠が強要される際の態様の検討だと思われる。そこで以下の部分では市民に対して自発的な国家への忠誠を要求する具体的事例としてアメリカにおけるフィランソロピー philanthropy の観念について論じたい。この観念によってアメリカ社会における市民の「自発的忠誠」の論理が説明可能となると思われるからである。

4. 自発的忠誠としてのフィランソロピー

アメリカにおいては独立後の政府の機能に限界が多く，そのために体制を維持し，より良く発展させるために私人が公的な役割を分担せざるをえなかったとリプセットは述べている。その結果としてアメリカにおいて特殊に現われたものがフィランソロピーだとされる。フィランソロピーはリプセットによれば社会規範であって，道徳でも宗教でもない領域であり，特にそれは西欧におけるフラタニティ（友愛）fraternity の観念と対照的な

相違を見せる9。

　近代西欧社会において宗教改革の過程でプロテスタンティズムはフラタニティを内面化したといえる。信仰のみの救済こそが価値のあるものであり，寄進や善行という外部に現われる救済は二次的なものとされたのである。その結果，各人の人間性の完成と社会の進歩が人間にとっての二大目的となった。ルソーやカントが主張したような人間性と進歩の観念がフラタニティを人道主義のもとで理念化させた結果，近代社会におけるフラタニティの観念が教育や政治といった社会制度のイデオロギー的な主導観念にまで高められた。西欧においてはそれまでのギルドや徒弟職人の遍歴制度がしだいに廃止されたが，労働者や職人の間でのフラタニティの伝統は存続した。それが後に労働組合を産出し，政治活動や社会活動の基盤となる一方で，弱者救済の機能が国家主体に徐々に求められるようになった。

　ところがアメリカにおいては強力な中央政府の存在が容認されず，同時に教会による政治的支配が拒否されたため，こうした中世的なフラタニティの観念が新種の社会組織と結びついたとリプセットは述べる。こうして弱者救済の主体がアメリカにおいては国家ではなく，民間のなかの社会奉仕団体として成立していったのであり，それが「世話役の原則 the doctrine of stewardship」と結びついた結果，単なる「施し」ではない，自発的慈善団体による新たな共同性がつくられたという10。

　この点についてフレデリック・ターナーの流れをくむアメリカ革新主義歴史学者のマール・カーティによれば，近代的なフィランソロピーの理念はカトリック修道会が列強の海外植民地帝国建設に協力しはじめたときに世界的規模の意義をもつようになったという11。それはまた英国国教会やルター派，モラヴィア教徒，クエーカー教徒などがインドやアメリカ大陸を植民地化する過程でプロテスタントの側での対応ともなっていった。しかしヨーロッパ外でのフィランソロピー事業はいつでも帝国主義的，あるいは宗教的と自覚されていたわけではないとカーティは指摘したうえで，それらの例としてジョージア州を建設したジェイムズ・オグルソープと，フィラデルフィアでのベンジャミン・フランクリンを列挙している。

　オグルソープの場合，ジョージア州建設時の事業は宗教的意識から開始されたものではなく，負債の返済が不可能となって投獄されていた人々を更生させようとする人道主義的な意識にもとづいていた。フランクリンの

場合も，彼がフィラデルフィアでおこなったフィランソロピー活動は，純粋に人々の自助を推進するためのものであって，宗教的観点からおこなわれたものではなかった。

さらにカーティによれば，フランクリンがこうしたフィランソロピー活動をおこなうなかで，基金獲得のための実践的方法が具体的につくりあげられ，メディアや印刷物の利用さえも必要となることが認識されはじめたのである。このフランクリンのフィランソロピー観念は「富は各自が自由に使用できる所有物ではなく，良い目的のために賢明に使用するよう神から委託されている」というキリスト教的観念を世俗化し，民主化したものだとカーティは指摘する。それらがその後人道主義的な改革として継続し，慈善運動や貧しい人々のための施設建設などへと発展していくのである[12]。

しかしこの運動の発展の背景には19世紀アメリカにおける，ある中産階級的確信があった。それは「貧困は個人の欠陥であって，単純な援助や施しは援助される者のためにならない」という確信である[13]。したがってアメリカにおいて慈善運動は，単純な「施し」ではなく「貧困者の自立のための方法の提供」となっていったのである。

こうしてフィランソロピー事業は政府への不信感と混合しつつ巨大化していき，民間における自発的利他行為がさらに強調されることになった。その結果，社会的，経済的な成功者は次の成功者の準備をする義務をもつと認識されるようになった。さらに19世紀後半のアメリカの資本主義的発展はそうした運動に投下される寄付金額を極度に増大させた。

カーネギーやロックフェラーといった成功者たちは，他の個人の自己実現のためにみずからの獲得した財力を使用するべきだと考えていた。アメリカにおいては各種の財団が彼らによって設立され，まずコンサートホールなどが整備されていった。ニューヨーク，マンハッタンのカーネギー・ホールは大衆によるクラシック音楽の消費のためにつくられたものであり，それは富裕層がオーケストラを個人で召集し，家族や友人知人のために開催するコンサートとはまったく異なった公共空間となった。大衆はカーネギー・ホールでの低価格のコンサートに接することで社会階層を上昇するための教育を受けることになったのである。そうした大衆の教育のための場を提供する義務は国家ではなく富裕層が負うべきだと考えられていた。

そうした理念はコンサートホールだけでなく，19世紀後半，ロックフェ

ラーなどの財団によって全米各地に作られた大学にも同様に具現化されている。コーネル，ジョンズ・ホプキンズ，ヴァンダービルト，ヴァッサー，イーストマン，スタンフォードなどである。また勤勉で有能，野心的な人々を支援する義務も成功者は負うとアンドリュー・カーネギー個人は考えており，図書館，美術館，プール，職業訓練施設なども財団によって提供されていった[14]。

　その後，20世紀に入りアメリカにおいても西欧諸国と同様に福祉国家型の政治が発展する。特にニューディール期以降，政府主体の公的な社会福祉事業は大きく前進するが，それでもなお，このフィランソロピーの観念は，先に社会的に成功した者が後からその競争に参加する者の自助努力を補助するという自発的な協同行為として継続してきた。さらにアメリカにおいては1936年の所得税法改正によって各種財団への寄付や財産贈与が免税の対象となったため，第二次世界大戦後，各種の慈善事業にかかわる財団はいっそう増加，活性化したのである。

　こうして「慈善財団は政府が介入するのが困難な領域に介入することによって，福祉社会実現のために国家を補完する」という認識がアメリカでは成立した[15]。リプセットによればこうしたフィランソロピーの協同性は現在のアメリカにおいても，社会的貧困層や福祉受給者に対する公的な福祉予算の増額ではなく，彼らにたいする私的援助をおこなうセクターへの減税措置を要求する運動に見られるように，基本的理念に変更はないまま継続している[16]。この運動が意味するところを単純に表現すれば，貧者を救うということを名目に，富裕層に対する減税を要求しているのである。

　こうしてフィランソロピーはアメリカにおける自助努力の尊重という社会的倫理の一部を構成し，その自助努力が社会的成功に結びつく機会を人々に提供することになった。大衆社会における国家機能の著しい拡大を防止し，主体的な市民による互助的な社会の構築がなされているとはいえるだろう。しかしこれは見方を変えれば，国内の貧富の格差を政府が容認，放置し，その事態さえも市民によって支持されるということでもある。社会的弱者や経済的貧困層の救済は本来なら政府によって担われるべきものである。

　体制内で制度化しているとはいえ，フィランソロピーのような民間の「善意」に期待する救済はその救済される者に自助を要求する点において倫

理的といえるだろうか。さらに大きな問題は，その政治的機能の側面からみればフィランソロピーは市民にそうした「倫理」を強制する一方で，政府に期待される機能を縮減しつづけることに貢献してきたという点である。

　この点に関してカーティはラインホルト・ニーバーの次のような警句を引用している。「重大な社会的危機に関連した問題の解決を自発的慈善 voluntary charity にゆだねようとする巨大な偽善が生み出されるのみであり，利己的な人々が自分たちは非利己的だと自認することになる。」[17]フィランソロピーは，政府の能力の欠如を民間が補完するということを前提に，政府負担の軽減を公認しつつ，それでもなお体制としてのアメリカは貧者も見捨てないという虚偽的な「安心感」を社会内に醸成し，体制への忠誠を要求してきたのである。

5. 左翼ナショナリズム

　フィランソロピーが果たしてきたような「自発的忠誠」の理念化は，アメリカ社会においては他の領域にもみられる。たとえば左翼思想のなかにも市民に対してナショナルな共同体への忠誠を要求する論理も見られる。それは先述したリベラル・ナショナリズムとも異なる位相において，社会への忠誠が強要される論理である。そこで以下の部分ではそうした主張の例としてリチャード・ローティの論考を中心に考察してみたい。

　まずローティにとってアメリカ左翼は大きく二つの流れに分類される。ひとつは「改良主義的左翼 reformist left」であり，それをローティは高く評価する。それは1910年代から50年代にかけての労働組合のメンバーシップを中心とした行動主義的な左翼であり，デューイ的，プラグマティズム的なものである。この改良主義左翼とは1900年から1964年のあいだに「弱者を強者から守るために立憲民主主義の枠組の中で奮闘していたすべてのアメリカ人」の包括的呼称である。より具体的には「ニューディール連合 New Deal Coalition」のもとに集合したような左翼が想定されており，重要なのは社会変革を確実かつ現実的に推進することである[18]。彼らは「＜右翼＞が恐れ憎んでいたほとんどの人々」を指すが，ローティはこうした一群の人々を包括的に概念化することによって，マルクス主義者がアメリカ左翼とリベラリストのあいだに引こうとした境界線を消去しようとする[19]。

　ローティにとって第二のアメリカ左翼は1960年代以降の「文化左翼 cultural left」である。そしてかれらを「傍観者的」だと批判する。ローティによれば「1964年以前のアメリカにおいて，社会におけるひどい不平等は立憲民主主義制度を利用することによって正すことができる」と＜非マルクス主義者的アメリカ左翼＞は団結していた。ところがベトナム戦争がこの＜非マルクス主義的左翼＞を崩壊させたとローティは批判する[20]。つまり改良主義が消滅し，左翼思想は非現実的な革命主義へと変化したと批判するのである。たとえばSDS(Students for a Democratic Society民主社会のための学生連合) も当初の「抵抗」から「改革」へと組織目標を変更し，さらには「革命」へと発展的方向転換した結果，毛沢東主義へ接近し直接暴力の肯定にいたったとされる。

　この転換点においてローティはC・ライト・ミルズやクリストファー・ラッシュの見解を完全に否定する。ミルズやラッシュはベトナム戦争を反共・冷戦の最終段階だからこそ，ベトナム戦争に反対するためには反共産主義でない左翼を形成する必要があるとした。しかしローティは自らを戦闘的反共左翼だとしたうえで，そのスターリンに対する戦いは合法的で必要なものだったとする。ラッシュの基本的な考え方はローティの言う改良主義左翼は単に資本家の主張を受け入れ，体制の批判力そのものを失った操作的で管理主義的な自由主義へと堕落しているというものである。ラッシュにとってはベトナム戦争やアフリカ系アメリカ人への差別は，ローティ的な改良主義で解決できるものではなく，アメリカ政治体制の構造的な根本問題の必然的顕現だったのである[21]。

　その後のローティは反スターリン的，反ソビエト的左翼の可能性を追求する。ローティにとって「革命は幸運にも成功しなかったために，革命を標榜する人々が実際に獲得したものも，結局は改良主義的なものでしかなかった」のである[22]。文化左翼たちは経済を語ることをやめ，それまでのマルクスからフロイトに依拠するようになった結果，彼らは60年代の新左翼の後継者として「差異の政治学」「アイデンティティの政治学」「承認の政治学」を語り始めたとローティは述べる[23]。そしてそれらの専門科学における学術用語は「金持ちに対する貧しい者の闘いというおなじみの闘争とは異なる運動を記述する言葉として登場した」のである。ローティはそれらの運動には反対しないが，それらが「新たな種類の政治実践」であるとは考えていない[24]。

デューイに従いながらローティは「特殊状況を支配する一般概念という論理」を否定する。つまりローティにとって眼前の具体的な問題を解決することだけが重要なのであり、その目的のためには一般概念は不都合であり不要である。「概念を問題にすることによって社会制度をくつがえそうとする最近の試みから、少数の優れた書物が生まれてきた」のは事実だが、その試みからスコラ的な哲学的思索の「最悪の典型」が何千も生み出されてきたとローティは批判する[25]。

したがってローティの解決法は単純である。第一にアメリカの文化左翼は理論について議論するのを停止すべきだと要求する。第二にアメリカの文化左翼はアメリカ人であることの誇りを結集すべきだという。つまり改良主義的左翼を再評価し、そのことによって「国家に対する誇りと国家に対する希望」を増大させるべきだとするのである[26]。「ポストモダン・ナショナリスト」としてのローティとしては当然の帰結かもしれない。ローティがアメリカという国民国家の枠組みに執着するのは、「自分が邪悪な帝国に住んでいるということがわかったら、自分の国に責任など持たなくなり、人類に対してのみ責任をもつようになる」からである[27]。

6. 統合への闘争

こうした左翼リベラリズムによる歴史への執着、あるいは歴史による共同性意識の回復という方法論への回帰の背景として、いわゆるネオ・コンサーバティブの側がある種の国際主義的立場を強く選択しはじめたという事情も勘案されなければならない。60年代アメリカにおいて左翼は人類の共通性を信じ、右翼は階級や国家に分断された人間の差異を前提にしていた。前者は人類総体に関するインターナショナルな理解を獲得することによって全世界的進歩を希望し、後者は各政治社会に固有の伝統や共同体的紐帯によって秩序を形成しようとした。ところが現在では後者がグローバル・マーケットなどという用語を利用しながら世界を語っている、つまり人類に共通の人間の言葉で語るのは右派の人間であり、左派は普遍性や近代啓蒙主義を疑っているのである。たとえばアーヴィング・クリストルは従来のアメリカ的価値に拘泥することなくアメリカ政府は国際関係において外交政策を遂行すべきであって、そのような場においては「多文化主義的アメリカ主義」も否定すべきだと述べている[28]。

以上のような保守派の国際主義への対抗として，ローティの「アメリカ主義」が成立していると見ることもできるが，以下の部分ではアメリカへの忠誠を要求するリベラリストの立場について，ローティの公私二分論との関連をもとに考察したい。

　まずローティは公的なものを追求することが人間としての本性であるという「人間に共通した本性」主義を虚妄とする。したがって必要なのは「公共的なものと私的なものとを統一する理論への要求を棄て去り，自己創造の要求と人間の連帯への要求とを，互いに同等ではあるが永遠に共約不可能とみなす」べきだとされる[29]。ローティにとって公的領域は私的領域とは隔絶したものであり，個人の価値観をすべて排除した領域として設定されるべきものである。つまり公正や連帯を求める公的領域と，自己実現を求める私的領域をはっきりと区別すべきだという。

　この公私二分論としてローティが使用するのは有名な「バザールとクラブ」の比喩である[30]。公的領域として想定されているのは弱肉強食の世界とほぼ同義のバザールである。それに対して私的領域として想定されているのは親密圏としてのクラブである。そしてそのバザールを包囲する多くのクラブという世界観が提示される。人々はそれぞれ私的な自己実現のために，趣味，気質を同じくする排他的なクラブに所属し，そのうえで各自の必要に応じてバザールに参加するのである。

　以上の二分論を前提にして，公的領域においてローティは「リベラリスト」を自認する。彼にとってリベラルとは偶然性の承認であると同時に，残酷さを否定する感情の交流を意味する。ジュディス・シュクラーを引用しながら「残酷さ cruelty」と「苦痛 suffering」の縮減という最低限の原則を守っていくことが重要視される[31]。

　また私的領域においてローティは「アイロニスト」を自認する。ローティによれば人間は自らを正当化するための「終極の語彙 final vocabulary」をそれぞれが保有するが，アイロニストとはこの自らの「終極の語彙」を疑い，他者の語彙を容認することができる人々のことである。つまり自分の信念以外を信じる者の存在を認める人々のことであり，それは他者との接触によって自己変革の可能性も認めるような人々のことでもある[32]。したがってこのアイロニーの対極にあるものが「常識 commonsense」だということになる。

しかし既述したようにアイロニストとしてのローティは，同時に「国家に対する誇りと国家に対する希望」を増大させるべきだと主張する。ここにおいてローティのアイロニズムはエスノセントリズムから逃れられない。その点に関してローティは以下のように述べている。

> エスノセントリズムの呪いは，「人類」あるいは「すべての理性的な存在者」といった最大限の集団をもちだせば解けるものではない。（略）そ・の・よ・う・な・集団に自らを同一化しうる人は誰もいない。その呪いを解くのはむしろ，それ自身を拡張し，さらに大きな，いっそう多様性に富むエトノス ethnos を創造するのに貢献する，「われわれ」（「われらリベラルたち」）のエスノセントリズムなのである。ここでいう「われわれ」は，エスノセントリズムに疑いを抱くところまで到達した人びとからなる「われわれ」である[33]。

このエスノセントリズムに懐疑的な「われわれ」によって構成される「多様性に富むエトノス」というのは一種のコスモポリタニズムである。その意味において，ナショナルな共同体の連帯を否定する日常的な実践が要求されるのではないか。さらに国家としてのアメリカの利害が世界全体に影響を与え，また世界全体からアメリカが利益を得ている状況を考えると，この「われわれ」はアメリカ人を主体として形成可能なのだろうか。それが実現するとしても，それは世界政府というよりはアメリカ政府の権限を世界規模へと拡大する要求となる可能性が高いのではないだろうか。

リベラル・アイロニストを自称するローティの立場は，エマソンからデューイへといたる超越論哲学とプラグマティズム的方法論の混交としての手法を継承する者として，自己の集団的な政治的正当性を疑うための方法や契機として評価しうる。しかしそれが現実の政治態に置かれたとき，それはどのように機能するのだろうか。そこに政治文化の革新という方向性はありえるのだろうか。ローティの論理は「苦痛」にあえぐ人々を「他者」として想定しないという点においてリベラルではある。しかし「われわれ」と，その当の「苦痛」にあえぐ人々を分けている現実そのものを懐疑するという視点が欠けているように思われる。

たとえば苦痛を経験する人々はその自らの苦痛を他者に見せることによ

って，その苦痛そのものを成立させている制度の欺瞞性を，その制度を承認している人々に対して示すことができる。それは既存の政治統合によって生じている苦痛を示すことで，統合そのものに対する闘争の必然性を示すという手法である。ガンジー，キング，マンデラといった人々がとったこうした手法は，苦痛のあり方を見せることで，その統合の正当性の低減をうながし，その統合によって分けられている人々のあいだの境界を疑わせる。こうして差別，被差別の関係に立つ二者のあいだに，既存の政治統合を超えた連帯の可能性がかろうじて見えはじめる。こうした手法はエスノセントリズムを否定し，各政治文化の自己反省性をうながすようなものとなる。

　ローティのリベラル・アイロニストとしての方法論にこうした自己反省性がどこまで期待できるだろうか。たしかにローティの公私二分論は国家が保持する主権に対する懐疑を投げかけるものでもある。その意味において国家権力内の下位組織の政治的権能を尊重するものであって，これはヨーロッパにおける補完性の原則やアメリカにおける共和主義をより発展，深化させることにつなげようとするものである。

　しかし現実の政治権力は，市民的共同体による自己生成という主体的側面と，プロフェッショナルによる権力行使を制限するという規範的側面による均衡のうえに形成される。したがって，民主主義と統治はかならず分離するものであり，統治と民主主義が同義になることは絶対にありえない。だからこそ統合のあり方を問うことによって，民主主義と現実の政府による統治を常に峻別しつづける能力が必要とされるのである。

　そこで重要となるのは，ナショナルなものを民主主義の必要条件として政治統合を推進しようとする姿勢ではなく，逆にナショナルな帰属をもたない市民資格のいっそうの拡充へと政治統合を変質させていく方向性ではないだろうか。それは，政治の「実行領域」としての国家の必然性を主張する共和主義にも充足するのではなく，また一方で「必要悪」としての国家に対して市民資格を法的地位として保全することによって自由を確保しようとするリベラルに充足するものでもない。それは，国家／市民社会，暴力／非暴力，抑圧的／互恵的といった二項対立を超越，架橋するための実践として民主主義を展開させていく方向性である。

（ 1 ）　『朝日新聞』全国版2011年3月3日。
（ 2 ）　Yael Tamir, *Liberal Nationalism*, Princeton University Press, 1993, ヤエル・タミール『リベラルなナショナリズムとは』押村高，森分大輔，高橋愛子，森達也訳，夏目書房，2006年。
（ 3 ）　前掲書，324ページ。
（ 4 ）　cf. Corey Robin, *Fear: The History of a Political Idea*, Oxford University Press, 2004.
（ 5 ）　Benedict Anderson, *Imagined Communities: Reflections on the Origin and Spread of Nationalism*, Verso, Revised ed., 1991, ベネディクト・アンダーソン『増補　想像の共同体：ナショナリズムの起源と流行』白石隆，白石さや訳，NTT出版，1997年，86ページ。
（ 6 ）　Benjamin R. Barber, *A Place for Us: How to Make Society Civil and Democracy Strong*, Hill and Wang, 1998, ベンジャミン・R・バーバー『＜私たち＞の場所：消費社会から市民社会をとりもどす』山口晃訳，慶應義塾大学出版会，2007年，21ページ。
（ 7 ）　前掲書，34ページ。
（ 8 ）　前掲書，42ページ。
（ 9 ）　Seymour Martin Lipset, *American Exceptionalism: A Double-Edged Sword*, W. W. Norton & Company, 1997, p.68.
（10）　op.cit., p.68.
（11）　Merle Curti, "Philanthropy," in Philip P. Wiener ed., *Dictionary of the History of Ideas: Studies of Selected Pivotal Ideas*, Charles Scribner's Sons, 1968, 1973, vol.III, p.490.
（12）　ibid.
（13）　op.cit., p.491.
（14）　Ibid.
（15）　op.cit., p.492.
（16）　Lipset, op.cit., pp.67f..
（17）　Curti, op.cit.
（18）　Richard Rorty, *Achieving Our Country: Leftist Thought in Twentieth-Century America*, Harvard University Press, 1999. リチャード・ローティ『アメリカ未完のプロジェクト：20世紀アメリカにおける左翼思想』小沢照彦訳，晃洋書房，2000年，46ページ。
（19）　この分裂について理解するためには，ニューディール期以降，アメリカ左翼が継続的にスターリン容認派と反スターリン派に鋭く分裂していたことを前提とする必要がある。
（20）　前掲書，59ページ。またリチャード・フラックスもアメリカ左翼が60

年代以降，政治的影響力を失い，文化領域においてのみ存続していると批判したことを批判している。Richard Flacks, *Making History: The American Left and the American Mind*, Columbia University Press, 1988, p.189.
(21) Christopher Lasch, *The Agony of the American Left*, Vintage, 1969.
(22) ローティ，前掲書，76ページ。
(23) 前掲書，82ページ。
(24) Richard Rorty, *Philosophy and Social Hope*, Penguin Books, 1999, リチャード・ローティ『リベラル・ユートピアという希望』須藤訓任，渡辺啓真訳，岩波書店，2002年，292ページ。
(25) ローティ『アメリカ未完のプロジェクト』100ページ。
(26) 前掲書，98ページ。
(27) 前掲書，72ページ。
(28) Irving Kristol, *Neo-conservatism: The Autobiography of an Idea*, Free Press, 1995, cf., chap.8 American Intellectuals and Foreign Policy.
(29) Richard Rorty, *Contingency, Irony, and Solidarity*, Cambridge University Press, 1989, リチャード・ローティ『偶然性・アイロニー・連帯：リベラル・ユートピアの可能性』斎藤純一，山岡龍一，大川正彦訳，岩波書店，2000年，5ページ。
(30) Richard Rorty, *Objectivity, Relativism, and Truth*, Cambridge University Press, 1991, p.209.
(31) ローティ『偶然性・アイロニー・連帯』155ページ。
(32) 前掲書，同ページ。
(33) 前掲書，411ページ。

参考文献：本文中で引用されたものは除く

Régis Debray, "Etes-vous démocrate ou républicain?," *Le nouvel Observateur*, 30 novembre-6 décembre 1989.
 (http://www.prospectives.info/Etes-vous-democrate-ou-republicain-_a105.html, access date: Octorber 22, 2006), 水林章訳「あなたはデモクラットか，それとも共和主義者か」（レジス・ドゥブレ，樋口陽一，三浦信孝，水林章『思想としての〈共和国〉』みすず書房，2006年，所収）。
John Ehrenberg, *Civil Society: The Critical History of an Idea*, New York University Press, 1999. ジョン・エーレンベルク『市民社会論：歴史的・批判的考察』吉田傑俊訳，青木書店，2001年。
Amitai Etzioni ed., *New Communitarian Thinking : Persons, Virtues, Institutions, and Communities* (Constitutionalism and Democracy), University of Virginia Press, 1995.

Todd Gitlin, *The Sixties: Years of Hope, Days of Rage*, Bantam (revised edition), 1993.

Todd Gitlin, *The Twilight of Common Dreams: Why America Is Wracked by Culture Wars*, Owl Books, 1996. 疋田三良，向井俊二訳『アメリカの文化戦争：たそがれゆく共通の夢』彩流社，2001年。

Jeffrey C.Goldfarb, *The Cynical Society: the Culture of Politics and the Politics of Culture in American Life*, University of Chicago Press, 1991.

Everett Carll Ladd, *The American Ideology: An Exploration of the Origins, Meaning, and Role of American Political Ideas*, Roper Center for Public Opinion Research, 1994.

Michael Lerner, *The Politics Of Meaning: Restoring Hope And Possibility In An Age Of Cynicism*, Basic Books, 1997.

Judith N. Shklar, *American Citizenship: The Quest for Inclusion (The Tanner Lectures on Human Values)*, Harvard University Press, 1991.

Sheldon S.Wolin, *The Present of the Past: Essays on the State and the Constitution*, Johns Hopkins University Press, 1989. 千葉眞，斎藤眞，山岡龍一，木部尚志訳『アメリカ憲法の呪縛』みすず書房，2006年。

林雄二郎，今田忠編『フィランソロピーの思想　NPOとボランティア（改訂版）』日本経済評論社，2000年。

山本正『戦後日米関係とフィランソロピー　民間財団が果たした役割』ミネルヴァ書房，2008年。

越智敏夫「なぜ市民社会は少数者を必要とするのか：出生と移動の再理論化」，高畠通敏編『現代市民政治論』世織書房，2003年，所収。

越智敏夫「市民文化論の統合的機能：現代政治理論の『自己正当化』について」，中道寿一編『現場としての政治学』日本経済評論社，2007年，所収。

弱者の保護と強者の処罰
――《保護する責任》と《移行期の正義》が語られる時代――

石田　淳[*]

はじめに――共振現象としての《国内統治の国際基準》論

　グローバルな冷戦対立の終結にせよ，国内における強権体制の崩壊にせよ，変わることのない政治的現状などないが，現状は変えられるとする確信とそれが生み出す行動は，それらを非現実的と退ける議論にくりかえし晒されてきた。国際政治学の歴史は，関係者の同意がなくても政治的現状は変更できるものなのかという問題をめぐり，楽観と悲観とが甲論乙駁を繰り広げてきた歴史だったとも言える。
　そもそも政治とは，関係者の同意に基づく価値配分である。それゆえ特定の価値配分について関係者の同意を確保することこそ政治の技術というものであり，その成否を考えてみれば，政治には多様な形があるのは自明だろう。武力・実力などの威嚇を背景に同意を確保する《強制》，利益供与などの約束の見返りに同意を確保する《誘導》，そして共通の価値，理念，規範に訴えて同意を確保する《説得》。まさにこの多面性が多様な政治観を生んできたのである。なかでも強制型の政治に国際政治の本質を見出してきたのが現実主義学派の国際政治学ではなかったか。ペロポネソス戦争を題材にツキディデスが描きだした権力政治観，すなわち，強者はそれがなしうることをなし，弱者はそれがなさざるを得ないことをなすという政治観に，その典型をみることができる。言い換えれば，現実主義者は，武力・実力を実際に行使することによって価値配分を断行することは政治の延長ではありえても政治そのものではないと考えながら，政治における強制の側面を強調してきたのである。

---

*　東京大学大学院総合文化研究科教授　国際政治

本稿では，以下の三点を政治の「現実」として強調する政治観を現実主義的と分類することにしたい。すなわち，本稿が言う意味での現実主義者からすれば，(1)政治的現状についての評価・立場は往々にして関係者の間で異なる，(2)現状の帰趨を左右するのは，現状に満足する現状維持勢力と現状に不満を持つ現状変更勢力との勢力分布である，そして(3)現状についての個別主体の評価は，関係主体がこれを必ずしも正確に認識するものではない（Morgenthau 1948, pp. 38-42, 61-69, 420）。

　この現実主義の発想に立てば，講和条約を通じて戦争後における国家間の権利・義務・権限の配分について戦勝国が敗戦国の同意を確保できたのは当然のことであろう。それのみならず，19世紀の欧州国際社会は，国内統治の「文明国水準（standard of civilization）」を満たさないトルコ，中国，日本などと平等な関係を結ぶことはなかったが，日本の事例が端的に示すように，「未開の（uncivilized）」国家は国内において文明国なみの法整備を達成して初めて不平等条約の改正に漕ぎつけ，国際社会の正統な構成員となりえたのだった[1]。裏返せば，先発国は後発国から後者の国内における権利・義務・権限の配分についても同意を確保できたのである。

　この《国内統治の国際基準》の充足を国際社会の正統な構成員資格（Wight 1977, p. 153）の承認条件とする慣行に正面から挑むことになったのが，1960年の国連総会決議「植民地独立付与宣言」であった[2]。第二次世界大戦後，欧州諸国の海外植民地が独立を達成する過程において，自決の主体（self-determination の self）として認められた人民とは，新生国家の人的構成員の範囲を自己決定する民族ではなく，植民地として宗主国が画定した領域的単位の住民であった。自決主体となる集団としての人民にこのような領域的定義を与える政治的妥協を通じて，ともすれば衝突しかねない二つの規範原則，すなわち，独立国家の《領土保全》と人民の《自決》の二原則の両立が図られたのである。同宣言は，「信託統治地域，非自治地域（Non-Self-Governing Territories）その他のまだ独立を達成していないすべての地域において，これらの地域人民（peoples）が完全な独立と自由を享有できるようにするため，いかなる条件または留保もなしに，これらの地域人民の自由に表明する意志および希望に従い，人種，信仰または皮膚の色による差別なく，すべての権力をこれらの地域人民に移譲する迅速な措置を講じなければならない」（強調は筆者）とし，新生国家には，たとえ

その「政治的，経済的，社会的または教育的準備が不十分」であっても国際社会における正統な構成員資格が承認されることになった。

このように脱植民地化を通じて《国内統治の国際基準》の移植が否定され，国家による排他的な領域統治を相互に承認する体制が旧植民地地域にも及んだのである。ところが近年，半世紀前に否定された《国内統治の国際基準》の移植が，「保護する責任（Responsibility to Protect, R2P）」および「移行期正義（transitional justice）」（とりわけ，常設の「国際刑事裁判所（International Criminal Court, ICC）」を含む国際刑事裁判機関の設置）の波に乗ってよみがえった[3]。領域内において残虐行為が発生すれば，その領域を排他的に管轄することを認められている国家が国際社会の関与を未然に回避するには，残虐行為の犠牲者を《保護》し，その行為に責任のある個人を《処罰》しなければならない，という体制が整備されつつある[4]。国家による媒介が国際（法）規範の実現には欠かせないものである以上，国際社会は国内統治のあり方に無関心ではいられないのである（古谷 2008, 8-9頁）。

たしかに《保護》の論理は，実際の残虐行為が特定の少数者集団を標的とするものであっても，当該集団の権利を保障する政体の形成（分離独立）を認める訳ではなく，それに属する個人の人権を保障するものなので，残虐行為が発生した国家および周辺諸国の領域的一体性をただちに脅かすものではなかった。また，《処罰》の論理も，対立する集団にではなく特定の個人に残虐行為を帰責するものなので，集団間の紛争が場合によっては世代を超えて長期化したり，当該国家の領域を超えて周辺諸国を巻き込んで拡大したりする危険を時間的・空間的に局限するものであった（Akhavan 2001, p. 21; 古谷 2008, 10, 31頁）。この意味では，第2節において述べるように保護の論理やローマ規程の処罰の論理について関係諸国が同意を表明したことには不思議はない。

国内における権利・義務・権限の再配分と国家間の権利・義務・権限の再配分の連動，すなわち国内・国際秩序の共振現象（石田 2007, 53頁）を可視化したのが，まさにこの R2P であり，ICC であろう。弱者の保護と強者の処罰は，それらが結合すると，後者が当事者となる国際・国内の交渉において，後者から譲歩の誘因を奪い去り，「［紛争の］交渉による解決（negotiated settlement）」や「［体制の］交渉による移行（negotiated transition）」

を阻みかねない。結局，一般的な原則を国際的に確認できれば，当事者の同意がなくても政治的現状を変更できるとする発想は21世紀の「理想主義(idealism)」に過ぎないのだろうか（Goldsmith and Krasner 2003）。この問題は，保護する責任論や移行期正義論の文脈を超える大きな問題である。強制の現実を直視しながらも自制と妥協の合理性を説く現実主義は，21世紀の世界政治にどれほどの指針を提供してくれるものなのだろうか。本稿において，あらためて検討してみたいと考える次第である。

本稿の構成は以下の通りである。まず第1節において，特定主体が他の主体を武力・実力によって打倒・一掃することなどをせずとも，政治的現状を関係主体の妥協を通じて変更できるとするのが政治学の共有知であったことを確認する。次に第2節において，上に述べた《保護》と《処罰》の組み合わせはまさにその関係者の政治的妥協を否定し，紛争の《交渉による解決》や体制の《交渉による移行》を阻むものだとする現実主義の論理を素描する。そのうえで第3節において，なぜ現実主義がタカ派にもハト派にも知的拠り所となりえたのかを解き明かしつつも，現実主義が看過した現実──関係者の現状認識の社会性とその帰結──に迫りたい。

1 試される政治学の共有知──《安心供与の政治秩序》論の系譜

武力・実力によって特定主体が他の主体を圧倒することなしに，関係主体間の権利・義務・権限を再配分することは可能だろうか。それはもちろん可能だとしてきたのが，政治学の共有知ではなかったか。

この問題は，本年報の特集テーマにある忠誠概念と密接にかかわるものである。というのも，「政体に対する忠誠（civic loyalty/allegiance）」は，政体における権利・義務・権限の配分に対する関係者の同意として捉えることができるからである。この文脈において関係主体間の権利・義務・権限の配分は，和平合意，協定（pact），憲法などによって特定される。さらに付け加えれば，主権国家間のそれも，講和条約などによって特定されると理解することもできるだろう。

もし，武力・実力に訴える代わりに，各主体が政治的妥協に応じて関係主体の死活的利益の実現を互いに保証することができれば，そのような権利・義務・権限の再配分（言い換えれば政治的現状の変更）は関係者にとっての共通の利益となる。この政治過程こそが紛争の《交渉による解決》

であり，体制の《交渉による移行》である。そして交渉の成否を左右するのが関係者の政治的妥協の可否なのである。

対称的な安心供与論——紛争の交渉による解決

内戦の終結形態は，(1)特定の紛争主体（政府勢力＝現状維持勢力，あるいは反政府勢力＝現状変更勢力）による軍事的勝利，(2)国家が排他的に統治する領域の変更（分離，分割など），(3)交渉による解決に三分できる。このうち交渉による解決とは，和平合意を締結して，それが特定する停戦後の権利・義務・権限の配分について紛争・交渉当事者の同意を確保する政治的結着を意味するが，そのためには，特定当事者を政治権力から排除しないという約束を通じて関係諸主体に「安心供与（reassurance）」を行わなければならない。この安心供与型の約束が，「権力分掌（power-sharing）」の和平合意に相当する（佐伯2009, 39-40頁；Hartzell and Hoddie 2007, p. 37; Rothchild 2008, pp. 139-140）[5]。

関係諸主体に対する権利保障の約束を引き出すのは，抵抗の威嚇である。従前の権利・義務・権限の配分に対する抵抗（同意の撤回）が，同意可能な権利・義務・権限の配分を生むとも言い換えられるだろう（Hirschman 1970; Tilly 1985, pp. 183, 186）。

「多極共存型民主体制（consociationalism）」（Andeweg 2000）も，多元社会において《多数者による統治》と《少数者の忠誠》を両立させるための政治的妥協の産物である（Lijphart 1999, p. 33; Rothchild 2008, p. 156）。その核心は，いずれの勢力に対しても政体への包摂を約束することにあるから，「権力分掌」の発想とかわるものではない（峯1999, 40頁）。

国際政治に視線を転じても，威嚇（現状から後退する譲歩は断固拒否して，現状を死守するという威嚇）を伴わない約束（現状を保証するという約束）も，逆に約束を伴わない威嚇も，現状の維持に資するものではない（Luard 1967, p. 186; Schelling 1966, pp. 74-75）。すなわち，現状変更勢力に対する抑止と，現状維持勢力に対する安心供与との両面が現状維持には不可欠とされるのである（Kydd 2000; Luard 1967; Stein 1992）。国際政治においては，相互核抑止のように《威嚇の政治秩序》も考えられないこともないが，第3節において詳述するように，威嚇一辺倒は関係国の共存を可能にするものではない。

非対称的な安心供与論――体制の交渉による移行

　安心供与の秩序論が想定する政治的取引は，いずれの関係者にも権利・義務・権限を対称的に配分するものばかりではない。

　体制の移行形態は，(1)軍事力による移行，そして(2)交渉による移行に二分できる（Przeworski 1988, p. 80）。このうち体制の交渉による移行においてしばしば観察されるのは，新体制は旧体制下の人権侵害等に責任のある個人を処罰しないことに同意し，旧体制は新体制に権力の移譲を行うことに同意するという政治的妥協である（Huntington 1991, pp. 215, 217, 222）。

　このような強者に対する安心供与とは対照的に，弱者に対する安心供与は「立憲体制論（constitutionalism）」にみることができる。すなわち，治者が被治者の憲法上の権利を保障するのと引き換えに，被治者は治者の統治に同意するという構図である。またアイケンベリー（Ikenberry 1998, p. 156）は，プシェヴォルスキ（Przeworski 1988, p. 70）の「制度的妥協（institutional compromise）」論から着想を得て国際版の立憲秩序論を展開しているが，その要諦は「講和（postwar settlement）」を，主導国と追従国との間の権利・義務・権限の非対称的な再配分と理解するものである。

　国際政治における非対称的な安心供与の秩序については，核不拡散体制にその典型をみることができる。核兵器不拡散条約は，その9条3項において，「この条約の運用上，核兵器国とは，1967年1月1日以前に核兵器その他の核爆発装置を製造しかつ爆発させた国を言う」と定義して政治的現状を法的に固定したうえで，核兵器国の不拡散義務（1条）と非核兵器国の不拡散義務（2条）を別個に定めている。この体制の下で核兵器国は（例外は明記しつつも）核不拡散条約の締約国たる非核兵器国に対して核兵器の使用を自制するとして「消極的な安全の保証（negative security assurance）」[6]（Sagan 2009, pp. 170, 173）を与えるのと引き換えに，非核兵器国による不拡散への同意を確保しているのである。

2　空間的棲み分けと時間的棲み分けの秩序の行方
　　　――干渉・訴追の威嚇か，不干渉・不処罰の約束か

　保護する責任と移行期正義の組み合わせはどのような秩序を脅かしうるだろうか。一口でいえば，それは空間的棲み分けの秩序と時間的棲み分け

の秩序であろう。これらの秩序を支えるのは、要するに時間あるいは空間を共有する関係諸主体の妥協である。前者における妥協は、ある時点において排他的に領域を管轄する政体間の「不干渉（nonintervention）」という形をとり、後者における妥協は、ある地点（領域）において旧体制の下で発生した過去の残虐行為に責任のある個人に対する新体制下での「不処罰（impunity）」という形をとる。

弱者の保護をめぐる政治過程——保護する責任

エスニック・ナショナリズムを、ゲルナー（Gelner 1983, p. 1）のように、一つの政体（political unit）の構成員と一つの民族（national unit）とを国民（nation）として一致させようとする考え方および運動を指すと捉えるならば、一つの国家は一つの国民を持つべきだとして同化・浄化を目指す《多数者のナショナリズム》と、一つの国民は一つの国家を持つべきだとして自治・自決を目指す《少数者のナショナリズム》とは両立するものではない。事態を放置して、少数者がその集団としての権利を保障する政体の構築（分離独立）を図ることになれば、たちまち現状維持の領土保全原則と現状変更の自決原則とが衝突することになる。

コソヴォ紛争を契機として、1999年に北大西洋条約機構（NATO）加盟諸国は武力行使を明示的に容認する安保理決議なしにユーゴ空爆に踏み切ったが、この際にイギリス政府は、コソヴォ問題の交渉による解決の努力がユーゴ連邦政府によって拒否された以上、国内における切迫した人道的破局を未然に防止することを目的とした必要最小限度の武力行使は合法であると主張した。このNATOの人道的干渉については、「コソヴォに関する独立国際委員会」は「違法だが正統なものだった」（The Independent International Commission on Kosovo 2000, p. 4）と評価し、国連安保理はそれを違法な武力行使とするロシアの安保理決議案を退けたが、途上国は、人道的支援は主権、領土保全、政治的独立と矛盾するものであってはならないとして反発した[7]。その後、「干渉と国家主権に関する国際委員会」の報告（The International Commission on Intervention and State Sovereignty）を経て、2005年の国連世界首脳会合の成果文書は、保護する責任概念を以下のように定式化するに至った。すなわち、個々の国家こそが住民をジェノサイド、戦争犯罪、民族浄化、そして人道に対する罪から保護する責任を負うが、

もし当該国家がこの責任を果たすことにあきらかに失敗した場合には，国際社会にとっての行動の選択肢には安保理を通じた強制行動も含まれるとしたのである[8]。保護する責任概念は，現状維持の内政不干渉規範と現状変更の人権保障規範の両立を図りつつも，一定の残虐行為が発生すれば，その領域を統治する国家は住民を保護しなければ国際社会の強制行動にも直面しうるとするものであった。

しかしながら，国連憲章39条は安保理に対して，「平和に対する脅威，平和の破壊又は侵略行為の存在」を認定し，国際社会の平和及び安全を維持・回復するために，勧告・決定を行う権限を与えている。冷戦終結後の1992年に安保理は，「国家間に戦争や軍事紛争が起こりさえしなければ国際の平和と安全が保障されるという訳ではない。今日では，経済，社会，人道，そして生態系の分野において，軍事的な形をとらない多様な不安定要素が平和と安全を脅かすに至っている」(1992年の国連安保理首脳会合における議長声明) として，平和に対する脅威の認定を積極化してきたのである[9]。

この流れの中で国際人道法違反についても安保理は平和に対する脅威を構成するものと認定し，その決議を通じて旧ユーゴスラビア国際刑事裁判所およびルワンダ国際刑事裁判所を設置している[10]。したがって，もとより平和に対する脅威認定については広範な裁量を認められている安保理が，上記の残虐行為についても平和に対する脅威を構成すると認定して，国際の平和及び安全を維持・回復するために勧告・決定を行うことは憲章が安保理に認めた権限を逸脱するものではない。そうであるとすれば，国内における人道的破局を防止するために国際社会に認められる正当な行動の範囲は，コソヴォ以前の原状にまで押し戻されたとも言える。それゆえ，保護する責任という概念の創出それ自体が，国内統治の国際基準の移植における分水嶺となったとまで評価するのは適当ではないだろう。

強者の処罰をめぐる政治過程――移行期正義

体制の移行は，旧体制下の残虐行為に責任のある個人（Huntingtonの言葉を借りれば「拷問を命じたもの（torturer）」）を「恩赦・忘却するか，あるいは訴追・粛清するか（forgive and forget or prosecute and purge）」という選択を新体制に迫る（Herz 1978, p. 560）。過去との向き合い方を左右する要因とは何か。そして，訴追という形で過去を断罪することは将来の体

制に安定をもたらすのかどうか（Nobles 2010)[11]。

　現実主義者は，そもそも訴追の有無を決定する要因は（旧体制の）現状維持勢力と現状変更勢力との勢力分布であるとする（Huntington 1991, p. 215; Pion-Berlin 1994, p. 111)。この点についてハンチントン（Huntington 1991, p. 230) は，処罰の対象になるのは，力の優位を失って政権の座から降ろされた旧体制のリーダーであって，力の優位に立ちながらも自発的に権力の座から降りた旧体制のリーダーではないと直截に言い切っている。さらに現実主義者は，この議論を裏返して，「恩赦（amnesty)」は体制の交渉による移行を促進するが，「説明責任（accountability)」は逆にそれを困難にすると論じるのである（Goldsmith and Krasner 2003, p. 51; Snyder and Vinjamuri 2004, p. 14; Vinjamuri 2003, p. 142)。たとえば，シエラレオネ内戦に介入したイギリスが叛乱勢力を軍事的に圧倒する以前に締結に至った和平合意（1999年のロメ和平協定）は権力分掌型にほかならず，それゆえすべての紛争当事者に恩赦を与えるものだったのである（Snyder and Vinjamuri 2003, p. 30)。

　この議論の射程は，武力紛争下の文民保護の文脈にも及ぶ。安保理決議808（1993年2月22日）は，1991年以降に旧ユーゴスラヴィア領域内で犯された国際人道法の重大な違反について責任を有する個人を訴追するために，国連憲章7章の権限に基づいて旧ユーゴ国際刑事裁判所（ICTY）をハーグに設置したが，ミロシェヴィッチ個人に対する訴追の威嚇は，ユーゴ連邦政府からNATO加盟諸国が譲歩を引き出すことを困難にしたとしばしば指摘される（Goldsmith and Krasner 2003, p. 55)。

　2000年の国連平和維持活動検討パネル報告で知られるブラヒミは，同報告において「国連の平和維持要員は，武装要員であれ警察官であれ，……文民に対する暴力を目撃したときには，彼らの有する手段の範囲内において，その暴力を制止する権限を有していると考えるべきである」とする一方で，アフガニスタンの文脈では，訴追が反タリバン勢力の団結，すなわち現状変更勢力の結束を脅かすことを懸念して訴追に反対したことが報道されている[12]。訴追は紛争の交渉による解決の基礎となる政治的妥協を困難にするとされるのである（Vinjamuri 2004, pp. 140, 141, 145, 148)。

　保護する責任論は，ジェノサイド，戦争犯罪，人道に対する罪について，領域国家はそれらから住民を保護する責任を負うとしたが，その一方で

1998年のローマ規程は，上記犯罪を国際社会全体の関心事である重大な犯罪としたうえで，これらを管轄する常設の国際刑事裁判機関として ICC を設置した[13]。各犯罪の定義は，基本的にそれぞれ1948年のジェノサイド条約，ニュールンベルグ国際軍事裁判所条例，そして1949年のジュネーヴ4条約，そして1977年のジュネーヴ諸条約追加議定書における定義に依拠するものである。また ICC の管轄権は，関係国の刑事裁判権を補完するものであって，ICC が事案を受理するのは，上記犯罪の被疑者を関係国の国内裁判所が捜査・訴追する意思・能力を持たない場合に限られる。

　むしろ現実主義者が大きな懸念を抱くのは，特定の国際犯罪については犯罪の実行地にかかわらず国内裁判所が外国人を裁くことができるとする「普遍的管轄権（universal jurisdiction）」であろう（Goldsmith and Krasner 2003, p. 48; Kissinger 2001, p. 86）。というのも，それが，当該犯罪の実行地における政治的妥協を通じた体制の交渉による移行を阻害しかねないからである。

3　現状についての特定主体の評価と関係主体の評価
　　　──伝播するのは不安か，不信か

　「はじめに」において整理した通り，現実主義者は，現状維持勢力と現状変更勢力との勢力分布において，前者の優位が現状の維持を可能にし，逆に優劣の逆転が現状の変更を可能にすると捉えた。勢力分布の逆転とそれが引き起こす政治秩序の変動は，関係諸国・諸集団が互いに譲ることがなければ国家間では《戦争》に，国内では《革命》に行き着く。政治の表層は異なるが，政治の深層／現実は国際政治も国内政治も何ら変わることはないと考えたのである（Carr 1939, pp. 109, 209; Morgenthau 1948, p. 17）[14]。

　とは言え，現状についての個別主体の評価は，関係諸主体がそれを必ずしも正確に認識するものではない。これは何を含意するだろうか。

　現状との比較において，特定主体にとって私的利益となる特定の価値配分（すなわち，特定の時点・地点・争点の価値配分）を実現するためには《説得》の政治技術を利用しうることは既に述べた。つまり，特定の価値配分を普遍的な価値・理念・規範に訴えて正当化し，それによって関係者の同意調達を図るという手法だが，ある主体がこの手法に訴えると，当該主体によって表明・言明された意図（今日流に言い換えればコミットメント）

が，他の時点・地点・争点においても実行に移されることになるのではないかという恐怖や不安が関係主体に生じることになる (Morgenthau 1948, p. 46)。それがゆえに，《説得》の政治技術が《強制》の政治技術の効果を減殺しかねないと考えるのが現実主義であろう。

表明・言明された意図への懐疑が生じるのは，冷戦期に観察されたような普遍的イデオロギーを通じた政治的宣伝（プロパガンダ）の場面に限られるものではない。法についても現実主義は同様の評価を下す。法的権利はそれが法的権利であるがゆえに実現するのではなく，特定の場面における法の執行に利益を見出す個別国家に法を通じた現状防衛の意図と力があってこそ実現するのである (Morgenthau 1948, p. 229)。

現実主義者は，現状維持を意図する行動も，現状変更を意図する行動として誤認されるがゆえに，相手国家の不安をかきたてることなくして当該国家の不安を拭えないと論じた。いわゆる安全保障のディレンマに関係国は陥るのである (Herz 1950, p. 157; Wolfers 1951, p. 42)。言い換えれば，政治交渉の場面においては，現状変更を自制するという約束を履行しないタイプも，その約束を履行するタイプを偽装して相手の同意を引き出す誘因を持つことを相手も先刻承知しているがゆえに，約束の信頼性を確保することは容易ではない（石田 2010, 374-378頁）。

この議論をさらに突き詰めると，制限された現状変更を意図する行動も，制限されない現状変更を意図する行動として誤認され，相手国家に不安を与えずにはおかないために，威嚇を背景とする現状の̇変̇更̇は現状の維持以上に困難だという議論に行きつく (Jervis 1976, pp. 79, 112; Schelling 1966, pp. 74-75)。たとえば，アメリカの大半の現実主義者は2003年のイラク戦争に反対したが，それは彼らが武力行使を嫌悪したからではなく，イラクに対する武力行使が，イランや北朝鮮に先制を抑止するための核開発の動機を与えることになる結果，その意図に反して核拡散を加速し，米国の安全を損なうものになると予想したからである (Mearsheimer 2005)。

このように現実主義者は，一方の認識次第では他方に利益が生まれるのがつきものの国際政治の世界では，意図の伝達は至難であるがゆえに，関係国の間で意図は誤認されることを強調するとともに，現状の変更を意図する行動は，逆に現状維持勢力と現状変更勢力との共存を破壊するに過ぎないとして自̇制̇と妥̇協̇の合理性を説いた。とは言え，自制と妥協の論理に

とどまる限り，現実主義は思慮深い強者の現状防衛論を超えるものではなかろう。

現実主義の論理によれば，現状について強い不満を抱く主体の数が十分に増えて現状変更勢力が力の優位を確立するか，国外勢力が現状変更勢力に加勢しない限り，現状の変更は実現しない。はたしてそうだろうか。体制移行の波，政治制度改革（特に選挙権拡大）の波など，国内統治の政治的現状の急変が連鎖的に生じることがあるが，このようなドミノ現象を現実主義の論理によって説明することができるだろうか。現実主義の論理からすると，現状についての評価の国内における分布が変わることなく国内統治の現状に変更が生じるとすれば，それは《上からの変更》を主導しうる政府に対する《外からの圧力》の所産だろう。このような現実主義には，現状についての関係諸主体による評価（国内であれば現在の政体に対する忠誠）の社会性についての分析がすっぽりと抜け落ちている。政治的現状についての個々の主体による評価が，他の主体による評価に依存するならば，前者に変化は生じなくても現状変更を求める行動の波は発生しうる。

個々の関係主体のミクロの動機，特に現状についての評価には何の変化もないにもかかわらず，集団としてのマクロの行動，特に現状の変更を求める行動に劇的な変化が発生することがある（Schelling 1978, pp. 101-102）[15]。この政治的ダイナミクスを理論的に素描してみよう。そこで，個々の関係主体は，一定の費用（c）を個別に負担して現状を変更するための「行動」（関係者の権利・義務・権限の配分の現状に対する異議申し立て）を行うことによって，便益を実現するという基本的な仮定を置こう。ここで，当該主体は行動することによって，行動に参加する他の主体と現状についての評価を共有することができると考えて，行動は，それが奏功せずとも，それ自体が効用を生みだすと仮定する。N 人から構成される社会における任意主体 i（ここで $i=1, 2, \cdots\cdots, N$）が行動に参加することによって得られる便益（b_i）を，たとえば $b_i = t(n+1)/i$ という形で捉えることができる。当該主体のほかに行動に参加する関係者の数（n）が大きくなればなるほど，個別主体が行動をすることによって得られる便益は増大するが，その便益の大小は関係者の間では多様であろう[16]。そこで，その便益が i 番目に大きい関係者を i と呼んでおく（したがって i が大きくなるほど，b は小さくなる）。

個々の主体にとって，行動に参加しないことによって得られる利得を0とすると，行動に参加することによって得られる便益がそれに伴って生じる費用を上まわるならば，行動に参加する誘因が生まれる。その条件とは，$b-c\geq0$にほかならない。

行動の便益については，表1に整理した通りである。

個々の主体にとって，合理的な行動とはどのようなものだろうか。$c=t$という条件の下においては，いずれの主体も行動に参加しないのも，いずれの主体も行動に参加するのもナッシュ均衡となる。すなわち，他のあらゆる主体が行動を起こさなければ，いずれの主体にも敢えて行動を起こす誘因はないし，逆に他のあらゆる主体が行動を起こすならば，いずれの主体にも敢えて行動から離脱する誘因はない。ところが費用がtという「閾値（tipping point）」よりも大きくなれば，後者はナッシュ均衡ではなくなり，逆にそれが閾値よりも小さくなれば，前者はナッシュ均衡ではなくなる。図1が示す通り，$c=t$の場合には，ナッシュ均衡において行動する関係主体数は0からNまでいかなる値でもとりうる。

ここで現状についての個々の主体による評価を関係主体が共有しないという仮定を導入しよう。この場合，個々の主体が現状の変更を求める行動をとることによって初めて，現状について当該主体は同意していない（現状変更の意図を持つ）という情報が関係諸主体に伝わり，現状についての関係諸主体による評価には何の変化もないにもかかわらず，現状の変更を求める行動が連鎖的に発生するのである。

たとえば，いずれの主体も現状について強い不満を持つという訳ではな

表1　個々の主体にとっての行動の便益

	$n=0$	$n=1$	$n=2$	…	$n=N-1$
主体1　（$i=1$）	t	$2t$	$3t$	…	…
主体2　（$i=2$）	$\frac{1}{2}t$	t	$\frac{3}{2}t$	…	…
主体3　（$i=3$）	$\frac{1}{3}t$	$\frac{2}{3}t$	t	…	…
主体N　（$i=N$）	$\frac{1}{N}t$	$\frac{2}{N}t$	$\frac{3}{N}t$	…	t

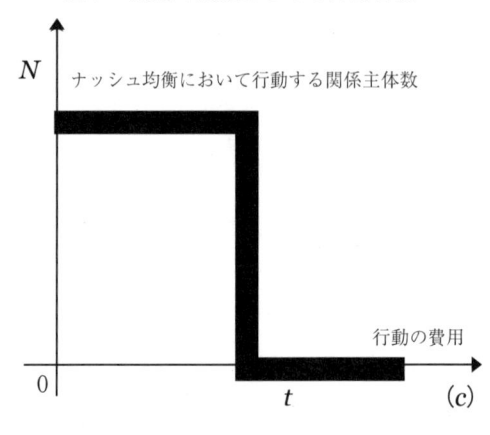

図1　費用の関数としての行動者数

N　ナッシュ均衡において行動する関係主体数

行動の費用

0　　　　　t　　　(c)

いにもかかわらず，N 人が行動に踏み切るダイナミズムを説明しよう。主体1（強い不満を持つがゆえに異議申し立てのイニシアティヴをとる主体）は行動を起こす誘因をもつ［なぜならば，ほかに行動を起こす主体が存在しなくても，主体1には行動をあえて自制する誘因はないから］。そして主体1の行動によってその意図を観察した主体2も行動を起こす誘因をもつ［なぜならば，主体1が行動する限り，主体2にも行動を敢えて自制する誘因はないから］，そして主体2の行動によってその意図を観察した主体3も行動を起こす［なぜならば，主体1と主体2が行動を起こす限り，主体3も行動を敢えて自制する誘因はないから］，という連鎖反応（いわゆるカスケード現象）が発生するのである[17]。このように，個々の主体の行動によって，現状についての評価が確認され，それが関係主体の行動を誘発することになる。とりわけ，現状変更勢力の行動に対する現状維持勢力の対抗行動が苛烈なものではなく，案外，行動の費用は小さいという情報が共有されると，現状変更行動のカスケード現象が発生することになる。

　たしかに現実主義者は，対峙する主体の間では，「相手は現状の変更を意図しているのではないか」という不安が相互に増幅するという政治の現実を看破した。それゆえ，現状は安易に変更できるものではないとして，現状変更の十字軍的熱情の危険を指摘した（Morgenthau, p. 439）。しかしながら，現状に満足しない主体の間で，個々の主体の現状評価が他の主体の現状評価に依存するがゆえに，特定主体の行動が，当該主体の意図についての関係主体の認識をあらため，それが後者の行動を誘発するというダイナミクスについては注意を払うことはなかった。相手は現状の変更を意図しているのではないかという不安が相互に増幅するのは現実主義者が洞察

した通りだが，現状についての不̇信̇も現状変更勢力の間で連鎖するのもまた現実というものだろう。

　もちろん，ある時点における関係者の間の権利・義務・権限の配分が否定されることは，それに代替する権利・義務・権限の配分の定着を意味するものではない。それはまた別の問題であり，この問題は本稿の分析の限られた範囲を超えるものである。

おわりに

　領域内において残虐行為が発生すれば，その領域を排他的に管轄する権限を認められている主権国家にとっての選択肢は，残虐行為の犠牲者を保護し，その行為に責任のある個人を処罰するか，さもなければ当該国家に代わって保護・処罰に乗り出してくる国際社会に直面するかのいずれかだという体制を築けば，残虐行為が発生するような政治的現状は変更できるとする発想は，現実主義者が言うように理想主義に過ぎないのか。

　現実主義者の理想主義批判とは，その字面から誤解されるように，理想主義者の理想を単に実現可能性を欠いた夢に過ぎないとするシニシズムの類ではない。それ以上に踏み込んだ正面からの痛撃なのである。たとえば，無条件降伏を勝ち取って敗戦国の国内で戦後改革を実現しようとする発想は，国際平和を実現するどころか，かえって国際平和を破壊することになるだろう。また，大量破壊兵器の拡散を阻止するためには武力の行使あるいは武力による威嚇という手段に訴えてでも大量破壊兵器開発国の体制転換を実現しようとする発想は，かえって先制武力行使を抑止するための大量破壊兵器の拡散を加速するだろう。さらに，人道的破局を回避するために国際部隊の受け入れを強要しようとする発想は，かえって人道的破局を深刻化することになるだろう。このように，現状の改善のみならず，その維持すら困難にしているのは妥協を拒む／阻む理想主義そのものだという《理想主義の逆説》こそが，現実主義者に理想主義を批判させてきたのである。

　強制の現実を見据える一方で自制と妥協の合理性を説くがゆえに，現実主義はタカにもハトにも知的拠り所を提供するものになった。現状の維持にも変更にも関係者の同意が必要である限り，関係者は政治から逃れることはできない。関係者の同意を確保するためには意図の伝達が不可欠だが，

一方の意図についての他方の認識次第では前者に利益が生まれるなら，意図の伝達は至難の業であり，それゆえ紛争の交渉による解決や体制の交渉による移行は頓挫しかねない。これこそ，現実主義者が見抜いた現実というものだろう。

しかし，国内統治の政治的現状の変更を引き起こすのは，必ずしも《上からの変更》の主体となりうる政府に対する《外からの圧力》だけではない。現状についての関係諸主体による評価は社会的な性格を持ち，個々の主体の現状評価は他の主体のそれに依存する。それがゆえに，昨日までは実現不可能と広く認識されていた政治的現状の変更が生じる。しかも連鎖的に。これが，現実主義者の見落としたもう一つの現実でなくて何であろう。

【付記】本稿は，共同研究プロジェクト「国際秩序と国内秩序の共振に関する包括的研究」の成果の一部である。本研究に対しては，日本学術振興会の科学研究費補助金（基盤研究（C）20530128）の助成を得た。また，本稿の執筆にあたり湯澤奈緒氏の研究支援を受けた。なお，草稿には本年報編集委員諸氏が貴重なご助言を寄せてくださった。ここに記して深く感謝申し上げたい。

（1） 欧州諸国の動機は理念というよりも通商・戦略上の実利にあった（Simpson 2001, p. 546）。
（2） UN Doc. A/RES/1514 (XV) (14 December, 1960).
（3） 国内統治の国際基準の移植を，吉川元（2007年，132頁）は主権国家基準の復活として，山田哲也（2010，43頁）は国内統治原理の国際規範化として，そして Donnely (1998) は「新しい文明国水準」の設定として概念化している。
（4） たとえば，安保理はリビア当局の保護する責任に言及しつつ，リビアの事案を ICC に付託した。UN Doc. S/RES/1970 (26 February, 2011), and UN Doc.S/RES/1973 (17 March, 2011). 遡れば，武力紛争下における文民の保護の文脈において安保理は，不処罰の慣行に終止符を打つ責任にも言及してきた。UN Doc. S/RES/1265 (17 September, 1999).
（5） 交渉当事者に権利を保障する権力分掌型の戦後秩序は，たしかに交渉当事者たる紛争当事者に武器をおく誘因を与えるものの，逆に交渉のテーブルに座席を確保するために武器をとる誘因も予め与えることになる。この意味において和平の努力が平和を破壊する逆説を指摘するのは，Tull

and Mehler (pp. 391, 394) である。
（6）　たとえば，1995年における米国のW・クリストファー（Warren Christopher）国務長官の声明については，UN Doc. S/1995/263 (6 April, 1995) 参照。
（7）　ロシアが提出した決議案の否決については，UN Doc. SC/6659 (26 March, 1999), "Security Council Rejects Demand for Cessation of Use of Force against Federal Republic of Yugoslavia." 途上国（Group of 77）の反発については，UN Doc. A/55/74 (12 May, 2000)。
（8）　UN Doc. A/RES/60/1 (24 October, 2005).
（9）　UN Doc. S/23500 (31 January, 1992).
（10）　ユーゴ内戦の文脈については UN Doc. S/RES/808 (22 February, 1993)，ルワンダ内戦の文脈については UN Doc. S/RES/955 (8 November, 1994) を参照。
（11）　恩赦の政治的功罪については，大串（1999，142－144頁），Huntington (1991, pp. 213-214) 参照。
（12）　ブラヒミ報告については，UN Doc. A/55/305 (21 August, 2000) 参照。
（13）　ICC 規程前文第6段は，個人責任の拡大がもつ違反行為の抑止効果に言及する。
（14）　国内政治と国際政治とを峻別して初めて現実主義ならば，モーゲンソーは現実主義者たりえないだろう。
（15）　マルチ・エージェント・シミュレーションの手法を用いた意欲的研究に，湯川（2010）がある。
（16）　経済学の用語によって言い換えれば，ここでは「ネットワーク外部性（network externalities）」の存在を仮定する。すなわち，ある財の消費者が増大するほど，当該財が特定消費者にもたらす効用が増大するならば，当該財はネットワーク外部効果を持つと概念化したい。
（17）　この論理は合理的選択のカスケード論であり，規範のカスケード論（Finnemore and Sikkink 1998, pp. 902-904; Lutz and Sikkink 2001）とは異なる。

参考文献
石田淳［2007年］「国内秩序と国際秩序の≪二重の再編≫――政治的共存の秩序設計」『国際法外交雑誌』第105巻第4号，44－67頁
――［2010年］「外交における強制の論理と安心供与の論理――威嚇型と約束型のコミットメント」法政大学比較経済研究所／鈴木豊編『ガバナンスの比較セクター分析』法政大学出版局，所収
大串和雄［1999年］「罰するべきか許すべきか――過去の人権侵害に向き合うラテンアメリカ諸国のジレンマ」『社会科学ジャーナル』40号，139－160

頁

吉川元［2007年］『国際安全保障論』有斐閣

佐伯太郎［2009年］「交渉による内戦終結と領域的権力分掌の陥穽――モザンビーク内戦とアンゴラ内戦の比較を通じて」『国際政治』第156号，37-54頁

古谷修一［2008年］「国際刑事裁判権の意義と問題――国際法秩序における革新性と連続性――」村瀬信也・洪恵子編『国際刑事裁判所』東信堂，所収

峯陽一［1999年］『現代アフリカと開発経済学――市場経済の荒波のなかで』日本評論社

山田哲也［2010年］『国連が創る秩序――領域管理と国際組織法』東京大学出版会

湯川拓［2010年］「マルチエージェント・シミュレーションによる政策拡散の研究」ワークショップ「人工国際社会を作る」東京大学駒場キャンパス，2010年12月18日

Akhaven, Payam. [2001] "Can International Criminal Justice Prevent Future Atrocities?" *American Journal of International Law.* 95 (1): 7-31.

Andeweg, Rudy B. [2000] "Consociational Democracy." *Annual Review of Political Science.* 3: 509-535.

Carr, E. H. [1939] *The Twenty Years' Crisis 1919-1939.* London: Macmillan. （井上茂訳『危機の二十年』岩波文庫，1996年）

Donnely, Jack. [1998] "Human Rights: a New Standard of Civilization?" *International Affairs.* 74 (1): 1-24.

Finnemore, Martha, and Kathryn Sikkink. [1998] "International Norm Dynamics and Political Change." *International Organization.* 52 (4): 887-917.

Gelner, Ernest. [1983] *Nations and Nationalism.* Ithaca: Cornell University Press.（加藤節監訳『民族とナショナリズム』岩波書店，2000年）

Goldsmith, Jack, and Stephen D. Krasner. [2003] "The Limits of Idealism." *Daedalus.* 132 (1): 47-63.

Hartzell, Caroline A., and Matthew Hoddie. [2007] *Crafting Peace: Power-Sharing Institutions and the Negotiated Settlement of Civil Wars.* University Park, PA: The Pennsylvania State University Press.

Herz, John H. [1950] "Idealist Internationalism and the Security Dilemma." *World Politics.* 2 (2): 157-180.

――. [1978] "On Reestablishing Democracy after the Downfall of Authoritarian or Dictatorial Regimes." *Comparative Politics.* 10 (3): 559-562.

Hirschman, Albert O. [1970] *Exit, Voice, and Loyalty.* Cambridge, MA: Harvard

University Press. (矢野修一訳『離脱・発言・忠誠』ミネルヴァ書房, 2005年)

Huntington, Samuel P. [1991] *The Third Wave: Democratization in the Late Twentieth Century*. Norman, OK: Oklahoma University Press.

Ikenberry, G. John. [1998] "Constitutional Politics in International Relations." *European Journal of International Relations*. 4 (2): 147-177.

Independent International Commission on Kosovo. [2000] *Kosovo Report: Conflict, International Responses, Lessons Learned*. Oxford: Oxford University Press.

International Commission on Intervention and State Sovereignty. [2001] *Responsibility to Protect*. Ottawa: International Development Research Centre.

Jervis, Robert. [1976] *Perception and Misperception in International Politics*. Princeton: Princeton University Press.

Kissinger, Henry. [2001] "The Pitfalls of Universal Jurisdiction." *Foreign Affairs*. 80 (4): 86-96.

Kydd, Andrew. [2000] "Trust, Reassurance and Cooperation." *International Organization*. 54 (2): 325-357.

Lijphart, A. [1999] *Patterns of Democracy: Government Forms and Performance in Thirty-Six Countries*. New Haven: Yale University Press. (粕谷祐子訳『民主主義対民主主義』勁草書房, 2005年)

Luard, Evan. [1967] "Conciliation and Deterrence: A Comparison of Political Strategies in the Interwar and Postwar Periods." *World Politics*. 19 (2): 167-189.

Lutz, Ellen, and Kathryn Sikkink. [2001] "The Justice Cascade: The Evolution and Impact of Foreign Human Rights Trials in Latin America." *Chicago Journal of International Law*. 2 (1): 1-34.

Mearsheimer, John J. [2005] "Hans Morgenthau and the Iraq War: Realism versus Neo-Conservatism." opendemocracy.com, posted May 19, 2005.

Morgenthau, Hans J. [1948] *The Politics among Nations: The Struggle for Power and Peace*. New York: Alfred A. Knopf, Inc.

Nobles, Melissa. [2010] The Prosecution of Human Rights Violations." *Annual Review of Political Science*. 13: 165-182.

Pion-Berlin, David. [1994] "To Prosecute or to Pardon? Human Rights Decisions in the Latin American Southern Cone." *Human Rights Quarterly*. 16 (1): 105-130.

Przeworski, Adam. [1988] "Democracy as a Contingent Outcome of Conflict." In *Constitutionalism and Democracy*, edited by Jon Elster and Rune Slagstad.

Cambridge: Cambridge University Press, pp. 59-80.

Rothchild, Donald. [2008] "Africa's Power-Sharing Institutions as a Response to Insecurity: Assurance without Deterrence." In *Intra-State Conflict, Governments and Security: Dilemmas of Deterrence and Assurance*, edited by Stephen M. Saideman and Mair-Joëlle Zahar. London: Routledge, pp. 138-160.

Sagan, Scott D. [2009] "The Case for No First Use." *Survival*. 51 (3): 163-182.

Schelling, Thomas C. [1966] *Arms and Influence*, New Haven: Yale University Press.

——. [1978] *Micromotives and Macrobehavior*. New York: W. W. Norton and Co.

Simpson, Gerry. [2001] "Two Liberalisms." *European Journal of International Law*. 12 (3): 537-571.

Snyder, Jack, and Leslie Vinjamuri. [2004] "Trials and Errors: Principle and Pragmatism in Strategies of International Justice." *International Security*. 28 (3): 5-44.

Stein, Janice Gross. [1992] "Deterrence and Reassurance in the Gulf, 1990-1991: A Failed or Impossible Task?" *International Security*. 17 (2): 147-179.

Tilly, Charles. [1985] "War Making and State Making as Organized Crime," in *Bringing the State Back In*, edited by B. Evans, Dietrich Rueschemeyer, and Theda Skocpol. Cambridge University Press.

Tull, Denis M., and Andreas Mehler. [2005] "The Hidden Costs of Power-Sharing: Reproducing Insurgent Violence in Africa." *African Affairs*. 104: 375-398.

Vinjamuri, Leslie. [2003] "Order and Justice in Iraq." *Survival*. 45 (4): 135-152.

Wight, Martin. [1977] *Systems of States*. Leicester: Leicester University Press.

Wolfers, Arnold. [1951] "The Pole of Power and the Role of Indifference." *World Politics*. 4 (1): 39-63.

協同セルフヘルプ型（「クラブ財型」）集合行為におけるコミットメントと忠誠

―ラテンアメリカの事例から―

出岡直也[*]

はじめに

　本稿は、何からの理想・大義・イデオロギー、かつ／または、アイデンティティー（自らが属すると認識する集団）へのコミットメントや忠誠という、効用に関する計算的合理性とは異なる要素が、政治において果たす役割の重要性を、集合行為論の枠組を用いて、社会運動、その中でも協同セルフヘルプ型と呼べるものを対象にして考察する試みである[1]。

　言うまでもなく、集合行為を合理的選択の立場からモデル化する議論の出発点となっているのは、オルソンの議論である（Olson 1971）。それによれば、供給されれば誰でも消費できる公共財は、その生産・供給のために自分が貢献しなくても得られるため、大規模集団においては[2]、合理的な個人はそのための集合行為に加わらず、よって供給されない。すなわち、合理的行為者としての個人を想定すれば、公共財生産のための集合行為が成立しない。個々人の合理的行動が非合理的な結果を生む、このジレンマは「集合行為問題」(collective action problem)」や「フリーライダー問題 (free-rider problem)」などと呼ばれ[3]、実際には、集合財（個人的には消費されない財）を生産する集合行為が多く存在するため、自らの利益を合理的に追求する個人の選択の合成の結果として集合財が供給されることを示して問題を「解決」し、合理的選択論を維持するか、そのジレンマを合理的選択論の妥当性が低いことの証左の一つとするかという分岐を示しつつ、合理的選択の枠組からの集合行為研究の中核をなすテーマとされてきた。政治における非合理的なものの重要性という、本特集のモチーフに関わる含

---

　[*] 慶應義塾大学法学部教授　ラテンアメリカ政治

意は，分岐の両者で大きく異なることになる。

　本稿では，集合行為問題に，それらとは異なる観点から接近することで，本特集のテーマに関して何らかの貢献をすることを試みたい。典型的な社会運動的な集合行為とされてきたプロテスト型の運動とは異なる運動——便宜的に「協同セルフヘルプ型社会運動」と名付けるもの——についての考察である。

　本稿ではまず，非常に限定的ではあるが，オルソンの集合行為論から発展してきた研究を，恐らくはかなり独特な形でレビューすることで[4]，協同セルフヘルプ型社会運動においては，運動リーダー達のコミットメントや忠誠を重視しなくては，運動の成立・拡大を説明しにくいだろうことが仮説的に導かれる。次に，その仮説によってラテンアメリカのいくつかの事例を解釈（説明でなくとも）できるかが，ここでもごく予備的な形で，検討される。

　なお，集合行為問題の検討は，数理モデルによる接近により，非常に精緻に行われてきた。それに対し，本稿の議論は「床屋論議的なレベル」にある。アルゼンチンの「補完通貨」（後記）への関心から，集合行為論による接近の重要性に気づいて勉強を始めた筆者の能力と知識からはそれが目一杯であるが，従来の集合行為問題の検討とは異なる要素も存在するのではないかと期待しており，それが存在する程度に応じて，こうした議論にも意義がある（今後のより精緻な検討のためにも）と期待している。その意味で，本稿は全くの試論であり，多くの批判を寄せていただくことを期待している。

1. 集合行為論と協同セルフヘルプ型社会運動

　合理的選択論による集合行為問題の解決（すなわち，オルソンの議論の修正）や合理的選択論への批判は，社会運動研究の重要な一潮流をなしてきた。そうした研究潮流の中で思いのほか軽視されているのは，オルソンの議論が正しいとしても，それは公共財に関わる議論であることである。すなわち，集合行為問題が存在するとしても，それは公共財を生産・供給する集合行為のみについてである。オルソンは，自らの議論を「公共財（public good）」に関するものとしつつも，その意味について曖昧な部分があるが，より厳密にその範囲を考察することから，本稿の検討を始める必要

がある。本稿では,「公共財」を,純粋で単純化された定義を採用し,誰かが消費しても,他の人の消費できる分が減らない「非競合性」と,誰の消費も排除できない——「排除可能性」が存在しない——財と定義する。とすれば,集合行為によって供給・生産される集合財[5]はそれに留まらず,その中には,オルソンの議論が当てはまらないものがあるのは明白である。ヘクター (Hechter 1987: 38, 105-06) は,集合行為問題の起きない集合財を,それが起こる公共財から分けるのは,排除可能性であるとする[6]。なぜかヘクターは——「クラブ」という語は用いるが——その語の使用を控えているが,それは,「クラブ財 (club good)」との用語が一般化している財である。ヘクターは,多くの集合財がクラブ財であるとして,社会に集合行為（連帯）が広く存在するのは,合理的選択モデルからも少しも不思議でないとする (Hechter 1987: 36-37)。ヘクターの議論は,集団 (group) に関する社会学全体を,クラブ財の生産のための集合行為に関する理論化を出発点として構成する,という意欲的なものであるが,ここでは明示的にクラブ財生産をなす（以下,便宜的に「クラブ財型」）集合行為——その中でも,本稿で扱うのは社会運動的な集合行為——を,公共財生産を行う（以下便宜的に「公共財型」）集合行為と対照させてモデル化する考察を行いたい。

　実証的な社会運動研究で主に扱われてきた社会運動は,プロテスト型のものであり,それは公共財生産を目的とする（少なくとも,そう主張される）のが通例だろう (Klandermans 2004: 363)。例えば,フェミニズム運動によって女性の権利を拡大する政策・法令が獲得されれば,その恩恵は全ての女性に享受されることになり,反原発運動によって,原子力発電所の建設が中止されれば,原発廃止を望む人々は,運動に加わるか否かにかかわらず,その希望を満たされる。
　しかし,それとは大きく異なるタイプの社会運動的集合行為が存在する。元来の運動の性格からして,集合行為が生産する集合財を消費できるのが,当該集合行為に加わる人々のみであるようなタイプである。広義での「社会運動」とされる集合行為の中で,こうした性格を持つのは,「協同セルフヘルプ型」[7]のそれである[8]。ヘクターが,先に述べたタイプの集合行為の典型としている頼母子講や互助会[9]がクラブ財型集合行為の代表であろう

が，そうした集合行為に加わる人々の拡大によって社会変動を起こそうと企てるような運動が，本稿の考察の対象である。食料の共同購入や協同食堂，政府に要求をするのでなく，自治的なことを決めたり，近隣の生活を改善する活動を行うようなタイプの近隣地区組織(ネイバーフッド)，非営利のヘルスケア施設など[10]が代表的な事例であろう[11]。

　本稿のテーマから最も重要なのは，クラブ財を生産するタイプの集合行為は，定義的にフリーライドがありえない性格を持っていることである。参加するか否かは，集合行為に加わることのコストとその集合行為自体で得られる便益(ベネフィット)の比較で選択され，参加者が求める結果に従って行う選択通りの結果が得られて，「ジレンマ」は存在しない[12]。すなわち，「合理的なエゴイスト」を前提としても，原理的な集合行為問題は存在しないことになる。さらに，本稿の考察対象である集合行為が生産・供給する集合財に関しては，非競合性を有することが多いことも重要である[13]。皆が活動を交換・共有することで便益を共有する運動が通例だからである。ごく例外的な状況を除けば，集合財（この点は公共財に関しても共通して）の生産量は集合行為参加者の増大によって常に拡大するため[14]，集合行為に加わることの便益は，他の人々が参加するかしないかに関係なく（ゲーム理論的なモデルを用いても）存在することになる[15]。ここからは，本稿の考察対象である集合行為においては，集合行為問題は全く存在しないように思われる。

　しかし，そのように単純には解決しない。公共財型集合行為における，いわゆる「2次(second-order)フリーライダー問題」に対応する問題が，クラブ財型の集合行為においても，集合行為を行う集団内に関しては存在するからである。集合行為自体の運営(マネイジメント)（クラブ財を供給できるように）が必要だが，それは誰かが行えば，集団内の皆が共通して利益を受ける公共財である。ただし，公共財型集合行為に関する議論においては，1次フリーライダー問題が中心的課題となるため，2次の問題についても，専らフリーライドさせないコントロールという側面が取り上げられているが，クラブ財においては，2次レベルでのみ存在する公共財生産のジレンマは，集合財生産のための集合行為を運営すること全体に関わるものであるという見方が重要になろう（或いは，集合行為の2次レベルでの問題が，集合行為運営一般という公共財の生産である点を，クラブ財型の集合行為の場

合は，よりよく認識させよう）。

　それはフリーライダー問題であり，集合行為運営という公共財（集合行為に加わっている人々についての）生産のコストの負担の仕方がパズルの中心になる。そして，それが2次（メタ）レベルで起こることは，別の時点で問題にすべきということではなかろう。原理的には，そのコストも含めて，元来集合行為が成立するか否かが，オルソン的な前提により忠実なパズルであろう[16]。しかし，筆者の知る限り，クラブ財型の集合行為に関する最も重要なモデル化であるヘクターの議論では（また，公共財型集合行為における2次フリーライダー問題を扱ったレイヴァーの議論でも），そのコスト負担が，集合行為の成立をどのように規定するかのテーマが，体系的に扱われていない[17]。そのコストが重要であるとの認識に立った，集合行為の元来の成立条件のモデル化が行われていないように思われる。（ヘクターは，ある意味では，公共財型集合行為に関する2次フリーライダー問題のテーマ設定に引きずられて，集合行為運営のうちでコントロールのみに焦点を当てている。そして，それが集合行為のメンバーに不利益をもたらすことは，彼のクラブ財に関する中心的な議論の前提として重要な役割を果たすが，それはコントロール行為を行うコストについてではなく，メンバーがなぜ集合行為における義務に関するコントロールを受容するかについての考察である。）以下では，筆者なりの整理を行っていきたい。

　まず，集合行為をなす集団の規模にもよるが，集合行為において，それをなす集団・組織を運営するコストは大きいだろうことが議論の出発点であろう[18]。その仕事は，メンバー内部で負担されるか，「エイジェント」に委託される[19]。前者の場合のうち，メンバー内の輪番で平等に役割を担えば当然であるが，後者の場合も，外部のエイジェントと，報酬による「契約」がなされる場合には，その報酬分を分担的に供出することで，やはりメンバー皆が負うべきコストとなる（Frohlich et al. 1971: 19-20）。

　ヘクターのクラブ財型集合行為に関するモデル（やレイヴァーの集合行為論）においては，集合財生産を行おうとする集団は，集合行為運営のコストを平等に負担することが前提とされているため，コストの分配方法は，以上述べた2種類に限定されよう。そのような前提を置いても，クラブ財型の場合は，集合行為運営の負担も集合行為に元来参加するコストに含めて個々人が合理的選択を行った結果として，集合行為が成立する可能性は

存在するだろう[20]。メンバーが，コントロールを受容して集合行為に加わっているとする先記のヘクターの議論は，集合行為運営のコストと，集合行為運営の一部たる「コントロール」が遵守を確保する（1次レベルの）コスト・義務を合計し，そのコストとクラブ財で得られる便益とを比較して後者が大きいため——大きい場合に——人々がその集団に加わるのが，クラブ財型の集合行為（に関する合理的選択の枠組による解釈）であるとするものである。

　しかし，それとは異なるモデル化も可能であるように思われる。クラブ財型集合行為においては，参加者一般については，公共財型の場合に起こるような意味での集合行為問題が存在せず，どちらも参加によって発生する便益とコストを比較考量して，参加が合理的選択であれば集合行為が成立するという性格を前提として，それに必要な集合行為運営のコスト（集合行為をなす集団内での公共財供給）は，参加者一般とは異なるリーダー達が担うというモデル化である[21]。そちらがより適切かもしれないいくつかの理由を挙げることができよう。

　第1に，クラブ財型の場合，先記のように，運営コストをメンバー全員で担う集合行為は成立するだろうが，運営を担う負担は他の義務（コスト）と比べて大きいため（後述するように，多くのセルフヘルプ型集合行為では，それを行うメンバーとそうでないメンバーの差は特に大きいと思われる），それが成立する条件は満たされにくくなろう（実際の状況により即していえば，或いは，そのようにモデルを設定すれば，集合行為参加のコストよりも便益が大きいことによって参加の選択を行う個人は減少し，集合行為は拡大しにくいであろう）。

　第2に，実際のあり方は，社会運動に関しては，ヘクター的なモデル化よりも，本稿での整理の方に近い場合が多いように思われる。筆者が知る限りでは，多くの社会運動的集合行為においては，コントロールも含め，集合財生産のために必要な運営を担当する人々は，固定的である。すなわち，実際の多くの集団・集合行為では，リーダー層とフォロワー層は，かなり明確に，かなり固定的に分離している。民主主義的なプロセスで運営に携わる人・集団が選ばれる場合も，立候補する人々は限られている場合が多い。くじ引きや全員参加のローテイションによる輪番制や，立候補制（実際上，それに近い事前のインフォーマルな了解も含め）を持たない選挙

である場合のみに，それとは異なる実態となる。リーダー層とフォロワー層の分岐が存在する運動が多いことは，前段落で述べた論理が作用していることを示唆するものであろう。

　第3に，フォロワーと区別されるリーダーの重要さについては，集合行為や社会運動一般についても指摘されてきた。木村（2002：41（注16））が紹介するように，集合行為一般に関して，リーダーの存在への着目で集合行為問題を「解決」しようとする議論（オルソンの議論がリーダーの役割を軽視しているという批判）は早くから提出されてきた。また，後に紹介するように，集合行為研究の一部では，他の人々が貢献するか否かにかかわらず自らは貢献して公共財を生産（獲得）しようとする少数の主体を意味する「臨界量（critical mass）」に着目して，集合行為問題を「解決」しようとする潮流がある。それらとは独立に，社会運動研究において，フォロワーと区別されるリーダーの重要性を指摘する議論がある。フラックス（Flacks 2003: 145-48）は，従来の社会運動研究で軽視されていたコア活動家の活動が「社会運動」へと拡大する過程のダイナミズムを重視する必要を指摘している。合理的選択論の外からオルソンの集合行為論を検討したルーシュマイヤー（Rueschemeyer 2009: 171-72, see also 179-81）も，社会運動的な集合行為に関しては（本稿注38参照），フラックスと同様に，少数の活動家たる運動開始者（initiators）の役割が決定的だとしている。

　以上のモデル化は，多くの協同セルフヘルプ型社会運動が——典型的な社会運動とは異なって——持つ性格によって，さらに重要になると思われる。第1に，その活動で政府（権威）の政策（態度）を変化させることで集合財を得るプロテスト型社会運動とは異なり，このタイプの運動では，集合行為自体がそのまま集合財の生産となるのが通例である。集合財がもたらす便益の期待値が大きくなりやすいだろう。第2に，このタイプの集合行為の多くにおいては，集合行為運営以外のメンバーのコストはそれほど大きくない場合が多いと考えられる。まず，第1点で述べた活動の性格から，果たすべき義務，行うべき活動が，クラブ財自体の生産であること（例えば，共同食堂における料理当番など）が多いため，コストはプロテスト型の運動に比べて小さい傾向があろうし，便益と組み合わせになっている[22]。さらに，集合行為に加わる結果として被るコストは，プロテスト型の社会運動に比べて顕著に小さかろう。フォロワーであっても，例えばデ

モに参加すれば弾圧の危険があり，組織に関われば，職場などで悪いレッテルを貼られやすいプロテスト型社会運動とは異なり，団体形成・集団行動一般を警戒する強く抑圧的な非民主主義体制でなければ，協同セルフヘルプ型社会運動に参加することによる損失は小さい。

以上が正しければ，マネイジメントを担うリーダー層と，参加によって得られるクラブ財と負うコストを比較して，参加か不参加かを選択するメンバーとに分けるモデル化がより適当ではないかと思われる。協同セルフヘルプ型社会運動においては，リーダー層がすでに運動を立ち上げ，その運営を行うことが明らかである場合には，フォロワーは参加と不参加での効用の比較から態度を決める上で，集合財生産のための最低限のコストと得られる便益との比較考量のみをすればよく，さらに，集合財生産が同時的であることによって便益が大きく，コストが小さいため，参加が合理的選択になる条件は成立しやすい。単純化すれば，コストを自らが負担することを厭わない人々が運動を立ち上げ，先記の比較から参加を選択する人々が増大する条件がある場合に[23]，運動が拡大することになる。

それを前提にすれば，そうした集団の運営を行うリーダー達の担うコストは非常に大きいことになる（ある意味では，リーダーは，大きなコストを他のメンバーに代わって担うことによって，運動を成立・拡大させるのである）。それゆえに，そのコストにもかかわらず運動のマネイジメントを引き受ける人々の選択の説明が重要になる。

少なくとも社会運動とみなされるような集合行為の場合，そうしたコストを引き受ける理由として挙げられるのは，運動の目指すものを獲得しようとする意志であろう。しかし，それとは異なる説明も提出されてきた。それらを検討したい。

第1の説明は，公共的な活動を行うこと自体に喜びを感じる人々がリーダーになるというものである。ハーシュマン（Hirschman 1982: 81-91）[24]がオルソンの議論を批判して，集合行為が成り立つことを説明するのにオルソンが前提としていないものを考慮に加える必要であると述べて提出するのは，この要素である[25]（ただし，集合行為参加者一般——ヒト一般——についての議論である）[26]。しかし，そのような動機を，ほとんどのリーダーが自認するだろう，大義・理想・イデオロギーへのコミットメントや自らが属する集団への忠誠と区別するのは，実際上不可能であろう。自分の理

想や自分が属する集団のために尽くそうと思う人々がいるのであり，それを，忠誠やコミットメントによるとするか，自らの満足や欲求に基づくとするか，そして，後者の中でも利他的なものと考えるか，活動欲求のようなもの，さらには権力志向や認知欲求とみなすかは，心理学的な解釈の違い（或いは，観察者の人間観に基づく見方の違い）とも言えそうに思える。合理的選択論者の一部は，後者を，合理的個人が計算する際の要素たる「効用」に加えるが，この点について筆者は，それではトートロジーとなる——行為者がするのだから，それは効用最大化であることになる——という批判[27]が正しいと考える。

第2に，合理的選択の枠組の中で，運動運営の大きなコストを担う人々の選択を説明する議論も存在する。先に言及した，公共財型集合行為につき，リーダーの登場を説明することによって，集合行為問題を解決しようとした議論が，ここでは援用できるからである。筆者の知る限り，そうした議論を最も体系的に発展させたのは[28]，フローリッヒらの「政治的企業家」論（Frohlich et al. 1971: esp. 20-25）である。そこでは，集合行為のリーダーは，集合行為運営を行うコストとその仕事を引き受けることによって得る便益の比較考量から，リーダーの仕事を引き受けると理論化され，ヘクターが理論に組み込まなかった，集合行為・運動をマネイジすることのコストを中心的な要素とした理論になっている。

しかし，この議論には欠点が指摘できるように思われる。もし同じ選好を持つ人々からなる集団を想定した議論であれば，この理論では，元来なぜ一部の人がリーダーとなり，他の人々がその人と契約して公共財（クラブ財型集合行為においては，マネイジメントのみだが）を提供してもらう選択をするのかが説明できない。特に，運営のコストは大きく，いわゆる社会運動の多くの場合は，それによって得る物質的な便益がそれを上回ることが少ないと思われることから，その差違はさらに説明しにくかろう。

とすれば，この議論の成立には，選好の異なる[29]個人で構成される集団を想定した議論である必要がある[30]。そのような議論のうちで，効用の中に，権力・名誉（や公共的活動の喜び）などを含めるものであれば[31]，リーダーとなる人々の選択（或いは，リーダーとなる選択を行う人々が存在すること）を，「合理的選択」論の中で説明することは容易である。しかし，ハーシュマン的な説明について述べたのと同様，その説明とコミットメン

トを重視した解釈の違いは，実際上見極めがたい。

　さらに，「合理的選択論」の中で，以上の二つの説明には，共通して大きな問題が存在するであろう。フローリッヒら（Frohlich et al. 1971: 7-8）は明示的に述べるように，そうしたモデルは，リーダーが自らの運営する集合行為（社会運動の活動）の内容・目標には無関心であるとする議論である。リーダーは，運営を担うことによって得られる便益（報酬）から，そのコストを減じたものが最大のところで，リーダーになることになる。これは政治運動・社会運動一般について，現実とは大きく異なっているだろう。レイヴァー（Laver 1997: 83-84, 115-16, 135-37）は，他の潜在的リーダーとの競争の中で，契約を守るという評判が契約を得るための重要な資源となり，そのためには一貫した政治性・イデオロギーを持っていることが望ましく，自らの政治性・イデオロギーと同じものを持つ集団（政治・社会運動）のリーダーである——そうふるまう——ことが望ましくなる，という議論で，フローリッヒらの理論（合理的選択の枠組での政治的企業家に関する理論化）の現実妥当性を増そうとしている。しかしその議論は，選挙によって選ばれる政治家については説得的であっても，社会運動については，妥当性が低かろう。

　合理的選択論を採用した上で，以上の問題を免れる説明は，当該集合行為が生産するクラブ財の消費（獲得）が，その人にとって特に高レベルの効用を与えるような人々がいるというものである[32]。この仮説は，数理モデルによる公共財型集合行為に関する研究において，「臨界量」に着目する潮流が提出してきた知見とも親和的である。このテーマの研究は，オルソンの元来の枠組を離れ，戦略的相互行為を前提とする（一般に，その観点，特にゲーム理論を用いることが集合行為のモデル化には不可欠であるとする議論は強力である）。その上で，「臨界量」と命名された，当該集合財の生産を特に（平均から大きく逸脱して）強く希望する少数の主体（人々）の存在を前提として（その点でヘテロジニアスな集団を前提にして），集合行為の成立と拡大の条件が，数理モデル（とシミュレイション）の手法によって検討される。オリヴァーら（Oliver, Marwell, and Teixeira 1985）が，そこから得た結果の最も重要な部分のいくつかが，クラブ財型集合行為における集合行為運営という公共財生産の分析に援用できよう。オリヴァーらが重視するのは，参加者が増加していく時に，集合財の生産がどのよう

に拡大していくかという生産関数の形状である。本稿の議論に重要な検証結果は次のとおりである。第1に，集合行為の通例であるが，生産曲線がS字型の場合（参加数が少ない期間フラットであったあと，ある地点から生産が加速度的に拡大し，その後また拡大が穏やかになる），最初の時期を越えるかが集合行為の成否を左右するが，そこを超えられる場合には，それを起こすのは，当該集合財の生産を特に強く希望する人々（臨界量）である。第2に，参加拡大の初期に大きな生産拡大があり，その後の限界生産量がマイナスになるパターンでは，初期に少数の人々が参加したあと，参加拡大は止まり，他の人々はフリーライドする。恐らくこの二つの組み合わせが，クラブ財型集合行為における集合行為運営という公共財生産における生産関数の形状であろう。すなわち，集合行為運営という集合財生産は，参加する人が少数出れば急速に拡大して，そこで停滞する（集合行為運営にはそれほど多くのリーダーは必要でない）形状を取り，初期に少数の人々が高コストを負担してそれに参加すれば（運営を担えば），あとの人々はそれに参加しないことになる（クラブ財の場合，集合行為運営という集合財が前提となるクラブ財の生産自体も，同様の生産関数を持つのか，集合行為運営は提供された上で参加者の拡大による生産拡大のパターンについては，場合による差違が大きいのかは，ここでは扱えないが）[33]。なお，公共財型集合行為に関してオリヴァーらが検証した結果では，今述べたような生産関数の場合は，他の集団メンバーはフリーライドを続け，集合行為には加わらない。しかし，クラブ財型集合行為の場合は，1次レベルで生産される集合財を得るには，ここで述べている2次レベルの公共財についてのフリーライドを前提にして，1次レベルの集合財生産の集合行為に加わる必要があり，1次レベルに限ったコスト＝便益（ベネフィット）計算が行われることになる[34]。

　以上述べたように，合理的選択論による説明を試みれば，クラブ財型集合行為に関しては（或いは，関しても），当該集合行為が生産する集合財への選好が特に高い人々がリーダーとなることが重要である，となりそうである。しかし，それを効用計算に基づく合理的選択であると考える必要はない。少なくともプロテスト型社会運動を考えると，皆が（同量の）恩恵を受ける変化をもたらすことが，大きなコストを厭わないほどの満足となる利害計算は，運動の目的や大義へのコミットメントの言い換えにすぎな

いのではなかろうか（例えば，女性の地位・権利を増進させる政策の実現という集合財の生産に，特に強い選好を持つ人々を想起されたい）。クラブ財型集合行為の場合も，自分も含めてではあるが，集合行為の参加者皆が同量享受できるものを強く求めるのは，同様の選好であろう。この点を少し厳密に議論すれば，次のようになろう。公共財型の社会運動でも，クラブ財に関する運動でも，以上述べたような指向性は，自らの属する集団（何らかの社会変動の実現を求めている人々の集団も，そうした集団である）全体に便益となるもの・ことを特に強く求める選好である。それは，自らの個人的消費のために当該財の生産・供給を強く望んでいる場合と，そうでないにもかかわらず重視する場合があろう。ここで，実態との相応を問題にすれば，筆者の知る限り，少なくとも最も単純な意味で物質的な便益をもたらすような集合財に関する限り，その集合財への選好が高い――他の財との比較において――はずの[35]貧しい人々よりも，より高収入の人々がリーダーとなる選択を行う場合が多い。とすれば，そこで目指されているのは，集団全体に関わる変化[36]であると考えられる。最も単純な意味で物質的な集合財を生産するタイプのクラブ財型集合行為の中にも，同様の性格を持つものがある。例えば，後に検討するラテンアメリカにおける協同セルフヘルプ型社会運動の場合は，そうした集合行為（「クラブ」）の拡大による社会の変革を志向するものであった（ある時期その多くが――「新しい」の形容詞を付けつつ――「社会運動」と認識されたのは，それゆえであろう）。そうとすれば，当該集合財への選好が格段に高い人々は，その集合財と同義だと考えられる大義や理想への選好が高い人々である。合理的選択の枠組においては，そうした選好を前提とした場合，集合行為運営の高いコストを担うことは，合理的であろう（筆者の理解では，道具的合理性の前提により，目的の内容は考慮に入れず，そのために最も低いコストの手段を選択するのが「合理的」であろうから）。しかし，一般的な用語においては，そうした選好を持つこと自体が，自己利益の追求からははずれる「非合理的」な大義や理想へのコミットメントであろう。そうした財（集合財）は，通例その消費が「効用」となるような財・サービスとは異なる種類のものとも考えうる。ここで述べている見方の違いは，先に述べた，集団や社会のために活動・努力することでの喜びを，合理的選択の基準たる「効用」に含めるか否かに関する見方の違いと同種である。

こうして，ごく自然に，社会運動で社会を変えようとする活動に熱意を持つ人々が運動のリーダーとなる，と考えてよいのではなかろうか[37]。集合行為におけるリーダーの重要性を述べた，先記のルーシュマイヤーの議論（Rueschemeyer 2009: 171-72）では，リーダーとなる人々においては「規範的なコミットメントとイデオロギー」が中心的な役割を果たすとされている[38]。

2．いくつかの補論

以上の議論を実際の事例に当てはめてみる前に，いくつかの補論を行っておきたい。以上の議論の意味をより明確にするためにも有用であり，想定される反論の一部に答えておく意味もあるだろうと期待している。

第1に，本稿ではヘクターの議論を出発点に，筆者なりに自由にそれを発展させたが，初歩的であるにもかかわらず，それを試みたのは，管見では，ヘクターの重要な議論が提出されたにもかかわらず，その後も，クラブ財型集合行為についての議論は，集合行為問題の検討において軽視されてきたように思われるからである[39]。例えば，集合行為研究に関するオストロムのレビュー（Ostrom 2007）では，ヘクターの文献は全く言及されていない[40]。しかし，生産される集合財には排除可能性が存在するが，他の点では公共財型集合行為と類似するような集合行為の存在を認識することは，非常に重要であろう。例えば，非競合性が存在せず，参加者当たりのその消費量が参加者の増加によって減少する集合財[41]に関するモデル化や検証は，本稿で述べているクラブ財型集合行為についてのそれと近似しているように見える[42]。しかし，協同セルフヘルプ型社会運動に関しては，生産する集合財に非競合性が存在するのが通例であり，集合財の消費自体については，集合行為のサイズの拡大は必然的にプラスに働き，サイズの拡大がマイナスに働くとしても，それは集合行為のマネイジメントの点でのコストが増大するからである，という特性を持っている点で異なる。その点の認識が小さいことが，マネイジメントのコストのみを別に扱うモデル化が発展してこなかった一因ではないかと想像する[43]。

第2に，第1の補論の言い換えとも言えるが，以上の議論が正しければ，異なる前提を持つモデル化を必要とする，異なる現象ではあるが，公共財型集合行為に関する合理的選択論による研究は，クラブ財型集合行為にも

援用できよう。

　特に，集合行為の拡大可能性に関する研究動向は重要であろう。社会運動的集合行為においては，集合行為に参加する人数の規模が，生み出しうる社会的変化の程度を大きく左右するのは明らかである。社会運動的集合行為の一つである協同セルフヘルプ型社会運動に関しても，その社会的影響力を考える上で，運動規模は決定的に重要なはずである。どのような性格の協同セルフヘルプ型社会運動が，どのような条件で，どの程度まで拡大できるかは，非常に重要な研究課題である。

　この点で，合理的選択論からの集合行為研究における，参加者の拡大可能性に関する研究の進展には，援用できる部分が大きかろう。それとはかなり独立して発展してきているように思われる，経済学における「クラブ財」研究の進展も，最適な「クラブ」のサイズを導き出すことを中心的なテーマとしており，同様である[44]。ただし，クラブ財型集合行為の最適規模や「均衡」する規模を求めるモデル化においては，集合行為に参加する人々の数が大きくなるに従い，コントロール（ルール遵守の維持）が困難になるという力学が中心的な重要性を持つであろう（この点には，事例についての考察の末尾で言及したい）。そうしたコントロールの問題が，ヘクターの議論の中核であった（フリーライド防止に焦点を集めたものではあったが）のは，ヘクターが，社会科学者の中で例外的に，このタイプの集合行為に焦点を当てていたことからは，偶然ではないように思われる。

　第3に，本稿の議論と大きく関わるのは，社会運動研究において，ある時期から重視される「情念（passion）」や「感情（emotion）」といった非合理的要素の重要性である（特に，Goodwin, Jasper, and Polletta, eds. 2001; Gould 2003）。本稿で述べるリーダー層の忠誠やコミットメントは，「信念」への「情熱」を含み，それは「情念」や「感情」であろう。そうした要素を重視する社会運動研究の潮流と本稿の仮説の相違は，前者が，（潜在的な）大衆的基盤における——或いは，それに訴えかける上での——そうした要素の重要性を説いている点であろう。本稿は，フォロワーについてもそうした要素が重要であることを否定するものでは全くない。ただ，協同セルフヘルプ型社会運動に関して，フォロワー層については，物質的な効用による合理的選択でも説明できるかもしれないことを示したのみである。

以上，ある種の集合行為について，オルソンの議論と同じ前提を出発点にして考察することによって，一つのモデルが提出しうることを示したつもりである。それが，オルソンが体系的・明示的には想定しなかった「クラブ財型」集合行為の存在の指摘によるオルソンの議論の修正，リーダーシップの重要性を見ることで集合行為問題を解決しようとする議論，忠誠やコミットメント（「連帯」も同義か類義である）に着目してのオルソン的な議論の否定を，ある意味で統合したものになったのは興味深い。とすれば，本稿の議論は，協同セルフヘルプ型社会運動への着目が，オルソン的集合行為論への批判の一種の結節点となることも示すことになる。実際，先に紹介したように，リーダー層が運動を始め，その後人々が（合理的選択で説明できるかは別として）加わっていく過程は，プロテスト型の社会運動でも重視されている。以上は，その常識的だろう知見を，ある種の運動については，そのままモデル化できるかもしれないことを示したものかもしれない。そうだとすれば，似て非なる対象を取り上げたことで，逆に，プロテスト型社会運動の力学のある要素についても，それに対する通例の接近よりも明示化できる結果になった可能性もある。

　以下では，検証とはいえない予備的なものだが，ラテンアメリカのいくつかの事例に関して，基本的には二次文献の知見に基づき，以上述べた点を検討したい。

3. ラテンアメリカにおける草の根運動に関するハーシュマン解釈の再考

　本稿で仮説的に提出した二重の論理の形をモデル化すれば，例えば，集合行為に関わる人間の行動について深い洞察を行う様々な議論を提出しているハーシュマン[45]が，その研究の一つの中で提示したパズルも解決できるように思われる。ハーシュマンは，ラテンアメリカにおける様々な「草の根的開発（発展）」の運動の観察から，『集合的に道を切り開く』[46]という著書を発表するが，その中で，「人はなぜ，どういう場合に，集合行為によって生活改善を図るか」という，オルソンと似たパズルを提出する（Hirschman 1984: esp. 27, 42）。そこで分析の対象となっている運動は，直接の参加者達の利害に関わるクラブ財型の集合行為と考えられるものである。

　ラテンアメリカ諸国の諸運動に関するフィールドワーク的な研究からハ

ーシュマンが発見した答は，次の二つである（Hirschman 1984: esp. 27, 42-43）。人々が草の根運動結成という集合行為を行うのは，第1に，共通して逆境を経験する場合であり，第2に，かつて別の形での運動（典型的には急進的な左翼運動）を経験していた場合である。その記述からは（Hirschman 1984: esp. 54-55），第2の点について，リーダーとなる人々を特に念頭において，そう述べていることがわかる。

　しかし，この議論は不十分であるように思われる。まず，ハーシュマンは第1点については理解しやすいと述べる（Hirschman 1984: 42）が，それは自明ではない。短期的な意味に限っても，人々が逆境（災害や，より頻繁だろうが政策などにより）を共有する地区はラテンアメリカ（或いは，発展途上地域一般）に多く存在すると思われるのに，その一部のみで運動が生まれ，成功することは説明できない。第2点については，協同組合などが活動している場合に，以前からの活動家がその中心にいることは，因果関係を明白に示すものではない。活動家達は様々なところで協同組合などの運動を立ち上げる，或いは，立ち上げようとするが，ある条件の場合にのみ成功するのかもしれない。また，他の条件により協同組合などの活動が特に必要である，かつ／または，成功が得られやすいと活動家が認識する場合に（或いは，場所で），活動を行うのかもしれない。すなわち，ハーシュマンの答自体が，次段階の大きなパズルとなる。彼が現象として発見したパターンを解釈する論理の発見が重要であり，因果関係のより高次なレベルの説明を必要とするだろう。以上の考察は，ハーシュマンが発見した二つの条件を独立に扱うのでなく，要因・変数として統合できる枠組が必要であることも示唆しているように思われる。集合行為論は，少数の前提から出発して諸変数を考慮に入れた枠組を導いている点で，そうした説明を提出できる候補であろう。

　こうした考察の際には，ハーシュマンのパズルが，オルソンのテーマとは異なることが重要になろう[47]。先に述べたように，ハーシュマンの分析する諸事例は，クラブ財型集合行為とみなせるものである。中心的に観察の対象になっている協同組合については，特記が必要であろう。協同組合活動が供給する便益は，基本的にはそれに参加する生産者を利するものであり，公共財ではない。ただしそれが，少なくとも本稿の考察の対象となるクラブ財でもないことにも注意したい。協同組合は，その活動が組合員

に──その全員に，そして，それに加わらない生産者とは異なり，組合に加わった人々のみに──「協同で流通・生産すること」などの便益を作り出すという意味ではクラブ財を提供するものだが，同時に，市場において販売できる財を生産（ここでは物質的な意味で）する──または，扱うことで利潤を得る──活動である。ヘクター（Hechter 1987: 41-43, 125-26）は，市場で販売できる財を生産・供給する集団・集合行為と，集団（集合行為参加者）内で消費される財を生産・供給するそれの違いを強調している。企業を典型とする前者においては，財の生産から得られる利潤の分配として，賃金によって集合行為を選択させる（その義務たる労働をさせる）ことができるため，大きく異なる論理が働くからである。協同組合が専従職員を持つ組織化の進んだものとなることができ，そうなる傾向が強いのは，そこから理解できる。しかし，その記述から，ハーシュマンが取り上げている協同組合は，クラブ財を生産することを主な集合行為とする，社会運動的な性格の強いものであることがわかる。そうである程度に応じて，本稿の議論が正しければ，そこでは本稿で仮説的に提出した二重の論理が働くはずである。

　ハーシュマンの第1の発見について，彼が理解しやすいというのは，ともに同じ原因で苦しい状況に置かれたことでの「利益の一致の認識」や「運命の共有の感情」を想定してであることが読み取れる。しかし同じ現象は，集合行為がない状況（生活）の満足度が非常に低いため[48]，集合行為で得られる便益（生活改善）から参加するコストを引いたものがプラスになる条件にある人が，多く，そして，同時に存在する（発生する）ことへの着目から，合理的選択の枠組からも説明できそうである。

　ハーシュマンの第2の発見は，コミットするリーダー層の役割を重視する本稿の仮説からは，容易に解釈できる。ハーシュマン自身（Hirschman 1984: 43-44）も，他の地域・時代からの多様な事例からそう述べているように，ハーシュマンがラテンアメリカにおけるセルフヘルプ型社会運動で発見した，過去にも別の運動の活動家であった人々が，新たな社会運動の登場で重要な役割を果たす現象は，社会運動一般についてもしばしば指摘される[49]。ラテンアメリカ諸国の協同組合において過去に政治活動をしていたリーダーが多く見られるとすれば，それは社会運動一般についてと同様，一般にリーダーの役割の重要性を示す現象の一部であろう。

以上の議論が正しければ，大義・イデオロギーや集団へのコミットメント・忠誠から運動を立ち上げて，中心をなす人々——その少なからぬ部分が，かつてより，やはり何らかのコミットメントや忠誠からの活動を行っていた人々——が立ち上げ，それに加わることの便益が大きい人々が多く存在する状況では，協同組合などの草の根運動は成功しやすい，とまとめられよう。ハーシュマンは，この一般的な傾向のうちの二つの要素・局面が目立ったのを発見したことになる。

4. アルゼンチンにおける「交換クラブ」の事例

本稿で扱っているタイプの運動であり，極端ともいえるような盛衰が見られた，アルゼンチンにおける補完通貨（「地域通貨」）運動は，本稿の仮説の妥当性を検討するのに重要な事例であろう。その経緯を簡単に紹介すれば，次の通りである。自分達が発行する（公定通貨とは異なる）通貨（補完通貨）を用いて交換を行う「交換クラブ（club de trueque）」（そうした活動を行う集団を指す一般用語となった）が1995年に作られ，拡大していく。その場合，一つ一つの交換クラブのメンバーも増えていくが，個々の交換クラブは，基本的に地域（近隣地区）性を持った，ある程度までの規模とするのが原則であった。すなわち，運動の拡大は，共通の通貨を用いる交換クラブが多くの地区に形成され，そのネットワークが形成される形態を取った[50]。2001年末の経済危機の発生後は爆発的な広がりを示し，一時期は数百万の人が参加したが，その拡大の中で生じた混乱の中で，急速に衰退した。

この運動の性格，そして，その盛衰過程について，筆者の知る限り最も詳細な記述・分析を行ったのはゴメスの研究（Gómez 2009）だが，彼女はそこで，交換クラブが提供（生産）する補完的な（一般的市場とは異なる）市場をクラブ財であるとし，その概念を用いた分析を行っている（ただし，コントロールのコストなどは重視されるものの，集合行為としてのモデル化等は，その関心の外にある）。共同食堂などと同様，交換クラブに参加する人々は，運動／集合行為のメンバーでなく，クライアントでありうるという問題はあるが，交換クラブにおける行動に関するルールに従うことを条件に加入し，そこでの政策決定に関わることが期待されているため，コストの存在を前提とし，それが非常に低い場合における選択を分析する枠

組で解釈することができるように思われる。すわなち，交換クラブ参加者を，本稿で重視している，集合行為運営のコストを潜在的には担うべきだが，フリーライドできる主体として位置づけることが可能だろう。とすれば，本稿の議論を当てはめることができよう。そして，交換クラブ運動の辿ってきた経緯は，本稿で提出した仮説から説明できるように思われる。

第1に，それを始めたのは，ここでもかつてからの活動家で，コミットメントの強い人々だった。エコロジー運動などを行っていた3人がゼロから始めた動きであった。

第2に，以上のイニシアチヴによってすでに交換クラブが存在していた状況[51]で，それを利用することの便益が大きい[52]（利用を必要とする）人々が増大するのに対応して，交換クラブ運動は拡大した。失業によって収入を失う人々の増加が，交換クラブ運動の拡大と並行していた。2001年末からの危機は，失業者・貧困者の数をさらに急増させると同時に，その直前に行われた部分的預金封鎖の措置（それが，経済危機を開始することになる暴動のきっかけとなった）もあって，現金収入が不足し，交換クラブに加わることの便益が大きい人々を大量に発生させた。その状況が，交換クラブの爆発的拡大の理由であったとの解釈には，コンセンサスがある。

第3に，筆者が基本的には二次文献から認識している限りにおいてであるが，忠誠・コミットメントの弱い拡大期のメンバーは，交換クラブでの交換と一般的市場における購買の組み合わせの中で，最も大きな利益を得られるように，交換クラブにおける「売買」を利用する行動を採る傾向が強かった。そして，混乱や物資の不足などによって交換クラブ参加の便益が縮小し，同時に，ある程度経済状況が改善されて交換クラブの必要性（一般市場との比較の上での，そこに参加することの便益）が縮小した際には，急速にそこから離脱し，その結果，運動は急速に収縮した。

特に第3点に関わるが，筆者は，恥ずかしながらヘクターの議論を知らないままに，ゴメスの議論を発展させる形で，市場におけるルールの遵守という異なる接近から，ヘクターの述べるようなコントロールの必要を重視する議論を行ったことがある（Izuoka 2011）。ゴメスもヘクターを引用していないが，この「偶然の一致」（と信じたいが）は，交換クラブの分析に，ヘクターに発するクラブ財型集合行為の理論化が有効であることを示唆しているのかもしれない。クラブ財型集合行為に関する理論化によって，

補完通貨運動を分析するのを筆者の今後の課題の一つにしたい理由はここにある。

まとめに代えて

本稿は，合理的選択の枠組の中で，また，それへの批判から提出されてきた，集合行為に関する従来の諸議論を組み合わせて，協同セルフヘルプ型社会運動という集合行為についてのモデルを設定するとすれば考慮に入れるべき点を検討することによって，政治における「非合理的」忠誠の重要性について考察しようとした企てである。当たり前の内容を，専門家からは噴飯ものを行論で述べたのみだろうし，それを実際の事例に当てはめる部分も，紙幅の限界もあって極端に予備的になっている[53]。それでも，これまであまり試みられなかった接近（あまり注目されてこなかった考察対象に関する，それに適用されてこなかった概念・モデルを用いての考察）によって，政治において「非合理的」とも捉えうる要素が重要であろうことを述べるのみでなく，同時に，その重要性を，「多くの人々は，多くの場合に合理的な自己利益追求を行う」という認識と統合すべきではないかと示唆したことには，何らかの意義があったと考えたい。

本稿の仮説的結論は，集合行為運営を担うという，格段に大きなコストを伴う選択を行う人々の存在を前提に成立・拡大する，という「クラブ財型集合行為」（そのうちの社会運動的性格を持つタイプ）の性格の提示である。しかし，同じ現象を，潜在的にクラブ財型集合行為を選択することが合理的である人々を母集団として，運動開始・運営という公共財を誰が担うのかという集合行為問題が存在するとし[54]，オルソンが定式化したのと同種のテーマとしてモデル化する（生産しようとする集合財のカテゴリーが異なる，別種の集合行為であることを重視しない）ことも可能である。恐らくは，そう概念化しても，用語を変えるのみで，本稿で提示した仮説はそのまま維持できるであろう。しかし個人的には，例えば，協同食堂における安価で安全な食事や，協同組合による安定的で有利な契約条件などは，例えば同じ産品の生産者などの母集団全体の誰にも便益である中で，一部の人々が集合行為に参加するという構造があると考え，クラブ財としての性格を捉えるモデル化を採用したい。実態により近いと考えてであると同時に，そうした概念化は，オルソンの議論が想定したものとは異なる

類型として，合理的選択によって説明しやすい集合行為が存在することに着目することで，集合行為一般におけるコミットメント・忠誠の重要性を明らかにしやすいとも考えている。その意味を敷衍することで，本稿の結論に代えたい。

本稿で「協同セルフヘルプ型社会運動」と呼んだものは，オルソン的な単純化された前提を採用してさえ，合理的選択の枠組で説明しやすい集合行為である。それにもかかわらず，一部の人々の「非合理的」なコミットメント・忠誠に基づく（と把握してよい）行為がなければ，それは成立・拡大しにくいだろうことが明らかにされた。従って，本稿の考察が正しければ，オルソンがモデル化した集合行為に比べて合理的選択で説明されやすい集合行為に関してさえ，非合理的な要素が重要であることになる。すなわち，非合理的要素を考慮に入れなければ集合行為が説明できないとする議論に対しては，それとは異なって合理的選択がより説明力を持ちそうな集合行為の存在を指摘した上で，それについてさえも非合理性の介入が必要であると示唆した。他方で，本稿の議論がプロテスト型社会運動についてもある程度援用されうるとの含意も得られたとすれば，プロテスト型社会運動について合理的選択で説明できるという議論に対しても，コミットメント・忠誠などの非合理性が重要であることが示唆された。とすれば，いささかレトリカルに言えば，本稿冒頭で紹介した，正反対の方向に分岐する二つの通説的とも言える立場のどちらと比較しても，本稿の仮説は，「非合理性」の重要性を強調することになる。

本稿で述べたことが，現状について筆者が持っている印象にも合致していることを述べ，半ばノーマティヴな議論で，本稿を閉じたい。いわゆる「北」（先進国）と「南」（発展途上国）において，協同セルフヘルプ型社会運動が拡大しない状況は，本稿で述べた二つの論理・ダイナミズムと関連しているようにも思われる。「北」においては，理想に燃える人々の運動の立ち上げには事欠かないが，それに加わることを選択する人々は少数派に留まる。「南」においては，生活苦からはクラブ財型集合行為に参加することが合理的である人は多いはずだが，潜在的なリーダー達が，抑圧によって活動を制限されるか，プロテスト型社会運動を志向することが，運動の不拡大の重要な要因であるように思われる。さらに，合理的選択論の多くもその前提を採るようであるが，個人的には，人々のコスト＝便益(ベネフィット)構造に

ついての認識が重要であると考える[55]。そうとすれば，本稿の議論が正しいと仮定しても，「北」においては，運動の（潜在的）リーダー達による，そうした認識の変容を促す努力が，大きな変化をもたらすかもしれない。貧しい人々が多い社会でも，そうした人々が，クライエンテリズム的な利益誘導が（或いは，プロテスト型社会運動が？）合理的な選択であるとの間違った認識を持っていることが，クラブ財型運動が拡大しない要因の一つとなっている程度に応じて，同様の活動が重要になろう。

(1) 本年報の特集部分の基となった研究会の最初の会合に，筆者は同様のモチーフを漠然とした形で持って臨んだが，フェミニズム運動にはそうした忠誠やコミットメントが必要であるというテーマを提出して筆者の関心を明示的にして下さったのは，岡野八代氏である。

(2) いくつかの理由で，サイズの小さい集団においては，以下の問題は起きないとされるが，オルソン命題のこの側面に関しては，本稿では考察を省略する。以下で考察の対象になるのは，基本的にどれも十分に大きいはずの集団における集合行為の成立条件である。

(3) ここで述べたのは，その単純な（「強い」）バージョンである。より「弱い」バージョンでは，ここで述べた理由で，公共財は最適以下の量しか供給されないとする。しかし，原理的には同じ問題であり，後者に対しても，以下の議論は基本的にはそのまま展開できよう。

(4) テーマの違いから当然その仕方は本稿とは異なるが，社会運動研究と合理的選択論による集合行為研究との様々な議論を統合・整理した（そして，そこから重要な新しい知見を提出した）文献として，佐藤（1991）が，本稿の考察を進める上で重要な導きとなったことを特記しておきたい。

(5) オルソンは，この "collective good" の語を，公共財との差違を曖昧にしつつ用い，その後の研究者の中には，明示的に公共財と同意義として用いている場合もあるのに対し，ヘクター（Hechter 1987: 10）は，純粋な公共財に対し，何らかの排除可能性を持つ "quasi-public good" の言い換えとして，同じ語を用いている。両者を含み，個人的な消費がされない（できない）財一般の意味で用いるべきであろう。なお，della Porta and Diani（2006: 19, 251 (n.10)）も，本稿と同じ定義を明示的に採り，クラブ財も含めた集合財を生産することが集合行為であるとしている。

(6) レイヴァー（Laver 1997: 29-42）は，財に関する少し異なるタイプ分けの中でだが，公共財の二つの定義的特性のうち，非競合性は有しても集合行為問題が起きない3タイプの財の中に，排除可能性が存在する財を挙げている。

（7）　これは，Canel (1992: 280)が，"self-help collective solutions"を追求する運動という表現を用いているのを参考にした，筆者の便宜的な命名である。
（8）　この違いについて，筆者は簡単に考察したことがある（出岡 2010）。
（9）　ヘクターの用語は，"rotating credit association"と"insurance group"である。両者は，ヘクターの理論の最も重要な二つの要素のうちの一つを提出する章で，その議論の検証に用いられている。原論から派生したともいえる議論を検証する章で用いられるコミューン（ヘクターの用語は"intentional community"）も，セルフヘルプ型の運動・集合行為と考えられよう。それに対し，ヘクターが別の章で企業を取り上げるのは，異なる性格を持つ（この点は後述）集団においても，同じ理論が当てはまる側面があることを示すためである。
（10）　これらはほぼ，注7で挙げた文献が，ウルグアイである時期（注48を参照のこと）に広く見られた現象とし，先に紹介した表現を当てはめたもの（Canel 1992: 278-79）に当たる。
（11）　それらが「セルフヘルプ」の特徴を持っているのは，Foweraker (1995: 38-39)なども重視する点である。
（12）　Cornes and Sandler (1996: 415-16)によれば，ゲーム理論で扱われる場合，公共財については「囚人のジレンマ」などの非協力ゲームでモデル化されるのに対し，クラブ財（ここでは，排除可能性があれば，競合性があるものも含む広義）については，協力ゲームのモデルが用いられるのが「自然」であり（ある時期から非協力ゲームが用いられるものの），その形で様々な議論が提出されてきた。
（13）　そのように，公共財の二つの特性のうちで，非競合性は有し，非排除可能性を持たない財をクラブ財と定義することも多いが，経済学的な分析においては，クラブのサイズが拡大（クラブ参加者が増大）すると，「混雑（congestion, crowding）」効果により，メンバー当たりの財の消費量は減少するとされるのが通例である（Sandler and Tschirhart 1997: 337）。その意味では，本稿の考察対象であるのは，通例の経済学での用法よりも「厳格な意味で」クラブ財であるものを生産する集合行為である。
（14）　例えば，Heckathorn (1993: 334)のモデル化はそれを前提としている。補論で紹介する研究動向をオストロム（Osrtom 2007: 190）が紹介しているように，混雑効果が働く集合財の場合，生産関数は右上がり（形状は様々だが）であることを前提として，サイズの拡大が，各参加者の消費する財の量を増加させるか減少させるかは，生産関数と混雑効果の関数のあり方によって，様々な場合がある，との知見が提出されてきている。
（15）　ただし，サイズ拡大によってコストが増大するため，その関数と，参加者の増加がもたらす集合財生産量の増加の関数の形状がどうかによって，

参加のコストと便益のどちらが大きいかは場合によって異なり，やはり他の人々が加わるか否かは計算の重要な要素となる。この次元こそが，以下の考察のテーマとなる。

(16) 公共財型集合行為に関して，ゲーム理論を用いた数理モデルにより，それを明快に行った代表的な研究は，Heckathorn (1989) であると思われる。

(17) 後に言及するフローリッヒらの政治的企業家論を修正して自らの議論に取り入れているレイヴァーはもちろん，恐らく，政治的企業家への委託についての言及のある（そして，輪番などへの言及はない）ヘクターも，この点については，フローリッヒらの議論を前提としている（それでよしとして，自らは扱わなかった？）ようにも思われる。

(18) フリーライド防止に限られないガバナンスのコストの大きさも，筆者が「2次集合行為問題」を集合行為運営全般とすべきだと考える理由である。

(19) 公共財型集合行為に関するレイヴァーの議論（Laver 1997: 42-68）では，ヘクター同様，メンバーがフリーライドしないようにモニターし，フリーライドした場合に制裁を加える仕事に限ってだが，外部のエイジェントと契約することが唯一の解決のように提示される。（集団がその行動を全く左右できない——追放もできない——絶対的な支配・統治を行う人物を持つという解決は，問題が余りに大きくて採りえないことを前提とした上で，自然に皆が協力し合うという解決がもう一つあるが，それは小集団でしか成立しないとする。後者に関して付言すれば，小集団であっても，フリーライドのモニタリング・制裁は自然に行われても，クラブ財生産のための運営などの集合行為運営は，自然発生的な協力では行いにくいタイプの集合行為内集合行為であろう。）しかし，輪番の場合は，集合行為についての「1次レベル」の義務（コスト）と区別できないものとして，集合行為運営の仕事の負担があると考えるべきだろう。

(20) 注16で挙げた文献は，フリーライド防止の運営に限定してだが，2次レベル集合財生産のコストを考慮に入れても集合行為が成立することを，公共財型集合行為について明らかにしたものである。それどころか，2次レベルのコストという要素をモデルに加えた方が，集合行為の成立を説明しやすくなるとの結論が提出されている。筆者はこの文献の数学的な部分を理解できないが，ここでは，本稿の行論に組み入れるべき要素を明らかにしてくれた文献であるがゆえに言及した。

(21) それを，メンバーの間（集団内）でコスト分配を偏らせて行うと概念化するか，レイヴァーの用語法が恐らくそうであるように，メンバー内からリーダーが出た場合も，「外部」のエイジェントと概念化するかは，重要な問題ではなかろう。ただし，報酬を与えて集合行為運営のコストを誰

かに担当してもらい，その報酬分を他のメンバーが平等に負担するという「外部のエイジェント」の用語に相応しい関係を前提にしては（リーダー／エイジェントと集団メンバーのコスト=便益（ベネフィット）がどのようなものである場合に，両者がそのような委託契約を選択するかを扱った，後述のフローリッヒらの議論はそうである），元来の集合行為の成立が困難になるというのが，本稿のこの部分の議論である。

(22) なお，社会運動的なクラブ財型集合行為においては，メンバーとクライエントとの区別が難しい場合もある。協同食堂などの近隣地区運動は，メンバー間の輪番・協働のものから，安価や無料で不特定多数にサービスを提供するものまで，程度の差と考えられる様々な形態が考えられよう。後者に近くなるほど，「セルフヘルプ」や「個人或いはコミュニティーのエンパワーメント（personal and community empowerment）」を供給（生産）する集合行為という本稿の考察の対象とは異なり，「サービス提供（service delivery）」を行う，別のカテゴリーの集合行為となる（それが「社会運動」のカテゴリーに含まれるか否かは，研究者によって判断が異なるだろう）。以上の活動カテゴリーの列挙と，それらを提供する集合行為のどこまでが「社会運動」なのかの考察については，della Porta and Diani (2006: 22-23) を参照のこと。

(23) もちろん，実際には，潜在的参加者の便益とコストの認識も重要で，この点で，認識を変えるための運動リーダー達の活動も重要になろう。この点は本稿末尾のテーマとなる。

(24) 本稿では，邦訳のある文献につき，末尾の文献リストにはそれを付したが，煩雑さを避けるため，引用部分（サイテイション）の邦訳の頁数は省略する。

(25) 公共財型集合行為がなされる（広く見られる時期がある）のは，私的な——消費の——快楽を追求する時期が続いたあと，それへの幻滅によって，公共的な活動の認識上のコストが低下し，それで得られると認識される便益が増大することで説明できるとしつつ（Hirschman 1982: 79-81），それではオルソンの提出したフリーライダー問題への原理的な（「原理的」は筆者の用語法だが）解決にならないとして，この議論が提出される。

(26) ルーシュマイヤー（Rueschemeyer 2009: 172, 176-79）も，ハーシュマンの議論も援用して，同様な形でオルソンの集合行為問題を解決——オルソンの集合行為論を批判——している。

(27) 例えば，Fireman and Gamson (1979: 20) や Crossley (2002: 65) を参照のこと。

(28) それ以前の政治的企業家論が集合行為問題の解決としては不十分であったことは，Frohlich et al. (1971: 18-20)。その後，このテーマの研究・考察が発展しなかったことは，Laver (1997: 88 (n.1))。

(29) ここでは，経済学における厳密な意味にはこだわらず，効用（広義の）関数が異なるにせよ，資源（予算）が異なるにせよ，ある時点で，諸財の消費で得られる効用の高さが人によって異なる，といった程度の一般的な意味で用いている。

(30) なお，フローリッヒらは，様々な変数を加えたモデルを提示しているが，筆者の理解が正しければ，潜在的な政治的企業家の側が引き受ける選択をするかを決める方程式と，集団メンバーの側が政治的企業家に集合財生産の管理を委託する契約を選択するかを決める方程式に分かれていて，集団のメンバーが二つの方程式の結果を比較する同一の基準が示されていないように思われる。ここで検討するのは，集合行為の（潜在的）参加者が，集合行為運営コストを分担的に（いかなる形にせよ）負担する選択肢と，自らが集合行為運営を専従的に行うことを契約として引き受ける選択肢との間で，どちらを選択するかを，同時に，合理的選択（自己利益最大化の意味での）として説明しうる方程式の有無である。

(31) フローリッヒら（Frohlich et al. 1971: 42-48）は，組織・集団（行政機構）のトップであることの喜びを「効用」に含めて変数に入れたモデルを提出している。

(32) もう一つの説明は，フローリッヒら（Frohlich et al. 1971: 37-38）が，集団メンバーが政治的企業家に集合行為運営を委託する契約を選択するか否かを決めるための決定的変数であるとしているものを援用して，メンバーは，自らも含めた集団メンバー達の能力に関する判断から，自らが，また，自分達が輪番により，運営を担当した場合に生産される量と，同量のコストをリーダーに運営を任せる報酬として用いた場合の生産量を比較して，後者が大きい場合にはリーダーへの委託を行う，というものである。そうした方程式によって選択が決まるとすれば，そして完全な情報と合理性が仮定されれば，社会運動的な集合行為においては，一人のリーダーを選ぶのでなく，運動運営の仕事の分担がテーマなのだから，メンバーの能力に応じた運営（と報酬）の分担がなされ，最も効率的な集合財生産がなされるだろう。しかし，それではメンバーはコストを平等に負担することになる。なお，同じ説明を，自らと他のメンバーの能力についての正確とは限らない認識によるとの仮定とともに行えば，全（複数）のメンバーについての方程式を連立して解が得られるという意味で「閉じる」ことはなかろうと思われる。また，リーダーになる志向の強い人は，自らの指導（集合行為運営）の能力が高いという認識を持っている人となる（自らの指導能力が高いと認識する程度に応じて，リーダーとしてのコストを担う指向性が決まる）。そうした認識は，指導したいという意志の高さと同じと考えてもよく，ここでも，第1の説明について述べた，見方の相違にす

ぎないとの結論が当てはまりそうである。

(33) ここで紹介したオリヴァーらの知見は，2次レベルの公共財（フリーライドさせないことのコントロール）を含めていないなどの点で不完全であることが指摘されたこともあり，公共財型集合行為についての「臨界量」論は，その後より複雑で精緻な形へと発展する。一つの集大成と言えると思われるのは，Heckathorn (1993) である（この論文の後，大きな研究の進展がないことは，Oliver and Myers (2002: 36-37) のレビューが示唆している）。しかし，クラブ財の場合は，公共財は2次レベルのみに存在するため，一つのレベル（オリヴァーらのモデルでは，1次レベルではあるが）に限った，オリヴァーらの研究を援用するのが，最も適切（少なくとも，それで十分）だろう。

(34) なお，政治的企業家論と「臨界量」論を統合する試みが，筆者が知る限り，あまりなされていないように思われる——オリヴァーらの「臨界量」研究（Oliver, Marwell, and Teixeira 1985: 541）において，政治的企業家論が言及はされるものの——のは不思議であるが，集合行為を行う集団（メンバー）の中での負担の不平等分配という観点がないため，「リーダー」と想定できる人々がその中から登場するという概念化がしにくい結果なのかもしれない。

(35) しかも，そうした運動のコストは金銭的なものでないことが多いため（機会費用の大きさは重要であるとはいえ），リーダーとなるコストを引き受けることに，低収入であることはそれほど大きな抑制要因にならないはずであろうにもかかわらず，である。

(36) それは，全体社会の一部をなすその集団における変化が生じ，また，その集団の全体社会の中での地位が変わる，という二重の意味で「社会変動」である。なお，そうした社会変動を目標とすることが，「社会運動」の定義的要素の一つであるとされるのが通例である。

(37) この点で，集合行為を中心テーマの一つとする著書におけるエルスターの議論（Elster 1989）は興味深い（特に，彼が有名な合理的選択論者だとみなされることも少なくないのを考えれば）。まず，合理的なもののうちで様々な動機を分け，それぞれを持つ個人から均質的に構成された集団の場合を検討する形で，既存の様々な議論が検討される。エルスターは，元来のオルソンの議論の前提である「利己的で，結果指向で，合理的な個人（"selfish, outcome-oriented, rational individuals"）」から構成される集団を想定しての検討の中で，そうした前提でも公共財生産の集合行為が起こるとする従来の議論への批判と修正を提出しつつ，集合行為が起きないとの結論は出していない。しかし，それに加えて先に紹介したハーシュマンの議論なども含めた，その部分で扱われる諸説は全て「合理的な」動機か

らの説明であり（ハーシュマンのような議論は「過程指向（process-oriented）」による合理性とされる），「非合理的な諸動機も協力［集合行為に参加］する決定に強力に効いてくる」ため，そうした議論からの説明では「不完全」であるとされる（17頁——186頁も参照のこと）。エルスターによれば，完全なモデルは，非合理的な動機も含めて，異なる複数の動機からの選択を混合させた説明である。提出されるモデル（社会運動を念頭においたものだとされる）は，異なる動機を持ち，どういう場合に集合行為に不参加・参加・離脱するかが異なる5種の人々（下位集団）からなる集団を想定し，五つの下位集団の参加・離脱のシークエンスを組み合わせたものである（202-06頁）。それは，コミットメントの強い人々が開始して，別の動機の人々が加わって拡大する（或いは，それに失敗したり，拡大から収縮に転じたりする）という，ここで述べているのに近いモデルになっている。(エルスターにおいては，集合行為を開始させるのが，全員が集合行為に参加することが誰も参加しないことに比べて誰にとっても望ましい場合に参加する「日常的カント主義者」であるとされるが，そうした動機と運動の目標への強いコミットメントとを区別する理由が小さいだろうことは先述の通りである。いずれにせよ，このモデルは明示的に集合行為のダイナミズムに関するものであり，また，集団を5分するモデルであり，本稿の議論よりも，ずっと複雑なものであることは言うまでもない。）なお，エルスターが，このモデルについて，オルソンや最も単純な合理的選択論者が想定する「利己的で，結果指向で，合理的な動機」を持つ人々は，その支配的な戦略が非協力（ここでは集合行為に加わらないこと）であるため，ダイナミズムを左右する要素にならないとするのも，非合理的な要素の重要性を強調したものであり，本稿の関心からは強い注目に値する。

(38) ルーシュマイヤーは，ルーティン的な物質的要求を行う集合行為についてはオルソンの議論がよく当てはまり，そうでない，特に危険が伴うような場合や労働組合の結成などでは，イデオロギー的にコミットした少数のリーダーが重要であるとする。ルーシュマイヤーが前者として挙げるのは——オルソンに従ったものではあるが——いわゆる圧力団体であり，それらと後者の典型的な場合との間には広い領域がある。そこに位置するものがほとんどであろう社会運動の多くにおいて，コミットしたリーダーが重要であるとするのが，先述のフラックスの議論であろう。

(39) そのように研究が発展した理由として，オルソン自身の議論で，実際上はクラブ財であるものが，同じく公共財（オルソンの言う集合財）である中でのサブタイプとして扱われている混乱・曖昧さによるミスリードもあったとも考えられる。オルソンの議論のこの点での曖昧さについては，紙幅の関係で本稿では扱うことができなかった。

(40) 木村（2002）は，オルソンの命題の中で，集団のサイズが大きい場合に集合行為が起こらないという部分をテーマとし，重要な新しい知見を提出した研究だが，著書全体として，集合行為問題を扱った研究一般の進展についても，優れたレビューになっている。そこではヘクターの議論も取り上げられているが，その位置づけも，ヘクターの議論が，集合行為問題に関する研究の進展に十分統合されてこなかったことを示唆している。

(41) オストロム（Ostrom 2007: 189）によれば，"common-pool resource" と概念化されるべきだとされる。

(42) 経済学の分野における，クラブ財に関する理論化も，混雑効果を前提にして行われているため，かなり重なるところが大きかろう。少なくともある時期までの，クラブ財に関する経済学の研究動向の，筆者の知る限り最も詳細な紹介・整理・検討は，Cornes and Sandler (1996: Part IV) である。最初の概念化以来，そうした研究が混雑効果を前提にして行われていることは，特にその347-48頁を参照のこと。

(43) なお，筆者の理解が正しければ，集合財の消費でなく，それとは独立に提供されるものとしての選択的誘因の分配の方に焦点を集めた研究動向も見られるのは，公共財型集合行為をテーマとしたオルソンの問題設定に，集合財の性格（タイプ）の差違についての認識が弱いままに，引きずられている結果であるようにも思える。集合財生産とは無関係の選択的誘因を設定することが，社会運動の実態と大きく異なることへの批判として有名なのは，Fireman and Gamson (1979: esp. 13-14, 16) であろう。より重要な批判は，選択的誘因を持ち出すことでは，原理的に（「論理的に」），公共財型集合行為における集合行為問題を解決できないとの指摘であろう。そうした批判は様々に提出されているが（Lichbach 1996: 202-04），筆者の考えでは，最も重要な議論はレイヴァーによるもの（Laver 1997: 40-41）である。

(44) 注42で挙げたCornes and Sandler (1996: Part IV) を参照のこと。ただし，経済学におけるクラブ財研究は，混雑効果（あるサイズまでは存在しないとしても，結局は現れるものとして）を前提にして料金（fee）を決める「クラブ」（ゴルフ場や映画館を典型とするような）というモデル（イメージ）が，中心的な研究潮流の出発点にあり（Potoski and Prakash 2009: 20-21），集合行為論からの接近とは大きく異なることも疑いない。本注冒頭に挙げた文献での紹介・検討でもわかるように，全体集団がオーバーラップしない複数のクラブに分割される場合も扱われることなども，そうしたモチーフの違いの一端であろう。

(45) なお，ハーシュマンは，そのいくつかの著作が，本特集のモチーフに大きく関わるとして，特集編者の越智敏夫氏によって挙げられた研究者で

あった。
(46) 邦訳書の意訳によるタイトルは，ある時期からラテンアメリカ研究において（特に日本で）重視される現象群の命名に従ったものになっている。
(47) 本稿でも別の箇所で紹介したが，すでにオルソンの議論を検討している（しかもそれは，以前の著作に対する批判において，オルソンの議論の検討が欠けていると指摘されたのに答えてのものであった）ハーシュマン (Hirschman 1982: 78 (n.1)) が，こちらの著書では，オルソンと似たパズルを提出しつつも，オルソンに言及していないのは，偶然ではなかろう。
(48) 経済学的には，当該集合行為によって得られる集合財の限界効用が大きいような状況にあるため，便益が大きくなる，とも表現できるかもしれない。
(49) 例えば，ネットワークを重視する研究潮流が重要になったことを述べる文脈の中だが，Goodwin and Jasper (2003: 13)。
(50) そのネットワークも複数に分裂し，独立の交換クラブもあり，複雑な様相を呈したが，ここでは詳述できない。
(51) ただし，個々の交換クラブを組織する人々は，その参加者に比べて格段に大きい，しかし，ネットワークのリーダーに比べて格段に小さいコストを担うことになる。本稿では詳述できないが，各交換クラブ組織者のコストを小さくし，その便益を大きくする制度設計をしたネットワークほど，拡大した。それも，本稿の仮説に適合的な事実であろう。
(52) 言うまでもなく，加わらずに，一般的な市場のみを利用することで得られるはずのものが得られなくなるという機会費用（コスト）が小さいことも含めての意味である。
(53) その意味で重要な事例（現象）は，ラテンアメリカにおける「新しい社会運動」の盛衰である。その中心をなしたのは，先に列挙した近隣地区運動のような協同セルフヘルプ型のものであり，先進国における「新しい社会運動」がポスト物質主義的な価値やアイデンティティーを重視したものであったのに対し，底辺民主主義性・反官僚主義性など，運動のやり方の特徴は共通するが，貧しい人々による，基本的には物質主義的な運動であった（これらの点は，大串 1995：第1部；幡谷 2007；Foweraker 1995）。1980年代前半に各国で強力になったが，比較的短期のうちに勢いを失った。その急速な衰退は特に説明を要する（例えば，Canel 1992）が，提出されてきたいくつかの説明は，個々では十分とは言えない。第1に，民主主義（少なくとも最低限の）の回復によって，「通常の政治」が重要になったがゆえに衰退したという，政治的機会構造による説明は，元来の諸運動拡大が軍政の時期ではなく，そうした移行に対応しないのに同様の収束を見せたペルーや，少なくとも他の諸国と比べて諸運動が強力であり続けたブラ

ジルの事例とは，食い違う面を持つ。第2に，一時期の（典型的には，民主主義への移行直前から直後の時期）期待が満たされなかったことによる幻滅（スペイン語圏において"desencanto"として広く指摘されている現象）という，運動の基盤を重視した説明も，貧しい人々の不満を生むだろう状況が，傾向として大きく改善したとは言えない（少なくとも）国が一般的な中で，すでに次の動員のサイクルに入っているはずの時間が経過したにもかかわらず，同様の運動が強くは見られないことからは，少なくとも不十分な説明であると考えられる（その後，社会運動が再び顕著な盛り上がりを見せている場合はプロテスト型の運動が中心であり，さらにそうした諸国は，協同セルフヘルプ型が特に注目を集めた諸国と異なっている場合が多い）。そうとすれば特に，一時期協同セルフヘルプ型社会運動を重視し，そのリーダーになっていた人々が，他の政治的チャネルを重視するようになったり，分裂したりして，このタイプの運動の中心となることをしなく（できなく）なったという要因も重要であろう，という通説的・常識的解釈の説得力は大きく，それは，本稿の議論と合致する。しかし，各国・各運動ごとの経緯を分析し，大衆的基盤も含め，本稿の仮説で重視した二つの力学の両方を検討しなくては，本稿の仮説の検討としては全く不完全であることは明らかである。そうした検討は，筆者の今後の課題の一つとしたい。

(54) その場合は，当該集団のメンバーは，集合行為運営という公共財が提供されれば，必然的に集合行為を選択して，運動運営を担わないことによって最低限のコストによって提供されるクラブ財を享受するフリーライドを行う，という想定になる。

(55) 客観的には集合行為に加わることでより大きな効用が得られるにもかかわらず，本人がそれを認識していない状況がごく一般的であろうことは，言うまでもない。環境等への影響なども，長期的・間接的にコストと便益に関わることだと考えれば，人々の認識をより「正確」にすることにより，合理的選択によって成立（拡大）する，と説明しうる（クラブ財型）集合行為・社会運動はさらに多くなり，多様になるはずである。

参考文献

出岡直也．2010．「オルタナティヴ通貨はどのような『社会運動』なのか」『法学研究（慶應義塾大学法学会）』83（3）：131-65．

大串和雄．1995．『ラテンアメリカの新しい風──社会運動と左翼思想』同文舘．

木村邦博．2002．『大集団のジレンマ──集合行為と集団規模の数理』ミネルヴァ書房．

佐藤嘉倫．1991．「社会運動と連帯」盛山和夫・海野道郎編『秩序問題と社会的ジレンマ』ハーベスト社，所収。

幡谷則子．2007．「ラテンアメリカの民衆社会運動──抵抗・要求行動から市民運動へ──」重冨真一編『開発と社会運動──先行研究の検討──』アジア経済研究所（調査研究報告書），所収。

Canel, Eduardo. 1992. "Democratization and the Decline of Urban Social Movements in Uruguay: A Political-Institutional Account." In Arturo Escobar and Sonia E. Alvarez, eds., *The Making of Social Movements in Latin America: Identity, Strategy, and Democracy*. Boulder: Westview Press.

Cornes, Richard, and Todd Sandler. 1996. *The Theory of Externalities, Public Goods, and Club Goods*, 2nd ed. Cambridge: Cambridge University Press.

Crossley, Nick. 2002. *Making Sense of Social Movements*. Buckingham: Open University Press ＝クロスリー，ニック（西原和久・郭基煥・阿部純一郎訳）．2009．『社会運動とは何か──理論の源流から反グローバリズム運動まで』新泉社。

Della Porta, Donatella, and Mario Diani. 2006. *Social Movements: An Introduction*, 2nd ed. Oxford: Blackwell Publishers.

Elster, Jon. 1989. *The Cement of Society: A Study of Social Order*. Cambridge: Cambridge University Press.

Fireman, Bruce, and William A. Gamson. 1979. "Utilitarian Logic in the Resource Mobilization Perspective." In Mayer N. Zald and John D. McCarthy, eds., *The Dynamics of Social Movements: Resource Mobilization, Social Control, and Tactics*. Massachusetts: Winthrop Publishers.

Flacks, Richard. 2003. "Knowledge for What? Thoughts on the State of Social Movement Studies." In Jeff Goodwin and James M. Jasper, eds., *Rethinking Social Movements: Structures, Meaning, and Emotions*. Lanham: Rowman and Littlefield.

Foweraker, Joe. 1995. *Theorizing Social Movements*. London: Pluto Press.

Frohlich, Norman, Joe A. Oppenheimer, and Oran R. Young. 1971. *Political Leadership and Collective Goods*. Princeton: Princeton University Press.

Gómez, Georgina M. 2009. *Argentina's Parallel Currency: The Economy of the Poor*. London: Pickering & Chatto Ltd.

Goodwin, Jeff and James M. Jasper. 2003. "Introduction [to Part II: When and Why Social Movements Occur]." In Jeff Goodwin and James M. Jasper, eds., *The Social Movements Reader*. Oxford: Wiley-Blackwell. pp.11-14.

Goodwin, Jeff, James M. Jasper, and Francesca Polletta, eds., 2001. *Passionate Politics: Emotions and Social Movements*. Chicago: University of Chicago Press.

Gould, Deborah B. 2003. "Passionate Political Processes: Bringing Emotions Back into the Study of Social Movements." In Jeff Goodwin and James M. Jasper, eds., *Rethinking Social Movements: Structures, Meaning, and Emotions*. Lanham: Rowman and Littlefield.

Hechter, Michael. 1987. *Principles of Group Solidarity*. Berkeley: University of California Press ＝ヘクター, M. (小林淳一・木村邦博・平田暢訳). 2003. 『連帯の条件——合理的選択理論によるアプローチ』ミネルヴァ書房。

Heckathorn, Douglas D. 1989. "Collective Action and the Second-Order Free-Rider Problem," *Rationality and Society* 1 (1): 78-100.

Heckathorn, Douglas D. 1993. "Collective Action and Group Heterogeneity: Voluntary Provision versus Selective Incentives." *American Sociological Review* 58 (3): 329-50.

Hirschman, Albert O. 1984. *Getting Ahead Collectively*. New York: Pergamon Press ＝ハーシュマン, アルバート・O. (矢野修一・宮田剛志・武井泉訳)。2008 『連帯経済の可能性——ラテンアメリカにおける草の根の経験』法政大学出版局。

Hirschman, Albert O. 1982. *Shifting Involvement: Private Interest and Public Action*. Oxford: Basil Blackwell ＝ハーシュマン, アルバート・O. (佐々木毅・杉田敦訳). 1988『失望と参画の現象学——私的利益と公的行為』法政大学出版局。

Izuoka, Naoya. 2011. "Argentina's Barter Clubs as "Complementary Club Markets": Re-elaborating Gómez's Thesis."『法学研究（慶應義塾大学法学会）』83 (12)：29-65。

Klandermans, Bert. 2004. "The Demand and Supply of Participation: Social-Psychological Correlates of Participation in Social Movements." In David A. Snow, Sarah A. Soule, and Hanspeter Kriesi, eds., *The Blackwell Companion to Social Movements*. Malden: Blackwell Publishing.

Laver. Michael. 1997. *Private Desires, Political Action: An Invitation to the Politics of Rational Choice*. London: Sage.

Lichbach, Mark Irving. 1996. *The Cooperator's Dilemma*. Ann Arbor: University of Michigan Press.

Oliver, Pamela E. Gerald Marwell, and Ruy A. Teixeira. 1985. "A Theory of the Critical Mass: Interdependence, Group Heterogeneity, and the Production of Collective Action." *American Journal of Sociology* 91 (3): 522-56.

Oliver, Pamela E., and Daniel J. Myers. 2002. "Formal Models in Studying Collective Action and Social Movements." In Bert Klandermans and Suzanne Staggenborg, eds., *Methods of Social Movement Research*. Minneapolis: University of Minnesota Press.

Olson, Mancur. 1971 [1965]. *The Logic of Collective Action: Public Goods and the Theory of Groups*. Cambridge: Harvard University Press ＝オルソン，マンサー（依田博・森脇俊雅訳）. 1996 [1983].『集合行為論——公共財と集団理論』ミネルヴァ書房。

Ostrom, Elinor. 2007. "Collective Action Theory." In Carles Boix and Susan C. Stokes, eds., *The Oxford Handbook of Comparative Politics*. Oxford: Oxford University Press.

Potoski, Matthew, and Aseem Prakash. 2009. "A Club Theory Approach to Voluntary Programs." In Matthew Potoski and Aseem Prakash, eds., *Voluntary Programs: A Club Theory Perspective*. Cambridge: MIT Press.

Rueschemeyer, Dietrich. 2009. *Usable Theory: Analytic Tools for Social and Political Research*. Princeton: Princeton University Press.

Sandler, Todd, and John Tschirhart 1997. "Club Theory: Thirty Years Later." *Public Choice* 93 (3/4): 335-55.

戦争と小林秀雄

都築　勉*

I　課題と視角－何に対する忠誠か

　本稿は日中戦争から日米戦争にかけての時期に発表された文芸批評家小林秀雄（1902-83）の著作を分析して，戦争とそれを遂行する日本国家に対する彼の態度がどのようなものであったかを解明することを課題とする。
　この時期の小林の文芸活動の頂点が1942年から執筆が開始された『無常といふ事』の連作にあることは言うまでもない。しかしいずれも『文学界』に発表された「当麻」，「無常といふ事」，「平家物語」，「徒然草」，「西行」，「実朝」の六つの文章が連作『無常といふ事』にまとめられるのはこの形で戦後1946年に創元社から出版されたときで，それらは敗戦までは個別の文章として存在したに過ぎなかった。日米戦争の開始後で言うと，小林は同じ雑誌の1942年3月号に「戦争と平和」を寄せ，「当麻」と「無常といふ事」の間に「『ガリア戦記』」を，「徒然草」と「西行」の間に「バッハ」を，そして「実朝」の連載の後に「ゼークトの『一軍人の思想』について」を書いている。つまりこの時期の『文学界』において必ずしも日本の古典だけを取り上げていたわけではない。
　戦争期における小林の思想については従来「『葉隠』と宮本武蔵の世界に行きついた」[1]とか，「『日本ロマン派』と紙一重のところへ来ている」[2]という評価があった。『無常といふ事』に収録される文章の執筆が始まった1942年に彼が『文学界』の同人を中心に行われた座談会「近代の超克」に参加したことも，そうした評価を強めた要因であろう。これらは決して的外れではないと思うが，そこに日本回帰と戦争賛美の思想だけを見るのであれ

---

*　信州大学経済学部教授　現代日本政治　日本政治思想史

ばミスリーディングである。
　もとよりいかなる立場にある人でも、たとえ保護観察処分（1936年の思想犯保護観察法による）や執筆禁止の処置（1937年に宮本百合子，戸坂潤，中野重治らは内務省警保局からこの処置を受けた）[3]に遭わずとも，この時代に自由にものが書けたわけではなかった。厳しい言論統制下で，誰もが言えるだけのことを言ったと見るべきである。
　小林秀雄についても，「小林さんはいつか私に，自分はある時期ものが書けなくなって，数年間黙っていたことがあるといった。何時のことだか私は知らないが，それが骨董に熱中していた期間ではなかったであろうか」[4]という証言がある。これに対応する本人の言葉を探すと，戦後のものだが，「かつて，形といふものだけで語りかけて来る美術品を偏愛して，読み書きを廃して了つた時期が，私にあつた」（「井伏君の『貸間あり』」XII－61）[5]という回顧が残っている。
　沈黙の理由が内的要因によるものか，あるいは外的要因によるものかはもちろん検討の余地があるが，いずれか一方のみということは考えにくい。『小林秀雄全集』に付された年譜を見ると，1941年の末尾に「この頃から古美術（陶器・土器・仏画等）に熱中する」（別巻II－221）[6]とあり，明らかに同年以後，敗戦まで寡作であるが，彼が「狐がついた」として自分でも書いているエピソード（「骨董」VIII－290）が起きたのはその骨董屋の主人の証言によれば1938年のことだったから[7]，骨董にはまったのはもっと早かったと見るべきであろう。骨董への情熱と文学的沈黙との背後に存在して，両者をともにもたらした事情は何であったのだろうか。
　江藤淳によれば，『無常といふ事』に集められる文章を執筆していた当時の小林は，明治大学教授の俸給と骨董の売買によって生活ができたらしい[8]。小林が明治大学で教えるようになったのは1933年からである（1938年教授昇格，1946年辞任）が，その3年後から「日本文化史」の講義を担当するようになった。この時期の点と，彼が担当することになったきっかけを「自分の知つてゐる事を教へてゐるのが，たまらなく退屈になつたので，今度は知らぬ事を教へさせて貰ひ度いと申し出」（「歴史の活眼」VI－563）たことによると述べている点は記憶しておいてよい。つまり日本の伝統文化への小林の関心も，『無常といふ事』の連作が始まるずっと以前の1936年頃にはすでに芽生えていた。

小林が自らの戦争に対する姿勢を端的に述べたものとしては，まず日中戦争勃発直後の1937年に書かれた「戦争について」がある。彼はそこで「僕には戦争に対する文学者の覚悟といふ様な特別な覚悟を考へる事が出来ない。銃をとらねばならぬ時が来たら，喜んで国の為に死ぬであらう。…一体文学者として銃をとるなどといふ事がそもそも意味をなさない。誰だつて戦ふ時は兵の身分で戦ふのである」（Ⅴ－250）と所信を述べた。
　けれども小林はこのとき35歳であり，兵として召集される可能性はすでに少なかった（彼と同年の中野重治は1945年6月に43歳で「防衛召集」されたが）。むしろ彼に期待されたのは文筆家として戦争を記述することであったであろう。「政治と文学」の関係は，小林がデビューした1929年当時の左翼における「革命と文学」という問題状況から，右翼ないしは戦争支持者における「戦争と文学」という問題状況に反転しつつあった。そうした新たな役割を小林が意識しなかったはずはなく，実際彼は「戦争について」執筆の翌年文芸春秋の特派員として中国へ行くのだが，この文章ではおそらく意図的にか，そのような任務のことは議論の外に置かれている。このときの中国旅行の結果として小林が何を書き，それがいかなる反響を彼にもたらしたかは以下において慎重に検討すべき事柄である。
　小林が自らの戦争に対する姿勢を語ったものとしてもう一つ有名なものは，敗戦直後の1946年に『近代文学』グループの求めに応じて臨んだ座談会での発言である。彼はそこで「僕は政治的には無智な一国民として事変に処した。黙って処した。それについて今は何の後悔もしていない。…この大戦争は一部の人達の無智と野心とから起ったか，それさえなければ，起らなかったか。どうも僕にはそんなお目出度い歴史観は持てないよ。僕は歴史の必然性というものをもっと恐しいものと考えている。僕は無智だから反省なぞしない。利口な奴はたんと反省してみるがいいじゃないか」（Ⅷ－31-32，原文現代仮名遣い）と啖呵を切った。
　「黙って処した」という表現はすでに1939年の「満州の印象」でも同時代的に，「この事変に日本国民は黙つて処した」（Ⅵ－16）という形で使われている。自らを「一国民」としている点はいかにも小林らしいが，彼は「書くのが職業」（「私の人生観」Ⅸ－130）の人である。「反省なぞしない」はともかく，「黙って処した」とはどういう意味であろうか。またなぜであろうか。こと戦争や政治に関しては文筆家としても「黙って処した」とい

うことであろうか。もちろん連作『無常といふ事』をはじめとして，この間何も書かなかったわけではなかったから，政治以外のテーマについては書いたということかもしれない。だが政治や国家の側から見れば，学問にせよ芸術にせよ，およそ自らに関わらないものはない。言論統制は言論の内容を統制することよりも，言論を行う者から自由な判断を奪うことを究極の目的とする。ではそれゆえの沈黙だったのであろうか。

　連作『無常といふ事』の中でも傑作である「無常といふ事」を見よう。この極めて短い文章の中で，小林は歴史（死者）は動かない，いかなる解釈も受け付けず屹立し美しいという彼のいわば持論の歴史観並びに死生観を述べている。生きて右往左往している人間は「人間になりつゝある一種の動物」に過ぎない（Ⅶ−358-59）。1942年の時点でこのように述べることは，読者に安んじて速やかに死ねと言うのに等しい。けれどもそう述べる小林自身は，この文章において戦時下に比叡山をうろつき，蕎麦を食いながら物思いにふけっている。環境に対峙し環境を言語化しようとする強烈な個性が感じられる。考えてみればこのような対決の構図はお馴染みのもので，『モオツァルト』では道頓堀をうろつく彼の頭に40番のシンフォニーが鳴り，『ゴッホの手紙』では冒頭，展覧会でゴッホの複製画を見て思わずしゃがみ込んでしまうのであるが，そうした対象との出会いが作る緊張感には，さすがに「人は如何にして批評といふものと自意識といふものとを区別し得よう」（「様々なる意匠」Ⅰ−135）と書いた人ならではのものがある。

　かくも鮮烈な自意識の持ち主が，いかに総力戦下とは言え，国家の命ずるがままに容易に死に赴くとは考えられない。もしそうした運命を受け容れるのであれば，そこには必ずや強い内的確信が存在したはずである。では何のための死であるとみなされたのか。いかなるものを擁護するための，そして何を残すための死であると考えられたのであろうか。このような視角から，しばらく時系列に即して小林秀雄の思考の足跡を追いたい。

Ⅱ　小林の批評戦略と『文学界』

　小林秀雄のデビュー作「様々なる意匠」が1929年の『改造』の懸賞評論で宮本顕治の「『敗北』の文学」と争い，敗れて二席になったという事実が象徴するように，小林の批評戦略は最初からマルクス主義のイデオロギー

的批評に対する戦いであった。イデオロギー的批評とは今日の言葉で広く言えば，何らかの「大きな物語」もしくはグランドセオリーに基づいて，文学作品の評価を行うことである。デビュー作で小林はそれを「意匠」と呼び，少し後には，「あらゆる批評方法は評家のまとつた意匠に過ぎぬ，さういふ意匠を一切放棄して，まだいふ事があつたら真の批評はそこから始まる筈だ」とも，「批評が即ち自己証明になる，その逆もまた真，といふさういふ場所」に自分は常に戻るとも言っている（「中野重治君へ」Ⅳ-82-83）。さらに『無常といふ事』の連作の最中に執筆された「『ガリア戦記』」でも，「イデオロギイに対する嫌悪が，僕の批評文の殆どたゞ一つの原理だつた」（Ⅶ-355）と振り返っている。

芥川竜之介論である宮本顕治の「『敗北』の文学」では，1927年に自殺した芥川について，「氏の生活圏が小ブルジョワのそれを出なかったことは明らかである」[9]と言われる。その意味を同じマルクス主義陣営の蔵原惟人（蔵原は府立一中で小林の一期上であった）の文章によって敷衍すれば，「資本主義社会に於ける小ブルジョワジーの位置は，周知の如く，ブルジョワジーとプロレタリアートとの中間に位しており，…絶えずその思想，その行動に於いてこの二つの階級の中間に動揺しつつある。従って彼らの立場は，経済的，政治的にはより多く階級協調的であり，思想的，道徳的には，博愛，正義，人道等の加担者たらんとする」[10]ということになる。これは作品論，作家論であると同時に，それに接する読者論でもある。

こうした見方は1935年に『日本イデオロギー論』を出した戸坂潤も共有するところであり，「思想とはあれこれの思想家の頭脳の内にだけ横たわるようなただの観念のことではない。それが一つの社会的勢力として社会的な客観的存在をもち，そして社会の実際問題の解決に参加しようと欲する時，初めて思想というものが成り立つ」[11]と述べられる。思想の分析は思想の担い手の分析であるべきであり，それが階級意識すなわちイデオロギーの分析である。戸坂はこのような観点から「社会科学はイデオロギー内容を歴史的社会的に分析する」とした上で，「一般にファシズムが中間層の意識によって支持される」[12]という認識を示している。

これらに対する小林の批評戦略はいかなるものであったか。文芸批評家としての出発に際して，彼は「私がプロレタリア根性を持つてゐるか，ブルジョワ根性をもつてゐるか誰が知らう。私はたゞ貧乏で自意識を持つて

ゐるだけで，私の真実な心を語るのに不足はしない」(「アシルと亀の子Ⅰ」Ⅰ－189)と言う。「アシルは理論であり，亀の子は現実である…アシルは額に汗して，亀の子の位置に関して，その微分係数を知るだけである」(「文学は絵空ごとか」Ⅰ－240)。理論はついに現実に追いつかない。

「科学を除いてすべての人間の思想は文学に過ぎぬ」(「Ｘへの手紙」Ⅱ－279)というあまりにも有名な小林の裁断もこうした考え方の延長上に位置する。自然科学の方法には相当の敬意が払われつつ，しかし他は文学に包含される。換言すれば，小林において社会科学の方法というものは成立する余地がない。保守主義の思想に広く見られる反社会科学の立場である。こうした立場が最も高く掲げられるのは，マルクス主義の発展段階論的歴史観に対抗する場合である。

ただし注意すべきは，小林には自然科学を生む精神への畏敬の念が存在することである。終生ベルグソンに惹かれ，物理学者の湯川秀樹(「人間の進歩について」)や数学者の岡潔(「人間の建設」)との対談を望んだ所以でもある。だから他ならぬマルクス自身に対しても，「この世の経済機構を生ま生ましい眼で捕へる為に，文字の生ま生ましさは率直に捨てたのだ。文字は彼にとつて清潔な論理的記号としてだけで充分であつたのだ」(「マルクスの悟達」Ⅱ－21，傍点原文)と言われる。1936年に正宗白鳥と「思想と実生活」論争をしたときも，「あらゆる思想は実生活から生れる。併し生れて育つた思想が遂に実生活に訣別する時が来なかつたならば，凡そ思想といふものに何んの力があるか」(「作家の顔」Ⅳ－15)と叫んだのは，正宗でなくて小林の方であった。ほぼ同時期の「私小説論」でも，「自然主義文学は輸入されたが，この文学の背景たる実証主義思想を育てるためには，わが国の近代市民社会は狭隘であつた」とまで述べて，「実生活に関する告白や経験談」に止まる日本の私小説すなわち心境小説の伝統を批判している(Ⅲ－382-85)。丸山眞男が「小林氏は思想の抽象性ということの意味を文学者の立場で理解した数少ない一人」[13]と述べるわけである。

ところで小林秀雄の文芸批評家としてのデビューからまだ間もない1933年に，彼のデビューと同じ1929年に小説『蟹工船』を発表していたプロレタリア作家の小林多喜二が検挙され，築地署において虐殺された。さらに獄中にあった日本共産党幹部の佐野学と鍋山貞親が転向を表明する。共産主義者が壊滅的な打撃を受けたこの年10月に，武田麟太郎，林房雄，小林

秀雄，川端康成らは文化公論社から『文学界』を創刊した[14]。「新興芸術派と転向派の呉越同舟」と言われた同人の顔ぶれはその後幾度か変わり，本稿が注目する人物に限れば，34年に横光利一，36年に島木健作，河上徹太郎，37年に三木清，38年に亀井勝一郎，中村光夫らが加入する。34年6月から発行所を文圃堂に移し，35年1月に編集責任者となった小林は同時に同誌で『ドストエフスキイの生活』の連載を始める（37年3月まで。単行本の刊行は39年5月）。小林の編集責任者は36年7月に菊地寛の文芸春秋がこの雑誌の出版元を引き受けるまで続き，その後44年4月に休刊するまで河上徹太郎がその役を務めた。

　文圃堂の経営者であった野々上慶一は当時の小林の意気込みを次のように語っている。すなわち，小林は「文士というものには，書きたい時に書いて，なんらの制約もなしに発表する，そういう場所が是非とも必要だ。自分もそれが欲しいし，みんなにも持って貰いたい。そのためにも『文学界』のような雑誌を絶対につぶしてはならぬ。そして，『原稿料なんか無しでも，あたしゃ書くよ，覚悟を決めてかきますよ』」と言った[15]。後年の小林からすれば信じられない言葉かもしれない。しかし彼は戦後においても，当時を振り返って「『文学界』が出る様になると，私は自分の一番好きな仕事は，専ら其處で書く様にしたし，私の好きな仕事は，だんだん『文芸春秋』には向かなくなつた」と述べている（「文芸春秋と私」XI－128）。これはもとより戦前の小林が政府による言論統制だけでなく，執筆に対する市場の制約をも意識していたことを物語っている。その意味では『文学界』の出版元が結局大手の文芸春秋になったことは両義的な効果をもたらしたと言えるであろう。

　当時小林が最も力を注いだのは，『ドストエフスキイの生活』の執筆であった。そのことは，彼が連載開始と同時に「僕がドストエフスキイの長編評論を企図したのは，文芸時評を軽蔑した為でもなければ，その煩に堪へかねて，古典の研究にいそしむといふ様なしやれた余裕からでもない。作家が人間典型を創造する様に，僕もこの作家の像を手づから創り上げたくてたまらなくなつたからだ。誰の像でもない自分の像を。僕にも借りものではない思想が編みだせるなら，それが一番いゝ方法だと信じたが為だ。僕は手ぶらでぶつかる」（「再び文芸時評に就いて」III－360）と述べていることでもわかる。

さて当時の文壇と論壇における『文学界』の位置を知るためには，左翼が苛酷な弾圧を受けた直後の状況で，この雑誌の同人並びに執筆陣の顔ぶれを見ればよい。この点で最も注目されるのは，中野重治の動向である。すなわち中野は治安維持法違反の容疑で1932年に逮捕され，豊多摩刑務所に２年間収容された後，共産主義運動から身を引くことを条件に，懲役２年執行猶予５年の判決を受けて34年に釈放された。釈放後間もなく「控え帳」の一から八までを書き，それは翌年の『文学界』に連続して掲載される。その中野をも小林は『文学界』の同人に勧誘したのである。

だがその申し出を中野は断わった。小林の方の説明（「文芸月評Ⅸ」Ⅳ－43）では彼は情理を尽くして中野をくどいたようであるが，中野は前後して自らの文章で激しい小林批判を展開する。このときの中野の対応は，敗戦直後に彼が「批評の人間性」で『近代文学』グループの平野謙と荒正人を攻撃したときのパターンと似ている[16]。直前まではともかくコミュニケーションが成立していたはずであるが，突然相手についての激烈な批判が現れる。もともと批評文とはそういうものかもしれないが。

中野の小林批判には幾つかの次元が存在した。一つは後の大政翼賛会文化部会や日本文学報国会の結成にもつながることであるが，元内務省警保局長の松本学を戴いて作られた文芸懇話会への参加問題である。特に同会が文学賞を設けて特定の作家に与えることについて，小林がそれにも功罪がある，すなわち評判になるというプラスもあるとしたのに対して，中野は強い反対の姿勢を示した[17]。思うにこの点では中野の批判は小林によりも，今や小林の盟友になった林房雄に向けられていた。かつて東大入学後の中野を新人会に誘ったのは他ならぬ林であったから，その林のマルクス主義からの全面的転向を中野は許すことができなかった。中野が林を反マルクス主義では以前から一貫する小林に奪われたと考えても不思議はない。実際には林は小林を超えて「日本浪漫派」に接近するのであるが。

しかし中野の小林批判にはより重要な問題があった。最初の応酬があってから１年後の1937年に発表した「文学における新官僚主義」で中野は，実生活に対する思想の自立性を説いたはずの小林が「まず大衆というものが問題だ」とする「民衆扇情の道へ出て来ている」と指摘する。そうした変化は「新官僚主義」とも言うべき時代の傾向に迎合的であると中野はみなす[18]。これは当時の小林のいかなる主張を捉えたものであったのだろう

か。

　この頃小林は「純文学の読者が減つて来たのは，純文学が面白くなくなつたからだ。簡単明瞭な理由である。一般読者は，純文学を捨てるのにこれ以上の言ひ訳をする必要はない。だから彼等は，さつさと大衆文学に走つた」(「現代小説の諸問題」IV－99) と考えていた。こうした考えはこのとき初めて現れたものではない。すでに1933年の「故郷を失つた文学」においても，「文壇小説」にも「通俗現代小説」にも行けない読者層が人情話を求めて「髷物を読む」傾向が指摘されている (II－372)。東京生まれの小林にも，しかしもはや江戸っ子の自覚はなかった。「故郷喪失」と言う所以である。「私達はかういふ代償を払つて，今日やつと西洋文学の伝統的性格を歪曲する事なく理解しはじめたのだ」(II－375)。

　ここにはすでに西洋化が日本文化の深い所に入っている昭和戦前期の状況が鋭く描かれている。同時に左翼的見地からは小ブルジョワジーとも中間層とも言われる読者層が新たな文学を求めてさまよう様子もうかがわれる。そうした大衆社会の状況に対する小林の態度は決して追随的ではなく両義的なものであったと思われるが，次第に文学の大衆化を求める方向に傾く。中野が小林に「民衆扇情」を見出すのはそのような文脈においてであった。この点において，中野の分析は社会科学的であった。

　再び戸坂潤の『日本イデオロギー論』を補足的に参照すると，「日本が曲りなりにも高度に発達した資本主義国であることから」，「自由主義が近代日本の隠然たる社会常識」である(！)。しかしこの自由主義は「文学的自由主義」であって，「経済上の自由主義や政治的自由主義とはあまり関係がない」。「哲学的又文学的な自由の観念は経済的又政治的自由の観念の，云わば出しがらだった」のに。戸坂によればこの「文学的自由主義」の特徴は個人主義と「人間学主義」と超党派性であるが，そうした傾向が文学者と読者がともに担う「文学的自由主義」をますます自由に浮動するものにして，結局は独占資本主義の帝国主義化に伴い，日本主義やファシズムの方向に向かわせる[19]。

　戸坂と中野の分析を少し長く紹介したのは，彼らが1930年代半ば頃に日本の文壇と論壇が置かれた状況を小林と異なる社会科学の観点からよく捕えているからである。もちろん小林もこのように捕えられる状況の中にいた。そのことをさらに観点を代えて考えると，1935年から36年にかけての

『文学界』編輯責任者時代の小林について，果たして「人民戦線」的な取り組みが見られたのかという周知の議論と関わる。この問題は1960年に平野謙が肯定的な見地から主張して，江藤淳が直ちに反論した。平野は「昭和十年前後において，小林はマルクス主義文学に対してもっとも肯定的だった」[20]と言う。実際小林は思想的には転向者と言えない中野を『文学界』の同人に勧誘しているのである。「『文学界』の改組以来，文学者達は各自の立場を犠牲にしても，共通な意欲を発見し合はねばならないといふ考へを僕は捨てない」（「戸坂潤氏へ」V−57）という同時代の小林自身の証言もある。これに対して江藤は，平野の見方は彼自身の考えの過去への投影に過ぎず，唯一人「マルクス主義者たちの識らない『近代』というものをくぐりぬけていた」孤立を恐れぬ小林が，そうした政治的組織化に乗り出すことはありえないと断定する[21]。

この問題については鈴木貞美が近著で，「『文学界』は，小林秀雄が取り仕切った時期，人民戦線を志向していた」と述べている。小林が「骨のある転向作家たち」を同人に勧誘したことや，フランス文学者たちに寄稿を求めたことが理由に挙げられている[22]。鈴木はやや後の1939年時点での小林についても時局に対する「抵抗」の姿勢を認め，「『抵抗』といっても，現に進行している日中戦争にも，総動員体制にも正面切って反対するわけにはいかないが，その理不尽なところを突き，改善を求める姿勢である」[23]と言っている。

本稿もこの時期の小林が文学者の自由の確保のために『文学界』を拠点として様々な活動を行ったことを認めるものである。しかしそれを戸坂のように「文学的自由主義」と呼ぶかどうかはともかくとして，これまでの考察が明らかにするように，小林が求めた自由はやはりあくまで文学者の政治や経済からの自由であった。その点では芸術至上主義と言うこともできるが，これも戸坂が鋭く指摘しているように，戸坂が規定する「文学的自由主義」は芸術至上主義のように文学の生活からの独立ではなくて，むしろ文学と生活の一致をめざすものであった[24]。問題はこの生活があくまでも文学者の生活に止まるのか，それとも読者である国民もしくは大衆の生活をも覆うものとなるのかというところに存在した。政治が大衆を巻き込もうとしているときに，文学者はいかにあるべきか。事態は流動的であり，小林秀雄の態度もまた揺れ動いた。次のステップを見ることにしたい。

Ⅲ　日中戦争勃発の衝撃

　小林秀雄が2年余りの歳月をかけて『文学界』誌上に連載した『ドストエフスキイの生活』が終了して間もなく，日中の全面戦争が勃発する。そしてこの戦争勃発を受けて，本稿の冒頭で紹介した「戦争について」が書かれる。

　小林がなぜあれほどドストエフスキイに執着したのかについてもわかりにくいところがあるが，それを書き上げて「戦争について」に至る経緯も謎と言えば謎である。日中戦争の勃発がそれほど大きな衝撃を彼にもたらしたとしか考えられない。1931年の「満州事変」から45年の敗戦までは15年戦争としばしば言われるが，37年の日中戦争の勃発は41年の日米戦争の開始ともまた別の意味で大きな歴史の跳躍であった。当時の『朝日新聞』の一面の見出しだけを引用すると，7月9日の夕刊が「北平郊外で日支両軍衝突」を伝え，翌日の夕刊でいったん「盧溝橋事件，解決の曙光見ゆ」となったが，その後も日本軍は戦闘の構えを崩さず，ついに21日に「皇軍，膺懲の火蓋を切る」，さらに同日の号外で「皇軍断乎起つ！」となった。第1次近衛内閣が成立してわずかに1ヵ月余り後のことであった。

　日本軍はこの年の12月に南京を占領。翌38年1月，近衛首相が「爾後国民政府を対手とせず」の声明を出し，5月には徐州を占領するが，戦闘は長期化することになる。すでに紹介したように，小林が「僕には戦争に対する文学者の覚悟といふ様な特別な覚悟を考へる事が出来ない。銃をとらねばならぬ時が来たら，喜んで国の為に死ぬであらう」（「戦争について」）と書いたのはそうした情勢の下であった（初出は『改造』1937年11月号）。

　宣戦布告がなく，政府も新聞も「膺懲」の姿勢であるから，「戦争」ではない。少し後には小林も「宣戦を布告してをりませんから，戦争と呼んではいけない，事変と言ひます」（「事変の新しさ」Ⅶ－96）と言うのであるが，彼の中では「事変と呼び乍ら正銘の大戦争をやつてゐる」という理解であった（同上）。もちろんそれだけではなく，「国民の大部分が行つた事も見た事もない国で，宣戦もしないで，大戦争をやり，新政権の樹立，文化工作，資源開発を同時に行ひ，国内では精神動員をやり経済統制をやり，といふ様な事態は，歴史始つて以来何處の国民も経験した事などありはしない」（「疑惑Ⅱ」Ⅵ－503）という認識も持たれた。にもかかわらず，と言

うかそれゆえに「日本の国に生を享けてゐる限り，戦争が始つた以上，自分で自分の生死を自由に取扱ふ事はできない」(「戦争について」V－251)と言うところまで直ちに小林は至った。

　1938年の3月から4月にかけて，小林は「文芸春秋」特派員として中国へ行く。当時兵士として前線にいて『糞尿譚』で37年下期に第6回芥川賞を受賞した火野葦平に賞を授けることが一つの目的であったが，見聞を執筆することも重要な使命であった。こうして発表されたのが「杭州」以下の一連の中国紀行文である。その中の「支那より還りて」は，「皇軍徐州郊外に突進」，「徐州の命脈既に尽く」，「徐州城内・日章旗の波」の見出しが躍る38年5月18日から20日にかけての『朝日新聞』に連載された。小林が付けたものかどうかはわからないが，初出時にはそれぞれ「文学者を総動員せよ」，「非常時の政策と思想」，「積極的な思想統制」の副題がある（全集収録時に省かれる。本文に変更はない）。

　副題はものものしいが，小林の提案は悠長とも言えるものである。「観察にも文章にも熟達した一流文学者を続々とたゞぶらりと支那にやつてみるがよい」と言うのである。「何を書き出すか知れたものではないといふ風な考へ方は一切止めて欲しい」（V－400, 401）。ではそうした政府と文学者の予定調和的な協力関係は成立したであろうか。

　「杭州」で小林は早々に「僕は第一線には行くまいと決めた」（V－361）と述べる。そしてまず南京に行くようにという周囲の勧めを断り，火野に芥川賞を授与するために上海から杭州へ向かう。初対面の火野の風貌を記しながら，小林の筆は杭州の美しい自然や寺院の佇まいに及ぶ。次の「杭州より南京」でも，杭州の露店街の雑踏や見世物の様子が語られる。「僕の見たいと思つてゐるものが無ささうに感じた」（V－386）という南京を描いても，そうした筆致は変わらない。どう見ても従軍記ではなくて紀行文である。小林は街で見かける日本軍の兵士を常に「兵隊さん」と書く。当時の民間人の普通の言葉遣いであるが，そこには敬意とともに距離感が感じられる。

　前述の火野葦平は芥川賞の受賞が契機になって中支派遣軍報道部勤務となり，この年に徐州へと向かう日本軍の戦闘を描いた「麦と兵隊」を発表する。「麦」は中国の大地と民衆の象徴であり，その中を日本軍の「兵隊」が進む。こちらは従軍記と言うよりもはや戦闘記である。「従軍記者とい

うものも惨憺たるものだ」と嘆かれるが，ついに途中で戦闘に巻き込まれ「生死の境に完全に投げ出され」る。「小林秀雄氏が杭州まで持って来てくれた時計」も「滅茶滅茶に壊れて」しまう25。

　1935年上期に「蒼氓」で第1回芥川賞を受賞した石川達三は『中央公論』38年3月号に南京攻略線を描いた「生きている兵隊」を書き，相当の部分が伏字にされたにもかかわらず発禁処分に遭い，さらに新聞紙法違反で禁固4ヵ月執行猶予3年の刑事処分を受けた。伏字になったのは主に非戦闘員の殺害と女性の強姦と慰安所に関する記述だった。言い換えれば，戦闘場面そのものはそれほど問題にならなかったと考えられる26。

　火野や石川の作品と比べると，小林の中国紀行文は広い意味では戦争が主題であるが，まったく異なる局面を描いていた。もう一つ比較の対象を挙げると，「日本浪漫派」の保田與重郎も同時期に中国を旅行して，その見聞を『蒙彊』にまとめている。保田の文章も小林と同様に紀行文であるが，そこには「アジアの民族として，同じアジアの民を非倫の境遇より解放する聖戦であるといふ浪曼的スローガンに私はやはり心から共鳴する」27という言葉が見られる。こういうイデオロギー的な記述も小林には無縁であった。先にも引用したように，彼は中国を「国民の大部分が行つた事も見た事もない国」（「疑惑II」。「事変の新しさ」VII－96にも同様の表現がある），すなわちあくまでも異国と位置付けていた。現地で庭園や寺院を見ても，日本との共通点より相違点に目が行っている（たとえば「蘇州」の初出にもある部分。V－408-12）。

　小林は火野の「麦と兵隊」を「人の肺腑を突くものがある」と絶賛した（「火野葦平『麦と兵隊』」V－424）。戦後のことになるが，小林が吉田満の「戦艦大和の最期」を「大変正直な戦争経験談」として激賞した事実（「吉田満の『戦艦大和の最期』」IX－87）もよく知られている。いかにも小林らしいが，その間に『モオツァルト』に取り組んでいた人の言葉であることも忘れることはできない。

　「杭州より南京」の次に書いた小林の「蘇州」は内務省の検閲で削除処分に遭う。削除は伏字でも発禁でもなく，頁の切り取りである28。初出の『文芸春秋』1938年6月号を今日見る限り，標題と著者名を含む本文6頁分が切り取られ，3頁分が残っているに過ぎない。全集で復元されているのは掲載部分とほぼ同じ分量だから，原文はもう少し長かった可能性がある。

復元部分を見ると，冒頭に慰安所に関する記述がある（Ⅴ−404）から，そこは少なくとも伏字になっても仕方がない。その他にも今日から見て若干不適切な表現があるが，それほど目立つものではない。もし問題があるとすれば，中国人か日本人かを問わず，人々の姿を描くときの小林の沈んだ調子であろう。それが少なくとも蘇州での彼の気分だったに違いない。

　削除処分に直面して，小林は直後に「これは僕が無邪気に筆を走らせ過ぎた為で，理由を聞かされ成る程と思ひ，別に不服には思はなかつた」（「従軍記者の感想」Ⅴ−417）と述べている。本人がそう言っているわけであるが，小林が受けた打撃は小さくなかったと思われる。今後とも執筆に際してどのような横やりが入るかわからない。出版社や編集者であればともかく，相手が国家であれば仕方がないと考える文筆家は少ないはずである。本稿の最初に述べたように，小林が骨董にはまるのはこの1938年頃である。二つの出来事は密接に関係していたように思われる。

　しかしもちろん沈黙が突然訪れたわけではない。1940年の時点でも，「一体，指導理論とはどういふ意味なのか。…そんな理論が，今日ない事は解り切つた事ではないか。あれば何も非常時ではないではないか。尋常時ではないか」（「事変の新しさ」Ⅶ−104-05）と元気である。それよりも38年10月の再度の中国旅行を踏まえて書かれた「満州の印象」は秀逸である。黒河すなわちアムール川でロシア人に会い，思わず「ねえ，おい，俺は君といふ人間を実によく知つてゐるんだよ，チェホフが君そつくりの男を書いてゐるのを，俺は何遍も繰返し読んだものだ」とつぶやく。そこから日本人は自分たちを外国人に理解させるためにロシア文学に匹敵するような近代文学を持っているかという問いに至る（Ⅵ−11-12）。後半は満蒙開拓青少年義勇隊訓練所を訪れた感想である。過酷な条件下で生活する少年たちを見て，一言「此處にあるのは訓練ではない，単なる欠乏だ」（Ⅵ−26）と書く。これらの記述も検閲の目を免れるという保証はなかったであろう。ちなみに佐藤卓己は，1940年に林芙美子が「満州は悪魔の如く寒い」と書いて，陸軍省情報部員から情報局情報官になる鈴木庫三に呼び出された経緯を詳しく紹介している[29]。

　前述の「何を書き出すか知れたものではないといふ風な考へ方は一切止めて欲しい」という小林の国家に対する期待は維持されたであろうか。日中戦争の勃発に際して，国家の側は，そうした自由を文筆家に与えること

が最終的には国家のためになると考えることができたであろうか。答えは否であろう。しかし彼は「黙って処した」。その沈黙はやがて書くことそのものに対する抑制につながり、にもかかわらず、そういう中にあって『無常といふ事』の連作のような名作の誕生をもたらした。小林秀雄は何のためにそれらを書いたのであろうか。

Ⅳ 『無常といふ事』へ

　日米戦争の開戦に接して小林秀雄は二つの文章を書いている。一つは「当麻」の直前の『文学界』に掲載された「戦争と平和」であり、もう一つは『文芸春秋現地報告』の「三つの放送」である。

　「戦争と平和」は1942年の元旦に新聞で真珠湾攻撃の写真を見た感想である。「戦史に燦たり」という見出しに比して、「肝腎の写真の方は、冷然と静まり返つてゐる様に見えた」(Ⅶ-347)と小林は書く。「心ないカメラの眼が見たところは、生死を超えた人間達の見たところと大変よく似てゐるのではあるまいか」(Ⅶ-348) というのが彼の言いたいところであったが、批評家的な記述（彼は批評家であるが）と思われたためか、河上徹太郎によると「情報局は態度が不謹慎だと非難した」[30]という。付言すれば、後の『無常といふ事』の書物化についても、「戦時中に情報局がどうしても出版を許さな」かったという吉田健一の証言がある[31]。再び佐藤卓己によれば、検閲に猛威をふるった情報局の「鈴木情報官の全盛は1940年と1941年である」[32]が、42年に鈴木庫三が転出した後も情報局が活動していたことは言うまでもない。

　日米開戦を知って小林が記したもう一つの文章「三つの放送」は開戦の報道、宣戦の詔勅、戦果の発表の三つのラジオ放送を聞いた感想である。詔勅には「やはり僕等には、日本国民であるといふ自信が一番大きく強いのだ」と感じ、戦果には「名人の至芸」と思うのであるが、開戦の報道には「日米会談といふ便秘患者が、下剤をかけられた様なあんばい」と述べる (Ⅶ-346, 345)。日中戦争そのものよりも日米会談の成り行きを、小林は「便秘患者」と考えていたらしい。この点で「われらは支那事変に対して、にわかに同じがたい感情があった」[33]と述べるアジア主義的な立場とは異なる。すでに見たように彼にとっては日中戦争も特別な名分を必要とする「事変」ではなく、むしろ通常の「戦争」と認識されていたのであろ

う。なおこの文章は小林没後の全集に初めて収められた。

　こうして『無常といふ事』の連作が始まった。その中で小林の歴史観が最もよく現れているのは「平家物語」であろう。彼は『平家』の文章から「太陽の光と人間と馬の汗」（Ⅶ－362）を感ずる。また「『平家』の人々はよく笑ひ，よく泣く」（Ⅶ－363）と言う。彼においては，戦いである限り源平の争乱も日中戦争も日米戦争も変わらない。『平家』の冒頭の一句に惑わされてもいけない。「このシンフォニイは短調で書かれてゐる」（Ⅶ－364）が，短調は哀しさではなく雄々しさを表す調性なのである。そして平氏も源氏も滅んだが，『平家物語』という文学は残った。小林の思いはそういうところにあったのではなかろうか。

　前後して臨んだ「近代の超克」の座談会で，小林は作家や作品を当該の時代や社会に還元する歴史主義的な解釈に反対して，「一流の作家といふ者は必ず彼の生きてゐた時代とか，社会とかの一般通念との戦ひに勝つた人だ」[34]という見方を披瀝する。思想の普遍性とか芸術作品の超歴史性という意味では珍しくない議論であるが，彼はその超時代的な成果そのものを歴史とみなす。「歴史といふものはわれわれ現代人の解釈でびくともするものではない」[35]。すでに本稿のⅠで見たように「無常といふ事」でも展開される彼の持論であるが，それではすべての天才が横並びになるから，縦の歴史を問う余地がない。京都学派の西谷啓治が，プラトンがいくら偉くてもそれを読み破ることに現代の哲学の意義があるのだから，「唯美しい形として眺めていて，果してプラトンのほんたうの美しさが掴めるものでせうか」[36]と言う方がもっともののように思える。

　また西谷は自分の若い頃は日本の古典で「ピンと来るものは殆どな」かったが，「西洋文学のものは，自分の為に書かれたものといつたやうな感じを持つて読んだ」と語り，それに対して小林が「今の僕等の年輩の人には皆さういふことがあるだらうと思ふ」と応じている[37]。この座談会の出席者は皆当時40歳前後の同世代であり，近代日本の知識人の三代目とも言うべき人々であった。彼らは西洋の教養の獲得から出発して，40歳で日本の古典に回帰した。

　「近代の超克」の議論の大部分は特に時局に関わらない科学論や学問論であったが，それが戦争の正当化につながったのは，ひとえに司会の河上徹太郎が日米開戦による「型の決まり」を感じて「狙つて出して見た」「近

代の超克」という「符牒」のためであった。そして左翼からの転向者の林房雄と亀井勝一郎の発言が全体の雰囲気を規定した。林はもっぱら「勤皇の心」[38]を説き，亀井も「人間の発した言葉の中で，最も美しいのは相聞と辞世であらう」[39]という「日本浪漫派」の立場を貫いたからである。

さて「平家物語」における小林の視点は「西行」にも受け継がれる。それは「如何にして歌を作らうかといふ悩みに身も細る想ひをしてゐた平安末期の歌壇に，如何にして己れを知らうかといふ殆ど歌にもならぬ悩みを提げて西行は登場した」(「西行」Ⅶ－392) という一節に明らかである。小林によれば，源平の争乱の世に22歳で出家した西行は，歌人である前に自己の人生の探究者であった。いつの時代にゐても不思議はない人間である。あえて言えば典型的な近代人である。時代と戦った人，環境と戦った人。後にモオツァルトもゴッホもそのような人間として描かれる。

この点に関連して「近代の超克」の座談会で物理学者の菊地正士が，「あなた（小林氏）みたいな人が古典をやられてゐるといふことは，非常に教育的に価値があると思ふのですがね。兎に角学生はみんなあなたを識つてゐますからね」[40]と述べている点は重要である。沈黙がちの小林が何を書くかに注目している人々に，彼は戦乱の世に武士の身分を捨て生涯「た゛，心の中の戦を」(Ⅶ－400) 継続した歌人西行という人間像を提供した。

続く『実朝』では心ならずも最高権力者に仕立て上げられた人間の悲劇を描く。西行とは逆であるが，孤独を歌作の出発点とした点では同じである。それまでフランス象徴詩を別にして歌論などほとんど発表したことがなかった小林が，同時代を生きたこの両者をのみ論じたことは興味深い。膨大な宮廷歌人はすべて捨て去られているのである。その目的はおそらく政治や社会から切り離された人間の内面の世界を描くためであった。内面世界を画するためには，外部世界すなわち政治や社会が存在して，それらと緊張関係に立つことが必要である。出家遁走と将軍就任は正反対の行為であるが，そうした緊張が生まれる両極端の事例であろう。言うまでもなく文学は内面世界に発して，ひとたび言語化されれば外部世界の転変を超える。たとえ外部世界とともに作者が滅んでも，作品は残る。戦争期に小林が最後に賭けたのはそういうことではなかったであろうか。

こうした問題状況は，1940年に丸山眞男が「近世儒教の発展における徂徠学の特質並にその国学との関連」で指摘した本居宣長の思想史的意義を

彷彿とさせる。すなわち宣長の国学は徂徠学における公私の分裂という近代的意義を引き継いだのであるが，徂徠学が政治すなわち公的領域の議論に集中したのに対して，逆に文学すなわち私的内面の世界に閉じこもった。そして公的領域はもっぱら徳川幕府の権威に委ねたのである。「今の世は今のみのりを畏みて異しきおこなひ行ふなゆめ」とか「東照神の命の安国としづめましける御世は万代」（『玉鉾百首』）というのは絶対的服従の告白であるが，それ以上に特に徳川幕府の支配を積極的に根拠付けるものではなかった[41]。

　この論文を書いたときの丸山が小林たち同時代の文学者の動向を目撃して，彼らの行動様式の起源を宣長にまで遡らせたと言うつもりはない。しかし晩年の小林が多くのエネルギーを『本居宣長』の執筆に投入し，しかも開巻劈頭詳しい説明もなく宣長を「健全な思想家」，「誠実な思想家」と絶賛する（XIV－36, 38）記述を読むとき，宣長と小林の思想的共通性に思いを致さずにはいられない。彼らがタフな生活者であったことは疑いを容れぬとしても，両者にはその生活の何分の一かを公的活動のために割くという発想が欠けていた。文学者がただ内面の世界を切り開くだけでなく，そこに足場を定めてそこから外部の世界の構築に向かうことが日常化していれば，戦争と亡国の危機は少しでも避けられたのではあるまいか。

（1）　丸山眞男「近代日本の思想と文学」『丸山眞男集』第8巻（岩波書店，1996年）155頁。
（2）　竹内好「近代の超克」『竹内好全集』第8巻（筑摩書房，1980年）17頁。
（3）　中野重治の年譜については『中野重治全集』別巻（筑摩書房，1998年）のものを参照。以下同様。ここは43頁。
（4）　白洲正子「小林秀雄の骨董」『小林秀雄全集』別巻II（新潮社，2002年）101－02頁。
（5）　本稿において小林秀雄の著作からの引用は2001－02年に新潮社から刊行されたいわゆる第5次全集（全14巻，別巻2）により行う。引用箇所は本文中にXII－61のように表示する。この場合は第12巻の61頁である。なおこの全集は小林の没後に改めて彼の著作を年代順に配列して編集されたもので，それまでの全集では著者の意思で省かれた作品も網羅的に収録されている。第5次全集の普及版が『小林秀雄全作品』（第6次全集，全28巻，別巻4，新潮社，2002－05年）である。こちらは表記が現代仮名遣いで，新潮社出版部による注釈が施されている。この注釈は後に第5次全集にも

3冊の補巻として追加された。
（6）　同じ記述は小林生前の第4次全集（『新訂小林秀雄全集』全13巻，別巻2，新潮社，1978−79年）の年譜にもある。
（7）　廣田煕「葱坊主」『新訂小林秀雄全集』別巻Ⅱ，57頁。
（8）　江藤淳「解説」『新訂小林秀雄全集』第8巻，373頁。
（9）　宮本顕治「『敗北』の文学」千葉俊二，坪内祐三編『日本近代文学評論選［昭和篇］』（岩波文庫，2004年）89頁。同文庫にはこの論文の前半部だけが収められている。
（10）　蔵原惟人「プロレタリヤ・レアリズムへの道」千葉，坪内編所収，45−46頁。
（11）　戸坂潤『日本イデオロギー論』（岩波文庫，1977年）17頁。
（12）　同上，121, 199頁。
（13）　丸山眞男「『日本の思想』あとがき」『丸山眞男集』第9巻，118頁。
（14）　『文学界』について述べたものは同人たちの回想を含めて多数存在するが，簡潔に全貌を把握するには鈴木貞美『『文芸春秋』とアジア太平洋戦争』（武田ランダムハウスジャパン，2010年）の第4章「『文学界』の人びと」が有益である。同誌についての「新興芸術派と転向派の呉越同舟」という性格規定もあちこちで見られるが，ここでは高見順『昭和文学盛衰史』（講談社，1965年）の目次細目を参照した。それに関する記述は同書の209頁。
（15）　野々上慶一「小林秀雄と『文学界』」『思い出の小林秀雄』（新潮社，2003年）26−27頁。
（16）　中野は「批評の人間性一」（『中野重治全集』第12巻所収）を発表する直前に『近代文学』（第3号）同人たちの座談会に招かれていた。ちなみに創刊号のゲストは蔵原惟人であり，第2号は小林秀雄である。
（17）　中野「ある日の感想」『中野重治全集』第10巻，403頁。小林の考えは本文ですぐ前に記した「文芸月評Ⅸ」を参照。
（18）　中野「文学における新官僚主義」『中野重治全集』第11巻，25頁。
（19）　戸坂，前掲書，30, 280−90, 197−98頁。
（20）　平野謙『文学・昭和十年前後』（文芸春秋，1972年）127頁。
（21）　江藤淳『小林秀雄』（講談社文芸文庫，2002年）172, 213, 152頁。
（22）　鈴木貞美，前掲書，151, 163−64頁。
（23）　同上，169頁。
（24）　戸坂，前掲書，273頁。
（25）　火野葦平『麦と兵隊』『現代日本文学大系75石川達三・火野葦平集』（筑摩書房，1972年）235, 224, 229頁。
（26）　石川達三『生きている兵隊［伏字復元版］』（中公文庫，1999年）。同書の半藤一利による解説「『生きている兵隊』の時代」も参照。

(27) 保田與重郎『蒙彊』（保田與重郎文庫10，新学社，2000年）62頁。
(28) 切り取り処分の意味については，鈴木貞美，前掲書，91頁を参照。
(29) 佐藤卓己『言論統制』（中公新書，2004年）353-55頁。
(30) 河上徹太郎「歴史」『わが小林秀雄』（昭和出版，1978年）79頁。
(31) 吉田健一「図書目録」『新訂小林秀雄全集』別巻Ⅱ，63頁。
(32) 佐藤卓己，前掲書，337頁。
(33) 竹内好「大東亜戦争と吾等の決意（宣言）」『竹内好全集』第14巻，295頁。
(34) 西谷啓治，諸井三郎，鈴木成高，菊池正士，下村寅太郎，吉満義彦，小林秀雄，亀井勝一郎，林房雄，三好達治，津村秀夫，中村光夫，河上徹太郎「近代の超克」『近代の超克』（冨山房百科文庫，1979年）218-19頁。
(35) 同上，222頁。
(36) 同上，227頁。
(37) 同上，245-46頁。
(38) 座談会のために提出された林房雄「勤皇の心」。同上，83頁以下。
(39) 座談会のために提出された亀井勝一郎「現代精神に関する覚書」。同上，7頁。
(40) 同上，268頁。
(41) 丸山眞男「近世儒教の発展における徂徠学の特質並にその国学との関連」『丸山眞男集』第1巻，265頁以下，特に289-90，295-96頁。『玉鉾百首』は『本居宣長全集』第18巻（筑摩書房，1973年）325，328頁。ただし表記の仕方は丸山による。

社会的協働と民主主義の境界

遠藤知子＊

1. はじめに

　民主的参加資格を持つ者と持たない者を区別する規範的な根拠は何か。これまで，一般的にも，政治哲学の議論においても，民主主義は国民国家の市民を暗黙のうちに前提としてきた。民主主義の規範原理は，市民に対して適用されるのであり，市民間の政治的不平等は，民主的正統性と自己統治の観点から許されない。歴史的にも，女性や少数者集団による社会運動を始め，平等な市民権獲得のために数々の闘争が繰り広げられてきた。このように，民主的な規範原理や参政権は，法的な市民権と融合するものとして捉えられてきた。

　翻せば，このことは，法的市民でない者は自然に政治的権利から除外されることをも意味している。これは，一見すると当然のことのように思える。民主的正統性と自己統治の観点から，市民は自分が属する特定の政治制度に対して発言権を有するべきであり，他の政治制度に対して発言権を有するのは，その政治制度の市民であるべきであると考えられる。というのも，この図式においては，国民国家という政治制度と，そこで政治的決定を行い，その利益を享受し，責任を担う市民が合致しているということが前提とされているからである。つまり，民主的正統性と自己統治が成立しているのである。

　しかし，近年，さまざまな政治的要因によって，民主的参加への権利が市民権を前提とするという考え方に対して疑問が付されている（cf. Song 2009; Goodin 2008）。第一の要因としては，グローバル化により，さまざま

＊　関西学院大学人間福祉学部助教　政治哲学

なレベルで民主的国家が他国の人々に影響を及ぼすことが顕著になっている。第二に、国境を越えた人々の移動により、国民国家内部における市民権を持たない外国人在住者が以前よりも急激に増えている。また、このことによって既存の在住外国人の権利の主張も注目されるようになったことなどが挙げられる。このような要因により、自らの政治共同体の集合的意思決定を担う市民の権利としての民主的参政権という従来の考え方が揺らいでいる。言い換えれば、民主的意思決定の影響を受ける人々と、その意思決定への参加資格を有する人々との間の不一致が顕著になっているため、民主主義が誰を対象とし、誰に政治参加資格が与えられるべきなのか、という理論的課題が出現している。

　本稿の目的は、民主的参加資格の理論的根拠を検討することである。誰に民主的参加資格が与えられるべきかに関する問題は、すなわち民主主義の「境界」をめぐる問題である。これまで前提とされてきた国民国家への法的成員資格、または共通のナショナリティなど、何らかの「帰属」に基づく民主的境界は、どうしてある人々には民主的原理が適用され、別の人々にはそれが適用されないのかということを規範的に説明するには不十分である。しかし、民主的境界に関する規範的根拠を明らかにすることは、少なくとも二つの観点から重要である。第一に、個々人の自由を制約する政策の結果は、政策形成に誰が参加するかによって変容する。よって、民主的参加資格を規範的に根拠づけることは、自らの自由を制約する条件に対して道理的に納得可能な理由を探ることでもある。第二に、民主的平等に基づく個々人の政治的権利は、他者の自由を制約する権利でもある。よって、参政権の理論的根拠を明らかにすることは、自らの政治的権利を他者に対して正当化するためにも不可欠である。

　本稿の構成は次の通りである。まず、民主的正統性と民主的自己統治の観点から民主的参加資格がどのような意味を持つのかについて確認する。次に、これまで一般的に受け入れられてきた法的市民権やナショナリティといった帰属に基づく民主的境界の問題点を指摘する。つづいて、民主主義に内在的な原理から民主的境界を導き出す原理として、「利害への影響」による民主的参加資格を批判的に吟味する。さらに、この原理に基づく参加資格の問題点を指摘した上で、それに代わる原理として、ジョン・ロールズによる社会的協働の関係に注目する。ここで、本稿の中心的な議論で

ある社会的協働における個々人の互恵的な関係が，利害への影響原理に代わる民主的参加資格の基盤となり得るかどうかを検討したい。

2. 民主的正統性

民主主義は論者によって多様な捉え方があるが，端的に言って，平等な政治的権利を有する人々の集合的意思決定の仕組みである。具体的な形態としては，現在の国民国家における代表制民主主義から，より小規模な共同体における直接民主主義，また，1990年代以降は，一人ひとりの政治的選好を単に集計するのではなく，熟議を経た理性的な合意を目指す熟議民主主義などがある。これらの多様な民主主義の形態が存在する一方で，民主主義の概念において決定的に重要なのは，政治的意思決定が一人の独裁者——善良な支配者であれ，暴君であれ——もしくは特定の少数の人々によるのではなく，政治共同体のすべての成員に開かれていることである。民主主義における政治的平等の原理は，「すべての市民が，共通の意思決定の手続きによって社会の集合的要素について発言権を有する」こと——個々人の政治的選好が平等に考慮されること——を規定する（Christiano 1996: 70）。こうした政治的平等の原理こそが，民主主義を他の政治制度と決定的に区別する点であることから，政治的平等は民主主義の構成要素，またはその概念に内在的な要素である。

民主的平等は，民主的正統性の観点からも重要である。一方で市民はそれぞれ個別の善の構想に基づく個別の政治的選好を有しており，一つ一つの政治的主張の重要性についても，政策の結果としてそれらをどのような割合で実現するのが正義に適っているのかについても，合意を得ることができない。他方で，共通の政治制度の下で生活する市民の政治的主張は互いに影響しあい，相互依存的な関係にある。互いに影響を被る集合的な事柄（collective properties）に関する政策は，個々人の生に大きく影響を与え，個々人の自由を強制的に制約する（Christiano 1996, 2008）。今日の世界において，我々の生活に対して強制力ある政治制度とは，多くの場合，国民国家を意味する。国家は，もっとも極端な例としては，市民を罰して投獄し，時には戦争に送り出し，処刑する権力を保持している。また，日常生活においては，市民から税金を徴収し，その他法を守ることを要求する。よって，国家の政策は，多様な政治的主張を有する自由で平等な市民に対

して道理的に受け入れ可能な仕方で正当化されなければならない。平等な政治参加資格は，異なる政治的主張を持つ個々人の自由を制約する強制的な政策に民主的な正統性を与える手段であり，この意味において，民主主義は平等な個人に対して恣意的な支配からの自由を保障する政治的仕組みである。

　よって，政治的平等の原理に基づく民主的権利は，自由で平等な個人に対して強制力ある政策と制度を正当化する権利であり，このことによって民主的正統性が成立する。逆にいうと，強制力に裏付けられた政治制度や政策の影響を受けつつ，その形成過程，または正当化に参与する権利を持たない人々は，恣意的支配の下にあり，自由で平等な個人としての顧慮と尊敬が認められていないということになり得る。これまで，民主的正統性は，国民国家の法的市民に適合することが前提とされてきた。しかし，誰が市民であるかはどのように規定されるべきなのか。また，現在，多くの民主的国家に在住する「非市民」に対して，政治的権利の欠如を正当化する規範的根拠はあるだろうか。あるとすれば，それが何であるのかを説明することは，民主的正統性と自己統治の観点から重要である。このために，法的市民権や共通のナショナリティといった属性に基づく参加資格を批判的に検討し，民主的参加資格の理論的根拠を明らかにすることが求められる。

3. 民主主義の境界

　民主的参加資格の条件を明らかにすることは，民主的参加資格を持つべき者と持たざるべき者を区別する民主主義の「境界」を明らかにすることである。今では，民主主義の境界問題（the boundary problem of democracy）と称されるようになったこの問題に取り組んだ初期の論者であるF. G. ウェーランによれば，「民主主義理論は，それ自体として境界に関して起こり得る——そして実際歴史的に起こる——対立に対して何も解決を提示することができない…集合的な意思決定，または自己統治のための方法である民主主義が，それ［民主主義］よりも論理的に先立って存在し，それが前提とするところの集合体の構成に関する問題に対して何も示すことができないということは，驚くに値しないだろう」（Whelan 1983: 40）。つまり，ウェーランにとって，誰がデモスを構成するかという問題は，民主主義の規

範原理に先立って画定されているのであり，そこから内在的に導き出せるものではない。ウェーランによれば，民主主義は，「民主的な統治が問題となるところの，明確に規定された集団が事前に存在していることを暗黙の了解」としている（Whelan 1983: 15）。つまり，民主的原理はその適用範囲の問題から独立しており，デモスの構成員を規定するには，民主主義理論の外部に存在する原理に訴えなければならないという。

　以上の立場を説明するために，ウェーランは領土，ナショナリティ，文化や地理に基づく民主主義の境界を考察することに多くの紙幅を割いているが，いずれをとってみても民主的原理の観点からは恣意的であり，参加資格を理論的に基礎づけるには不十分である。現実には，民主主義の境界は多くの場合，領土によって区切られ，歴史的に継承された国民国家の境界と重なるが，そうした境界を規定しているのは，歴史的な闘争や偶然の帰結であり，民主的原理によって規定されるものではない。この意味するところは，分離独立の問題を見ていけば明らかになる。北アイルランドが英国から分離独立したいという主張に対して政治的な意思決定を下すのは，北アイルランドの市民であるべきだろうか。それとも，北アイルランドを含めた全英国市民であるべきだろうか（Whelan 1983）。分離独立の要求に対して誰が民主的な意思決定に参加するかは，意思決定の結果を大きく左右するが，ウェーランは，民主主義理論そのものからこうした政治的境界を導きだすことはできないと主張する。同様のことは，日本において政治的争点となる問題に対しても適合する。例えば，米軍基地を移設するべきかどうかについて民主的に決定するのは，沖縄市民であるべきか，全日本国民であるべきか。政治的境界は，常に政治的闘争の問題となり得るが，こうした境界を民主主義理論から導き出すことは困難であり，ウェーランによれば，民主的な平等や自己統治が適合する範囲は，歴史的闘争や政治的決断に依拠するほかない。また，このことは，民主主義理論の限界を示唆しているという（Whelan 1983: 1983）。

　しかし，上記の議論には明らかな問題がある。例えば，平等な政治的権利を持つべきであるのは，市民の内，白人男性に限られるということが事前に決定されていたとしよう。この場合，白人男性市民の間では，平等な政治的権利に裏付けられた恣意的支配からの自由と自己統治の権利が平等に保障される。しかし，このように誰に民主的参加資格・政治的平等が付

与されるべきか，ということが，民主的な原理から独立した基準によって既に規定された人々の間においてのみ適合するのであれば，政治共同体の内で長年政治的権利を持たなかった女性や少数者集団にも政治的権利が与えられるべきであるという主張を規範的に根拠づけることはできないのだろうか。それは，明らかにわたしたちの民主的な直観に反する[1]。政治共同体の内の特定の人々の間で政治的権利が平等に保障されていたとしても，その内で，女性や少数者集団が政治的に差別されているとすれば，重要な意味で彼女たちの権利が損なわれていると多くの人は感じるだろう。

これに対して，問題なのは，政治的差別を受けている女性や少数者集団が法的な市民であるにもかかわらず，差別されていることであるという人もいるかもしれない。というのも，市民（citizen）であることは，その定義上，平等な民主的権利を有していることであるため，彼女たちに対して参政権が制限されていることは市民であるということの概念を損なうことである。ミラーが主張するように，国民国家における市民権は，成員同士の平等を前提とする成員資格であり，市民としての平等な地位を損なうあらゆる不平等は不正義となる（Miller 2007: 54）。この主張に異論はないが，問題は，それだけでは誰が政治的に平等な市民であるべきかに関して何も説明することができないことである。確かに法的地位としての市民権を有している者の間で政治的差別は許されない。しかし，誰が市民であり，誰が市民でないかを規定する基準が歴史的帰結や政治的判断に依拠するほかないのであれば，恣意的な参加資格の問題の解決にはならない。必要なのは，誰が法的市民であるかないか以前に，民主的参加資格の理論的根拠を明らかにすることである。

4．利害への影響原理

民主主義に内在的な原理から民主的参加資格を引き出そうとする原理の有力な候補として，市民としての法的地位やナショナリティといった属性を共有する人々に限らず，政治制度と政策の影響を受けるすべての人に参加する権利が与えられるべきであるという「利害への影響原理」（all affected interests principle）がある[2]。ロバート・ダールによれば，この原理は，「政府の決定によって影響されるすべての人が，その政府に対して参加する権利を持つべきである」ということを意味する（Dahl 1970: 64）。また，

ダールは，これは，「われわれが見つけることができる最良のインクルージョンの原理だろう」と主張する（Dahl 1970: 64-65）。

　現実の世界を見渡せば，民主的共同体は多くの場合，歴史的に形成・継承されてきた国民国家への帰属や，共通の祖先を基盤としたナショナリティに依拠している。しかし，デモスをどう構成するかにおいて互いの利害への影響こそが根本要因であると主張するロバート・グッディンによれば，これらは民主的観点から恣意的な要素にすぎない。究極的には，「われわれが，領土や歴史に依拠するナショナルな共同体が，共に意思決定を行うべきであると考えるのは，そうした集団における個人の利害が必ず——もしくは一般的に——かかる集団の他の成員の選択や行為によって影響されるからである」(Goodin 2008: 134)。グッディンによれば，共通の歴史，領土やナショナリティなどによってデモスを構成することは，道徳的に重要であるところの「利害の絡み合い」(intertwined interests) の近似にすぎない (2008: 134)[3]。互いに利害が絡み合っている人々は，それをどう調整するかについて協働して決定するための共通の制度や取り決めを必要とする。そして，こうした利害関係は，隣接して生活する人々の間において最も密に生じることが自然であるため，結果的に共通の領土や歴史と重なることになるというのである。

　特定の法的地位や歴史的に形成されたナショナリティといった属性に対し，政策によって影響されるという事実は，直観的にも民主的な平等や正統性の原理とより直接的に関連しているように思われる。グッディンが主張するように，法的地位やナショナリティといった属性それ自体では，白人であるとか男性であるといった，民主的観点から恣意的な属性と類似的であり，ただそうした属性が本質的に有意であるところの利害の絡み合いと多くの場合重なるため，より民主的正統性を認めることができるにすぎない。というのも，先述したように，自ら影響を被る政策に対して発言権を有することは，そうした政策を正当化し，恣意的な支配からの自由を確保する手立てにもなる。すなわち，互いに影響を被る事柄に関して平等な発言権を有することで，異なる政治的選好や主張を持つ人々に対して強制力ある政策が正当化され，正統性を持つのである。

　しかし，政治的権利——参政権——を持つことは，自らの自由を擁護する手立てであると同時に，意思決定の結果を左右するという意味で，他者

の自由を制限する手立てにもなる。参政権の行使は，他の市民に対する権力行使にほかならない（Arneson 2003: 96）[4]。よって，政治的権利を基礎づけるためには，自分に対する権力行使の正当性を問うと同時に，他者に対して自らの権力行使を正当化する必要がある。この場合，利害が影響されるということだけでは，他者に対する権力行使を正当化するために不十分である。たとえば，わたしは同僚の服装が気に入らないので，そのことで不快な思いをするかもしれない。しかし，だからと言ってその同僚がどんな服を選ぶかについて発言権があるわけではない。こうしたことは，単なる「おせっかい」な選好（nosy preference）であるといえる[5]。

では，どのように利害が影響された場合に発言権が生じるといえるのか。これに対しては，単なる影響ではなく，重要な利害（significant interests）が影響される時，あるいは（法律などによって）強制を伴う形で利害が影響される時，といったことが考えられる。同僚の服装によって受ける不快感は，一般的に重要な利害でもなければ，それによって強制されるわけでもない。これに対して，法的拘束力ある影響は，拘束される者はそれから逃れられないという意味でも，より深刻に個人の利害を左右するといえるだろう。しかし，政治的発言権を，強制を伴う利害への影響に限定した場合，法的に拘束されないにもかかわらず，利害への影響を被ることもある。たとえば，タバコ税の成立によって法的に制約されるのは，タバコ会社の人々であり，また税金を支払うことを強制される喫煙者である。これに対して，タバコを吸わない者は，法的にこの法律によって拘束されない。それにもかかわらず，後者の利害は影響を受けると考えられるのであれば，自分自身が法的に拘束されない以上，この政策に対する発言権がないといえるだろうか。

このように，民主的参加資格を基礎づける利害への影響が，どのような事柄において，どのように影響される場合であるのかについては，容易に画定することができない。また，たとえどのような影響によって他者への権力行使が認められるかについて確定することができたとしても，さらなる困難がある。すなわち，利害への影響に基づく民主的参加資格の原理に依拠するのであれば，民主的正統性を確保しつつ，自己統治に参与する政治共同体の境界が依然として曖昧にならざるを得ないということである。ここでこの点について網羅することは不可能であるが，極簡単に取り上げ

たい。

　まず，個々の政策によって影響される人々が異なり，その度にデモスの構成員も変化する。すなわち，影響原理は，個々の決定に対して異なる有権者を必要とする（Whelan 1983: 19）。ダールによれば，影響原理の論理は，「影響を受ける個々の集団に対して，それぞれ別々のアソシエーション，または，意思決定の単位が存在する」（Dahl 1970: 64）。このように，自らが直接影響を被る政策においてのみ発言権が生じるとすれば，社会全体を通じた統制や公的な意思決定が不可能となり，自らの環境や社会を形成するという意味で，民主的自己統治に参与することは成立しなくなる。

　また，利害が影響される・絡み合っている，ということだけでは，無制限に民主的参加資格が拡大してしまうという問題がある。われわれは，ほぼどんな政策によっても，たとえ予期しなくとも，その影響を何らかの形で受ける可能性がある。また，個々の政策によって誰の利害が影響されるかは，意思決定が行われた後でしか知り得ないことがある（Goodin 2008: 138; Whelan 1983: 17）。よって，グッディンによれば，参政権の有無は，影響を受ける かも しれない（all possibly affected interests）という原理によって画定せざるを得ない。民主的参加資格を最も良く基礎づける原理を利害への影響であるとするグッディンは，結果として原理的には，「あらゆる問題に関するあらゆる決定によって影響される利害」を考慮せざるを得ず，「全ての人々に，世界中のあらゆる事柄に対して参政権を与えるべきである」と結論付ける（Goodin 2008: 141）。

　このように，利害への影響によって民主的参加資格を根拠づけようとするのであれば，有権者の輪郭は常に拡大・変容し，結局のところ政治的正統性と自己統治が可能な政治共同体としてのデモスを特定することができない。よって，ただ政策に影響されるという事実だけでは，ウェーランが主張したように，民主的原理によってデモスの構成を特定することはできず，歴史的闘争の帰結や領土，ナショナリティといった民主的原理から独立した原理によって，誰がデモスを構成するのかが事前に決定されていなければならないという結論に舞い戻ってしまう。

　以上の理由から，デモスの境界を利害への影響によって規定することは困難である。とはいえ，恣意的な——すなわち民主的原理から独立した——民主主義の境界には依然として問題が残り，民主的正統性と自己統治

の観点から民主的参加資格の規範的根拠を提示することが求められる。以下では、利害への影響に代わる民主的参加資格の条件として、社会的協働における人々の互恵的な関係性に注目する。このために、ジョン・ロールズの正義論において展開される社会的協働のシステム (system of social cooperation) の概念に依拠しつつ、政策による利害への影響ではなく、社会的協働における人々の互恵性 (reciprocity) に民主的参加資格の条件を導き出すことができるかどうかについて検討してみたい。

5. 社会的協働と分配的正義

　これまで社会的協働の枠組みは、特にグローバル・ジャスティス論において、ロールズの格差原理が特定の閉ざされた政治共同体に属する人々に限って適合するのか、国籍にとらわれず、全世界の人々に適合するのかという論争において用いられてきた[6]。こうした論争において、分配的正義が問題となるのは、社会的協働が成立している場合であると主張されている。というのも、ロールズの正義の原理は、社会的協働が存在する上で、その利益と負担をいかに公正に分配するかが問題となるからである。現在の世界において、こうした社会的協働関係は、閉ざされた政治共同体としての国民国家にのみ存在するのか、それともグローバルな正義を基礎づけるグローバルな社会的協働のシステムが成立しているのか、という経験的な問題も議論されてきた[7]。しかし、ここで問題にしたいのは、分配的正義を基礎づける社会的協働の関係が、国民国家を超えて成立し得るかどうかという問題ではなく、社会的協働の関係が分配的正義のみならず、民主的な参加資格をも基礎づけることができるかということである。このために、まず社会的協働の内実を整理し、それが如何に分配的正義を基礎づけているかを見ていきたい。

　社会的協働の関係とは、それにかかわる人々に対して共通の利益を生み出す持続的で組織的な関係である。人々の協働には多様な形があり得るが、ロールズによる「社会的協働」は、特定の条件を満たすものでなければならない。第一に、個々人が自発的にかかわる関係であり、強制的に強いられる関係や活動ではないこと。第二に、単に効率目的のために組織される関係ではなく、個々人がその関係に携わることによって自らの利益や善が促進されることを自覚していること。第三に、関係者が正義の感覚 (sense of justice）を有しているという意味で道徳的規範を内在していること，がそれである（Rawls 1993: §3.2; 2001: §2.2）。つまり，社会的協働は，外的に強制された目的を達成するための効率的手段ではなく，公的な規範によって統制された協働関係として理解することができる。社会的協働に携わる人々は，それが自らの利益や善を促進するという認識の上で，協働の条件を自覚的に受け入れ，その中で自分に与えられた義務を果たそうとする互恵性の道徳的感覚を有している。

社会的協働のもっともわかりやすい例として，雇用や商業取引のような，生産，取引，消費を含む経済的関係があり，またそうした活動を支えている法制度，政治制度の維持が挙げられる。社会的協働とは，「社会の主要な政治的・社会的諸制度を相互に適合」させ，「その枠内で諸々の結社や個人の活動が行われる背景的な社会的枠組み」（Rawls 2001: §4.1）を構成する社会の基本構造（basic structure）に基づいた協働である。社会の基本構造を構成する基本制度には，「独立した司法部を持つ政体，法的に承認された財産形態，経済構造（例えば，生産手段における私有財産を伴う競争的市場システム），並びに，何らかの形態の家族」（Rawls 2001: §4.1）が含まれる。このような基本構造を維持するには，人々の協働が不可欠であり，個々人はそれらの維持と発展の負担を背負うと同時に，それらから様々な利益を得ている。人々が共有する「背景的な社会的枠組み」は，他者との関係や，個々人の人生設計を左右する重要な役割を担っているのであり，このような基本構造が存在しなければ，経済的利益を生み出す経済活動も，子供を育て，教育することで社会の持続的な再生産を可能とすることも不可能である。よって，社会の基本構造をめぐる社会的協働は，個々人がそれに携わることによって自らの利益が促進されることを自覚することができ，だからこそ，その維持と発展において他の関係者と互恵的な関係にあるという公的な正義の感覚によって統制された協働関係である。

以上のような社会的協働の関係は，分配的正義の枠組みであると考えられている。社会的協働における互恵的な関係がそれに関わる人々の共通の利益を生むのであれば，個々人を自由で平等な存在として認める社会において，その協働による余剰（cooperative surplus）としての社会的・経済的利益は，個々人を道徳的に平等な存在として認める形で分配されなければならない。こうした分配的正義は，必ずしも量的に平等な分配を意味する

わけではないが，あらゆる不平等は道徳的に平等とされる人々に受け入れ可能な理由によって正当化されなければならない。つまり，その分配にあたって，道徳的に恣意的な理由による不平等は許されないのである。ロールズを始め，リベラルな政治哲学者は，道徳的に恣意的な要素を排除する分配の原理が何であり，それをいかに導き出すかについて知恵を絞ってきた[8]。このように，人々に受け入れ可能な正義の原理の具体的内実については論争が絶えないが，リベラルな理念に忠実な社会においては，個々人を自由で平等な存在として認めるという原則に忠実な分配の原理が要求される。

　ロールズによれば，人々に受け入れ可能な正義の原理は，個々の社会における基本構造に依拠している[9]。そのもっとも主要な理由は，民主的社会において社会的協働関係を統制する正義の原理は，公的に受け入れ可能でなければならないからである。自己統治に参与する自由で平等な個人は，自らの社会における協働の条件を知っている上で，それを道理的に納得できるものとして受け入れていなければならない。正義の原理は，個々人が諸々の社会制度に対して何を要求できるかについて民主的に正当化するための指針としての役割を持つからである（Rawls 2001: §9.2）。正義に適った政治制度や政策に関して人々の間で論争が避けられない以上，それらを公的な正義の原理と照らし合わせて正当化する政治的プロセスが不可欠である（Cf. Christiano 1996; Gutmann and Thompson 1996）。もしも人々が正義の原理に関して無知であったり，納得できなかったりすれば，それに基づいて政策を公的に正当化することはできず，個々人の政治的自律は成立しない（Freeman 2007）。正義の原理が公的に受け入れ可能であるということは，政治制度や政策に対する公的な熟議と正当化を可能とするという点において，民主的社会の条件でもある（Rawls 2001: §9.1）。よって，ロールズの理論における正義の原理は，民主的社会を前提にしており，それと密接に結びついている。

　以上の議論によれば，社会的協働は分配的正義の枠組みであると同時に，民主的発言権の枠組みでもあると考えられる。もしも協働の利益の創出に互恵的に参与している人々が，自らの協働とその利益の分配の条件に対して政治的に正当化するプロセスから排除されるとすれば，それは互恵性にもとづく正義の原理を損なうものであるといえないだろうか。正義の原理

と照らし合わせて政治制度や政策を正当化する民主的権利は，共通の社会制度による協働の利益と負担の分配に関わる社会正義の要求でもあると考えられる。

　これまで，多くの論者は，社会的協働の関係を分配的正義の枠組みとして捉えてきた。個々人による自発的で互恵的な協働によって共通の利益が生じるのであれば，その協働による利益と負担は，個々人を自由で平等な存在として認める形で分配されなければならない。これまでの議論から導き出せることは，社会的協働に平等に携わっているならば，社会の基本制度による公正な分配の結果だけでなく，正義の原理と照らし合わせて何が正義に適った政治制度・政策であるかについて決定すること自体も社会正義の問題として考慮されなければならないということである。要約すれば，社会正義を貫徹させるためには，社会的協働に携わる人々は，分配的正義の結果を享受するだけでなく，公的な正義の原理と整合性ある制度や政策を政治的に正当化することからも排除されてはならない。

6．互恵性と民主的参加資格

　以下では，前節における議論が正しいとすれば，社会的協働が民主的参加資格の境界を有意に規定することができるかどうかを検討してみたい。

　社会的協働は，他の関係者と協働の利益と負担を互恵的に担う関係である。互恵的な関係にあるということは，個々人が平等な道徳的重みを有しているという理解の下で，一人ひとりのインプットに対してそれ相応の対価が支払われるべきであるということを，他の協働者が受け入れているような関係である。たとえば，友人三人でキャンプに行ったとする。一人がキャンプ場を整え，一人が食事の用意をし，一人が後片付けをするという役割を担い，三人が共通の利益としてキャンプを楽しむことができたとしよう。この場合，三人の間で何らかの互恵性が成立していると考えられる。逆に，一人がこれら全ての負担を担い，残りの二人は，食事の用意も後片付けもせずにただキャンプを楽しむという利益を享受したとすれば，そこに互恵的な関係は成立していないと考えられる。もちろん，現実には——特に友人同士の間で——このように共通の利益に対するインプットの対価が何であり，それらをどのように負担するかについて正確に計算できるわけでも，過度にそうしようとするべきであるわけでもない。しかし，それ

にもかかわらず，わたしたちは多くの場合，共に利益を享受する人々の間で何が互恵性に適っていて，何がそうでないかについて感覚的に理解しているのである。

さらに，共にキャンプを楽しむという共通の利益を享受する三人の間で，その協働の利益と負担をどのように分担するかについて，互いに納得できる仕方で取り決めを行う資格があるのは，本人たち自身であると考えられる。彼らは，その協働において互いに互恵的な関係にあるからこそ，協働のルールに対して発言権を有していると考えられるからである。これに対して，隣でキャンプをしている別のグループBは，この三人Aのキャンプによって利害への影響を受けることがあるかもしれない。たとえば，三人の一人が全く協力しなかったにもかかわらず，カレーの大半を一人で食べきってしまったことにより喧嘩が始まったとする。三人の大声によって，Bは迷惑を被るかもしれない。Bは，Aを注意したり，批判したりするなど，何らかの形で発言することは認められるだろう。しかし，迷惑を被るということによってAの協働関係をどう統制するかについて発言する資格が生じるとは必ずしも考えられない10。影響されるということは，民主的な権利，あるいは発言権が生じるということとは別問題の場合がある。というのも，互いの関係に関する取り決めを行う民主的権利は，共通の利益を目指す互恵的な関係性において生じると考えられるからである。要するに，民主的な権利とは，社会的協働における正義の問題——つまり，自分の分相応を受け取ること（getting one's due）——として理解することができる。

翻せば，社会の基本構造の維持と発展に協働的に携わっている人々に対しては，その利益と負担が正当に，すなわち彼らにとって道理的に受け入れ可能な仕方で，分配されなければならず，彼らに対してこそ，その分配の方法について正当性を与える民主的権利が付与されるべきであると考えられる。何が利益と負担の正当な分配の仕方であるかについて個々人の間で論争がある以上，それを政治的に正当化する民主的プロセスから協働に携わる者を排除することは，互恵的な規範に基づく彼らの正当な権利を損なうことである。よって，互恵的な社会的協働関係にあるかどうかに民主的参政権の規範的根拠のひとつを求めることが可能となるのではないだろうか。

この試みは，法的市民権やナショナリティといった属性，あるいは利害

への影響に民主的参加資格の根拠を求めることに対して，いくつかのメリットがある。第一に，法的地位としてのシティズンシップやナショナリティそれ自体には民主的参加資格を正当化する実質的な規範的根拠が欠如している。求められるのは，シティズンシップやナショナリティがどうして民主主義の境界を規定するのに適しているかという理由である[11]。これに対して，これまでの議論によれば，現実のシティズンシップやナショナリティが民主的境界を規定しているとしても，それを正当化しているのは，社会の基本構造を通じた互恵的な関係における正義の問題として説明することができる。

　第二に，民主的参加資格を社会的協働への参与に求めた場合，他者の自由を制約する自らの政治的権利を他者に対して正当化することができる。わたしたちは，様々な仕方で政策によって利害への影響を受ける。しかし，だからといって必然的にそれらの意思形成プロセスに対する発言権が生じるわけではない。先のキャンプの例をとってみれば，三人組の隣でキャンプをしている人は，三人の騒ぎに対して注意や批判をすることができたとしても，三人の間の協働のルールに対して発言する権利があるかどうかは明確ではない。なぜなら，その人は，三人の間の協働に参与していないからである。利害への影響に対して，社会的協働による共通利益の創出に参与している人々の間では，政治的発言権は，公的な互恵性を受け入れている人々の間の正義の問題として正当化することができる。この場合，平等な民主的権利は，単なるおせっかいではなく，協働の利益と負担に対する正当な権利の要求として理解することができる。このように，互恵的な社会的協働を基盤とする民主的参加資格は，政治的属性，また影響原理に基づく参加資格に対してより有意に参加資格を正当化することができるのではないか。

　その一方で，いくつかの難題がある。ここで予想される批判のすべてを取り扱うことはできないが，もっとも重要な批判の一つは，社会の基本構造を通じた互恵性の対価としての参政権は，社会的に有用でないとみなされる人々を排除してしまいかねないということである。これは，利害への影響ではなく，互恵性に民主的参加資格を求めることに対する重要な批判である。互恵性に参与しない，またはできない人々の内には，十分な経済的・社会的財を持たない社会的弱者，あるいは文化的・宗教的理由によっ

て一部の協働への参与を意図的に拒否する人々が考えられる。社会的協働に参加資格を求めるのであれば，こうした人々に対して民主的参政権は付与されるべきではないのだろうか。歴史的には，参政権の目的はそもそも社会的弱者，あるいは少数者に発言権を与え，より平等な社会正義を実現するためにこそあったのではないか。ここで問題となるのは，ロールズにおける社会的協働は，自由で平等な個々人による公正な社会的協働であるということである。もしもある人々が，経済的・社会的地位，あるいは個人的信条を含む道徳的に恣意的な理由[12]によって互恵的な協働から排除されているとすれば，人々を自由で平等な存在として認めるという原則が損なわれていることになる。キャンプにおける協働の例も平等な友人関係を想定しているように，互恵的な社会的協働は，自由で平等な個々人による自発的な協働を想定しており，正義の原理はその第一原理が保証する平等な自由の背景的枠組みが成立している関係において妥当する（Rawls 1971: §11; 2001: §13.1-13.5）。よって，互恵的な協働の条件として，道徳的に恣意的な要素による排除や不当な格差は是正されなければならない。まず，そうした条件が成立した上で，互恵的な社会的協働は初めて政治的権利の規範的根拠となり得ると考えられる。

　上記の問題は，互恵的な協働関係に基づく民主的境界に対してさらなる困難をつきつける。というのも，もしも社会的協働がすでに個々人の間の自由で平等な関係を想定しているのであれば，事前に民主的境界が規定されており，その上で正義の原理が適用されることになるのではないか。つまり，民主的権利の境界は，互恵性によって画定されるのではなく，歴史的に形成された偶有的な境界を前提としているのではないか。たしかに，互恵的な規範がすでにたがいに自由で平等であることを認め合っている人々に対して適用されるのであれば，事前に存在する関係を想定しているように思われる。しかし，このことは，言い換えれば，個々人を自由で平等であると認める社会においては，互恵性の原理によって協働の利益と負担が，個々人を自由で平等であると認める仕方で分配されなければならないということを意味している。もしも協働に参与している人々を互恵的な正義の原理から排除するとすれば，個々人を自由で平等な存在として認めるという自らのコミットメントに反することになる。よって，「互恵性は，平等な政治的権利の範囲を画定する」という主張を次のように修正すること

ができる。すなわち,「個々人を自由で平等であると認めるならば,互恵的な協働関係は分配的正義と政治的発言権を規範的に根拠付ける」。互恵性は,個々人の自由と平等が前提とされた上で,誰に政治参加資格があり,誰にないかを見定める指針となると考えられないだろうか。

このことを検討するために,冒頭でも触れた民主的社会における在住外国人の権利を極簡単に取り上げたい。ここでは,国内で長年,あるいは幾世代にも渡って在住してきた永住外国人の政治的権利に限定して見ていくことにする[13]。こうした永住外国人は,市民と同様に国家の制度と政策に制約され,納税や法を順守することでそれらを支える義務を負っている。さらに,国内で働き,生活することで経済的,社会的,文化的に受入れ社会に貢献し,場合によっては子供を育て,教育することで社会の再生産にも参与している。こうした人々を,国籍が違うという理由で諸々の権利から排除することは,正義に適っているといえるだろうか。もしも受け入れ国が個々人を自由で平等な存在として認めるという道徳原理にもとづく民主的社会であるならば,社会全体の利益をもたらす社会的協働に参与する人々に対して,少なくともそうした協働に伴う政治的権利を与えないことは,互恵性の原理に反するように思われる[14]。旅行者や短期滞在者,または隣国の市民が政策によって影響を被ることは,必ずしも民主的権利の根拠にはならない。しかし,個々人の自由と平等を前提とするならば,互恵性の原理は,法的市民であるかないかに関わらず,人々の政治的発言権をより有意に正当化できるのではないだろうか。

7. おわりに

本稿では,従来民主主義の境界として前提とされてきた法的市民権やナショナリティといった属性にもとづく政治参加資格を批判的に問い直し,民主的原理に内在的な政治的権利の根拠を探ろうとしてきた。その上で,利害への影響原理をその実践可能性,および自らの政治権力行使を他者に対してどのように正当化し得るかという視点から考察し,その問題性を指摘した。さらに,影響原理に代わり,互恵的な規範にもとづく社会的協働が,この課題への応答となり得るかどうかを検討してきた。

互恵性にもとづく民主的権利の問題点を検討する上で,互恵性そのものが平等な政治的権利を根拠づけるのではなく,個々人が自由で平等である

という公正な社会的協働の規範が共有されているうえで，互恵性が平等な権利の根拠となることが明らかになった。互恵的な原理にもとづく社会的協働が成立するためには，まず人々の間の平等な自由の原理（ロールズの正義の第一原理）が実現されなければならない。互恵性が平等な権利の根拠となるのは，まず人々の間の平等な自由が保証されてからである。しかし，社会的協働がすでに人々の間の平等を想定していることは，民主的権利の境界が事前に画定されていることを意味するとは限らない。互恵的な関係が存在するならば，それによって民主主義の境界は変容可能である。現在，民主的参加資格は国民国家への法的な帰属が前提とされている。しかし，本稿の議論によれば，個々人の平等な自由を認める民主的社会において互恵的な社会的協働に参与する人々の政治的権利の主張は，道徳的重みを有していると考えられる。

> 【謝辞】　本稿は，日本政治学会2010年度研究大会において報告した草稿をもとにしている。有益なコメントをくださった分科会関係者の先生方にお礼申し上げる。また，草稿段階・修正にあたっては，匿名査読者の先生方および大澤津氏，蛭田圭氏に有意義なコメントをいただいた。記して感謝の念を表したい。

（1）　ダールは，例えば南アフリカで多数者である黒人に民主的権利がない中，少数の支配者の間で民主的平等があれば南アフリカは「民主的」であるといえるのか，という例を用いて民主的原理と民主主義の境界が無関係でないことを主張している（Dahl 1979: 111-12）。
（2）　影響原理を取り扱う議論には，Dahl (1970), Arrhenius (2005), Goodin (2008), などがある。
（3）　近似的であるというのは，国境内部に影響を受けない人々がいる場合があるという意味でover-inclusiveの場合と，影響されるが参加資格がない者もいるという意味でunder-inclusiveの場合があるため（Goodin 2008）。
（4）　それ故，Arneson (2003) は，民主主義は人々の基本的権利を擁護する場合にのみ正当化されるという帰結主義的立場を取る。
（5）　おせっかいな選好（nosy preference）については，Goodin (2008), Christiano (1996) を参照。
（6）　グローバルな社会的協働のシステムが存在し，格差原理が全世界的に適用されるべきであると唱える立場は，Beitz (1972), Pogge (1994), Tan (2004) を参照。

（7）　グローバルな社会的協働システムが存在すると主張する立場として，Buchanan (2000), Held (1999) などがある。その反対論としては，Kymlicka (2001), Miller (2007) を参照。ロールズ自身の立場は，分配的正義が適合する社会的協働の関係は，社会の基本構造を共有する閉ざされた政治共同体における特定の人々の間で成立するものであるから，全世界規模の分配的正義は成立し得ないというものである（Freeman 2007; Rawls 1999）。
（8）　例えば，ロールズとノージックによる論争。
（9）　ロールズが，分配的正義が全世界の人々に適合し得るものではなく，それぞれの社会に独自の社会的協働の関係を基盤とする個々の政治共同体において適合すると主張したのは，このためである。すなわち，分配的正義の判断基準は，個々の社会の基本構造に依拠しているのであり，それぞれの社会における個々人に対して何が正義に適った「分相応」であるかについては，彼らが携わっている社会における諸々の基本制度（basic institutions）についての知識なくして判断することはできない（Freeman 2007: 260）。
（10）　ただし，Aによる被害が著しい場合（B国民の人権が侵害されるなど），BはAに対して道徳的責任を追求することができる。つまり，AとBの間には，互いの権利を侵害してはならないという正義の義務が存在しており，これが損なわれた場合，BはAに対して道徳的責任を追求することができると考えられる。しかし，このことは，民主的権利の問題ではない。民主的発言権は，社会的協働をめぐる発言権であるため，互いの権利を侵害しないという義務を越えて，社会的協働の関係における正義を統制するための権利であると考えられる。
（11）　ナショナリティをベースにした属性には社会学的・歴史学的な根拠は認められ，民主主義の現実の運用においても有効であるかどうかについては，経験的知識にもとづく実証研究が必要である。さらに，ロールズやミラーは，歴史や伝統の中で培われてきた政治文化の共有が民主的熟議や正当化，社会正義の基盤としての役割を持つことを強調してきた（Miller 1997, 施 2009参照）。本稿の議論は，民主主義や社会正義における政治文化の重要性を否定するものではない。しかし，そうした文化や感覚の共有が民主主義や社会正義の運用と実現を重要な仕方で支えるとしても，民主的権利や正義を規範的に正当化するのは文化の共有と異なる政治的原理に求めるべきであると考えられる（Benhabib 2004 参照）。
（12）　ここでいう恣意的な理由とは，自由で平等な人々に対して不平等を正当化できないような要因のことをいう。たとえば，深刻な犯罪を犯した故に一定期間協働に参与することができないのと，生まれつきの経済的不遇によって参与することができないのとでは，前者は一定の不平等を正当化

するのに道徳的に有意な理由であり，後者は恣意的な理由であると考えることができる。
(13) 永住外国人の政治的権利については，別稿（遠藤 2011予定）で取り上げている。
(14) 多くの政治理論家の間で，同じ領土内に長期的・永続的に市民に適合する平等な諸権利から排除される人々が存在することは，個々人を自由で平等な存在として認めるリベラルな原理にも，民主的な正統性や自治（self-government）の原理にも反するという合意が得られている（Miller 2008; Walzer 1983; Carens 2008; Benhabib 2004 など参照）。

参考文献

Richard Arneson, 'Democratic Rights at the National Level', in *Philosophy and Democracy* (Oxford University Press, 2003).

Gustaf Arrhenius, 'The Boundary Problem of Democracy', in Folke Tersman (ed.), *Democracy Unbound: Basic Explorations I* (Stockholm: Filosofiska Institutionene, Stockholms Universitet, 2005), 14-29.

Charles Beitz, *Political Theory and International Relations* (Princeton University Press, 1972).

Seyla Benhabib, *The Rights of Others: Aliens, Residents and Citizens* (Cambridge University Press, 2004).（向山恭一訳『他者の権利』法政大学出版局，2006年。）

Allan Buchanan, 'Rawls's Law of Peoples', *Ethics* 110 (2000), 669-696.

Joseph Carens, 'Live-in Domestics, Seasonal Workers, and Others Hard to Locate on the Map of Democracy,' *The Journal of Political Philosophy*, 16:4 (2008), 419-445.

Thomas Christiano, *The Rule of the Many* (Westview Press, 1996).

Thomas Christiano, *The Constitution of Equality* (Oxford University Press, 2008).

Robert Dahl, *After the Revolution? Authority in a Good Society* (Yale University Press, 1970).

Robert Dahl, 'Procedural Democracy', in P. Laslett and J. S. Fishkin eds. *Philosophy, Politics and Society* (Blackwell, 1979).

Samuel Freeman, 'The Law of Peoples, Social Cooperation, Human Rights, and Distributive Justice', in *Justice and the Social Contract – Essays on Rawlsian Political Philosophy* (Oxford University Press, 2007), 259-295.

Robert Goodin, *Innovating Democracy* (Oxford University Press, 2008).

David Held, 'The transformation of political community: rethinking democracy in the context of globalization', in Ian Shapiro and Casiano Hacker-Cordon eds., *Democracy's Edges* (Cambridge University Press, 1999), 84-111.

Will Kymlicka, *Politics in the Vernacular* (Oxford University Press, 2001).

David Miller, *On Nationality* (Oxford University Press, 1997).（富沢克・長谷川一年，施光恒，竹島博之訳『ナショナリティについて』風行社，2007年。）

David Miller, *National Responsibility and Global Justice* (Oxford University Press, 2007).

David Miller, 'Immigrants, Nations, and Citizenship', *Journal of Political Philosophy*, 16:4 (2008), 371-390.

Thomas Pogge, 'An Egalitarian Law of Peoples', *Philosophy and Public Affairs*, 23:3 (1994), 195-224.

John Rawls, *Justice as Fairness – A Restatement*, Erin Kelly ed., (Harvard University Press, 2001).（田中成明，亀本洋，平井亮輔訳『公正としての正義―再説』岩波書店，2004年。）

John Rawls, *Political Liberalism* (Columbia University Press, 1993).

John Rawls, *The Law of Peoples* (Harvard University Press, 1999).

Sarah Song, 'Democracy and noncitizen voting rights', *Citizenship Studies*, 13:6 (2009), 607-620.

Kok-Chor Tan, *Justice Without Borders* (Cambridge University Press: 2004).

Frederick G. Whelan, 'Democratic Theory and the Boundary Problem', in J. R. Pennock and J.W. Pennock eds., *Nomos XXV: Liberal Democracy* (New York University Press, 1983), 13-47.

Michael Walzer, *Spheres of Justice* (Basic Books: 1983).（山口晃訳『正義の領分：多元性と平等の擁護』而立書房，1999年。）

遠藤知子「永住外国人の参政権」（仮題）井上彰，宇野重規，山崎望編『実践する政治哲学』ナカニシヤ出版（2011年予定。）

施光恒「リベラル・デモクラシーとナショナリティ」施光恒・黒宮一太編『ナショナリズムの政治学』ナカニシヤ出版，2009年，66-86頁。

「主権者」についての概念分析

―現代主権論の展開と特質―

鵜飼健史[*]

はじめに

　冷戦終結後の政治学が再発見したテーマのひとつに，主権論を挙げることができる。いうまでもなく，この傾向には，主権が絶えず問題化されているという世界政治の現状が色濃く反映されている。1980年代以降に顕在化するグローバリゼーションの進展は，国境線を基礎づけていた主権に対する認識を先鋭化させ，ときとして主権国家の枠組みの強化を主張する政治勢力の台頭をうながしてきた。他方で，地域統合や地方自治の気運の高まりを背景として，政治共同体に対する認識が複層化し，どのレベルに最終的な決定権が存在しているのかが重要な問題となってきた。現代日本においては，東アジア共同体構想がにわかに注目を集め，「地域主権」や「消費者主権」という新しい言葉が政治用語に加わった。このような多元化した主権観は，たしかに必ずしも厳密に学問的な主権概念に依拠したものではないものの，一元的で絶対的な主権観が徐々に相対化されている傾向を語っているともいえよう。要約的に述べれば，主権が危機に瀕しているとされる状況下において，主権が脚光を浴びようとしているのである。

　近年再生した主権についての研究は，問題意識，研究手法，現状認識，主権概念の内実などの点で，多様な展開をみせている。欧米圏を中心としたこの広がりを念頭に置いた場合，特筆すべきは，日本政治学の研究動向における，その関心の相対的な低調さである。この点は日本の置かれた地政学的な現状と深く関係していると予想されるものの，その分析は本稿の課題と射程から大きく逸脱する。ただし，本稿が，主権が議論されうる領

---

[*] 日本学術振興会特別研究員　政治理論

野を明確化することを通じて，主権論が展開される可能性の拡大に寄与すると期待される。

　本稿の課題は，主権の概念的理解を直接的な目的とした現代主権論において，主権者に関する議論が不在である理由を，主権者概念の分析により明らかにすることである。たしかに主権者は，法によって規定されているという意味で法的な概念である。つまり，主権者は具体的な人間を実体として想定しながら，法によって法的主体としての性質を与えられた人格である。本稿の関心は，後者の次元における主権者のあり方にある。本稿は，主権者の存在（主権者とは誰か）ではなく，主権者の存在論（主権者とは何か）についての理論的な考察を深めたいと考えている1。本稿の目的は，主権や主権者についての新たな定義をもたらすことや，政治主体一般の特徴を分析することではない。むしろ，現代政治理論で論じられてきた主権者の存在論を言説的に再構成することで，主権者の概念的特質に論及することである。この目的は，主権者の不在という事態について，理論的な説明を与えてくれることになるだろう。本稿は，「主権者」が現実の権力関係にその意味を委ねており，政治過程を通じて変更可能であり，それには終焉がないという，この概念が有する政治性に注目する。そしてこのような主権者概念の政治性が，主権者の不在と関係していると考えている。

　以下で使用されるいくつかの言葉の意味を限定しておくことで，本稿の射程を明確にしておきたい。本稿では，中心的な分析対象となる主権者を，公的な決定の最終的な根拠となる主権を司る主体と認識する。また，政治を公的な決定をもたらすような集合的な実践とするとともに，政治過程を決定の内実を規定しそれを公的なものとして確定する制度として理解している。そして，本稿のみならず現代主権論が前提として受け入れている人民主権論を，具体的な制度というよりも，主権主体が権力と接続する言説的な形式と考えている。くりかえすが，本稿の関心は，具象的な存在というよりも，それに意味と解釈を与えるような理論的な存在論にある。

　以下の展開についてふれておこう。第1節では，主要な現代主権論の考察を行い，それらが主権権力を構成する主体としての主権者論が不在である点を共通の特質としていることについて論及する。第2節は，主権者をめぐって，普遍主義的な人民と特殊主義的な国民のズレが存在しており，この二面性が現代政治理論が主権者を論じる際の主要な争点となっている

ことを確認する。そして，第3節では，主権者概念がもつ可能性に留意しながら，その特質を明確にしたい。

1　現代主権論のふたつの傾向——本稿との関連において

90年代より主権の再考を冠した論文集の出版が英語圏で目立ってきている。これら論集では，国家，ヨーロッパ，ナショナル・アイデンティティ，暴力，国際法，市民権，あるいは移民などのテーマとの関連において，主権の概念的な特質が議論されている。この意味において，主権は広義の政治社会の変容のなかに読み込まれる存在となってきた。本節では，政治学分野に限定して主権論の展開を整理するとともに，主権者論の不在を指摘することで，問題の所在を明らかにする。

新たな主権論の展開をおおまかに区分するなら，ふたつの方向性が指摘できる。第一に，主権が定式化されたとみなされる公的組織——基本的には主権国家——の変容に注目した，いわば制度論的レベルでの分析である。この分析の対象は，たとえば，EUやNATOなどの既存の主権国家の枠組みを超える地域共同体および国際機関の台頭や，唯一の超大国と冠されるアメリカ合衆国の軍事力をともなう対外的なプレゼンスが与える，ある主権国家の制度改革への影響などである。この分析が，主権論の再生をもたらした主要な駆動因であり，先行研究の枚挙には暇がない。そのうちのひとつとして，デイヴィッド・ヘルドは，民主主義と人権を共通の規範とする国際的な政治の場の増加を前にして，個々の主権国家はもはや無制限の権力を行使することはできないと指摘する (Held 2002: 17)。もちろん，彼は主権国家体制そのものが破壊されたと診断しているわけではない。このような国家主権が相対化される現状を前にして，ヘルドはコスモポリタン的主権の可能性に展望を示す。その主権は，コスモポリタン的な法によってつくられた公的な権威のネットワーク化された領域を形成する。もはや主権は固定的な国境線を前提とせず，また国家は複層化したレジームのひとつの単位となる (Held 2002: 32-3)。サスキア・サッセンの表現を用いれば，グローバリゼーションの展開は，「主権の一元的な時空間概念とその国民国家のなかでの排他的な制度的配置」が「歴史的に特殊である」ことを明らかにした（サッセン 1999：11）。もはや主権を国家の排他的な所有物として想定することはできず，主権が他の公的組織と結びつく可能性が考え

第二に，法の外部にありつつ法の内部を規制するという，ウィリアム・コノリーの言葉に従えば「主権のパラドクス」（Connolly 2004）を自覚した上で，主権権力の行使を言説的に論じる機能論的レベルの分析がある。この分析の多くは，カール・シュミットやジョルジョ・アガンベンらの主権論を前提とし，例外状態をつくるものとして主権を認識している。そして，主体化のメカニズムと形容されるような，権利を定義し実現する行為，およびその裏面に固着したその過程を限定し否定する行為を，主権の機能として理解する。この主権論の方向性は，現代思想や社会思想史などの分野から派生し，近年では政治理論分野に顕著に影響を与えはじめている。主要な先行研究の一例としては，ジェニー・エドキンスらが編集した『主権的生』（Edkins et al. 2004）を指摘することができる。同書では，制度としての主権国家から機能としての主権権力への主権論のテーマ変更が企図された（Edkins et al. 2004: 3）。

　これら政治理論における主権論のふたつの議論の方向性は，主権の対外的性質と対内的性質という古典的な区別におおよそ対応している。近代史において，ある主権国家の政治的な決定は，国力の相違にかかわらず，他の国家のそれと等しく最終的なものとみなされてきた。制度論的レベルでの分析は，このような対外的主権の平等性に依拠した主権国家体制の原理が，現在どのように維持され，あるいは変更されているかを考察するものである。これに対して，主権の機能論的レベルの分析は，特定の政治共同体の内部で，あらゆる政治過程に先立つ至高なものとして承認された主権が，具体的にどのように作用しているのかを分析するものである。ふたつのアプローチは，たしかに主権を理解する次元において異なっているものの，冷戦終結以降の国際政治上の展開が主権国家の既存の枠組みを掘り崩すものであるとみなす点では一致している。そのため，今日公的組織や単位を論じることは，主権の分析を明確な目的として表明するか否かにかかわらず，主権を再考察するという課題と直結することになったといえよう。

　両者のアプローチの相違について，より厳密に考えてみたい。最大の相違は主権そのものの認識にある。主権の制度論では，しばしば主権が国家の権利あるいは資格として一元的に存在すると仮定した上で，その枠組みの変化に関心が集中している。この場合，もはや主権は政治権力が従うべ

き本質主義的な規範の体系ではない。既存の解釈に対抗して，現在の主権の制度論は，主権概念を国家あるいは特定の公的組織の根源的な権威についての可変的な表現あるいはイメージであるとみなす (Walker 2003: 4; Sofaer et al. 2001: 45)[2]。さらには，ジョン・ホフマンが強調するように，主権と国家を不可分なものとして結びつける思考そのものにも，動揺がみられる (Hoffman 1997)。ニール・ウォーカーは，グローバリゼーションが進展したポスト・ウェストファリア段階において，主権はもはや不可侵のメタ言語ではなくなったという (Walker 2003: 10)。主権国家の世界政治における位置づけの変化は，必然的に国家主権が意味するものの変更をもたらすのである。主権の制度論は，政治共同体の流動化と複層化のなかに，主権のあり方の変化を論じている。

これに対し，主権の機能論では，主権は動的な権力として存在し，それが現実政治のさまざまな状況に登場する個別の事例に着目している。その背景には権力論の理論的な転換がある。主権の機能論が立脚するのは，何かに所有されるような道具ではなく，主体を生産する作用としての権力観である。それは，制度論が維持する垂直的で中心的な権力観を批判し，主権権力の分散した現われに注目することになる。この場合，主体はある特定の社会的あるいは象徴的な秩序との関係において構築される。そして，エドキンスらによれば，近代におけるそのような秩序のひとつとして，主権が機能している。主権は，対立を隠蔽したり，特定の主体を意味づけたり，暴力の意味をまったく違ったものにする (Edkins et al. 1999: 6-7)。つまり，主権は政治における価値づけという場に現われ，より限定的にいえば，主体化の作用にこそ見出されるのである。このような主権論は，主体をめぐる生と死，あるいは味方と敵を分かつ境界を分析することで，多元化した主権の論理を明らかにしようとしている。

以上を要約すると，主権の制度論的レベルおよび機能論的レベルの分析は，公的組織の変容および主権権力の作用に注目することで，主権を変更不可能な国家の規範と想定してきた既存の主権観を批判し，その動的で可変的な性質をそれぞれ相補的に明らかにしてきたということができるだろう。ただし，それらが固有の障害を抱えている点は，あわせて指摘されなければならない。たとえば，制度論は主権を規範のレベルに留めることによって，現在世界を覆っているポピュリズムによる主権への意志を，実効

的に説明することに失敗している。主権という観念，あるいは主権者というアイデンティティには，政治運動と結びつくような，価値創造的なまたはイデオロギー的な効果があることは，近代以降の政治史が明らかにするところである。この意味で，主権は具体的な権力作用との関係性を無視しては存在できないということができる。他方で，機能論は主権権力のあり方に光を当て，その作用に注意を喚起してきた。ただし，その主権権力もまた，あるひとつの境界線によって区切られた政治共同体に生起するものであり，当該の制度としての民主主義の様式に規定されているものである点は，指摘されなければならない。つまり，主権の機能論は，現実の領域的な民主主義との回路をあえて不問に付したまま，政治的な責任の問題ではなく，道義的な責任の問題として主権論を処理する傾向にある。この点について，本稿は，主権論を政治理論の課題に引き戻すという役割を果たすことになる。つまり，主権権力を担う主体としての「主権者」を論じていない点を，ふたつのアプローチは共通の特徴としている[3]。

たしかに，上述した主権論の機能論的レベルでの研究において，主体の身体はしばしば論じられるテーマである。たとえば，トーマス・B・ハンセンとフィン・ステップタットが編集した『主権的身体』(Hansen et al. 2005) は，領域性や国家権力に対する外的な承認から，人間の身体や人口に対する暴力の行使へと，主権権力に関する議論の論点が変化したことを主張する。しかし，このような研究では，主権権力が人間に与える形式と効果に議論が集中しており，逆に「主権者」が有する主権の構成的役割が看過されている。もちろん現代主権論が精力的に暴露してきた主権権力のもつ暴力性は無視しえない意義をもっているものの，この分析の方向性は，その担い手に着目することを否定するものではない。

かつて，主権を論じることは主権者を論じることであった。それは，初期近代の政治思想史が，一元的で至高の政治権力を正当化するために，それを担う人間のあり方に対して思索の多くを費やした点に反映されている。また，日本の思想史においてもっとも主権論が活発に議論された終戦直後では，焦眉の課題は主権者をどのように認識するかにあった[4]。戦後政治学においても，僥倖として突然付与された「国民主権」をいかにして既存の社会に嵌め込むかが，大きな問題関心となった。一例をあげれば，丸山眞男は1958年に発表された論文「『である』ことと『する』こと」のなかで，

「権利の上にねむる者」という言葉を用いて，主権者となった国民に不断の権利の行使を求めた（丸山 1961：155）。丸山の観点からすれば，主権者は国民であり，かれら非職業政治家による政治活動こそ，その実質をなしているのである。この能動的な国民運動としての主権者論は，論文「憲法第九条をめぐる若干の考察」では，戦争の惨禍を防ぐという主権者の自己決定に反映され，平和主義の主張と接続される（丸山 1982：39-41）。このささやかな参照においても明らかなように，かつての主権者論への高い関心に比べれば，現代主権論における主権者の不在は際立っている。

現代主権論は，主権の行使が主体にもたらす効果に関心を寄せるものの，構成されるものとしての主権という側面は看過してきた。次節以降では，その理由が主権者概念を分析することで明らかにされる。これまで展開してきた主権論の多くが語るように，主権そのものが消滅する状況がすぐに誕生するとは考えられない。私たちが何らかの政治的な単位を前提とするかぎり，その最終的な決定権の問題は付きまとうからである。だからこそ，主権者は問題として存在し続けることになる。主権者を分析することは，政治を考える上で，今後も避けることのできない課題である。

2　人民と国民の相違

主権者を主権論において論じる重要性がないという共通認識があるにもかかわらず，現実政治において，主権者という立場とアイデンティティが，いまなお大きな影響力と拘束力を有していることも事実である。本節では，この主権者の魔術的な現われについて，より綿密な分析を試みる。主権者はどのように理論化できるだろうか。主権者をめぐる人民と国民の理論的な相違に光を当てることで，概念としての主権者を考えたい。

主権者を考察する上でもっとも基礎的な区別は，主権者を「主権を生み出したもの」とするか，あるいは「主権を持っているもの」とするかの区別である。どちらの意味で主権者を論じるかによって，主権者概念の内実が変化する。

「主権を生み出したもの」という意味で主権者を認識する場合，主権者は個別の主権領域に先行し，それに限定されないような普遍的な存在である。主権者は普遍的に妥当する諸価値を自然において有しており，それを保全することが主権を生み出す目的となる。以下では，主権および主権と結び

ついた政治過程に理論的に先行し，それによって規定されない存在を人民と呼びたい。現代の主権国家の多くは，人民の意志に自らの主権の起源をもとめている。この場合，自然状態で認められた人間の普遍的な諸価値は人民が主権を作り出す最終的な根拠であり，主権にもとづく政治はこの目的によって規制されている。

　他方で，主権者を「主権を持っているもの」として認識した場合，主権者は主権を宿した公的組織の成立以後に存在している。すでに主権の存在が前提とされ，それが妥当する範囲によって主権者が画定されているからである。別言すれば，政治過程が主権者に先行している。この場合，主権者たる民衆は，政治的境界線の内側において存在するような国民として理解される。主権者を主権を持つものと理解したときには，主権者は脱領域的で普遍主義的な人民ではなく，すでに領域化された特殊主義的な国民として認識されるのである。主権者としての国民が政治権力の作用としての持続的な決定の対象とされるとき，この決定は同時に，国民とされない存在を生み出すことを意味する。

　以上の議論を要約すれば，人民と国民は，主権の存在とその領域性を基準として区別されるような，主権者の存在論上の性質として理解できる。たしかに，この主権者の存在論における二面性は，主権が至高でありながら独立した特定の領域であるという「主権の自律性」を説明している (Devenney 2002: 182)。主権者を政治過程に関して両義的な存在として想定することで，主権領域が有する超越的な至高性とその経験的な妥当性を同時に肯定することができる[5]。ただし，主権者をめぐる二面性がどのような理論的な関係性を有しているのかという点は，主権者概念の特質を描き出すうえで，より厳密に考察されなければならないだろう。以下では，この二面性を現代政治理論の展開の中に見出し，その特徴を分析する。議論を先取るならば，現代政治理論は，主権者が国民（あるいは領域的な主体）としてしか事実上存在できないと声をそろえている。

　人民主権の思想史が伝統的に論じてきたことは，主権を構成し，その手続き上の正当化と存在論上の正統化を同時に達成できるような主権者の生成である。このテーマが示すのは，近代国家論が有するふたつの普遍化の方向性——主権者の平準化と国家の脱人格化——である (Nelson 2006: 15)。普遍的で平等な民衆を主権者として論じることが，階層的な君主主権から

の政治共同体の脱人格化をもたらした。民衆の自己支配によって成立する政治共同体は，主権を陶冶する身体化され可視化されたシンボルを必要としない。

しかし，ブライアン・ネルソンも認めるように，新たな主権者の生成は，国家の枠組みに厳密に制限されている。

> 国家の正統化イデオロギーにおいて，国家主権は支配者主権に取って代わる。そして，人民主権の近代的原理の発展においても，そうである。この発展において，「民衆の主権」はそれ自体が抽象的で非人格的であり，国家を通じてのみ鮮明となる（Nelson 2006: 15）。

また，コノリーの的確な指摘によれば，「主権者，つまり領域的な人民になるためには，強固に統合された国民になる必要がある」（Connolly 2004: 25）。彼らが指摘するのは，主権者は人民と国民という本質的な空間的相違を胚胎しつつも国民国家という境界によって理念化されうるという，人民主権論の特質である。以下ではこの特質を理論的に考察する。

主権者概念を規定する人民と国民の性質上の相違にさらに注目したい。この点について，バーナード・ヤックは興味深い視点を提供している。彼によれば，国民は「時を超える」ような歴史的傾向を有するのに対し，人民は「空間を超える」ような脱領域的傾向をはらむ（Yack 2001: 520-1）。ここで人民が無化するのは，国民に特有の歴史，言語，あるいはアイデンティティなどのあらゆる特殊なものである。人民とは，自らが立脚する場を否定することによって成立するような，抽象的な主体である。ただし，ヤックもまた，他方で人民が領域的な国家によってもたらされる共同体であるという点を認めている。

> 人民は，国家に先んじて存在するとともに，すでに構成された国家の境界線によって定められたものとして想像されている。あるいは，これを前 - 政治的であるとともに，後 - 政治的な共同体であるともいえるだろう（Yack 2001: 523）。

ヤックの確信によれば，人民主権論が，共同体への政治的忠誠の国民化（普

遍主義的な人民の空間化）と国民的忠誠の政治化（特殊主義的な国民の政治主体化）を，同時にもたらす導入となっている。別の表現を用いるならば，国家の内側で，人民と国民は互いを否定するような性質を含みながら，主権者の条件や役割を共同で規定している。

　人民と国民は，主権者概念を構成する上で，少なくとも理論的には両者の傾向を相互依存的に補強しあっているとみなすことができよう。この点を強く自覚した上で，アントニオ・ネグリとマイケル・ハートの鋭敏な観察は，主権者概念と国民国家の不可分な関係性に注目する。一方で，国民は人民を自らの前提とすることで主権の担い手であることを主張できる。「国民的な特殊性には潜勢的な普遍性が宿されている」（Hardt et al. 2000: 105）。国民は人民がもつ普遍的で超越的な次元を獲得することで，主権者としての地位を確保することができるのである。他方で，国民は，多種多様で特異性と関係性からなる集合体であるマルチチュードから，内的な同一性と均一性をもった統合体としての人民を構成しなければならない（Hardt et al. 2000: 102）。普遍主義的な人民を，マルチチュードに対して突き付けることで，特異な価値が支配的な価値に対抗する可能性を解体する。この場合，人民は明らかに国民国家の権力作用によって意味が与えられる[6]。彼らの啓発的な表現に従えば，国民および国民国家は，主権を「物象化」する。「それらは，主権の関係を（しばしばそれを自然化することによって）モノへと変えるのであり，またそのようにして，社会的敵対性のあらゆる残滓を取り除くのである」（Hardt et al. 2000: 95）。こうして主権者（あるいは主権者としての「人民」）は，普遍主義的な人民と特殊主義的な国民の継続的な接続の産物であり，人民主権論は国民国家によって自らの前提として組み込まれる。主権者概念は，普遍的主体をめぐる対抗関係の帰結であるとともに，対内的な同質化と対外的な排他性を同時に有する，主権国家の存在論的前提である。

　これまで参照してきた政治理論の議論に共通する指摘は，政治過程に限定されない要素を含むはずの主権者が，実際には政治的境界線の内側で成立しているという，主権者の存在論上の二面性が有する本質的な限界である。主権者が意味する内容は，国家権力によって充当されている。もちろんこのような主権者の立場は，主権国家体制における現実政治の歴史と現状において鮮明に反映されてきた。また，『〈帝国〉』の著者たちは，〈他者〉

や外部との弁証法的関係において規定された，国民と結託した主権者としての「人民」の抑圧的な構成を，近代的主権の作用とみなす（Hardt et al. 2000: 195）。もっとも，彼らの診断によれば，近代的主権の範囲を画定可能としてきた外部はすでに存在せず，それに代わって，〈帝国〉的主権が内部化した他者を管理システムのなかで編成している。そこでは，「諸々の人民という固定的かつ生物学的な概念は，流動的で無定形のマルチチュードへと解体してゆく」(Ibid.)。ただし，それほど容易に主権者としての「人民」の解体が生じるかについては疑問が残る。(近代的) 主権の存在理由を，それが膨張するフロンティアとしての外部のみに依存するのではなく，その再生産を可能とする対内的な政治過程の持続に見出すのが本稿の認識である。政治が何らかの単位によって境界づけられているかぎり，それぞれの領域は主権に取りつかれる可能性にさらされている。政治における公的な権威の必要性が放棄される見通しはまったく立っておらず，そのかぎりにおいて領域的な主権者は存続すると予想されるからである——この予想には主権者概念における主権の濃厚な介在への意識が反映されている。この点は次節で考えたい。

　この認識を部分的に共有するのが，エルネスト・ラクラウである。ただし彼は，主権者としての人民を，かつてそれが有していた能動的で肯定的な方向性で再定義しようとする。彼の考える人民は，政治を規定するような究極的な普遍性を破綻させる「社会的ヘテロ性」を前提とした，多元化した政治的要求の分節化によって出現する。社会の分断と敵対が強まり，ヘテロ性が亢進する歴史的条件は，「グローバル化した資本主義」の展開によってもたらされている (Laclau 2005a: 228-30)。政治的な敵対性を特質とする「政治的なるもの」が溢れる状況下で政治運動が興隆する際には，「敵対者」に対する「人民」をつねに審問せざるをえない。そのため，いかなる政治運動も，多かれ少なかれ，ポピュリズムであることから逃れることができない。ポピュリズムは，所与としての人民のアイデンティティを表明するのではなく，運動とイデオロギーを通じて新しい普遍性としての「人民」自体を構築する (Laclau 2005b: 48)。この意味で，ポピュリズムの終わりは政治の終わりである。ポピュリズムとの意識的な接触が示すように，ラクラウが論じる政治は人民主権論を前提として展開されている。彼によれば，

主権は，最終的に，それが権力の全体的な集中に関係した極端な状況下では，全体主義的でもありうる。しかし，もし決定する権力よりも〔政治的要求を〕分節化する権力に主権が関係するならば，それはまた大いに民主主義的でもありうる（Laclau 2007: 20-1）。

彼の観点からすると，「主権」および「主権者」に意味と内容を与えるのはたしかに現実の政治過程であるものの，それらがなくては（民主主義的な）政治が理論的に成立しない。

ラクラウの人民概念は，明らかにネグリとハートのそれとは異なる。後者が同質性を特徴とした規範化された主体であるのに対し，前者はヘテロ性に依拠した価値構成的な主体である。ラクラウの人民は国民の亜種などではなく，国民国家の境界線や法的な規定に制限されるものではない。その意味では，彼も認めるように，彼の人民概念はむしろ「マルチチュード」に表面的には似ている（Laclau 2005a: 239）。しかし，マルチチュードの統合を単純化している点，〈帝国〉に対抗することの重要さを減じている点，そして〈帝国〉からマルチチュードへの権力の転換に説得力ある見解を示していない点に，ラクラウは彼らに不満を表明している。つまり，そこには「革命的切断」を何が構成するかという視点が欠けている（Laclau 2005a: 243）。これに対して，ラクラウの理論的な意図は，人民概念を新たな普遍性をまとった革命主体として再構成することにある[7]。それは，法的なカテゴリーに閉じ込められた主権者を，その境遇から抜け出すために，国民国家に回収されないような新しい普遍主義と再接続させることを意味する。

ネグリとハートおよびラクラウの主権者概念（「人民」）をめぐる分裂が象徴的に示すのは，主権者が権力を構成する側でもあり，構成される側でもあるという立場である[8]。ただ，たとえ主権者と権力の接続の形式がどちらであったとしても，それは政治性から逃れられるわけではない。なぜなら，主権者を画定する政治単位は依然として有効だからである。これは同時に，少なくとも国境線を主権の外周としている現状においては，主権者が国民であることから完全に逃れられないことを示している。主権者を政治過程の存在を前提としたものとしてしか想定できないこと。この現代政治理論がたどりついた主権者論の終着点がもつ意味については，次節で

さらに考察したい。

3 主権者概念の可能性

　本稿がこれまで論じてきた人民主権論は，物理的な意味における権力論というよりも，むしろ主体が権力と接続する形式についての議論である。そして，前節で論じたように，ラクラウは，人民概念がもつ古典的な主体的・解放的性質を，民主主義の名において政治と再接続させようとしている。無視しえない問題は，それが主権者という意味での人民概念を根源的に再考察する余地があるか，ということである。いいかえれば，ラクラウの価値構成的な人民は，ネグリとハートの価値否定的な人民からどのような意味において自立的でいられるか。本節では，このような疑問を念頭に置きながら，主権者概念がはらむ政治とのつながりを詳細に考察する。それは，主権論のなかで主権者を論じることのできない理由を明らかにするはずである。

　主権者を内から拘束する国民としての制限に注目するならば，主権者概念はふたつの意味で政治性の流入を許しているといえる。第一に，人民主権論において主権者概念が成立するために，彼らの保有する主権を基礎づける政治単位（国民国家，あるいはそれに相当するような一元的な政治共同体）を理論的に前提としなければならないという点である。別の言い方をすれば，「主権者である存在」を確定するためには，その確定を正当化するような，領域的に妥当する主権が先行して存在しなければならない。そのため，主権者は普遍主義的な傾向を有するとしても，自己を主権者として確定する時点で特殊主義的な立場に引き戻される。主権者がなしうるのはせいぜい主権が自らと同時に誕生したと主張するだけに留まり，公的組織の領域性に自らが規定されている事実を覆すことはできない。つまり「主権者」は，主権を充当する政治の存在を前提とし，それを内包して成立した概念である。別の観点からすれば，主権者概念だけでは，あらゆる政治単位と結合しうる主権そのものの誕生を説明することはできないといえよう。

　第二に，主権者の内容が，伝統や権威などの政治の外部にある客観的な基準によってではなく，主権と結びついた政治過程によって決定されるという意味において，主権者概念は政治的である。ロバート・ジャクソンは，

人民主権を19世紀以降に支配的な主権の歴史的形態のひとつであると理解している。彼が強調するのは，人民主権論において，主権者としての人民は具体的な実体ではなく，ある抽象物であるという点である（Jackson 2007: 79）。そして，人民概念および人民主権論は，法的制度や政治的な領域性にその意味を依存している（Jackson 2007: 92-3）。またコノリーによれば，

> 主権者とは，例外が存在すると決め，しかもいかにしてそれを決定するかを決める何かであるが，この何かとは，公的な決定機関の地位についての主権を貫いており，またその下方で循環している多元的な諸力によって構成されている（Connolly 2005: 145）。

「何か」を定義することは困難である。コノリーの意図は，主権者を超越的な次元に位置するような聖なる存在ではなく，日常生活にまみれた俗なる存在として認識することである。公的なルールにしたがった合法的な過程であれ，非道徳的で暴力的な行為の帰結であれ，それらを内包した広義の政治の蓄積によって主権者の意味が決定されている。主権者は政治の暫定的な結果として存在している。その最終的な定義というものは，もちろん存在しないだろう。以上をまとめるならば，主権権力の担い手と受け手をひとつの主体に接続した時点で，領域的な主権の介在が示すように，概念としての主権者が権力関係の産物であることが認められるとともに，その意味する内容が政治に依存することになったといえよう。前節で示してきた現代政治理論の帰結（国民化する人民）は，主権者概念の特質を反映している。

　このような本質的に政治的なものとしての主権者概念を受け入れた政治共同体において，誰が主権者であるかをあらかじめ名指しすることは困難である。それは人民概念の歴史的な混同に，もっとも明確に現われている。たとえばマーガレット・カノヴァンによれば，「主権者としての人民」は明らかに対立するふたつの意味――政治的成員の全体と人口の一部分――を伝統的にはらんでいる（Canovan 2005: 65）[9]。人民主権論において主権者は人民の全体であるにもかかわらず，現実政治では実質的な権力の担い手がエリート層に限定されてきた[10]。つまり，現実政治において決定の過程

に参加する人びとと，理論的な「主権者」とが相違する可能性を否定することはできない（Lindahl 2003: 98）。そして，主権者概念が主権の存在論に対してのみ関係するかぎり，究極的にいえば，主権者を具体的な実体に対応させて考える必要性はない。しかし，だからこそ，人民と国民のズレのなかで，主権者をどのように具体的に定義するかが重要な「政治的」な問題となるのである。この曖昧さは，実際の政治の活動において，主権者の権威をどのようなものとして理解するかという問題に影を落としている（Canovan 2004: 250）。「私たち主権者」という神話を政治の原理として受け入れることは，ある政治共同体の範囲と妥当性を確定するとともに，主権者の権威をめぐる終わりのない問いかけを，その政治共同体に植え付けたのである。

　こうして，人民主権論において，主権者は際限のない自己確証の過程に置かれることとなる。主権者を定義するのは主権と結びついた政治過程の役割である。主権が主権者を（あるいは国家が国民を）先行的に規定しており，その主権が持続する限り主権者は副次的に定義される。たとえば，日本国憲法前文では「日本国民」によって憲法の成立が語られるものの，そこにはすでに「日本」の存在は所与とされている。主権者として憲法を語りはじめた時点で，主権者が属する政治共同体が決定されてしまうのである[11]。さらに，主権者という想定が法的な人格としての国民で済むのであれば，それは政治過程によって変更可能であり，わざわざ主権者が主権権力を構成している点を積極的に提起する必要はない。こうして，人民主権論の導入は，逆説的に主権者を独立項として論じる意義を失わせたのである。前節で論じたラクラウの試みは，受動的な人格に貶められてしまった主権者を，能動的なものとして回復させる試みであるといえよう。

　主権者概念に内在した領域的で固有な権力作用とその持続によって内実が決定されているという意味で，主権者概念が政治的であるとすると，現代主権論における主権者の不在は，ある種の必然性を伴うものであったと評価することができる。現代主権論の考察する対象は主権の変容である。つまり，主権の制度論であれ機能論であれ，主権の存在を所与としており，何らかの政治共同体と主権との結びつきを前提として受け入れている。この場合，主権そのものには誕生と終焉は存在せず，それが依拠する対象や作用が変化するに留まる。そして，主権者はこのような主権と結びついた

政治過程によって定義されたものとしてのみ存在する。主権者の不在が示すのは，人民主権論が原理として受け入れられている状態である。そのため，現代主権論が土台とする人民主権論は，たんに人民が権力を持っているという観念ではない。それは，主権者としての「人民」が持続的に決定される自己言及的な政治の形式である。くりかえすが，この政治の形式は政治的境界線を前提として成立しており，それは国民主権や国家主権と置き換えられる可能性に開かれている。

現代の主権論は，人民主権論の勝利を前提とした上で，主権の要素を政治共同体の編成や権力の効果に見出している。このような主権論の一般的な傾向に対して，政治過程の内と外にまたがるパラドキシカルな存在として主権者を考えることは，主権論の展開に大きく寄与するはずである。一方で，主権の制度論に対しては，主権者論が主権の在りかを示すことで，主権が特定の空間や機関によって独占される傾向に対する批判を準備させる。現代主権論が提起するような政治共同体の複層化という背景には，主権者をめぐる政治的な闘争が含まれている点は，重ねて言及されなければならないだろう。そして，他方では，主権の機能論に対して，主権者論が主権権力の根源をたえず明らかにすることで，権力行使の形態を公開することを求めるとともに，主権者に政治的な責任を突き付けることを可能にする。主権権力への監視と批判が重要なのは，それが政治を逸脱しているからではなく，むしろ政治に規定されているからである。

主権者概念が政治的であることの意味は，たんにそれが権力の一方的な受け手になることではなく，権力を構成してゆく可能性に開かれていることを含んでいる。もちろん，実際の政治過程は「主権者の意志」と無関係に存在している。だからこそ，主権と結びついた制度と機能を，主権者の権利と責任において構成してゆく必要があるだろう。主権者を不安定な象徴化の過程として考えることの意義は，自らを脱構築しながら，主権に対抗する政治的な構想に寄与する点にあるといえよう。

おわりに——主権者の未来

本稿の議論をまとめよう。本稿の課題は，現代主権論における主権者の不在にみちびかれ，主権者概念を分析することであった。私たちが目を向けたのは，主権者の存在論であり，その本質的な政治性である。人民主権

論において，主権者概念が人民と国民とに分裂しているというよりも，それらはともに政治的に構成された主体の対立的な性質として認識できる。この二面性に関して，政治理論は，主権者が実質的に国民としてしか存在できないことを主張してきた。本稿はその理由として，主権者概念がそれを決定する政治的審級の存在を含んでおり，その内容が政治によって規定されている点を指摘した。この意味において，人民主権論の固有の限界は，主権と主権者，あるいは国家と国民が同時に誕生したと想定する以外に，これらの結びつきにおける時間的および空間的な制限を説明できない事実にあるといえよう。主権者概念が政治性によって規定されていることが追認されているからこそ，主権論から主権者を切り出して論じる必要はない。主権者とは何か。本稿が考察してきた概念としての主権者は，政治過程によって逐次決定される主体であり，領域的な主権を肯定するような象徴的な役割を果たしている。ただし，同時に，決定をくだす主体もまた主権者であり，その意味を自らの手で充足する役割を有している。

　主権者はまったく役に立たないのであろうか。必ずしもそうはいえないはずである。もし，現状の政治過程と主権の接続が不安定になった場合やそれを断ち切りたい場合には，主権者という項によって，ある政治的な決断を説明することは可能である。つまり，主権者が果たしてきた入力と出力における主権権力の同一性を保障する役割を，自らの権利と責任の名のもとに再考することはつねに許されている。そのようなケースはいくつか想定することができる。たとえば，既存の法的・政治的な枠組みに対して，主権者の意志という理由によって挑戦するという状況は，すでに顕著になりつつある。しかしながら，本稿が主権者論の可能性として提起したいのは，このようなポピュリスト的な解決ではない。一例をあげれば，主権者という概念を生かすことによって，これまで所与とされてきた主権を脱構築することに寄与するのではないだろうか。私たち主権者に主権を繰り返し引き戻すことで，権力の一方的な受け手として規定されたり，放置されたりする事態に対抗することはできる。それは主権が宿る政治共同体というこれまで変わらず維持されてきた政治認識に，大きな揺さぶりを与える。さらには，既存の主権と政治の接続形態について，主権者の意志の実現という目的によって，改変をつきつけることもできるはずである。

　「主権者」は政治的だから依拠できないのではなく，政治的だからこそ私

たちが組み立てていかなければならない。主権者であることの放棄は，主権権力に抵抗することの放棄を意味している。

※　本稿は2010年度日本政治学会研究大会（中京大学）で発表された報告が元になっている。有益な議論の場を提供していただいた，杉田敦，細井保，白井聡，清水亮太郎の各氏，および列席者の皆様，また啓発的なコメントと批判をいただいた二名の査読者に感謝申し上げる。ご指摘いただいたにもかかわらず漏れ落ちてしまった論点については，今後の研究課題として真摯に取り組みたい。

（1）　エルネスト・ラクラウは，ポピュリズム概念を分析するうえで，具体的な存在と形式的な存在論を区別し後者を主要な分析対象とした（Laclau 2005b）。本稿もこの分類と分析対象の位置づけに従っている。

（2）　イェンス・バーテルソンは，概念史的な観点から主権に本質がないと主張する（Bartelson 1995: 48）。ジェイムズ・マーティンは，近年の主権論の展開が，主権を最終的な説得力を持たせるためのレトリックのような装置であることを明らかにしたと指摘する（Martin 2002: 58）。

（3）　制度論を代表するヘルドのコスモポリタン主権論が，主権者を十分に論じていない点については Lupel 2009 参照。

（4）　戦後憲法学の草創期に活況を呈した宮沢俊義の国民主権論と尾高朝雄のノモス主権論の論争に言及した先行研究は，枚挙に暇もない。近年の政治学分野でこれを論じたものとして関谷 2006 参照。一般的にノモス主権論は時代遅れの理論と見なされてきたが，アガンベンの議論は意識的にこの立場に依拠している。主権の帰属主体の抽象性に着目し，国民主権とノモス主権がそれほど異なるものでない点を指摘する研究として時本 2008 参照。時本義昭によれば，尾高が主権の行使を問題としたのに対し，宮沢は主権の帰属を問題としたのであり，両者の対立軸は，宮沢の表現を借りれば「政治観の問題」にすぎないものだった（時本 2008：14）。これに対して，本稿の方向性は，主権者（国民）という抽象的な帰属主体の政治的構成をむしろ重要視し，この点に主権論の政治的側面と現代における位相を論じることにある。法学分野での主権論を再考したものとして岡田 2007 参照。

（5）　現代の主権論の多くは，主権の特質として，政治過程を正統化するという機能においてそれに理論的に先行するとともに，その存在において政治過程によって規定されている矛盾を認識している。ライア・プロクホフニクは，主権が政治的であるとともに非政治的であるという「主権の神秘」

に着目する（Prokhovnik 2007: 151-9; e.g. Walker 2003）。カレナ・ショーによれば，主権が「前政治的な領域」で生産され，それに知と主体性が結びついているために，政治は主権に限定されている（Shaw 2008: 8, 37, 203）。しかし，先住民族の政治的存在論は，この主権による政治の支配を打ち破る契機をはらんでいる。興味深いことに，ボニー・ホーニッグは，政治の始原に「外国的なもの」が存在すると主張する（Honig 2001）。鵜飼哲の指摘によれば，「ある場所，ある家の『主』は，彼自身が，その場所，その家の，最初の『客』である」（鵜飼 2008：14）。

（6）　藤本一勇は，神聖不可侵の自然権にもとづく人民主権が，国家主権の相補物であり，事実上国家権力を正当化している点を鋭く指摘している（藤本 2009：39－41）。

（7）　コノリーによるネグリとハートに対する批判は，ラクラウの見解と近い。「ハートとネグリの最も重要な貢献は，主権的政治の上にもう一つの層を図式化し，グローバル政治研究に関する，これまで別々だった伝統の間の対話を可能にしたことである。彼らの最も深刻な欠点は，そうした対話をずっと先まで追求することをせず，マルチチュードによる変容という空虚な政治を超えて，戦略的な応答を構成することに失敗した点にある」（Connolly 2005: 159）。ただしコノリーの応答は，主体の構築ではなく，主体の絶え間ない脱構築をもたらすものである。

（8）　エティエンヌ・バリバールは，人民が主権者とされた段階で，人間と市民の二重性をはらみながらも，市民権が中心的な議論となったと述べる。この場合，市民は，法に対して能動的でありつつ，法に服従するという受動的な臣民としての性質を受け継いでいる（バリバール 1996：54－7）。

（9）　アガンベンは「人民」が社会的分裂における下層民（people）と，共同体全体を示す市民（People）というふたつの意味を持っていた点を指摘する（Aganben 1998: 176-8）。人民という言葉が，政治的な包摂と排除という根源的な区別をまたいで使用されてきた。アガンベンによれば，現代はこのような区別を埋め，排除された者という意味での人民を消滅させ，統一された人民を生産することを目的としてきた。これに対して，ラクラウは，分裂は消滅したわけではなく，部分的な人民が全体を体現するような弁証法的な関係性の存在を指摘する（Laclau 2007: 20）。

（10）　カノヴァンは，この対立にポピュリズムが発生する前提を見出している。彼女によれば，ポピュリズムは，政治的に排除されてきた具体的な人びとを，観念としての主権者全体の権威の名の下に，動員する運動である（Canovan 2005: 90）。

（11）　そのため，明治憲法との継承関係が問題となり，その過程で主権者の転換をどのように説明するかが理論的な課題として浮上することになった

といえよう。この点は稿を改めて考察する予定である。

参考文献

Agamben, Giorgio, 1998, *Homo Sacer: Sovereign Power and Bare Life*, Daniel Heller-Roazen, trans., Stanford UP（ジョルジョ・アガンベン，2003，『ホモ・サケル』，高桑和巳訳，以文社）.

エティエンヌ・バリバール，1996，「市民主体」，松葉祥一訳（ジャン＝リュック・ナンシー編，『主体の後に誰が来るのか？』，港道隆・鵜飼哲他訳，現代企画室）。

Bartelson, Jens, 1995, *A Genealogy of Sovereignty*, Cambridge UP.

Brace, Laura, and John Hoffman, eds., 1997, *Reclaiming Sovereignty*, Pinter Press.

Canovan, Margaret, 2004, 'Populism for Political Theorist?', *Journal of Political Ideologies*, 9-3.

―――, 2005, *The People*, Polity Press.

Connolly, William E., 2004, 'The Complexity of Sovereignty' in Edkins et al. 2004.

―――, 2005, *Pluralism*, Duke UP（ウィリアム・コノリー，2008，『プルーラリズム』，杉田敦・鵜飼健史・乙部延剛・五野井郁夫訳，岩波書店）.

Devenney, Mark, 2002, 'Critical Theory and Democracy', in Finlayson et al. 2002.

Edkins, Jenny, and Véronique Pin-Fat, 1999, 'The Subject of the Political' in Jenny Edkins, Nalini Persram, and Véronique Pin-Fat, eds., 1999, *Sovereignty and Subjectifity*, Lynne Rienner Publishers.

Edkins, Jenny, Véronique Pin-Fat, and Michael J. Shapiro, eds., 2004, *Sovereign Lives*, Routledge.

Finlayson, Alan, and Jeremy Valentine eds., 2002, *Politics and Post-Structuralism: An Introduction*. Edinburgh UP.

藤本一勇，2009，「主権の行方」，『理想』第682号。

Hansen, Thomas B., and Finn Stepputat, eds., 2005, *Sovereign Bodies*, Princeton UP.

Hardt, Michael, and Antonio Negri, 2000, *Empire*, Harvard UP（アントニオ・ネグリ，マイケル・ハート，2003，『〈帝国〉』，水嶋一憲他訳，以文社）.

Held, David, 2002, 'Law of States, Law of Peoples', *Legal Theory*, 8.

Hoffman, John, 1997, 'Is it Time to Detach Sovereignty from the State?' in Laura et al. 1997.

Honig, Bonnie, 2001, *Democracy and the Foreigner*, Princeton UP.

Jackson, Robert, 2007, *Sovereignty*, Polity Press.

Krasner, Stephen, ed., 2001, *Problematic Sovereignty*, Columbia UP.

Laclau, Ernesto, 2005a, *On Populist Reason*, Verso.

———, 2005b, 'Populism: What's in a Name?', in Panizza, Francisco, ed., *Populism and the Mirror of Democracy*, Verso.

———, 2007, 'Bare Life or Social Indeterminacy?', in Calarco, Matthew, and Steven DeCaroli, eds., *Giorgio Agamben: Sovereignty and Life*, Stanford UP.

Lindahl, Hans, 2003, 'Sovereignty and Representation in the European Union', in Walker 2003.

Lupel, Adam, 2009, *Globalization and Popular Sovereignty*, Routledge.

Martin, James, 2002, 'The State and Sovereign Subjectivity', in Finlayson et al. 2002.

丸山眞男，1961，『日本の思想』，岩波書店。

———，1982，『後衛の位置から』，未来社。

Nelson, Brian R., 2006, *The Making of the Modern State*, Palgrave Macmillan.

岡田信弘，2007，「主権論再考」，『ジュリスト』第1334号。

Prokhovnik, Raia, 2007, *Sovereignties: Contemporary Theory and Practice*, Palgrave Macmillan.

関谷昇，2006，「戦後日本の主権論と一般意思の原理」（坂野潤治・新藤宗幸・小林正弥編，『憲政の政治学』，東京大学出版会）。

Shaw, Karena, 2008, *Indigeneity and Political Theory*, Routledge.

Sofaer, Abraham D., and Heller, Thomas C., 2001, 'Sovereignty: The Practitioners' Perspective' in Krasner 2001.

サスキア・サッセン，1999，『グローバリゼーションの時代 ―国家主権のゆくえ』，伊予谷登士翁訳，平凡社（Sassen, Saskia, 1996, *Losing Control?: Sovereignty in an Age of Globalization*, Columbia UP）。

時本義昭，2008，「ノモス主権と理性主権」，『龍谷紀要』第29巻第2号。

鵜飼哲，2008，『主権のかなたで』，岩波書店。

Van Duffel, Siegfried, 2007, 'Sovereignty as a Religious Concept', *The Monist*, 90-1.

Walker, Neil, ed., 2003, *Sovereignty in Transition*, Hart Publishing.

———, ed., 2006, *Relocating Sovereignty*, Ashgate Dartmouth.

Yack, Bernard, 2001, 'Popular Sovereignty and Nationalism', *Political Theory*, 29-4.

現実主義と構成主義

―国際関係学史の視点から―

西村邦行 *

はじめに

　世界政府に比する権威が存在しない国際社会において，相並び立つ主権国家は止め処なく私利を追求する。国家間に規範的な信頼関係は成立せず，時に見られる協調行動も即物的な利益衡量の結果に過ぎない。かかる立論は普遍的に有効であろうか。国家は利己的であるという理解も，また，特定の行動実践を経て現れた観念ではないのだろうか。

　現実主義をかく批判するところから構成主義が登場した。国際関係論の研究者にとっては，周知の事実であろう。しかし，近年，構成主義と現実主義の親和性を説く議論が姿を見せている。しかも，そこでは，現実主義の中でも古典的な型の理論が注目される中で，構成主義と現実主義とが共に実証主義から隔たったものであることが強調されている。20世紀の国際関係論を牽引してきたとされる現実主義の伝統は，その連続性が疑問に付されているのである。この潮流はどう理解すれば良いのであろうか。

　本稿は，現実主義と構成主義の両理論を学説史上に再定位し，双方の射程について整理を試みるものである。まず，構成主義と現実主義の関係に焦点を当てながら，過去4半世紀における国際関係論の流れを確認する。その上で，構成主義と現実主義との親和性を指摘する近年の論者として，リチャード・ニッド・ルボウとマイケル・ウィリアムズを取り上げる。最後に，ここで得られた知見を基に，両理論が国際関係論において占める位置を検討し，同分野が学説史上において循環してきたことを論証すると共に，そのことが現代の研究者に示している意味を明らかにする。

---

*　京都大学研究員　国際関係論

一 構成主義から現実主義へ

　冷戦終焉直後の1992年，国際関係学会（International Studies Association）の会長に選出されたチャールズ・キーグリーは，「ネオ・アイデアリズム」時代の到来を宣言した[1]。レジーム論や自由主義制度論を通じて，理念・観念の持つ政治的重要性が強調されていた時期であった[2]。この潮流は，続く十年，国際関係論において構成主義が受容されていく素地を提供したと言える。実際，それまでレジーム研究を専門としていた論者らによって，同理論は推し進められていったのである[3]。構成主義の台頭は，国際関係論における規範的要素の回帰と軌を一にしていた。

　ただ，ここで言うアイデアリズムは，規範論としての理想主義を指し示すものというよりは，社会の動向に影響を与える要素として規範・理念が持つ意味に目を向けるものであった。構成主義にしても，現実主義と自由主義とを二つながら批判の俎上に載せていた。これら二つの視角は，超国家的権力主体の不在という国際システムの特殊性を所与として，国家を目的合理的な行動主体と想定していたのに対し，構成主義は，かかる構造の歴史的被構築性および国家の行動目的の文脈被拘束性を述べ立てたのである。

　この点を最初に取り上げたアレクサンダー・ウェントの1987年の論文でも，批判の中心的な対象を成していたのは，ケネス・ウォルツの構造的現実主義とイマニュエル・ウォーラースタインの世界システム論の背後にある構造決定論的な側面であり，思想としての政治的現実主義ではなかった[4]。言い換えるならば，構成主義即ち理想主義というわけではなかったのである。1990年代半ばに現れた論文集『国際安全保障の文化』の場合も，事情は同様で，そこには，非軍事的な問題に焦点を当てた論稿が多く収録される一方，戦略文化の問題を扱った研究も場を与えられていた[5]。同書出版の数年後には，構成主義の洞察対象が「善い」規範に偏向しているとの指摘も見られることとなった[6]。構成主義と現実主義とが論理的に隔たったものでないことは，当初から理解されていたのである。

　とりわけ2000年代に入ると，構成主義と現実主義とを接合する明示的な試みも出現してきた。構成主義は，合理的選択論に並ぶ方法論の一つであり，自由主義と現実主義のいずれとも結びつき得るとする議論がそれであ

る7。この見解は，目下有力なものであるが，ただ，ここから現れてくるような構成主義と現実主義との結合は，論理的には可能でも，実際的な意味に乏しい。というのも，両者を実証主義的な認識論の下に組み合わせたところで，まずは現実主義的な規範の創出を構成主義の観点から検討し，次に各国家がその規範の上でどう合理的に行動するかを論じる，ということになるだけであって，分析の結果は既存の現実主義理論が導出するものと変わらないことが予想されるからである。

　他方，現実主義に対して，こうした手法とは別のやり方で接近する構成主義的な理論家も存在してきた。いわゆるポスト実証主義の支持者たちである8。規範的要素を検討する中でも，その権力性に注目するという点において，当初から，彼らの議論は現実主義により親和的な側面を有していた。一つの知を通じてある特定の行動形態が推し進められていく裏では，別の知を通じて形成されていたかもしれない今ひとつの世界が放棄されている。規範が間主観的に構成される中で発生するこの取捨選択こそ，政治学者が着目すべき過程ではないのか。このように，ポスト実証主義者らは，規範的要素をめぐる力関係に最大の興味を示していたのである。

　彼らの議論は，1980年代から，徐々に知られるようになってきていたが，このような問題意識が先鋭化してくるのは，特に1990年代半ば以降のことである。当時，例えば，ステファノ・グッツィーニは，世界を創られたものと見る構成主義にとって，知－権力の問題こそが考察の中心でなければならないと論じていた9。脱構築思想に触発されたマヤ・ツェーフスも，既存の構成主義理論が現実とは何かという争点に向き合っていないことを批判していた10。何かが客観的に存在するかどうかは重要でない。問題は，この世界の物質や観念がどれも間主観的に意味付けられており，そうして初めて存在を認められていることである。既存の現実とは，異なる認識間の抗争の結果に他ならない。

　その後，より穏やかな型の構成主義を掲げる論者らも，ある程度まで，こうした問題意識を受け入れるようになっていく11。そうすると，現実主義と構成主義との対話といった争点も，議題に上り始めてくる12。そして，その際，注目されたのが，古典的な型の現実主義だったのである。しかし，何故，古典的な現実主義だったのであろうか。この点を理解するためには，現実主義の側の展開を見なければならない。

そもそも、この半世紀、古典的現実主義は死滅したことなどなかったことに注意が必要である。1970年代半ば以降、ウォルツの構造的現実主義は、広範な支持を獲得していった。だが、この理論は、同時に、多くの反発も生み、古典的現実主義を退けるには至らなかった。ポスト実証主義の先駆として取り上げられがちなロバート・コックスやリチャード・アシュリーも、1980年代初頭にウォルツを批判した際、古典的現実主義に対して一定の評価を示していた[13]。彼らの論稿を収めた『新現実主義とその批判』が世に現れ、ウォルツ流の現実主義をめぐる論争が学界内に大きな位置を与えられたのと同じ年には、古典的現実主義に関する包括的な思想研究も現れた[14]。行為者の自律性に改めて目を向け、外交を軸とした国内政治と国際政治の連関を強調する議論が、続く十年、古典的現実主義の再評価に基づく新古典的現実主義という形で現れてきたのも、こうした経緯と無関係ではあるまい[15]。

他方、構造的現実主義を、新現実主義（neo-realism）と呼び、古典的現実主義の後継と見る向きも、ある程度まで広まりを見せていった。1990年代の後半に現れた、現実主義の「退化」論や、「現実主義者はまだいるのか」という論争的な問いかけは、その典型と言えよう[16]。しかし、皮肉なことに、これらの議論こそ、構造的現実主義を現実主義の（唯一の）正統な継承者とする見解に疑念を喚起するものであった。というのも、現代の現実主義が古典的現実主義から構造的現実主義へと連なる伝統の延長線上にない、とするこれらの議論が正しかったとすれば、その原因はむしろ、構造的現実主義こそが例外的変種だったため、という可能性もあったからである。事実、構造的現実主義が古典的現実主義の知的豊穣さを損なわせたとする見解は、1990年代半ばにおいて既に、国際関係論の主流に近い研究者からも打ち出されていた[17]。そして、実際、「現実主義者はまだいるのか」という問いに対する応答はと言えば、（そこで言われているような型の）「現実主義者なんて今までにいたのか」という問い返しだったのである[18]。古典的現実主義と構造的現実主義との不連続性は、こうして、やや逆説的な形でも明らかになっていった。

これと並行して、従来的な学説史観の正当性が疑われていったのは、自然な流れであった。ここで言う従来的な学説史観とは、20世紀の国際関係論が、理想主義から現実主義へ、伝統主義から科学主義へ、と進み、さら

にパラダイム間論争へ至ったという, いわゆる「大論争」史観のことである[19]。この見方は, 周知の通り, 1989年にヨセフ・ラピドが「第三の論争」という標語を掲げる中で広まっていったが, 同様の見解は, 1980年代を通じて複数現れており, 現実主義退化論が依拠するパラダイム史観もその一つであった[20]。その意味で, 退化論におけるのと同様, この「大論争」史観においても, 古典的現実主義と構造的現実主義との断絶が——その唱導者らの意図に反して——仄めかされていたとしても, 何ら不思議ではなかった。同学説史観によると, 現実主義は, 伝統主義から科学主義への移行を通じて, 思想的な核を保ったまま発展したとされる。しかし, 古典的現実主義が論理上問題なく科学化できる理論であったのならば, 伝統主義と科学主義との論争は何故起こったのであろうか。「大論争」史観は, この問いに答えてくれないのである[21]。現実主義が進化したという観念は, その意味を問われないままに独り歩きしていたのであり, 古典的現実主義が構造的現実主義との間にいかなる連続性を保持したかは, 十分に問われていなかった[22]。

関連して, 別の潮流も動きを見せ始めていた。脱行動論を経て規範的政治理論の復権が進む中, 政治学史の捉え直しは1980年代以降漸次進展していたが, その知見が——ポスト実証主義の登場にも助けられて——国際関係論にも浸透し始めていたのである[23]。他方で, 1980年代に始まった古典的現実主義の再評価は, 今や, その規範的な含意までをも対象とし始めていた[24]。こうした中, 古典的現実主義に潜む理想主義的な側面や, 古典的現実主義が退けたとされる理想主義自体の再評価が進められていく[25]。国際関係学史に関する修正史観は, 古典的国際関係論の問い直しと絡み合う形で現れることとなったのである。

この過程で,「第一の論争」が主要な研究対象として浮上し始めると, 学説史の再検討もまとまりをもった一つの流れを形成するようになる。結果, 古典的現実主義者の道徳観も, 政治史的・思想史的な文脈の中で研究されるようになった。E・H・カーに関するチャールズ・ジョーンズの研究では,『危機の二〇年』における現実主義との理想主義との対立が, 同時代の社会学者カール・マンハイムの構成主義的な認識論を土台として構想されていたこと, その上で, カーが目指したのは, 両者の弁証法的な止揚を通じた自由主義の修正であったことが明らかにされた[26]。ジョナサン・ハス

ラムの伝記は，若きカーが，ニーチェに代表される近代合理主義批判に親しんでいた事実を伝えている[27]。ハンス・モーゲンソーとワイマールの様々な思想家との関係は，今や，多くの研究者が注目するところである[28]。実証主義から距離をとる思想の痕跡が，古典的現実主義の内部に確認されていったのである。

二　現実主義と秩序の問題

　こうして，この20年ほどの間に，一方では構成主義が現実主義へと接近し，他方では現実主義と構成主義との間に認識論上の交差が認められてきた。また，その中において，既存の学説史理解には疑問が投げかけられ，古典的現実主義は新たな評価を受けることとなった。ここに現れてきたのが，現実主義全体を構成主義的な理論の伝統として捉え直す潮流である。現実主義と構成主義とを単に接近させるばかりでなく，前者が必然的に後者を基礎にしているとまで論じる見方が現れたのである。以下，こうした議論の好例として，ルボウとウィリアムズの研究を，両者の共通点に着目しながら検討したい[29]。

　まず，ルボウが注目するのは，近代化（modernization）が，現実主義思想の形成に与えた影響である。トゥキディデス，クラウゼヴィッツ，モーゲンソーの三人の現実主義者は，古い価値と新しい価値とが衝突する変動の只中——ペロポネソス戦争後，フランス革命後，世界大戦後——に自説を展開した[30]。いずれの思想家も，伝統的な政治思想とその崩壊との分裂に身を置きつつ，来るべき共同体の在り方を展望せねばならなかったのである[31]。ここで格別の重要性を有したのが，共同体の基盤を為す規範であった。「古典的現実主義者らは，能力（capabilities）を権力の源泉の一つとしか見ておらず，また，権力と影響力とを同じものとは見ていない。彼らにとっての影響力とは心理的な関係であり，あらゆる関係同様，一時的な利害関心を超えた結合に基づいたものである。正義がこの構図に入り込んでくる。正義とは，影響力と安全保障とが究極的に依拠するところの，関係及び共同体感覚の基礎だからである」[32]。

　古典的現実主義において国内政治と国際政治とが峻別されていなかったとすれば，それは，いずれの領域も，こうした間主観的な要素を土台としていたためである。翻って，近代化をもたらしたのは，観念の変化であっ

た。スパルタとアテナイは新旧の文明を体現していた。フランス革命と世界大戦は，啓蒙主義への信頼を崩壊させた。そこで三人の現実主義者たちは，それぞれのやり方で歴史を紐解いた。そこから現れてきた共通のテーマとは，判断の失敗であった。特定の時間と空間に足場を持つ人間にとっては，理性の普遍性を以ってしても解消することができない限界が存するのである。

　ここから，ルボウは，国際政治を一つの悲劇と見る。この概念は，個人や集団の行動と彼らが被る災難との間に，道徳的な連関が認められないことを特徴とする。特定の辛苦が生じているにも拘わらず，かかる辛苦と正義から逸脱する行動とが目に見える形で切り結ばれていないとき，状況は悲劇的だとされるのである。このような性質を持つ悲劇は，物語的虚構であると同時に世界に関する幾分かの真理を含んでいるがゆえに，潜在的には相対する分析力と想像力とを二つながらに増進させ，世界が解きようのない不条理に満ちていることを明かし立てる。現実主義者らが挙って悲劇を描いたとすれば，それは，純粋に演繹的な法則では捉えられない人間世界の不確定性を明らかにし，それに耐えうる柔軟さが重要なことを知らしめるためであった[33]。

　かくして，ルボウは，間主観的に形成された社会秩序の根本的な不安定性こそ，古典的現実主義を通底する基本的な問題意識であると論ずるのであるが，ウィリアムズが描き出す「意志の現実主義」も，また，同様の特徴を有している。その核は以下の三点から成っている。まず，懐疑主義である。歴史的知識を重んじつつも，近代の経験主義及び合理主義から距離をとろうとする態度がこれである。その上で，かかる知の限界が，政治・社会秩序の形成における主要な問題と看做される。第二に，物事の関係性への配慮である。それが意味するのは，自他の関係性を，二項対立的ではない形で捉え，そこに倫理的な意義を見出す姿勢である。最後に，権力政治の重視である。社会的生における意味・価値の多様性を背景に，政治権力には，かかる多様性を破壊する要素と，そこから可能性を選び出してくる要素の両面があることが，ここで強調される。「意志の現実主義」は，政治の論争性と正面から向き合う点において「現実」的であり，しかし，伝統や運命といった超越的な観念へ後退せず，秩序の構築を積極的に展望する点において，「意志」に溢れているのである[34]。ウィリアムズによると，

ホッブズからルソーを経てモーゲンソーへと至る一連の思想に，この伝統の存在が見出されるという。

　ルボウとウィリアムズの近さは，両者が共に伝統の到達点と見ているモーゲンソーについての解釈に顕著である。まず，ルボウの場合，モーゲンソーは近代化の文脈に据えられる。第二次世界大戦後，ナチス体験を経て，ドイツからアメリカへと亡命した知識人の多くが，啓蒙主義的理性への疑念を表明していた。モーゲンソーもまた，そうした知識人の一人であった。他方，同じ亡命知識人の今一つの集団は，来る行動論革命を用意しつつあった。加えて，モーゲンソー自身，ユダヤ，ドイツ，アメリカという異なる所属を有していた[35]。モーゲンソー自身の議論も相対する極の間を揺れ動く。そして，そこにこそ，モーゲンソー理論の独自性がある。

　他方，理想主義を否定して権力政治の重要性を訴えたモーゲンソーは，物質主義者ではなかった。近代以降の西洋史を紐解きながら彼が論ずるところ，勢力均衡が適切に作用するかどうかは，参加国の間に通底する共同体的な価値意識の有無に関わっていた[36]。モーゲンソーにとって，決定的に重要だったのは，権力を指導者がどのように用いるかという判断力と道徳理念の問題であった[37]。権力は，市場において通貨が占める位置を国際政治において占めるものであるが，通貨とは異なり数量的に測ることができない。そこに判断が入り込んでくる[38]。そして，この判断を行う際，指導者は，自身の属している社会秩序の道徳規範を十分に理解している必要がある。この規準を反映した政策は受け入れられやすく，逆に既存のコードから逸脱した方策は反発を受けるからである[39]。

　社会に関するこのような理解を基に，モーゲンソーは，一般理論と個別事例の間を往還する。自然科学と異なり，社会科学においては，理論が規範性を有する。「モーゲンソーが考えたところ，社会的な世界は，むしろ量子力学の法則に支配された物理的世界のかの部分のようなものであって，そこにおいては，粒子の場・回転・量を測定する人間のいかなる試みも，これら同じ変数に著しい影響を与える」[40]。あらゆるものが間主観的な意味づけを与えられて存立している社会的な空間において，行為者と構造とは相互に影響を及ぼし合う。この世界において，存在し得ない客観性などというものを求めるならば，却って，観察者の視点を特権化させた教条的な主観主義に陥る。だからこそ，国際関係の一般理論を志向したモーゲン

ソーは，同時に歴史を探求した。一般的なものと個別的なものとを往復する以外に，国際関係を理解する手段はないと考えたのである。そして，そのような試行錯誤を通じて，既存の秩序観が滅びた後の時代の指導者に，処方箋を提供しようとしたのである[41]。

　こうしてルボウは，モーゲンソーを過渡期の政治理論家として描く中で，古典的現実主義の基盤に秩序の社会的構築をめぐる緊張関係を見出している。ウィリアムズもまた，モーゲンソーの議論に同様の葛藤を認める。まず指摘されるのは，カール・シュミットの影響である。シュミット曰く，いかなる法秩序も，最終的な根拠を求めていくならば，無限後退に陥る。したがって，その究極的基盤を為しているのは決断能力である。そして，特定の決断を支持する集団とそれ以外の集団とが友と敵として分かたれるところに，政治的なものが発生する。かくして，政治は対立の場となるが，他方，自由主義は，多元性に対する寛容を基盤として，政治を技術の問題に還元する。しかし，その時，この自由主義的な規範を受容しない人々は排除される。結果，彼らを敵として，再び，政治的なものが立ち現れてくる。この意味で，政治を制度的に非政治化する自由主義的な秩序は，本質的に脆弱である[42]。

　モーゲンソーが，18世紀後半以降の自由主義を批判する際にも，同様の論理展開が見られる[43]。ただ，モーゲンソーは，政治を制度的に非政治化する自由主義と並んで，その批判者らをもまた，相対主義として退ける。彼らは，人間理性の限界を見据えている点では現実的である。しかし，社会で流布する知に懐疑の眼差しを向ける結果，私的領域へと引きこもり，教条的な相対主義に堕してしまう。このような思考様式は，政治秩序の問題を認識論へと還元してしまう点において，古典的自由主義と共通したものを有しており，自由主義自体への疑問を無意識に排除しているのである。したがって，反自由主義的な動きが現実に登場してきた場合には，やはり適切に対処することができない[44]。

　ここで，モーゲンソーは，自由主義の再構築へと議論の重心を移す。そこに登場するのが，力によって定義される利益という政治の概念である。「神の死」（ニーチェ）から「脱魔術化」（ヴェーバー）へと，真理の超越的な基礎が失われた時代においては，多元的な価値が相互に衝突しあう。このような対立の場である政治においては，己の価値を唱え立てる力だけが

求められる。力によって定義される利益とは，このような多元性を指している。政治的なものの核となる力及び利益に対して，一元的な定義を施すことは出来ない。しかし，この不確定性ゆえに，政治は，物質的利益により定義される経済活動などとは区別されて，独自の領域を作り出す。「逆説的ながら，その無限定的な性質こそが，政治を概念的に特定する基礎なのであり，政治的領域と他の社会領域とを分かつ基礎なのである」[45]。

　理性への懐疑を出発点に，政治的領域が諸価値の抗争の場とされる。その上で，この領域においては，その不確定性ゆえに，社会の秩序を理性的に再構成するための可能性が見出される。「固定した利益のない領域として，政治は，共通の利益と了解を深慮し，捻出し，変容させることと特異に関係した活動の場となる。つまり，社会生活の基本的な意味と価値が争われ，決定される場となるのである。善や真についての固定的な理解を欠いていることが，近代政治の条件であり，自由・創造・変化の領域としてのその破壊性の基礎である」[46]。

　自由主義は，合理性への強すぎる信頼ゆえに脆弱であった。対して，モーゲンソーは，人間理性が持つ限界を見定める中，制度・秩序自体を綻ばせる可能性までをも含めた世界の多元性と向き合った。政治が政治として捉え直された結果，自由主義はより根源的な次元まで推し進められたのである。かくしてウィリアムズのモーゲンソーもまた，「意志の現実主義」者らしく，理性の限界と秩序の根本的な不安定性を認識するところから出発しつつ，かつ，秩序の理性的な構築へと進んだ。

　このように，ルボウとウィリアムズの議論は，共に，現実主義の思想史的再構築を目指している。現実主義の根底には，その対象となる現実が不確定なものであることに対する強い問題意識が認められる。他方，現実主義の支持者たちは，自身の思想において，理性の普遍性を疑いつつも相対主義には転じないという独特の緊張関係を維持している。モーゲンソーに代表される古典的現実主義は——間主観性とはまさに客観とも主観ともつかない概念であるが——客観と主観との二項対立を超えていく構成主義的な視角をその基盤に据えているのである。こうして，ルボウとウィリアムズの議論は，古典的現実主義の意義を検討する中で，政治的現実主義と構成主義的認識論との論理的な整合性を明らかにしているのである。

三　循環する国際関係論

　こうして，近年の研究においては，古典的現実主義の基礎に構成主義の認識論が存在するとされる。同様の議論は，隠然とした形であれば，1990年代の初頭には既に現れていた。現実主義は，懐疑主義をその思想的土台としている。だとすれば，現実主義は，自身をも疑い続けねばならない[47]。貫徹されない懐疑主義は，定義上，現実主義ではない。その意味で，構造の不変性を公理とした冷戦期アメリカの現実主義は，一種の理想主義である[48]。対して，構成主義は，堕落した懐疑主義に懐疑を投げかけている点，現実主義以上に現実主義的である。構成主義の登場とは，「四〇年に渡る迂回」後の常態への回帰ではないだろうか[49]。こうした主張は，解釈的な方法論を支持する理論家たちの間で，この4半世紀の間，広く見られたものである。

　対して，ルボウやウィリアムズの知見は，この議論をさらに一歩進めることになったと言えよう。というのも，彼らは，古典的な現実主義を構成主義の一種として発掘するに至ったからである。構成主義登場の40年前にあった現実主義とは，まさに構成主義的な理論だったというわけである。

　ただ，だとするならば，結果として，構成主義を称賛する理由は消滅してしまうのではないだろうか。ここにおいて，批判的国際関係論の登場を常態への回帰だと単純に言い切ることはできなくなる。代わって，次の問いが湧き上がってくる。古典的な現実主義には何が足りなかったのか。構成主義は，どのような意味で，現実主義を発展させたのか。理想主義の標榜する普遍主義が突き崩され，隠された権益が暴き立てられる中，現実主義が登場した。他方，構成主義は，現実主義が掲げる国際社会の無政府性を疑問に付し，この前提が持つ歴史的相対性を述べ立てた。ここに現れるのは，一種の既視感なのである。

　なるほど，本稿で構成主義と呼んできたものの中には，いくつかの異なる理論的立場が含まれている。ウィリアムズ自身，「意志の現実主義」が，ポスト構造主義とは異なることを言明している[50]。構成主義の誕生によって，古典的現実主義だけが残ったわけではないのかもしれない。しかし，ウィリアムズが「意志の現実主義」をポスト構造主義から区別するのは，前者がより洗練された理論体系であることを示唆するためである。構成主

義は現実主義を復権させる契機なのである。

　また，ルボウもウィリアムズも，モーゲンソーに対する晩期近代的な思想家の影響を重視していた。古典的現実主義者らは，ポスト構造主義的な議論（の少なくとも原型）を既に知っていたのである。その上で，彼らは，同議論の示し得る相対主義の陥穽を乗り越えることすら試みた。古典的現実主義と構成主義とを結びつける論者ら自身が，こうした立論を行っているとすれば，当の彼ら自身の解釈を通じて，古典的現実主義者らは現代の理論的問題に既に回答を与えていた，という歴史観が出てくることとなろう。敷衍すれば，古典的な現実主義者たちは，後に「第二の論争」において台頭してくる行動主義と実証主義とを既に批判の的としつつ，「第三の論争」以降に現れてくるような相対主義をも退けていたということになる[51]。だとすれば，「四〇年に渡る迂回」を経て我々が辿りついたのは，元の出発点そのものではないだろうか。こうして，構成主義と現実主義との接近は，当該学問の来し方・行く末に切実な問題を投げかけているのである。

おわりに

　以上，構成主義と現実主義の射程について考察を加える中から，国際関係論が循環的に展開されてきた可能性を指摘した。ここから，直ちに，国際関係論が発展を見てこなかったということにはなるまい。一巡して戻ってきた古典的現実主義は，当初理解されていたそれとは別様の形をとっているとも考えられる。テクストが著者の意図を超える形で解釈に開かれているということは，既に言い尽くされてきたことであり，読み手の空間的・時間的文脈を無視することはできない[52]。その上で，ルボウやウィリアムズを通じて改めて読み解かれた古典的現実主義が，相対主義との対決といった点において，ポスト構造主義を初めとする批判的理論よりも示唆に富んでいるというのであれば，循環の中にも発展を見ることは可能かもしれない。

　学説史に関する理解が当該学問の行く末に影響を与えるとすれば，こうした点を明確にしていくことは，現下，見過ごすことが出来ない重要性を帯びている[53]。今後は，各理論の差異をより詳細に検討していくことが必要であろう[54]。こうして，現在の理論状況における問題の所在を明らかにしたことは，以上の議論が持つ意義の一つと言える。

ただ，このように述べた場合，では，これらの論点が日本の国際政治学にとってどのような意味を持っているのかと訝る向きもあるかもしれない。以上で提示してきた議論は，概ね，英米の学説史に関する理解を基礎に，近年におけるその修正を整理する中で浮かび上がってきたものである。したがって，日本の研究者らがこの文脈を共有してはいないのではないかという疑問が現れるのも当然である。

そこで，最後に，本稿が日本の国際政治学に持つ意味を明らかにしておく必要があると思われるが，まずは，上に「大論争」史観と呼んできた学説史理解も，日本の国際政治学にとって無縁ではないことが強調されなければならない。「第一の論争」という見方は，1950年代の邦語文献にも既に表れており，1970年代の標準的教科書において，議論はさらに「第二の論争」まで拡張され，現代では「第三の論争」に関する記述も見られるに至っている[55]。学問体系が各国ごとに異なったものであることは強調されて良い。ただ，日本の国際政治学は伝統的に英米からの輸入学問に堕してきたとの評もあることを考えるならば，差異を強調しすぎることにも注意が必要であろう[56]。良かれ悪しかれ，日本の国際政治学は，少なくとも一面において，英米の国際関係論の影響の下に発展を見てきたはずである。その上で，「大論争」史観が積極的に受容されてきたのに比べると，近年の学説史研究については，まとまった議論が見られない。この事情に鑑みるならば，本稿で提示した整理は，それ自体として一定の意味を持つと考えられる。

他方，日本においては，科学主義が隆盛を迎えず，むしろ古典的現実主義が広く支持されてきたことも，否定し難い事実である。しかし，実のところ，この面において，本稿の議論はより重要なものを含んでいる。というのも，戦後の日本で受容された古典的現実主義とは，ルボウやウィリアムズの描くそれに近いものだったと思われるからである。戦中・戦後において，カーを手にした日本の知識人が注目したのは，『危機の二〇年』の理論枠組みと同様かそれ以上に，『平和の条件』における近代西欧の思想的な行き詰まりに関する記述であった[57]。1960年代，日本に現実主義者が陸続と現れた際には，彼らが言う「現実」とは何かが問題となった[58]。こうした背景に鑑みた際，日本の国際政治学は，古典的現実主義への揺り戻しを経験している欧米の国際関係論との間に，現在，新たな接点を見出す機会

を与えられているように思われるのである。そして近年，我が国においては，戦前・戦後の日本の国際政治学者を対象とした議論も，欧米の古典的現実主義者を扱った研究も，その数を増してきている[59]。

これらの諸点は議論に別稿を要するものであり，ここでこれ以上詳細に論じることはできない。差し当たり，こうした動きから新たな対話が生まれる可能性と，それに対して以上の議論がささやかな貢献を為し得ることへの期待とを述べて，本稿の結論に換えたい。

【付記】 本稿の元となった論文は京都国際関係論研究会（2010年8月，於同志社大学）において報告の機会を得た。貴重なコメントを下さった参加者の皆様に記して感謝します。
尚，本稿は，村田学術振興財団研究助成及び科学研究費補助金（19GSO103）による研究成果の一部である。

(1) Charles W. Kegley, "The Neoidealist Moment in International Studies? Realist Myths and New International Realities," *International Studies Quarterly*, 37 (1993), pp. 131-46.
(2) Judith Goldstein and Robert O. Keohane (eds.), *Ideas and Foreign Policy: Beliefs, Institutions, and Political Change* (Cornell University Press, 1993).
(3) Friedrich Kratochwil and John G. Ruggie, "International Organization: A State of the Art on the Art of the State," *International Organization*, 40 (1986), pp. 753-75.
(4) Alexander E. Wendt, "The Agent-Structure Problem in International Relations Theory," *International Organization*, 41 (1987), pp. 335-70.
(5) Peter J. Katzenstein (ed.), *The Culture of National Security: Norms and Identity in World Politics* (Columbia University Press, 1996).
(6) Jeffrey T. Checkel, "The Constructivist Turn in International Relations Theory," *World Politics*, 50 (1998), pp. 324-48. 次も参照。Jennifer Sterling-Folker, "Competing Paradigms or Birds of a Feather? Constructivism and Neoliberal Institutionalism Compared," *International Studies Quarterly*, 44 (2000), pp. 97-119.
(7) James Fearon and Alexander Wendt, "Rationalism v. Constructivism: A Skeptical View," in Walter Carlesnaes, Thomas Risse, Beth A. Simmons (eds.), *Handbook of International Relations* (Sage, 2002), pp. 52-72.
(8) Ted Hopf, "The Promise of Constructivism in International Relations Theory," *International Security*, 23 (1998), pp. 171-200.

(9) Stefano Guzzini, "A Reconstruction of Constructivism in International Relations," *European Journal of International Relations*, 6 (2000), p. 172.
(10) MajaZehfuss, *Constructivism in International Relations: The Politics of Reality* (Cambridge University Press, 2002).
(11) Michael Barnett and Raymond Duvall, "Power in International Politics," *International Organization*, 59 (2005), pp. 39-75.
(12) Jennifer Sterling-Folker, "Realism and Constructivist Challenge: Rejecting, Reconstructing, or Rereading," *International Studies Review*, 4 (2002), pp. 73-97; J. Samuel Barkin, "Realist Constructivism," *International Studies Review*, 5 (2003), pp. 325-42.
(13) Robert W. Cox, "Social Forces, States and World Orders: Beyond International Relations Theory," *Millennium: Journal of International Studies*, 10 (1981), pp. 126-55; Richard K. Ashley, "The Poverty of Neorealism," *International Organization*, 38 (1984), pp. 225-86.
(14) Robert O. Keohane (ed.), *Neorealism and Its Critics* (Columbia University Press, 1986); マイケル・J・スミス『現実主義の国際政治思想―M・ウェーバーからH・キッシンジャーまで』(押村高訳, 垣内出版株式会社, 1997年, 原著は1986年)。
(15) 例えば, 次を参照。Gideon Rose, "Neoclassical Realism and Theories of Foreign Policy," *World Politics*, 51 (1998), p. 153.
(16) John A. Vasquez, "The Realist Paradigm and Degenerative versus Progressive Research Programs: An Appraisal of Neotraditional Research on Waltz's Balancing Proposition," *American Political Science Review*, 91 (1997), pp. 899-912; Jeffrey W. Legro and Andrew Moravcsik, "Is Anybody Still a Realist?" *International Security*, 24 (1999), pp. 5-55.
(17) Robert Jervis, "Hans Morgenthau, Realism, and the Scientific Study of International Politics," *Social Research*, 61 (1994), pp. 853-76.
(18) Peter D. Feaver et al, "Brother, Can You Spare a Paradigm? (Or Was Anybody Ever a Realist?)" *International Security*, 25 (2000), pp. 165-93.
(19) Brian C. Schmidt, "On the History and Historiography of International Relations," in Walter Carlesnaes, Thomas Risse, and Beth A. Simmons (eds.), *Handbook of International Relations* (Sage, 2002), pp. 3-22.
(20) Yosef Lapid, "The Third Debate: On the Prospects of International Theory in a Post-Positivist Era," *International Studies Quarterly*, 33 (1989), pp. 235-54; John A. Vasquez, *The Power of Power Politics: A Critique* (Pinter, 1983).
(21) ラピドの論文も, 同時代の論争を枠付けることに主眼を置いており, 第一・第二の論争について多くを語るものではなかった。DarshanVignes-

waran and Joel Quirk, "Past Masters and Modern Inventions: Intellectual History as Critical Theory," *International Relations*, 24 (2010), p. 121.

(22) 科学主義がどの程度まで普及したのか,あるいはそれに対してウォルツの理論がどこまで貢献したかといった問題は,議論があるところと言えよう。ただ,ここで重要なのは,この科学主義が「第二の大論争」という歴史の画期を為す事件の中に主要な位置を与えられているという事実とその含意である。この点,グッツィーニも指摘しているように,必ずしも行動論や実証主義を全面的に受け入れたわけではなかったウォルツが,ともかくも一つの象徴として,この「論争」後,科学的理論の急先鋒へと祀り上げられたことが重要であるように思われる。Stefano Guzzini, *Realism in International Relations and International Political Economy* (Routledge, 1998), p. 136. 実に,スタンリー・ホフマンが,国際関係論における科学主義の過剰を歎じたのは,ウォルツの流行と同じ頃のことだったのである。Stanley Hoffmann, "An American Social Science: International Relations," *Daedalus* 106 (1977), pp. 41-60. なお,「第二の論争」が集団的にどう理解(記憶)されてきたかが,現在の国際関係論にとっていかに重要かを論じた研究として, Friedrich Kratochwil, "History, Action, and Identity: Revisiting the 'Second' Great Debate and Assessing Its Importance for Social Theory," *European Journal of International Relations*, 12 (2006), pp. 5-29.

(23) 例えば,ブライアン・シュミットは,政治学史家ジョン・ガネルの方法論を借用しつつ,第二次世界大戦以前の政治学者らの議論を分析し,そこにおいて国内政治分析と国際政治分析とが融合していたことを肯定的に評価した。Brian C. Schmidt, *The Political Discourse of Anarchy: A Disciplinary History of International Relations* (SUNY Press, 1998).

(24) 例えば, Alistair J. H. Murray, *Reconstructing Realism: Between Power Politics and Cosmopolitan Ethics* (Keele University Press, 1997).

(25) 代表例として,デーヴィッド・ロング/ピーター・ウィルソン(編)『危機の二〇年と思想家たち—戦間期理想主義の再評価』(宮本盛太郎/関静雄監訳,ミネルヴァ書房,2002年,原著は1995年)。

(26) Charles Jones, *E. H. Carr and International Relations: A Duty to Lie* (Cambridge University Press, 1998).

(27) ジョナサン・ハスラム『誠実という悪徳—E・H・カー 1892−1982』(角田史幸/川口良/中島理暁訳,現代思潮社,2007年,原著は1999年)。

(28) 例えば, Michael C. Williams (ed.), *Realism Reconsidered: The Legacy of Hans J. Morgenthau in International Relations* (Oxford University Press, 2007).

(29) 両者の議論を近年の動向を示す代表例として同列に扱った他の例としては, Vigneswaran and Quirk, *op. cit.*, pp. 124-25.

(30) Richard Ned Lebow, *The Tragic Vision of Politics: Ethics, Interests and Orders* (Cambridge University Press, 2003), p. 27
(31) Ibid., pp. 28-34.
(32) Ibid., p. 275.
(33) Ibid., pp. 20-21.
(34) Michael C. Williams, *The Realist Tradition and the Limits of International Relations* (Cambridge University Press, 2005), pp. 5-9.
(35) Lebow, *Tragic Vision*, pp. 250-56.
(36) Ibid., pp. 228-29.
(37) Ibid., p. 231.
(38) Ibid., p. 233.
(39) Ibid., p. 238.
(40) Ibid., p. 247.
(41) Ibid., p. 249.
(42) Williams, *Realist Tradition*, pp. 84-93.
(43) Ibid., pp. 93-99.
(44) Ibid., pp. 99-104.
(45) Ibid., p. 115.
(46) Ibid., p. 117.
(47) Guzzini, *Realism in International* Relations.
(48) R. B. J. Walker, *Inside/Outside: International Relations as Political Theory* (Cambridge University Press, 1993); Duncan Bell, "Anarchy, Power and Death: Contemporary Realism as Ideology," *Journal of Political Ideologies*, 7 (2002), pp. 221-39.
(49) Steve Smith, "The Forty Years' Detour: The Resurgence of Normative Theory in International Relations," *Millennium: Journal of International Studies*, 21 (1992), pp. 489-506.
(50) Williams, *Realist Tradition*, pp. 143-44.
(51) 次も参照。Emmanuel Navon, "The 'Third Debate' Revisited," *Review of International Studies*, 27 (2001), pp. 611-25.
(52) 国際関係論では，特に，Gerald Holden, "Who Contextualizes the Contextualizers? Disciplinary History and the Discourse about IR Discourse," *Review of International Studies*, 28 (2002), pp. 253-70.
(53) John S. Dryzek and Stephen T. Leonard, "History and Discipline in Political Science," *American Political Science Review* 82 (1988), pp. 1245-60.
(54) この点，現実主義と自由主義の両方に共通する源泉から，共和主義という別の流れを導き出すダニエル・デュードニーの議論や，現実主義と構

成主義の双方の核を画定することで，個別の実質的理論を組み上げていくための対話を促そうというサミュエル・バーキンの試みは，示唆に富むものを含んでいる。Daniel H. Deudney, *Bounding Power: Republican Security Theory from the Polis to the Global Village* (Princeton University Press, 2007); J. Samuel Barkin, *Realist Constructivism: Rethinking International Relations Theory* (Cambridge University Press, 2010).

(55) 例えば，川田侃『国際関係概論』(東京大学出版会，1958年)，花井等『現代国際関係論』(ミネルヴァ書房，1974年)，原彬久『国際関係学講義』(有斐閣，2006年)。

(56) 田中明彦「序論国際政治理論の再構築」『国際政治』124 (2000年)，1～10頁。

(57) 清水幾太郎『私の読書と人生』(要書房，1949年)，199～200頁。

(58) 差し当たり，高畠通敏「六〇年代の政治的現実主義」『思想の科学（第六次）』53 (1975年)，7～11頁。

(59) 前者の代表的な例としては，酒井哲哉『近代日本の国際秩序論』(岩波書店，2007年)。後者については，特に，山中仁美「『新しいヨーロッパ』の歴史的地平—E・H・カーの戦後構想の再検討」『国際政治』148 (2007年)，1～14頁，三牧聖子「『危機の二十年』(1939) の国際政治観—パシフィズムとの共鳴」『年報政治学』2008-Ⅰ (2008年)，306～323頁，宮下豊「モーゲンソーにおける＜近代＞批判—あるいは彼の（国際）政治思想に『リアリズム』として接近することの限界」『年報政治学』2010-Ⅰ (2010年)，171～193頁。

レーガン政権における大統領権力の拡大
—保守的法律家の憲法解釈と署名見解の制度化—

梅川　健*

はじめに

　現代のアメリカ大統領制を一言で表現するとすれば，どのような言葉が適当だろうか。アーサー・シュレジンジャーはニクソン政権の分析から，「帝王的大統領制」という概念を提示したが，その後のすべての政権を帝王的大統領制と呼ぶのは難しい[1]。その他に大統領研究者が長く共有してきた概念としては，「現代的大統領制」というものがあるが，これは「帝王的大統領制」よりも古い言葉である。現代的大統領制とは，大統領が議会に対してアジェンダを設定し，行政部を率いて政治的問題を解決していく大統領中心の政治システムの呼称であり，フランクリン・ローズヴェルト政権において成立したと論じられている[2]。しかしながら現代のアメリカ政治を，同じ概念によって説明することには後述するような限界がある。

　2000年代になると，「行政的大統領制（Administrative Presidency）」という言葉によって1980年代以降の大統領制の発展を記述しようという研究が現れた[3]。行政的大統領制とは，本来であれば大統領と議会によって監督されるはずの行政部を，大統領が単独で監督することで政策アジェンダを実現していくような大統領中心の政治システムである[4]。行政的大統領制についての研究は，大統領による行政部の監督の手段としての人事制度，大統領執政府による行政部の意思決定や予算執行の監督，あるいは行政命令や，本稿でとりあげる署名見解（Signing Statement）の発展の歴史を論じてきた。行政的大統領制は，議会からの協力を必要とせずに，むしろ議会からの介入を遮断することによって作動するとされている点において，

---

　*　Yale University, Fox International Fellow　アメリカ政治外交史専攻

議会と協調する大統領を前提とする現代的大統領制と異なっている。

　もちろん，現代の大統領にとっても，議会との協調は統治のための不可欠な要素であり，現代的大統領制の側面が失われたわけではない。しかしながら本稿では，行政的大統領制という視点が，過去30年間の大統領制の発展を理解するために有用であるという立場から，行政的大統領制を支える柱の一つである大統領の署名見解に着目したい。本稿は，署名見解の制度化の過程を論じることによって，制度としての大統領制の発展の経緯を明らかにする。その際に，レーガン政権に参加した保守派の法律家が持ち込んだ憲法解釈についての新しいアイディアが，署名見解の制度化の鍵であったことを，アメリカ合衆国国立公文書館と，ロナルド・レーガン大統領図書館において収集した一次資料を用いて論証する。

　アメリカ大統領研究の文脈における本稿の意義は，レーガン政権の司法省による憲法解釈の変更が大統領権力の拡張をもたらしたことを示すことで，憲法に由来する大統領の権限は不変であるという，従来の大統領研究が依拠してきた前提に修正を加える点にある。また，本稿はアメリカ政治発展論の研究に対して，アイディアによる制度発展というパターンを提示するという点で意義がある。

　署名見解の研究の文脈においては，これまでの先行研究は署名見解が行政部のコントロールの手段として発展したと理解してきたが，本稿は，レーガン政権の保守的な法律家たちが，署名見解によってリベラルな司法府を抑制することを第一の目的としていたことを示すことで，保守のイデオロギーが行政的大統領制の発展に不可欠であったことを指摘したい。

　最後に，これまでの日本におけるアメリカ政治研究は，過去30年ほどの間に生じた政治的変化として，政策の保守の方向への転換やイデオロギー的な分極化を指摘してきたが[5]，本稿は，大統領制の制度的な変容も同時に生じていたという知見を付け加えるものである。

　以降，第一節では，大統領の署名見解とはどのような権力行使の手段であるのかを，法学と政治学の先行研究を整理しながら論じ，第二節では，レーガン政権がどのようにして保守的なイデオロギーに裏付けられた憲法解釈を政権に取り込んだのかを，司法省と保守的法曹団体との関係から明らかにしたい。第三節では，署名見解が大統領の定型的なツールとして制度化されていった過程を明らかにする。具体的には，まず署名見解の新し

い運用方法が司法省内の保守的法律家によって提案され，次に，起草プロセスと運用方法について司法省とホワイトハウスにおいて合意が形成された経緯を明らかにする。

1 署名見解の運用の変化

1－1 署名見解とは何か

本稿の目的は，レーガン政権における署名見解の制度的発展の過程を示すことにあるが，まずは，日本のアメリカ政治研究の文脈では耳慣れない，署名見解の説明から始めたい。アメリカの大統領は立法に関して憲法上，極めて限られた権限しか与えられておらず，議会へ教書を送付する権限に加えて，上下両院を通過した法案に対して署名をするか，拒否権を行使するかという権限を持つにすぎない。ところが，現代の大統領は，法案に署名する際に署名見解という文書を付与する。大統領は署名見解の中で，その法律の意義や，条文解釈や具体的な執行の方法を明示する。署名見解は公的な文書であり，*Weekly Compilation of Presidential Documents*（以降，WCPD）と，*United States Code Congressional and Administrative News*（以降，USCCAN）に記載される。

ここで，署名見解の例を挙げたい。2005年12月30日にジョージ・W・ブッシュ大統領は，拷問禁止条項が盛り込まれた2006年会計年度国防総省歳出予算法に対して，次のような署名見解を付与した。

> 「執政府は，捕虜の扱いを定める本法の第Ａ目の第10編に関して，軍の最高司令官である大統領の憲法上の権限と一致するように解釈する。」[6]

この簡素な一文が重要な意味を持っていた。第10編とは拷問を禁止する条項であり，ブッシュはこの署名見解によって，政権として拷問の選択肢を捨てないことを宣言したのである。議会は拷問禁止条項によって執政府の行動を抑制しよう試みたが，ブッシュは署名見解によって，議会の同意なしに一方的に変更を加え，骨抜きにしたのであった[7]。

このような法案の一部についての無効を主張する署名見解は，ブッシュ

政権に限られるものではない。バラク・オバマ大統領は，2009年会計年度歳出予算法への署名見解において，「法案に明白な憲法違反が含まれている場合，それを指摘するというのは，大統領が果たすべき正当な憲法上の役割である」と述べている[8]。しかしながら，合衆国憲法は，大統領に対して署名をするか拒否権を用いるかという選択肢しか示していない。それでは，アメリカの大統領はどのようにそのような新たな権力を獲得したのだろうか。

1－2　署名見解の種類と歴史的傾向

歴史を振り返ってみると，大統領は，20世紀初頭から署名見解を用い，立法に対する自らの立場や，法案成立に尽力した議員への感謝の言葉を記していた。これらの署名見解は，立法の成果を大統領自身の業績として主張するために用いられており，修辞的署名見解（Rhetorical Signing Statement）と呼ばれている[9]。

他方で，レーガン以降の大統領は皆，署名見解の中で，議会の定める条文が大統領権限を侵害しているために，執行の際に違憲状態が発生しないように条文を「解釈する」，あるいは違憲であるために「執行しない」と宣言してきた。このような署名見解は，憲法的署名見解（Constitutional Signing Statement）と呼ばれている。先に例示したブッシュ大統領による署名見解は，憲法的署名見解である[10]。

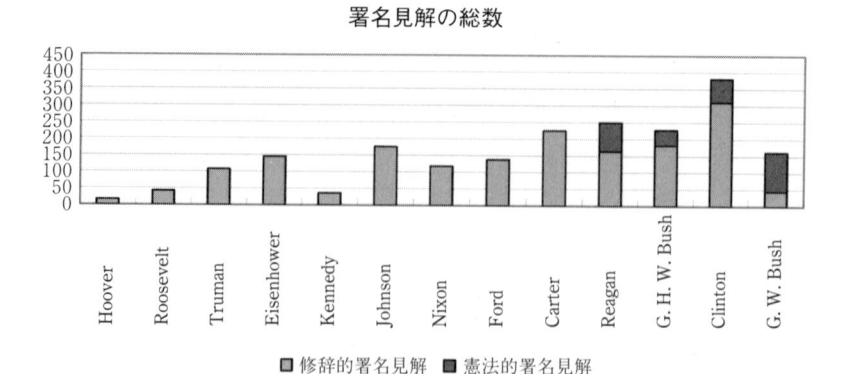

署名見解の総数

■ 修辞的署名見解　■ 憲法的署名見解

出典：Harold Stanley and Richard Niemi, *Vital Statistics on American Politics 2009-2010*, (Washington D.C.: CQ Press, 2009), 248-249より作成

図は，署名見解を，修辞的署名見解と憲法的署名見解に分類し，その歴史的傾向を示したものである。レーガン政権から運用されるようになった憲法的署名見解は，共和党と民主党の大統領のどちらにも使用されており，大統領の権力行使の手段として定着しているといえる。以降，本稿では，政策の実質的な内容を変更する憲法的署名見解に焦点を絞り，論述を進めていく。

1-3 署名見解の効果：法学の先行研究の整理

それでは，条文の違憲性を宣言する憲法的署名見解は，どのような効果を持つのだろうか。アメリカの憲法学はこの問題について議論を重ねてきた。法学者たちは，大統領による署名見解の憲法上の正当性について，「大統領には署名見解を付与する権限はなく，法案の中に違憲である条項を発見した場合には拒否権を用いるべきである」という主張と，「大統領は法を誠実に執行する義務を負うとともに，憲法を守るという義務を負っており，大統領が違憲だと見なした条項については執行しないと宣言することこそが，大統領の憲法上の義務を果たすことになる」という主張を対立させてきた[11]。

その一方で，署名見解の効果については両者の間には合意が見られる。法学者が指摘してきた署名見解の効果とは，第一に制定法の実質的な内容を変更するという効果であり，第二に裁判所の判決に対する効果であり，第三に行政部の法執行を左右するという効果である。

制定法の実質的な内容を変更するという署名見解の効果については，署名見解の正当性を認める法学者と疑う法学者の間に合意が見られる。正当性を認める法学者は，スティーブン・カラブレシのように，大統領が署名見解において，制定法の一部について違憲無効を主張することによって，その条文の執行が差し止められ，違憲状態が回避されるのだと考える[12]。

大統領が署名見解によって制定法の一部無効を宣言した場合，議会は，大統領による一方的な制定法の変更を覆す機会を与えられない。署名見解の正当性を疑う法学者によれば，署名見解は大統領に，覆されることのない拒否権を与えるのである。彼らによれば，憲法は大統領に絶対的な拒否権を与えておらず，連邦最高裁判所も1998年に項目別拒否権について違憲判断を下しており[13]，大統領は絶対的かつ項目別拒否権のような効果を持

つ署名見解を用いるべきではない。署名見解の正当性を疑う法学者も，署名見解が制定法の内容を実質的に変更する効果があると理解している点が重要である[14]。

　法学者たちは，裁判官が署名見解で示された大統領の法解釈を参照することの正当性についても意見を違えている。「法解釈は裁判所の専権事項であり，裁判所は大統領の署名見解に示される法解釈に従うべきではない」という議論と，「大統領の法解釈も立法史の一部を構成しているために，裁判所は立法者意思を参照する場合には，大統領の署名見解も参照するべきである」という議論が対立している。しかしながら，このどちらの議論も，署名見解が過去の裁判において，条文解釈の根拠になってきた事例を認める点では共通している[15]。

　クリスティ・キャロルによれば，1986年から1997年の期間に42の連邦裁の判例において大統領の署名見解が引用されており，少なくとも9つの判例において，署名見解が条文解釈の際の根拠として用いられている[16]。署名見解の法的な文書としての価値を否定する法学者たちは，これらの判例を例外的であると論じるのに対し，キャロルは，裁判所が署名見解を採用する際には一定の基準があると主張する。その基準とは，行政部が制定法の執行にあたり，大統領の署名見解を条文解釈のための根拠として用いており，署名見解の解釈が行政部の専門性によって保証されていることである[17]。

　署名見解を条文解釈の根拠としている一連の判例が，例外的であるのか，あるいはキャロルの言うように，裁判所の基準の表れであるのかは，今後の議論を待つ必要がある。どちらにせよ，彼らの議論は共に，署名見解が裁判官の意思決定にとって重要な役割を果たすことがあるという点において理解を同じくしている。

　署名見解の行政部に対する効果について論じたのは，カーティス・ブラッドレーとエリック・ポズナーであった。彼らによれば，署名見解は，行政部に対して大統領の法解釈を伝達し，具体的な法執行の方法を定めるという機能を持っており，行政部の長たる大統領は，憲法上そのような権限を与えられている。彼らは，行政部をコントロールするためのツールという点で，署名見解は行政命令と同じ効果を持つと論じている[18]。

1－4　ユニラテラルな権力としての署名見解：政治学の先行研究の整理

　政治学における署名見解についての研究は，署名見解が制定法の実質的な内容を変更するという，法学者たちの研究を土台としながら進められてきた。署名見解についての先行研究は，大統領と議会の関係に焦点を当てる研究と，大統領と行政部の関係を論じる研究に大別できる。

　大統領と議会との関係において，署名見解は，大統領のユニラテラルな権力の研究という文脈に位置づけられてきた。大統領研究においては，大統領が立法過程を頼らずに単独で政策を形成する権力を「ユニラテラルな権力」と呼び，1990年代の終盤から研究が進められてきた[19]。それ以前の大統領研究の主流は，1960年代にリチャード・ニュースタットによって設定された「他者を説得することによって自らの政策を実現する大統領」という視点から，議会の立法過程に大統領がどのような影響力を持つのかを明らかにしようというものであった[20]。説得する大統領という像は，冒頭に述べた「現代的大統領制」における大統領の姿である。

　大統領のユニラテラルな権力についての研究は，行政命令を分析対象としたウィリアム・ハウエルによって方向性が定められた。彼によれば，大統領は自らの政策を実現するために，議会を通じた立法と，行政部による法執行のコントロールという二つの回路を持つにもかかわらず，従来の研究は立法過程にしか注目してこなかった。ハウエルは，大統領は行政命令によって，議会を経由せずに政策を定めていると主張し，大統領が単独で政策形成できる点に着目し，このような権力を「ユニラテラルな権力」と定義した[21]。

　署名見解もユニラテラルな権力であるという位置づけは，フィリップ・クーパーによってなされた。彼は，大統領が署名見解によって，議会との交渉を経ずに制定法の内容を変更できるという点に着目し，大統領のユニラテラルな権力行使の手段の一つであると論じた。さらにクーパーは，署名見解について議会による対抗の手段が制度的に確立されておらず，大統領にとっての絶対的な拒否権として機能しうる点を指摘し，三権の間の抑制と均衡のバランスを歪める恐れがあると主張した[22]。

　クリストファー・ケリーとブライアン・マーシャルは，統計的な手法によって，初めて包括的に署名見解を分析した。彼らは，署名見解がユニラテラルな権力であるならば，大統領は議会との合意の形成が困難な場合に

署名見解に頼るだろうという仮説を立て，実際に，大統領は分割政府の状況において署名見解を多用してきたことを示した[23]。

ケリーとマーシャルの分析は，統計分析の段階において，修辞的署名見解と憲法的署名見解を分類しなかったという問題点を持っていたが，マイケル・ベリーがその点を修正した。ベリーは，二種類の署名見解を分類した後に統計分析を行い，法案が大統領の権限を抑制するほどに，制定法の内容を変更する憲法的署名見解が付与される確率を上げるという結果を示した。ベリーの研究においても，大統領は署名見解をユニラテラルな権力として用いていることが示された[24]。

ローリー・ライスは，行政見解（Statement of Administration Policy）という，立法過程の早期の段階で議会に対して大統領が政策選好を明示する文書と，立法過程の最後に大統領の法解釈を示す署名見解とを比較することによって，署名見解が議会との交渉を避けることを目的に使用されているのかどうかを検証した。ライスによれば，署名見解の半数は，行政見解を伴っておらず，議会にとって大統領の法解釈が不意打ちとなっていることを明らかにした[25]。この点においても，署名見解は，議会を迂回した政策内容の変更をなしており，ニュースタットの言うような，説得によって政策の実現を目指す大統領像と現代の大統領のリーダーシップは大きくかけ離れているといえる。

大統領と行政部の関係に焦点を当てる研究においては，署名見解は，「一元的執政府（Unitary Executive）」を実現するための手段であると理解されてきた。「一元的執政府」とは，行政機能を持つすべての機関を監督する権限は，憲法第二条によって大統領に独占的に与えられている，という考え方であり，大統領は単独で行政部を監督すべきであって，議会による監督は大統領の憲法上の権限の侵害であるという帰結を導く[26]。

アンドリュー・ルデイルヴィッジは，レーガン以降の大統領が，大統領単独による行政部のコントロールを実現しようと試みてきたと論じ，そのような大統領制のあり方を行政的大統領制と呼んだ。ルデイルヴィッジによれば，署名見解は，行政的大統領制の実現のための重要なツールとして機能している[27]。

現代の大統領制が，行政的大統領制という形に変容してきているのだとすれば，どのように制度変化が生じてきたのだろうか。このような疑問に

答えようとしたのが，クリストファー・ケリーであった。彼は，レーガン政権が行政組織による法の執行をホワイトハウスから一元的に管理しようという野心を持っており，そのために署名見解を法令集であるUSCCANに掲載し，大統領の法解釈を示すようになった，と論じている[28]。USCCANの中で，署名見解は，制定法がどのように立法されたのかという「立法史（Legislative History）」の一部として記載されることになった。立法史とは，制定法の文言が，立法過程においてどのように理解されていたのかを示すものであり，裁判において制定法の文言の解釈が争われる際に引用されるものである。

　ただし，ケリーによる署名見解の発展の経緯の説明には問題がある。レーガン政権期に署名見解が記載されるようになったUSCCANは，制定法を収録する法令集であり，その主要な読者は，訴訟に携わる弁護士と裁判官である。WCPDとは異なり，USCCANは，法律事務所とロースクール図書館に必ず所蔵されている基本的な文献である。WCPDとUSCCANは，想定する読み手が異なっており，USCCANによって行政部への命令を試みたとは考えにくい。

　すなわち，署名見解を「立法史」として位置づけたレーガン政権には，法曹に対して大統領の法解釈を伝えるという意図があったと推測する方が自然である。本稿では，レーガン政権において憲法的署名見解が増加した理由として，行政組織のコントロールではなく，法律家への法解釈の伝達という意図が関係していたという視点に立って議論を進めたい。

1－5　問いの設定

　本稿では，なぜ署名見解の運用方法がレーガン政権において変化したのか，という問いを立てたい。この問いを，レーガン政権期において，「誰が，憲法的署名見解の制度化を推し進めたのか」，「憲法的署名見解の制度化は，どのようなアイディアと意図によるものだったのか」そして「憲法的署名見解の制度化を可能にした背景は何であったのか」という三つに分けて論証する。

　その際には，レーガン政権に雇用されていた法律家，とくに司法省の法律顧問室（Office of Legal Counsel）に着目する。この理由は，先に述べたように，法曹を読者とするUSCCANの「立法史」への署名見解の記載が，

レーガン政権における署名見解の運用の変化を象徴しているためである。

　第二節では，まず，レーガン政権の司法省法律顧問室に登用された人材の特徴を，リクルートの過程から描き出し，次に，彼らが政権に持ち込んだ憲法解釈のアイディアを明らかにしたい。第三節では，署名見解の制度化を推し進めることになった偶発的な条件と，法律顧問室の法律家たちによる制度化の過程を明らかにする。

2　保守的法律家集団と新しい憲法解釈

2-1　フェデラリスト・ソサエティと司法省

　レーガン政権の司法省の特徴は，保守的な法律家を多く雇い入れた点にある。ここで言う保守的な法律家とは，連邦政府による経済規制が望ましくないというリバタリアン的な考え方を持つ法律家や，60年代から70年代にかけて最高裁判所がリベラルな判決によって権利を「創出」したと考え，司法積極主義に反対するような法律家である。法曹界はリベラル派が多数を占めており，保守派は少数派の立場にあった。レーガン政権が，そのような状況の下に保守派の法律家を大量に雇用することができた背景には，ロースクールの保守的な学生を中心とした全国的な組織の存在があった[29]。

　1982年に，イェール大学，シカゴ大学，ハーバード大学とスタンフォード大学のロースクールに，保守的な学生の組織が成立した。彼らは大学を超えて連携し，保守的な学生の交流のためのシンポジウムを開催することに決めた。最初のシンポジウムは1982年4月にイェール大学において，連邦制をテーマとして開かれた。このシンポジウムを主催していた各大学のロースクールに基盤を持つ学生組織の連合体が，フェデラリスト・ソサエティ（The Federalist Society for Law and Public Policy Studies，以降 FS）の設立当初の姿であった[30]。

　FS は着実に支部を拡大していき，1983年の秋になると，フルタイムの理事と事務所を持ち，実務家も参加するようになった。FS の設立には，各大学のロースクールの保守的な教員も力を貸しており，中でも，当時シカゴ大学のロースクールに在職していたアントニン・スカリアと，イェール大学のロースクールに在職していたロバート・ボークの協力が重要であった。スカリアもボークも，共に保守的な憲法解釈を主張することで知られてお

り，スカリアは1982年に連邦最高裁判事に任命されるほどの法律家であった[31]。

彼らは，ロースクールの学生に対して，後述するような保守的な憲法理論を提供し，人材育成の役割を果たすと共に，共和党政権への人材供給の役割をも果たしていた。スカリアは，保守系シンクタンクであるアメリカン・エンタープライズ・インスティチュートとFSとの間を取り持ち，ボークは多くのFSの法学生をレーガン政権の司法省に紹介した[32]。

レーガン政権の司法省において司法長官顧問を務めていたケネス・クライブによると，レーガン政権は保守的な政策の実現のために，心の底から保守のイデオロギーを信奉している法律家を必要としていた。クライブによれば「FSの人材は，個人的な損得によってイデオロギーを表明しているのではなく，保守の原則にただ忠実であるということが明白であるために非常に重要であった」と，FSの人材供給源としての側面を評価している[33]。同様に，司法省法律顧問室に勤めたチャールズ・クーパーも，FSについて「レーガン政権にとって，哲学的な支持者であり，知的なリソースであった」と述べている[34]。さらには，法学生にとってはFSの会員であったことが，レーガン政権の司法省での上級職の雇用の前提条件になっていたとさえ言われている[35]。

実際に，FSからは多くの会員が司法省に雇用されている。例えば，FSのイェール大学支部の設立メンバーであるスティーブン・カラブレシは，司法長官特別補佐官という上級の肩書きで司法省法律顧問室に採用された。他にもFSの協同設立者は司法省に採用されており，シカゴ大学支部を立ち上げたディヴィッド・マッキントッシュが，カラブレシと同じく司法長官特別補佐官に任命されている[36]。

2－2　リベラルと保守の憲法解釈：「生きた憲法」と「原意主義」

保守的法律家が持ち込んだ憲法理論はリベラル派に対抗する点で，レーガン政権にとって魅力的であった。リベラル派は，憲法を現在の価値にあわせて再解釈するべきであるという憲法解釈に則り，裁判で多くの新しい権利を獲得してきた。このような憲法解釈の方法を，「生きた憲法（Living Constitution）」と呼ぶ[37]。対して，保守派の法律家は，「原意主義（Originalism）」という憲法解釈を唱えた。憲法は，憲法制定者たちが解釈していた

ように解釈しなければならないという憲法解釈の方法である[38]。

レーガン政権において，原意主義をもっとも声高に主張したのは，政権二期目に司法長官を勤めたエドウィン・ミースであった。ミースは，1985年7月9日に，リベラル派が大半を占めるアメリカ法律家協会において，「憲法の原意をよりどころにしない裁判官は，憲法起草者たちの政治的思考ではなくて，裁判官自身の政治的傾向によって判決を下している」と述べ，リベラルな憲法解釈の方法は法の支配にはそぐわないと主張した[39]。

さらに彼は，「望ましいのは，原意に基づく法学 (jurisprudence of original intent) である」と続け，スピーチの最後には，「原意に基づく法学を押し進めていくことは，この政権のこれまでの政策であり，これからの政策でもある。我々が関わる訴訟において，唯一頼ることのできる判断の導き手として，憲法の原意を回復していく」と述べ，原意主義がレーガン政権公式の憲法解釈の方法であることを宣言した[40]。

2−3 原意主義から導かれる政治体制観：「三権同格主義」

ミースの原意主義には，「三権同格主義 (Departmentalism)」という政治体制システムの捉え方が付随していた。三権同格主義では，憲法制定者たちが，執政府，立法府，司法府のそれぞれに憲法を解釈する権限を与えたと理解する。三権同格主義は，憲法を最終的に解釈する権限が司法府に与えられていると考える司法優越主義と対立する政治体制についての認識である[41]。

ミースは，三権同格主義について，1986年10月21日に行ったスピーチにおいて詳しく述べている。ミースによれば，「憲法解釈は裁判所だけの仕事ではなく，三権それぞれの仕事」であり，「最高裁は憲法典の唯一の解釈者ではない」。「憲法によって創造された同格の三権のそれぞれは，政府としての機能を果たすために，憲法典を解釈する義務がある」と述べ，ミースは三権同格主義の主張を公にした[42]。

FSからレーガン政権に採用され，法律顧問室に勤めたカラブレシによれば，三権同格主義では，司法府による憲法解釈を最終的な判断としては受け入れない。つまり，それぞれの府が，それぞれに憲法解釈を行い，その憲法解釈が永続的に効果を持つと考える。それゆえに，三権同格主義は，司法優越主義に理論的に対抗するだけでなく，司法府による違憲判決の正

当性を疑うという点で，司法積極主義を抑制しようとする政治的主張でもあった[43]。

次節では，原意主義の憲法解釈と三権同格主義を信奉していた司法省の法律家たちが署名見解という道具に着目するようになった背景を論じた後に，法学上のアイディアが具体的な制度に昇華していった過程を一次資料から明らかにする。

3 保守的法律家による署名見解の制度化

3－1 チャダ判決とシェヴロン判決

レーガン政権の法律家たちによる署名見解の制度化は，以下に述べるように，1985年以降に始まったが，なぜ彼らは署名見解に着目したのだろうか。その背景として，同時期に出された連邦最高裁判例を指摘したい。

1983年に連邦最高裁判所は，議会拒否権についての違憲判決を下した[44]。議会は法案の中で予算と裁量を行政部に与えると同時に，行政部による法執行を取り消す権限を担当委員会や下院もしくは上院に留保するということを行っており，このような議会による取り消しの権限を議会拒否権と呼ぶ。言い換えると，議会拒否権とは，議会が行政部に授権した権限が適切に行使されているかを監督するための手段である。最高裁は，委員会による拒否権や，一院による拒否権がもたらす現状の変更が立法行為に相当し，憲法に定められているように大統領への提出を必要とすると論じ，議会拒否権を違憲であると判示した[45]。

最高裁は，議会拒否権の違憲性を論じる法廷意見において，「ウィルソン以降の大統領はみな，議会拒否権について，違憲であるとの見解を述べてきた」ことを指摘し，大統領による様々な形態での見解の提示を「大統領見解（Presidential Statement）」と，ひとまとめにして呼んだ[46]。この判決によって，レーガン政権の法律家は，最高裁判所が大統領の法解釈についての見解，とくに「大統領見解」に注意を払うことを知った。

1984年に下されたシェヴロン判決は，大統領による法解釈を公にすることの重要性をさらに高めた。シェヴロン判決において，最高裁判所は，曖昧な制定法の解釈の手順についてのガイドラインを定めたとされている。そのガイドラインとは，制定法の文言が曖昧である場合に，「裁判所はまず，

議会が直接に述べていることを，議会の意図だと見なさなければならない。議会の議論を参照した後にも不明確な点がある場合には，裁判所は，行政部による法解釈を合理的な解釈として参照しなければならない」というものであった[47]。

すなわちシェヴロン判決は，行政部の長たる大統領の法解釈が，裁判所によって参照される基準を定めたのである。法律顧問室長のダグラス・ケミエクによれば，「シェヴロン判決は，大統領の法解釈についての見解の重要性を認識させる鍵であった」[48]。チャダ判決とシェヴロン判決によって，大統領による法解釈は，実際に法廷において意味を持つ可能性が示唆されたのであり，1985年の一連の署名見解の改革の背景には，このような最高裁判所による判決があった。

3－2　司法省法律顧問室による改革の提言

司法省には，各法を専門とする様々な部局が存在するが，法律顧問室は憲法を専門とする部局であり，大統領の憲法上の権限を守ることを職務としている[49]。レーガン政権では，法律顧問室が署名見解の起草も担当していた。ただし，1985年までは，署名見解をどのような手順で作成するのかというプロセスは定まっておらず，そのために執政府内で署名見解の内容を巡る対立が生じることもあった[50]。

レーガン政権における署名見解の制度化は，FS から司法省法律顧問室に抜擢されたカラブレシが発起人であった。カラブレシは，1985年8月23日に司法長官ミースに対して，署名見解の運用方法の改善についてのメモを提出している。彼は，「司法積極主義の裁判所が，制定法の解釈の際に，議会委員会のレポートや議事堂での議論から構成される立法史から，恣意的に解釈の根拠を選び判決を下してきた」ことを問題視していた[51]。

カラブレシは，このような恣意的な法解釈を制限するために，「立法過程の不可欠な参加者としての大統領」が，法案の内容と合憲性について，どのような意見を持っていたのかを署名見解によって明らかにし，大統領自身の解釈を具体的に記すことによって，司法積極主義を掲げる裁判官たちの恣意的な法解釈を制限するべきだと主張した。カラブレシは，そのための方法として署名見解がふさわしいと考えていたが，署名見解が法律家にとってアクセスしにくいこと，その内容と重要性が法律家たちに知られて

いないこと，署名見解を作成するプロセスが整っていないことを問題視していた52。

具体的な問題点は，第一に，「USCCAN の出版元であるウェスト出版は，誰にでも手に入るように議会のレポートを印刷して公にしてきたが，署名見解を印刷して公にしてはこなかった」こと，第二に「弁護士と裁判官は，署名見解の存在を知らない。もしくは署名見解が，立法史を構成するという議論を知らない」こと，第三に「司法省の法律家は，議会のレポートを引用する一方で，署名見解をめったに引用しないこと」，第四に「現在の署名見解は，法的文書として不完全であり，きちんと準備されてこなかった」ことであった53。

カラブレシは，これらの問題点に対して，次のような改善策を提案している。「ウェスト出版に手紙を書き，大統領の署名見解を，議会のレポートと同様に印刷し出版するように求めること」，「司法長官ミースが，法曹の集会において，署名見解についてのスピーチを行うこと」，そして「司法省の法律家，並びに執政府内の法曹に署名見解を周知徹底すること」であった。

1985年8月3日のカラブレシのメモにおいて重要な点は，署名見解の改革によって，大統領の法解釈を，訴訟や判決に反映させようとしていたことである。カラブレシは署名見解を，行政部の監督のためにではなく，法曹に対して大統領の法解釈を伝達する手段として考えていた。このメモから，署名見解の運用についての改革が始まっていったのである。

3－3　署名見解の新しい目的：司法積極主義の抑制

カラブレシは，司法の場において大統領の法解釈を重視させることを目的としていたが，法律顧問室のサミュエル・アリートによる1986年2月5日のメモにおいて，カラブレシの考え方が司法省内の他のスタッフにも共有されていたことを確認することができる。

アリートは「署名見解が本来持つべき重要性を取り戻さなくてはならない」と切り出し，「大統領による法解釈は，議会での法律についての議論と同等の重要性がある」と続け，現在の裁判所における法解釈の問題点として，「裁判所において法律を解釈する際に，立法者意思として議会の意図が考慮されるだけである。めったに大統領による法解釈には言及されない」

ことを指摘している[54]。

　この原因としてアリートは,「議会での議論は立法史として定期的に公にされている」が,「大統領は,議会と同じ程度に,法律について論じるということはなかった」ことを挙げており,解決策として,「大統領の署名見解をはっきりと公にするべきである」と論じている[55]。

　アリートは,署名見解の積極的な使用によって,司法を抑制できると考えると同時に,議会からの反発を招くだろうことを予測していた。彼は,「このような新たな種類の署名見解は,議会に歓迎されないだろう。議会は,大統領が法律についての解釈を最後に付け加えることに憤るだろう。議会からの反応を考慮に入れなければならない。過去には法律顧問室によって準備された署名見解が,ホワイトハウス,または行政管理予算局によって,議会対策のために内容を変更されたこともあった。このような事態は今後さらに増えるだろう」と述べている[56]。

　アリートは,署名見解の作成プロセスについても具体的な方策を提示している。「各省庁はそれぞれに,解釈をほどこす署名見解を付与する法案の数を絞るべきである」と述べ,署名見解を付与する法案については,「議会を通過する見込みがある法案,重要性のある法案,解釈について重大な問題を抱えている法案」という基準を提案している[57]。

　カラブレシやアリートは,司法省の若手の法律家であったが,彼らが中心となった署名見解の運用の改善は,司法長官ミースによっても認められていた。1986年7月7日にミースはメモにおいて,「従来,裁判所と行政部は,議会や議会委員会での議論を意味する立法者意思に基づいて法律を解釈するべきだと言われてきた。しかし,それらは大統領の意図を反映していないこともあった。大統領の見解は,議会の記録と同等の重要性が付与されるべきである」と論じ,そのような重要性を大統領の法解釈に与えるために,署名見解において「大統領による合憲性と法解釈についての見解を示す」という「新しい署名見解の運用方法」を提案した[58]。

　司法省内部では司法長官ミースをはじめとして,署名見解を法律についての大統領の合憲性判断と法解釈とを提示する法的文書として理解するという合意が存在し,さらに,大統領による合憲性判断と法解釈を積極的に公開していくことが,署名見解の新たな運用方法として理解されていたといえる。

3－4　署名見解の新しい運用方法の制度化

　カラブレシの提言にあった署名見解の公刊について，1985年9月3日に，司法長官顧問のケネス・クライブから，法政策室（Office of Legal Policy）のジェイムズ・スピアーズへとメモが出されている。その中では，USC-CANを出版しているウェスト出版に，立法史の編集にあたり，大統領の署名見解も含めるように求める手紙の草案の作成が求められた[59]。

　スピアーズはクライブからの要求に応え，手紙を起草し，1985年12月13日にミースから，ウェスト出版の社長であるドワイト・オパーマンへと，USCCANに署名見解を記載するよう求める手紙が送られ，12月26日にはオパーマンから承諾の返事が届けられた。その結果，1986年からUSCCANの立法史には大統領の署名見解が記載されるようになった[60]。

　署名見解についての新しい運用方法をめぐるコンセンサスは，司法省を越えて，ホワイトハウス行政管理予算局にも浸透した。ミースによる署名見解の新しい運用方法という方針に基づいて，1986年9月2日に，行政管理予算局長のジェイムズ・ミラーが，署名見解作成の手順を定めている。

　ミラーによれば，「それぞれの省庁は，議会の立法を常に監視し，大統領に法案が提出される前に草案をつくり，行政管理予算局に提出すること。草案はその後，司法省の法律顧問室に送付される。最終的に，行政管理予算局と法律顧問室のコメントがつけられた草案は，行政管理予算局長によって大統領へと提出される」という手順であった[61]。

　こうして，レーガン政権に加わった保守派の法律家たちが中心となって，裁判所の恣意的な法解釈を制限することを目的に，大統領による法解釈を立法史の一部として残すという署名見解の新しい運用方法が制度化されたのであった。

おわりに

　20世紀の初頭から，大統領は，政策に対する大統領の立場の表明のために修辞的署名見解を用いてきた。レーガン以降の大統領は，憲法的署名見解において，条文についての憲法解釈と法解釈をほどこすようになった。現在では，署名見解は行政的大統領制を支えるツールであると法学者と大統領研究者によって認識されている。本稿の目的は，なぜレーガン政権に

おいて憲法的署名見解の運用が始まったのかを探ることであった。

　先行研究は，憲法的署名見解の目的を，行政部の法執行を大統領による法解釈によってコントロールすることだと論じてきた。ところが，レーガン政権の司法省の一次資料からは，その目的が，裁判所の「恣意的な」法解釈の制限であることが明らかになった。レーガン政権にとって，憲法的署名見解の本来の意図は，裁判において大統領の法解釈を反映させることであり，そのために，法律事務所やロースクールの図書館に必ず備えられているUSCCANに署名見解を記載し，法律家が大統領の見解にアクセスしやすくしたのである。それでは，なぜレーガン政権は法律家にむけて憲法解釈と法解釈を伝えようとしたのだろうか。

　1960年代以降，最高裁判所はいくつもの画期的な判決によって，人工妊娠中絶の権利などの新しい権利を創出したが，保守派からすれば，それらの判決は憲法と制定法の「恣意的な」解釈のもたらした害悪であった。裁判所の「恣意的な」法解釈の制限は保守派にとっての悲願であった。

　しかしながら，60年代と70年代の保守派は，リベラル派に対抗するだけの包括的な法学的アイディアと人材を育成しプールするような政治的インフラストラクチャーを持たなかった。また，原意主義という憲法解釈の方法そのものは，1930年代から憲法学においては細々と議論されていたが，政治的主張とは結びついていなかった。

　1980年代初頭に，保守派の法律家が原意主義の政治的有用性に気がついた。ミースや，スカリアやボークといった法律家たちである。彼らは，フェデラリスト・ソサエティのような，原意主義と保守派のイデオロギーを信奉する人材の組織化に尽力した。レーガン大統領の下で，原意主義のアイディアと，それを操る保守的法律家が，はじめて政治権力に結びついたのである。

　裁判所に対する保守派のアジェンダは司法積極主義の抑制であり，原意主義から派生した三権同格主義は，大統領による法解釈と憲法解釈に，裁判所による解釈と同じ価値を与えるという点で重要であった。三権同格主義という法学的なアイディアに支えられることで，レーガン政権は，大統領の独自の法解釈を公にすることを正当化できるようになったのである。

　最高裁判所によるチャダ判決とシェヴロン判決を背景として，裁判官と法律家にむけて大統領の法解釈を伝える媒体として署名見解が選ばれた。

レーガン政権の司法省法律顧問室が中心となって，署名見解を法律家へのメッセージとしてUSCCANに記載することと，各省庁がそれぞれの担当分野の法案について署名見解の草案を作成することが決められ，憲法的署名見解は，定型的な運用の形式を持つようになり，制度化がなされたのである。

　本稿では，署名見解の制度化の過程を明らかにしたことによって，どのように大統領の権限が拡張されたのかを示した。従来のアメリカ大統領研究の多くは，大統領の憲法上の権力は不変であると前提を置くが，本稿は，三権同格主義というアイディアが，大統領の担うべき憲法上の役割と権限を拡張したことを明らかにした。大統領は，ゲームのルールを定める憲法秩序そのものを，自ら書き換えうるのである。

　制度発展のパターンという側面から見ると，署名見解の制度化の過程は，新しいアイディアが実際の制度へと転換されていく過程であった。この発見には，制度変化がどのように生じるのかという課題に取り組むアメリカ政治発展論の文脈において，アイディアによる制度変化というパターンを示したという意義がある。また，大統領による政権運営の方法が，憲法解釈の変更によってもたらされたという視点は，別々に発展を遂げている法学と政治学とを架橋する可能性を持つ。

　冒頭の問いに立ち返れば，「行政的大統領制」という言葉は，現代の大統領が持つ，政策を実現するための二つの経路のうちの一つについて，よく表現しているものの，その制度的発展の経路については，検討の余地があった。本稿は，行政的大統領制が，必ずしも行政部の監督という目的のために発展してきた訳ではないことを示した。行政部のコントロールという目的は，党派やイデオロギーに関わりなく，現代の大統領が抱いてきた野望であるが，その野望の実現には，党派的イデオロギーに裏付けられた主張，すなわち署名見解の発展について言えば，原意主義と三権同格主義が深く関与してきたのである。

　現代の大統領が自らのアジェンダを実現しようとする場合に，立法という経路はやはり重要であり，それゆえ大統領と議会の関係を分析することの重要性は，今後も変わることはない。ただし，大統領には，行政部を通じた政策の実現という第二の経路も存在し，執政府と行政部の関係に焦点を当てた研究も蓄積されていくことが望ましい。

今後は，保守のイデオロギーが契機となって制度化がなされた署名見解が，民主党のクリントン政権とオバマ政権にどのように受け継がれたのか，また，共和党のジョージ・W・ブッシュ政権において，署名見解の運用方法に変化が生じていたのかを分析し，アメリカの大統領制の発展についての考察を進めることを，研究の課題としたい。

（1） Arthur M. Schlesinger, *The Imperial Presidency, 1st Mariner Books ed.* (Boston: Houghton Mifflin, 2004).

（2） Richard E. Neustadt, *Presidential Power and the Modern Presidents: The Politics of Leadership from Roosevelt to Reagan* (New York: Free Press, 1990).

（3） Ryan J. Barilleaux and Christopher S. Kelley, *The Unitary Executive and the Modern Presidency* (College Station: Texas A&M University Press, 2010); Robert Durant, "Back to the Future? Toward Revitalizing the Study of the Administrative Presidency," *Presidential Studies Quarterly* 39, No. 1 (2009).

（4） Andrew Rudalevige, *The New Imperial Presidency: Renewing Presidential Power after Watergate, Contemporary Political and Social Issues* (Ann Arbor: University of Michigan Press, 2005); Andrew Rudalevige, "The Contemporary Presidency: The Decline and Resurgence and Decline (and Resurgence?) of Congress: Charting a New Imperial Presidency," *Presidential Studies Quarterly* 36, No. 3 (2006); そもそも，行政的大統領制とは，リチャード・ネイサンが，行政部を操作しようと試みたニクソン政権を表して使った用語であった。Richard P. Nathan, *The Plot That Failed: Nixon and the Administrative Presidency* (New York: Wiley, 1975).

（5） 五十嵐武士『政策革新の政治学：レーガン政権下のアメリカ政治』（東京大学出版会，1992年）；五十嵐武士，久保文明編著『アメリカ現代政治の構図：イデオロギー対立とそのゆくえ』（東京大学出版会，2009年）。

（6） George W. Bush, "Statement on Signing the Department of Defense, Emergency Supplemental Appropriations to Address Hurricanes in the Gulf of Mexico, and Pandemic Influenza Act, 2006," December 30, 2005.

（7） Charlie Savage, "Bush challenges hundreds of laws," *Boston Globe*, April 30, 2006.

（8） Barack Obama, "Statement on Signing the Omnibus Appropriations Act, 2009," March 11, 2009.

（9） Christopher S. Kelley, *The Unitary Executive and the Presidential Signing Statement* (Unpublished Dissertation: Miami University, 2003), 49-50. Jan 24 2011, <http://etd.ohiolink.edu/view.cgi?miami1057716977>

(10) Kelley, *The Unitary Executive and The Presidential Signing Statement*, 45-46.
(11) American Bar Association, "Task Force on Presidential Signing Statements and the Separation of Powers Doctrine," July 24, 2006; Steven G. Calabresi and Daniel Lev, "The Legal Significance of Presidential Signing Statements," *The Forum* 4, No. 2 (2006).
(12) Calabresi and Lev, "The Legal Significance of Presidential Signing Statements," 4.
(13) Clinton v. City of New York, 524 U.S. 417 (1998).
(14) American Bar Association, "Task Force on Presidential Signing Statements and the Separation of Powers Doctrine."
(15) Kristy L. Carroll, "Whose Statute Is It Anyway? : Why and How Courts Should Use Presidential Signing Statements When Interpreting Federal Statutes," *Catholic University Law Review* 46, No. 2 (1997); Frank B. Cross, "The Constitutional Legitimacy and Significance of Presidential Signing Statements," *Administrative Law Review* 40, No. 2 (1988).
(16) Carroll, "Whose Statute Is It Anyway?" 508-514.
(17) Carroll, "Whose Statute Is It Anyway?" 518-521; Nicholas J. Leddy, "Determining Due Deference: Examining When Courts Should Defer to Agency Use of Presidential Signing Statements," *Administrative Law Review* 59, No. 4 (2007), 872-873.
(18) Curtis A. Bradley and Eric A. Posner, "Presidential Signing Statements and Executive Power," *Constitutional Commentary* 23, No. 3 (2006), 361-362.
(19) Terry Moe and William G. Howell, "The Presidential Power of Unilateral Action," *Journal of Law, Economics and Organizations* 15, No. 1 (1999); Terry Moe and William G. Howell, "Unilateral Action and Presidential Power: A Theory," *Presidential Studies Quarterly* 29, No. 4 (1999).
(20) Richard E. Neustadt, *Presidential Power and the Modern Presidents: The Politics of Leadership from Roosevelt to Reagan* (New York: Free Press, 1990); George C. Edwards, *At the Margins: Presidential Leadership of Congress* (New Haven: Yale University Press, 1989); Mark A. Peterson, *Legislating Together: The White House and Capitol Hill from Eisenhower to Reagan* (Cambridge: Harvard University Press, 1990).
(21) William G. Howell, *Power without Persuasion: The Politics of Direct Presidential Action* (Princeton: Princeton University Press, 2003); William G. Howell, "Unilateral Powers: A Brief Overview," *Presidential Studies Quarterly* 35, No. 3 (2005).

(22) Phillip J. Cooper, *By Order of the President: The Use and Abuse of Executive Direct Action* (Lawrence: University Press of Kansas, 2002).
(23) Christopher S. Kelley and Bryan W. Marshall, "The Last Word: Presidential Power and the Role of Signing Statements," *Presidential Studies Quarterly* 38, No. 2 (2008).
(24) Michael J. Berry, "Controversially Executing the Law: George W. Bush and the Constitutional Signing Statement," *Congress & the Presidency* 36, No. 3 (2009).
(25) Laurie L. Rice, "Statements of Power: Presidential Use of Statements of Administration Policy and Signing Statements in the Legislative Process," *Presidential Studies Quarterly* 40, No. 4 (2010).
(26) Kelley, *The Unitary Executive and The Presidential Signing Statement*, 24-25.
(27) Andrew Rudalevige, "The Plot that Thickened: Inheriting the Administrative Presidency," *Conference Report of American Political Science Association Annual Meeting 2006 in Philadelphia* (2006), 2-3, 25. Jan 24 2011, <http://www.allacademic.com//meta/p_mla_apa_research_citation/1/5/1/8/2/pages151824/p151824-1.php>
(28) Kelley, *The Unitary Executive and The Presidential Signing Statement*, 39.
(29) Charles Fried, *Order and Law: Arguing the Reagan Revolution: A Firsthand Account* (New York: Simon & Schuster, 1991); Steven M. Teles, *The Rise of the Conservative Legal Movement: The Battle for Control of the Law* (Princeton: Princeton University Press, 2008).
(30) Teles, *The Rise of the Conservative Legal Movement*, 138-141; フェデラリスト・ソサエティは，現在においても共和党を支える重要な法曹組織である。例えば，ジョージ・W・ブッシュ政権において連邦裁判官の司法人事に協力していた。岡山裕「イデオロギー政治の変容と連邦司法人事：共和党政権の人事戦略の『転換』を中心に」五十嵐，久保編著『アメリカ現代政治の構図』。
(31) Teles, *The Rise of the Conservative Legal Movement*, 138-141.
(32) Ibid.
(33) Teles, *The Rise of the Conservative Legal Movement*, 141.
(34) Johnathan G. O'Neill, *Originalism in American Law and Politics: A Constitutional History* (Baltimore: Johns Hopkins University Press, 2005), 148.
(35) Ibid.
(36) Teles, *The Rise of the Conservative Legal Movement*, 141; Steven M. Teles, "Transformative Bureaucracy: Reagan's Lawyers and the Dynamics of Politi-

cal Investment," *Studies in American Political Development* 23, No. 1 (2009).
(37) O'Neill, *Originalism in American Law and Politics*, 135-136; 松井茂記『司法審査と民主主義』(有斐閣, 1991年)。
(38) Keith E. Whittington, *Constitutional Interpretation: Textual Meaning, Original Intent, and Judicial Review* (Lawrence: University Press of Kansas, 1999), 50.
(39) Edwin Meese, "Speech before the American Bar Association" in Steven Calabresi, *Originalism: a quarter-century of debate* (Washington D.C.: Regnery Press, 2007).
(40) Ibid.
(41) Keith E. Whittington, *Political Foundations of Judicial Supremacy: The Presidency, the Supreme Court, and Constitutional Leadership in U.S. History* (Princeton: Princeton University Press, 2007), 22-23; 大林啓吾「ディパートメンタリズムと司法優越主義－憲法解釈の最終的権威をめぐって」『帝京法学』25巻, 2008年。
(42) Meese, "Speech before the American Bar Association."
(43) Calabresi, *Originalism*, 21-22.
(44) INS v. Chadha, 462 U.S. 919 (1983).
(45) ただし, チャダ判決以降も, 議会は議会拒否権の条文を盛り込み続けている。Jessica Korn, *The Power of Separation: American Constitutionalism and the Myth of the Legislative Veto* (Princeton: Princeton University Press, 1996).
(46) INS v. Chadha, footnote 13.
(47) Chevron U.S.A. Inc. v. Natural Resources Defense Council, 467 U.S. 837 (1984); Oren Eisner, "Extending Chevron Deference to Presidential Interpretations of Ambiguities in Foreign Affairs and National Security Statutes Delegating Lawmaking Power to the President," *Cornell Law Review* 86 (2001), 412.
(48) Christopher S. Kelley, ""Faithfully Executing" and "Taking Care"? the Unitary Executive and the Presidential Signing Statement," *Conference Report of American Political Science Association Annual Meeting 2002 in Boston* (2002), 30. Jan 24 2011 <http://www.users.muohio.edu/kelleycs/UESS.pdf>
(49) Douglas W. Kmiec, *The Attorney General's Lawyer: Inside the Meese Justice Department* (New York: Praeger, 1992), 1-3.
(50) Memorandum from D. Lowell Jensen to Fred F. Fielding, April 2, 1985, Record Group 60, Department of Justice, Files of Stephen Galebach, 1985-1987, Box 3, Folder: SG/Chronological File, National Archives and Records

Administration.
(51) Memorandum from Steven Calabresi and John Harrison to Edwin Meese, August 23, 1985, Record Group 60, Department of Justice, Files of Stephen Galebach, 1985-1987, Box 3, Folder: SG/Chronological File, National Archives and Records Administration.
(52) Ibid.
(53) Ibid.
(54) Memorandum from Samuel Alito to the Litigation Strategy Working Group, February 5, 1986, Record Group 60, Department of Justice, Files of Stephen Galebach, 1985-1987, Box 6, Folder: SG/Litigation Strategy Working Group, National Archives and Records Administration.
(55) Memorandum from Samuel Alito to the Litigation Strategy Working Group, February 5, 1986, Record Group 60, Department of Justice, Files of Stephen Galebach, 1985-1987, Box 6, Folder: SG/Litigation Strategy Working Group, National Archives and Records Administration.
(56) Ibid.
(57) Ibid.
(58) Memorandum from Edwin Meese to the Domestic Policy Council, July 7, 1986, Christopher Cox Files, Box 3, Folder: Signing Statements (3 of 3), Ronald Reagan Library.
(59) Memorandum from Kenneth Cribb to James M. Spears, September 3, 1985, Record Group 60, Department of Justice, Files of Stephen Galebach, 1985-1987, Box 3, Folder: SG/Chronological File, National Archives and Records Administration.
(60) Memorandum from Steven Calabresi to Samuel Alito, January 3, 1986, Record Group 60, Department of Justice, Files of Stephen Galebach, 1985-1987, Box 3, Folder: SG/Chronological File, National Archives and Records Administration.
(61) Memorandum from James Miller to the Head of Executive Departments and Agencies, September 2, 1986, Christopher Cox Files, Box 2, Folder: Signing Statements (1 of 3), Ronald Reagan Library.

政策情報のフレーミングと
争点熟慮動機形成に関する一考察
―「少年法厳罰化」を争点にした実験室的調査研究から―

小川恒夫*

はじめに

　本稿の目的は，フレーミング（争点に対する報道枠組み）の違いによって，受け手の「争点への熟慮が必要と思う」というような内発的動機の解発にどのような有意差が生じるかを考察することである。従来のマス・メディア効果研究は，受け手への認知およびイメージや評価側面への影響について注目してきたが，ここでは，認知から評価に至る過程のその中間にあって，争点への評価が形成される前の「熟慮動機形成」の程度を効果測定軸として設定する可能性を考える。その理由は，熟慮過程を欠きイメージや直感だけによって評価が形成された投票では，特殊利益の優先を許しやすいとの指摘がある一方で（Will, 1992；佐々木, 1995），わが国の選挙過程においてもイメージや直感的投票が多くなされているからである[1]。また，認知および評価側面への効果測定軸だけでは，選挙時のマスコミ効果研究が結果として，有権者を選挙運動の操作の対象として位置づけるだけであるという疑問に充分対応できないと考えるからである（内田 2007）。
　熟慮誘発動機の解発とは，争点への情動的あるいはリハーサル記憶的な関心の出現ではなく，争点への現在の無関心や評価志向性に疑問や再考の必要性を感じることによって生じる関心の出現に近い概念である。この概念を使うことで，政治学からのマス・メディア効果研究に，有権者への説得能力の高さだけではなく，政党・政治家・報道の説明能力の高さを測定する効果軸を想定したいと考えている。選挙における有権者の熟慮とは何かについては多くの議論がある（たとえば，それは単に政策成果について

---

*　東海大学文学部心理・社会学科教員　社会心理学

の自己内での対話か，他者との対話過程を含むかなど：Fiskin 1991; Jon Elster 1998)。しかし本稿では，この定義の精査には踏み込まず，熟慮が開始されるための動機解発である「有権者個人の価値観や生命・身体・経済等の何らかの利益から，争点への政策結果を考慮する必要性を認識すること」を熟慮誘発と定義し，ここまでの効果発生を考察の対象とする。

　フレーミング理論は，政治現象の特定部分の枠組み設定によって，受け手既存知識体系の特定部分が活性化され，後続の判断が一定方向に誘導されるという現象に注目する（Iyengar, 1991; Price and Tewksbury, 1997）。従来の効果研究の領域では，フレーミングが受け手に与える責任帰属に関する理解や態度・感情・行動への波及効果を測定してきた（Scheufele, 1999; Scheufele 2000; Kimberly, & Lisa, 2004; Scheufele, & Tewksbury, 2007; Weaver, 2007)。では，フレーミング情報によって，既存の知識・欲求が刺激され，また，新たな知見が加わることによって，後続効果として争点に対する「政策結果に関する関連の新しい情報が欲しい」あるいは「政策結果を考えてみたい」という主体的動機が形成された状態は，どのようなメディア効果として分類されるのか。この効果観では，先行情報の既存知識の刺激や学習が，争点への重要度認識や評価，アクセスビリティーを高めている点でなく，もっと選択の方向性を熟慮したいと思わせる点に注目する。つまり，本稿では，既存スキーマ活性化による後続の特定対象への評価という自動反応的情報処理メカニズムの捉え方とは異なり，先行情報から既存知識が活性化されても，即，評価・イメージの自動的創出に繋がらない情報処理過程の作動に注目することで，認知・態度感情・行動を中心とする従来のフレーミングモデルとの区別を試みたい。

　熟慮動機形成への効果を問題にする理由は，価値の多様性を前提としながらも熟慮討議を通し，公的審議のプロセスに多くの市民が実質参加するための重要な条件として，有権者の争点熟慮に寄与しうる報道の必要性を感じるからである（上田 1996；Benjamin 1996；高瀬 1999；岡田 2001；林 2002；大矢 2003；カペラ＆ジェイミソン 1997／邦訳 2005；谷藤 2005)。本稿では，受け手の熟慮動機誘発に関連する具体的な情報フレームの検討を，一定条件下で試みる。勿論，熟慮誘発には，本稿で問題にした情報フレーム以外にも，争点に関する事前関心のレベルや知識量などの他の媒介要因が存在すると考えられる。また，誘発後にそれが実際の熟慮過程に展開す

るには，会話を促進する人的ネットワークの有無や人工的な話し合いの場の制度的設定なども検討されるべきであろう（Dahl, 1982; Fiskin, 1991; Benjamin 1996）。しかし，本稿では，後半の熟慮作業が実際に行われるための要因には立ち入らず，情報フレーム構成ごとの熟慮誘発度の違いを①内省的志向性　②外部情報志向性　③会話志向性，の3点から比較検討することで，熟慮誘発という新しい報道効果軸の設定可能性を検討する。熟慮誘発は必ずしも熟慮に繋がるとは言えないが，この過程なくして熟慮作業過程に有権者が入ることは考えられない。

　以上のような研究視点から，本稿では，わが国の実際の選挙場面で，情動的な側面から影響を受けたと考えられる争点を1つ選び，実験室的な検証調査の手法を用いて，具体的な情報フレームの違いによって，争点に対する受け手の熟慮誘発度に相違があるかを検討した。

1　2000年少年法改正をめぐる世論・選挙・国会

　ここでは，本実験室的調査の題材となった14・15歳中学生の少年刑務所送致としての少年法厳罰化争点[2]が，実際に同争点が問われた2000年6月の総選挙時において，政権選択にも影響を与えるような重要な争点であったこと。また，体感治安の悪化という即時的判断によって感情的・情緒的に盛り上がった世論が形成され，それが当時の政権側に有利なように選挙争点として政治的に利用された可能性を考察する。このことで，本稿で題材とした同争点の政治的意義について確認しておきたい。

　この争点は，刑罰適応年齢の引き下げを大きな争点とする少年法改正のための厳罰化論議が行われた2000年当時，未成年者による凶悪事件が連続して発生し，事件報道によって世論が感情・情緒的な面から強く影響を受けた可能性のある争点である。1997年2月，神戸市須磨区のニュータウンにおいて小学生が連続して殺傷される事件の犯人が14歳であったことが判明したことを契機に，少年法上の刑罰適用に関し「年齢引き下げ論」が浮上する。その後も，少年による衝撃的で凶悪な犯罪が続発し，少年法の甘い処分規定が問題との指摘もニュースや紙面上でなされるようになる。そのような中の2000年総選挙前の5月，西鉄高速バス乗っ取り事件で乗客を殺傷した犯人，愛知県豊川市で主婦を包丁で刺殺した犯人，横浜市のJR根岸線車内でハンマーにより乗客の頭を殴った犯人がいずれも高校生であっ

たことから，少年法改正厳罰化の導入の是非が6月総選挙の主要争点の一つとなる。当時の少年法では，心身に問題がある場合を除き，どんな凶悪犯でも15歳以下の場合，刑罰を科すことはできず，原則3年以内で社会復帰することという法務省矯正局長通達が守られていた。このような関連報道も，読者・視聴者の間に「法的処分」が甘すぎるという空気を浸透させることになった。

さらに，この空気が，同年6月の「神の国」解散と呼ばれた選挙戦術に利用された可能性も指摘されている(2000年毎日新聞5月13日朝刊「2面」；同年朝日新聞5月18日朝刊「社説」；石井小夜子2000)。この時期，自民党森内閣の支持率は30％を割り，いくつかの首相の不用意な発言によって6月下旬選挙直前には10％台にまで落ち込んだ状況にあった。首相・政治家としての資質が問われた雰囲気の中で，与党への支持を回復するためには，当時，一連の凶悪事件の発生で関心が高かった少年犯罪への厳罰化是非を争点にすることが有効であった，とも考えられる。実際，同年6月6日に日本経済新聞に掲載された世論調査では，解散選挙の「投票の基準」として，同争点は第一位の「景気対策」(51.6％)に次ぐ50.2％で第二位の争点となり，野党が積極的に争点化した「政治家としての首相の資質」は32.0％と後退している。

本来，刑事法に関する基本法の改正は，法務省・最高裁・日弁連の法曹三者で協議した上で，法制審議会での論議が必要となるが，それを抜きにして議員立法で成立を急いだ背景には，上記のような政府自民党の置かれた政治状況も関連している可能性も存する。このような選挙戦術を行使し厳罰化を政策として訴えた自民・公明・保守の連立政府与党側が，定数20議席削減後の480議席数において，絶対安定多数（269議席）を上回る271議席を獲得したことは，次期国会での同法案審議の進め方においても，強硬な方法が採用されることになった。

少年法の改正案の国会審議は，参院選比例代表への非拘束名簿方式導入をめぐる混乱の波を受け，衆議院法務委員会に与野党がそろった審議は5日間。最終日審議が始まる直前の法務委員会室では，与党議員からも「確かに（審議）時間が短い」との声が出た，と2000年10月31日の毎日新聞夕刊は伝えている。しかも，当時は，厳罰化の少年への「抑止効果」や，凶悪犯罪を引き起こした少年への「保護」優先と社会復帰との関係などにつ

いて刑事政策的な情報が十分収集されていない状態であったことは、同年10月25日衆議院法務委員会での保岡興治法務大臣の「総合的，体系的なしっかりした調査の結果，何をやればどのような効果がある，というデータはない」という答弁からも窺える（同年10月26日付け朝日新聞朝刊）。このような厳罰化効果に関する調査・論議が十分でない状態で法改正審議が進められた背景には、審議入直前に公表された厳罰化認容の高い世論調査結果の支えがあったことも想定される。衆議院法務委員会の最終日には、当時最大野党であった民主党も反対する党法務部会委員を差し替えて与党案賛成にまわっている。党執行部は、その理由を「世論状況を考慮して」としている（同年11月1日付け朝日新聞朝刊）。

当時の世論調査を見ると、同改正法案が10月10日に国会審議入する直前の毎日新聞の全国電話調査（同年9月22日23日実施・全国1051人回答）では、「刑罰対象年齢14歳への引き下げ」に賛成が82％、反対は8％となっている（9月28日掲載・東京朝刊2面）。この世論調査結果が2000年10月10日から始まった国会審議で、厳罰化を掲げる政府与党案採決への推進力になった可能性は否めない。以上のことを踏まえると、当時の同争点への世論は、凶悪事件の連発で情動的に形成され、選挙戦術にも利用され、法案の審議を短絡化した可能性があることがわかる。

2　調査手法

本稿の目的は、情報が一方的に付与される状況下での争点への『熟慮誘発』機能の確認であるため、調査質問紙上で付与される争点情報の構成が重要になる。ここでは、冒頭でも示したように、熟慮誘発を有権者個人の価値観や生命・身体・経済等の何らかの利益から、争点への政策結果を考慮する必要性を認識することと定義した。従って、外部から付与される情報には、政策実施後の影響を出来るだけ受け手の日常生活面へのメリット・デメリット両面から予測している構成を伴う方が、熟慮誘発しやすい、という実験で使用する情報フレームについての本稿での作業仮説を設定した。その際参考にした指摘は「より正確な判断に必要なことは、争点に関する詳細な情報ではなく、賛否に関する正確な予測を生み出す能力である」というものである（ルピア＆マカビンズ 1998/ 邦訳 2005）。本稿では両面情報によって、被験者の予測能力を補完することを試みた。

この属性を持つ情報を"影響予測型情報"と名付け，少年法厳罰化改正についての専門書（団藤重光ほか2000;新倉修監修2001;葛野尋之編2004）を参考にして，下位争点として4項目を抽出し，各々の賛否意見を影響予測情報として文章化した。4項目とは(1)厳罰化の抑止力，(2)厳罰化の更正力，(3)厳罰化の被害者遺族感情への影響力，(4)厳罰化の処遇・更正コスト，である。2000年の立法作業当時，朝日・読売・毎日新聞における「抑止力」「更正力」「被害者感情」3項目に関連する記事数は，その他の少年法改正関連記事と比べ，非常に少ないことが既に示されている[3]。

一方，当時の改正報道の重要な事実側面であった改正少年法の厳罰化内容や凶悪事件発生の社会的原因などに言及する情報を"現状解説型情報"と名付けた。今回の調査では，同争点に対する概要を知る上で重要と思われる(1)中学生凶悪事件の傾向性，(2)旧少年法上の規定と改正後規定の対比，(3)改定後の少年処遇内容，(4)少年凶悪犯罪件数の推移などが提示された。"現状解説型情報"フレームは，争点をめぐる客観的な事実を中心に提示するため，一般読者を想定した生活圏への影響予測性は低い情報である。逆に，"影響予測型情報"フレームは，政策の持つ国民への一般的影響の予測を試みる点で，記述の客観性は相対的に低くなると考えられる。

ここではさらに，2種類の"影響予測型情報"を作成した。下位争点ごとに賛否がもたらす影響を対比して掲載するフレームと，記述内容が同じでも賛否情報を対比することなく掲載するフレームである。この情報群を"影響予測型情報"の(1)「個別対比型」と(2)「包括対比型」と名付けた。従って，調査では，3種類の情報フレームを異なるほぼ同数の被験者に読んでもらい，読後の争点への考え方の違いを測定する。各情報形態の内容は付与情報1・2・3として本論に掲載した（表1・表2）。尚，量的な読み込み負担を均衡させるため各情報グループの文字数はほぼ同量とし，また，情報を確かに読んでもらったことを確認するために，各情報形態ともに内容の区切りのいい部分で「記載内容を知っていたか」の質問に回答してもらい，知識量の測定も行った。

読後の調査項目では，争点熟慮への動機レベルの測定を①「関心向上性：関心が増加した」②「内省志向性：もっと考えてみたい」③「会話参加志向性：会話に参加してもいい」④「外部情報志向性：コストを払っても情報を入手したい」から行うこととし，同時に，⑤「情報読み込み時の心理

的負担度：読後に疲労感を感じた」も測定された。依頼調査による読後の熟慮誘発度が高くても，その過程での読み込み負担が高ければ，実際の生活場面では同効果は生じなくなる可能性があるからである。

　これらの変数を「熟慮誘発機能」測定尺度として設定した理由は，第一に，単なる内省的思考だけによる評価の洗練と比べ，他者との意見交換や新しい外部情報を取り入れながらの内省の方が，結果として熟慮のレベルは向上する可能性があるということ。第二に，単なる内省的思考から，会話志向性やシンポジウム参加志向性といった動機までを持った方が，それらがより時間的・精神的コストの負担を含んだ行為であるだけに，熟慮動機付けのレベルを強いものとして測定できる可能性があるからである。勿論，「同争点をもっと考えてみたい」という内省や，外部情報探索行為，会話討論などのレベルが相互にどのように関連するかは各変数が確認された後には，重要な検討課題となろう。

　調査手法をフローチャートにして以下に示す(図1)。対象者は神奈川県内私立大学生365名で，内訳は18歳～19歳が全体の75.5％。20歳までで90％を占め，未成年者を主な対象とする「未成年者に対する厳罰化」を問う構成となった。調査対象者全員が文学部開講の教職関連科目「社会学概論」の受講生で，男女比は男性61％女性39％であった。尚，この授業は，他学部・他学科生も受講できる科目である。

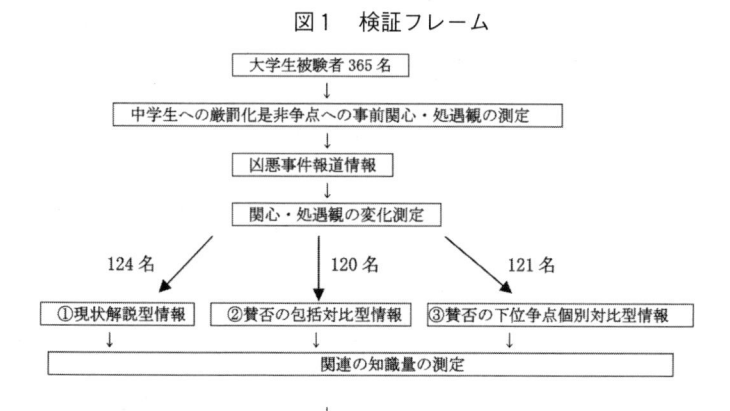

図1　検証フレーム

大学生被験者 365 名
↓
中学生への厳罰化是非争点への事前関心・処遇観の測定
↓
凶悪事件報道情報
↓
関心・処遇観の変化測定
↓
124名　　　　120名　　　　121名
↓　　　　　　↓　　　　　　↓
①現状解説型情報　②賛否の包括対比型情報　③賛否の下位争点個別対比型情報
↓
関連の知識量の測定
↓
①関心向上度　②熟慮志向度　③会話参加志向度　④シンポ参加志向度　⑤情報読み込みの心理的負担度

被験者の事前属性としては，当初，争点への事前関心は，全被験者（365名）の76％が「関心がある・多少関心がある」であり「あまりない・関心がない」は24％であった。しかし，少年による凶悪事件記事の読後では，全被験者の約96％が「関心がある・多少関心がある」と回答した。また，事前知識量に関しては，付与情報1の現状解説型情報の内容を「すべて知っている・ほぼ知っている（約80％以上）」と回答した被験者は2.5％（全体124名），付与情報2の影響予測型情報においては「すべて知っている・ほぼ知っている」と回答した被験者は0.8％（全体121名）であった。つまり，今回の情報フレーム調査は，争点に対し事前関心は高いが知識量は充分でない被験者属性の下で行われた。

表1　付与情報1（1281文字）
（現状解説型情報：生活面・価値観への影響予測性が低い情報群）

(1)（新少年法の内容）　2001年に少年法が改訂され導入された厳罰化とは，14歳以上の中学生でも場合によっては刑罰を執行する場所としての刑務所に拘束する，という点。また，少年という理由での，必要的減刑措置が廃止され，無期懲役を減刑するか否かは担当裁判官の裁量に任されることになり，14歳以上で故意に殺人などの凶悪事件を起こした場合には無期懲役も可能になった。但し，死刑は18歳以上でないと科されない。
(2)（旧少年法の規定）　法改訂前は，少年が16歳未満である義務教育期間中は，どのような事件であろうと少年に刑罰を与えることはふさわしくないと考えられていた。刑法では，犯した罪に責任をとる能力は「14歳以上」に認められている。その一方で，従来の少年法は「16歳以上」でなければ，刑事裁判にかけたり刑務所に入れたりできないことにしていた。つまり，14歳と15歳は「責任をとる能力はあるが，刑罰は受けない」年齢ということであった。
(3)（旧少年法の規定）　旧少年法でも，少年が16歳以上で被害者が死亡，もしくは重傷を負っている場合や，強姦のような悪質な事件の場合に限定して，家庭裁判所は，再び少年を「検察」に送り返し，大人と同じように地方裁判所で裁判を受けさせることにしていた。少年であっても刑事責任を問われ，裁判によっては刑罰を科せられていたが，旧少年法では，刑罰を科すことができる16歳から17歳について，無期懲役なら10年から15年の刑に緩めなければならない必要的「減刑措置」が規定されていた。
(4)（改訂後の処遇内容）　14歳以上の少年が家庭裁判所ではなく地方裁判所で裁かれるということは，大人と同じ公開の法廷で裁判を受ける，ということである。つまり，中学生といえども被害者や新聞・雑誌記者，そして一般傍聴者がいる法廷で自分が犯した罪について追及を受ける。そしてここで有罪の判決がでれば大人と同様，刑事事件の被告人として「懲役」刑を下され，少年院ではなく「少年刑務所」に送致されることになる。
(5)（改訂後の処遇内容）　懲役刑によって中学生の少年達が収容される少年刑務所には，20歳以上26歳未満の成人受刑者が収容されている。また，そこは判決で下された刑罰を執行するところで，保護処分の一環である少年院のように更生を第一に目指す施設ではないため，かれらは名前ではなく番号で呼ばれ，出所後は「前科」がつく。
(6)（少年凶悪犯罪の推移）　統計資料上は，未遂を含む殺人による少年犯罪が近年増加している訳ではない。検挙件数は，平成17年の73人に対し，平成15年は93人，平成7年は80人，昭和60年には100人でほぼ横ばい傾向にある。370人だった昭和40年に比べれば大きく減少している。
(7)（最近の少年凶悪犯罪の傾向）　家庭調査官を30年務めた京都ノートルダム女子大の藤川洋子

教授によれば、かつては凶悪な少年事件といえば、暴走族に代表されるような不良少年によるものが多かった。目的も恐喝や強姦など明確なものが主なものであった。しかし、現在は、神戸の酒鬼薔薇事件のように「普通の子」「目立たない子」が突然、不可解な理由で人をあやめる質的な変化が目立っているという。

表2　付与情報2および付与情報3 （1283文字）
（影響予測型情報：生活面・価値観への影響予測性が高い情報群）

厳罰化の抑止力について
①厳罰化反対側意見：近年凶悪犯罪を引き起こした中学生たちは、結果の重大性とは裏腹に人格的にきわめて未熟であり、過去の深刻ないじめや挫折、虐待などの体験から、人格的な障害が認められることが多い。刑罰によるデメリットを計算して事前に犯罪抑止をするような行動をそれらの少年に期待することはできない。社会の安全を保つためには、少年の精神面を安定させる家庭環境・地域社会・学校サポート体制といった社会的要因の改善に取り組むしかない。
②厳罰化賛成意見：少年の精神面を安定させる家庭環境・地域社会・学校サポート体制といった社会的要因が改善されるまでには時間がかかる。人格的な障害からくる生活上の不安・不満を簡単に爆発させないためには、取りあえず、少年法を厳罰化して見せしめ的にも重い罰を科すことで、短期的には社会を防衛するしかない。

厳罰化の再犯予防力について
①厳罰化賛成意見：平成19年度の「犯罪白書」によると、成人20歳前半（20歳～24歳）で傷害罪・暴行罪・窃盗罪・覚醒剤違反を犯して刑務所に初入所した人の約45％の人が、未成年時に保護処分としての更生教育を受けていることが示されている。この数字を見る限り、保護施設での更生教育が、再犯予防に十分な効果を上げている、とは言えない。
②厳罰化反対意見：たとえ、現在の少年院での更生率が十分でないにしても、番号で呼ばれ厳罰恐怖で再犯をしない気持ちを育むのと、名前で呼ばれ保護施設の家族関係のような中で自分を思ってくれる人を身近に感じながら育つのでは、将来の社会観・人間観は異なったものになる。今後も工夫を重ね、更生教育の内容充実に努めることで、再犯率は低下するはずである。

被害者遺族感情への影響について
①厳罰化賛成意見：96年11月に他校の生徒の暴行で中学生の長男を失った母親の武るり子さん（45）は「どのような事情があろうとも、善悪がわかっていて凶悪犯罪を起こしたならば、中学生でも罪に見合った罰は必要。教育更生の前にまず罪を償うのが先。」と述べている。
②厳罰化反対意見：93年山形マット死事件で、同級生からのいじめ行為の一環として集団暴行をうけ中学生の次男を失った父親の児玉昭平さん（51）は「罪を償うためには、罰としての苦痛だけでよいとは思えない。罪の重さを自覚し、自分の犯したことを背負っていけるような制度を築いてほしい」と訴えている。

処遇・更生コストについて
①厳罰化賛成意見：処遇コストでは教育的施設として少年院の場合は高くなっている。平成14年度の予算では、年間では一人あたり刑務所と比べ14万6千円のコスト高となり、教育効果を上げようとすると益々、国民の税金が投入される。
②厳罰化反対意見：刑務所に行くと前科は一生消えない。少年達が収容される少年刑務所には20歳以上26歳未満の成人受刑者が数多く収容されており、そこが犯罪学校となって、未熟で柔軟性がある少年を前科者という頑固な犯罪者へと成長させる。社会を再度危険に晒さないためにも、社会の歪みからの影響が大きい少年への更生コストは経済状況に応じて、柔軟に投下

されるべきである。

* 付与情報2と付与情報3の情報内容は全く同じ。情報2では、厳罰化賛成・反対ごとに各情報をまとめて提示し、情報3では、下位争点ごとに各立場を対照的に示している点が異なる。ここでは紙幅の関係から付与情報3のみを掲載した。

3　分析結果

　まず、以下のような1997年8月に実際に起きた少年凶悪犯罪の概要と裁判所の決定に関する「現状解説型」フレーム情報の記事を読んでもらい、当初の処遇評価面への影響変化を測定した。

　「1997年8月，高松聡至（さとし）君という当時，高校一年生（15歳）が14歳から16歳の少年らの凄惨なリンチによって殺された事件が発生した。聡至君を殴り殺したのはかつての同級生たちだった。中学のときは不良仲間として遊んでいたのに，聡至君が高校に入ってまじめにやり直そうと，つきあいをだんだんしなくなっていったのが気にくわないという些細な理由だった。聡至君は，少年らに騙されて呼び出され，自宅近くの神社の境内で，十人もの少年たちから激しいリンチを受けた。殴る蹴るそして鉄パイプもふり降ろされた。彼は必至で逃げ出そうとするが捕まってしまい，少年たちが畑から引き抜いた角材（柵に使用されていた）も凶器に変わった。さらに，少年たちは，聡至君を裸にし，盗んだバイクでひき，『もうやることがないから』と性器を攻撃し，髪の毛を切り，タバコの火も押しつけた。その内に聡至君は倒れ込み，口から泡をごぼごぼと吹き出した。少年達はそんな彼に水をかけ，火のついたタバコを耳につっこみカラオケに行ってしまい，放置された彼が近所の人に発見された時は，すでに虫の息で，搬送された病院でなくなった。加害者の少年達は，友人宅を泊まり歩くなどして逃げ回ったが，結局10人全員が逮捕された。2名の同級生の他は，まったく聡至君のことを知らない者たちだった。家庭裁判所は少年全員を保護処分にし，ひとりも刑事裁判にかけられなかった。8人が中等少年院，2名が初等少年院送致。どれも1年以上の「長期処遇」という審判であったが，結果的に3年以内にすべての少年が社会復帰した。」

図2では，当初の「教育更生優先」という意見が，この事件記事だけで簡単に変化したことがわかる。有効回答総数の333人中，当初，凶悪事件を犯した中学生であっても「更生教育が優先」と回答していた120人中の80人（66.6％）が，当該事件への裁判所判断を是認できず「刑務所収容が相当」と厳罰化の方向へ意見を移動させている。しかも，この80人中59人（73.7％）は，この争点に「以前から関心がある（多少とも）」と回答した被験者で，そのような人に対しても，凶悪事件情報の感情訴求力は強く，短期的に厳罰化強化へと評価面への改変効果を持つ可能性も窺える。この時点で，全被験者の約96％が争点に対し，「関心がある・多少関心がある」と回答している（読前では76％）。

　表3は，事件記事に続いて，3情報形態を読んだ各グループの処遇観がどのように変化したかを聞いたものである。項目は「変化した」「もっと考えてみたい」「変化しない」「わからない／関心ない」の4件である。付与情報を依頼によって読んでもらった状況下では，3形態情報すべてで「関心」が向上したが（5％水準で有意差なし），「熟慮誘発」の視点から見るとカイ2乗検定により3形態間で有意差が生じる。「もう少し考えてみたい」（以下"内省誘発"と記述）の程度に注目すると，3情報パターン間に有意差が検出（1％水準）されている。「影響予測個別対比型」と「影響予測包括対比型」では情報内容は全く同じである。3情報類型間の観測度数と期待度数の有意差をみる残差分析では，+1.96を超えているものは「もう少し考えてみたい」の「個別対比型」3.9，-1.96を下回っているのは「現状解説型」-2.3と，「処遇観変化した」の「個別対比型」-3.4のみで

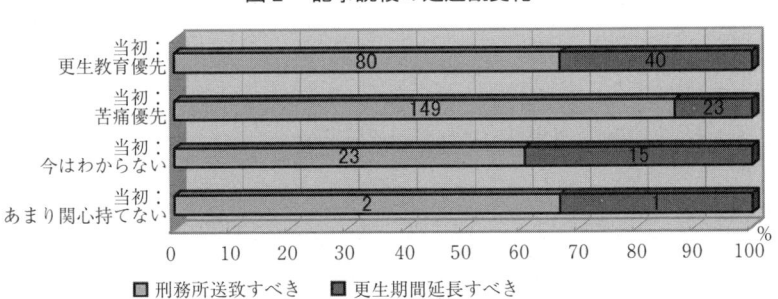

図2　記事読後の処遇観変化

表3　付与情報形態と再度処遇観

付与情報形態			変化無し	もう少し考えてみたい	変化した	わからない関心ない	合計
	現状解説型	度数	57	38	24	5	124
		期待度数	51.0	48.2	18.3	6.5	124.0
		調整済み残差	1.4	−2.3	1.8	−.7	
	影響予測包括対比型	度数	50	40	23	7	120
		期待度数	49.3	46.7	17.8	6.2	120.0
		調整済み残差	.2	−1.5	1.6	.4	
	影響予測個別対比型	度数	43	64	7	7	121
		期待度数	49.7	47.1	17.9	6.3	121.0
		調整済み残差	−1.5	3.9	−3.4	.4	
合計		度数	150	142	54	19	365
		期待度数	150.0	142.0	54.0	19.0	365.0

ある。賛否がもたらす影響予測を下位争点ごとに逐次比較して提示する「個別対比型」が，他の情報構成群と比較して内省誘発度が高いことが示されている。一般化には追試が必要であるが，同じ情報量であっても情報フレームによって内省誘発度に違いが生じることになれば，マス・メディア議題設定機能の観点から考えても，情報量とは別に，情報内容による質的な議題設定効果があることも想定されよう[4]。

　図3および表4は，争点に関する外部情報への志向性を聞いたものである。「もっと考えてみたい」という内省への志向性を，動機レベルとしてはより時間的精神的コストがかかる「新情報入手」から「シンポジウム参加」の順に確認する項目である。「新情報にもシンポジウム参加にも関心ない」から「新情報には関心あるがシンポジウム参加には関心ない」「シンポジウム参加に関心があ

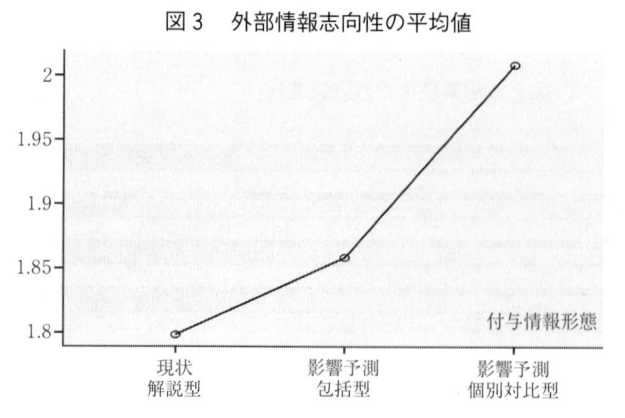

図3　外部情報志向性の平均値

表4　外部情報志向性の多重比較（Tukey HSD）

(I) 付与情報形態	(J) 付与情報形態	平均値の差 (I−J)	標準誤差	有意確率	95%信頼区間 下限	95%信頼区間 上限
現状解説型	影響予測包括対比型	−.060	.074	.694	−.23	.11
	影響予測個別対比型	−.210*	.073	.013	−.38	−.04
影響予測包括対比型	現状解説型	.060	.074	.694	−.11	.23
	影響予測個別対比型	−.150	.074	.108	−.32	.02
影響予測個別対比型	現状解説型	.210*	.073	.013	.04	.38
	影響予測包括対比型	.150	.074	.108	−.02	.32

＊　平均値の差は5％水準で有意

る」の順に，ポイント1～3を与えて分散分析を行った。結果では，グループ内有意確率5％水準検定後の多重比較で，有意差が確認できたのは，内省誘発度が低かった「現状解説型」情報と，一番高かった「影響予測個別対比型」情報との間のみである。「現状解説型」が，3形態の中で一番「外部情報志向性」が低くなっていることが確認できるが，下位争点ごとの賛否意見を対比的に並べた「個別対比型」と下位争点ごとに区分対比させない「包括対比型」との間では，今回有意差は検証されなかった。但し，上記の内省志向性と外部情報志向性の関係をみると，「個別対比型」では「もっと考えたい」と回答した64名中58名（90％）がなんらかの形で新情報入手を求めている。「現状解説型」では71％（38名中27名），「包括対比型」では75％（40名中30名）である。情報フレームと「内省志向性」と「外部情報志向性」間には何らかの関係が想定できると考えられる。

図4　読み込み負担の平均値比較

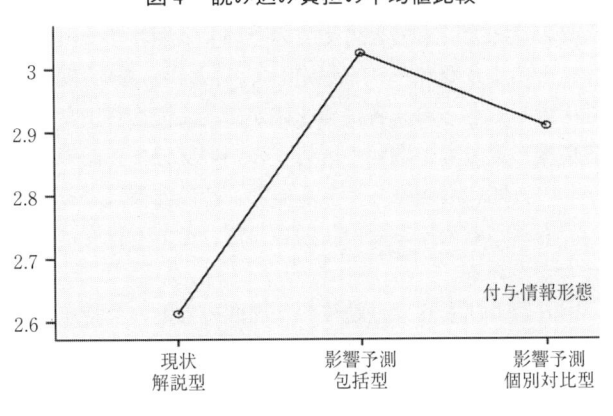

図4および表5は，付与情報形態ごとの心理的「読み込み負担」の程度を比較したものである。文字数の量的なものだけに

表5　読み込み負担の多重比較（Tukey HSD）

(I) 付与情報形態	(J) 付与情報形態	平均値の差 (I−J)	標準誤差	有意確率	95%信頼区間 下限	95%信頼区間 上限
現状解説型	影響予測包括対比型	−.412*	.113	.001	−.68	−.15
	影響予測個別対比型	−.296*	.112	.024	−.56	−.03
影響予測包括対比型	現状解説型	.412*	.113	.001	.15	.68
	影響予測個別対比型	.116	.113	.563	−.15	.38
影響予測個別対比型	現状解説型	.296*	.112	.024	.03	.56
	影響予測包括対比型	−.116	.113	.563	−.38	.15

*　平均値の差は0.05水準で有意

注目すると，現状解説型は1281文字，影響予測型は1283文字で両パターンに差はない。「かなり疲れる」「疲れる」「あまり疲れない」「疲れない」の順に，ポイント4〜1を与えて分散分析を行った。

グループ内有意確率が1％水準検定後の多重比較で有意差が確認できたのは，内省誘発度が低かった「現状解説型」情報と両「影響予測型」情報間である。「現状解説型」が，3形態の中で一番「読み込み負担」が低くなっていることが確認できるが，「個別対比型」と「包括対比型」情報間では，今回有意差は検証されなかった。「内省志向性」「外部情報志向性」誘発の程度が高い影響予測「個別対比型」情報が，日常生活下で一般読者に読み込まれるためには，娯楽性などの「読み込み負担」を軽減する工夫も必要とされよう。

以上の調査結果から想定されることは，読み込み負担が高い情報フレームを提示された読者が，最後まで読み通し理解することなく，いわば回答放棄の意味で「もっと考えてみたい」と回答する可能性である。本調査では，そのようなケースを想定して，「わからない・関心がない」の回答項目を用意し，さらに，各情報を確かに読んでもらったことを確認するために，各情報形態ともに内容の区切りのいい部分で「記載内容を知っていたか否か」の質問にも回答してもらった。この作業によって，読み飛ばしとしての"もっと考えてみたい"回答の割合をある程度は低減することができたと考えている。

図5および表6は，読後の「周囲の人との会話志向性」を聞いたものである。質問紙では「明日偶然，この話題で知人から話しかけられたら会話を継続することをどう思いますか」と尋ねている。あくまでも，他者から

設定される争点への受動的な会話志向性である。従来の研究でも，政治ニュースの理解を深めるのに，対人的相互作用が重要であることが調査されている（Robinson & Levy, 1986; Austin et all., 1990；池田，1993）。当初，内省志向性・外部情報志向性が高かった「影響予測個別対比型」情報の会話促進力が高くなる，と想定した。カイ2乗検定では有意差が検定できなかったため分散分析を行った。「今はわからない」を「話題にしない」と統合し，「話題にしない」「あまり話題にしない」「相手によって話題にする」「話題に参加する」まで順にポイント1～4を与えて，グループ内有意確率が5％水準検定後の多重比較を行った。有意差が確認できたのは，「現状解説型」と「影響予測包括対比型」との間だけである。しかも，想定に反して，「現状解説型」情報の平均値が一番高く，会話志向性が高く検出された。あまり再考する必要を感じさせない情報群の方が，有意に会話志向性が高かったことになる。

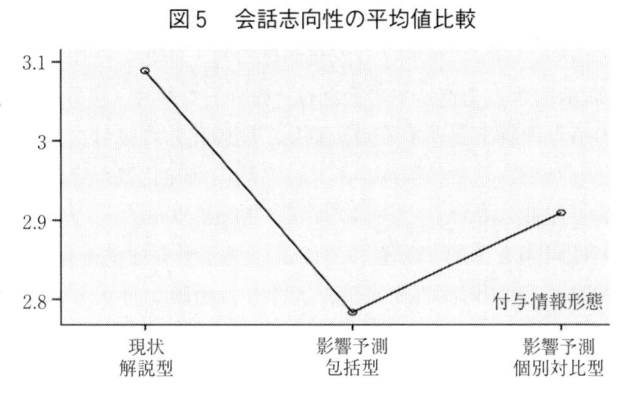

確かに今回の争点は，被験者となった大学生が周囲の友人と会話を楽しむ過程で行う争点としてはやや暗い争点でもある。内省志向性や外部情報

図5　会話志向性の平均値比較

表6　会話志向性の多重比較（Tukey HSD）

(I) 付与情報形態	(J) 付与情報形態	平均値の差 (I − J)	標準誤差	有意確率	95%信頼区間 下限	95%信頼区間 上限
現状解説型	影響予測包括対比型	.305*	.121	.033	.02	.59
	影響予測個別対比型	.180	.121	.299	−.11	.46
影響予測包括対比型	現状解説型	−.305*	.121	.033	−.59	−.02
	影響予測個別対比型	−.126	.122	.558	−.41	.16
影響予測個別対比型	現状解説型	−.180	.121	.299	−.46	.11
	影響予測包括対比型	.126	.122	.558	−.16	.41

＊　平均値の差は5％水準で有意

志向性が誘発されても当初はそれが内向的になされる場合も考えられよう。政治的コミュニケーションにおける対人間相互作用を研究するマッツは，『政治的争点を巡っての会話は，複合的な視点（自分とは異なる視点）からの争点理解を促進するが，意見が明確化した後は，自分と同じ意見の相手としかなされない傾向があり，会話の活発化は，必ずしも，深い政治的理解を促進しない』と述べている（Mutz, 2006）。これには，「対人的情報環境は同調を強制するものではない」とする意見も存在するが（Huckfeldt, 2004），集団同調性が高く，周囲との明確な対立を好まない傾向のある日本社会においては，再考志向性としての熟慮誘発がなされたとしても，会話が行われる場には選択性が強く働くことも想定されよう。自発的な発話志向性か他者発話への受動的参加志向性かの違いも含めて，内省や外部情報と会話との関係については，その調査手法も含めて今後の課題としたい。

むすびに：争点熟慮動機誘発機能の概念化にむけて

　2000年の本争点設定時のように，悲惨な事件報道によって情動的な世論が形成され，立法過程もそれに連動している時には，同争点が再度熟慮されるべき争点であることが示されることも必要であろう。当時，今回の実験室的調査のような情報が有権者に伝わっていれば，中学生に対する厳罰化争点に対してもより多様な意見が形成され，選挙結果や国会審議前の世論調査，国会での審議過程にも影響を与えた可能性もある。本稿では，この問題意識を，政治報道における効果測定軸に「熟慮動機」といった測定軸を追加する視点から考えてきた。

　今回，実際の事件記事に情動的に誘発された大学生被験者に対して行われた実験的調査環境下では，同じ争点情報であっても，3情報形態の中では「影響予測個別対比型情報」で内省志向性と外部情報志向性の2要因から熟慮誘発機能が高くなる可能性も示唆された。この情報提供形態は，下位争点への賛否に関する影響予測を対比させて意見を問う「問いかけ型」であることが特徴である。

　勿論，「影響予測型」情報に対しては，常にその予測の科学性が問われなければならないと同時に，影響予測をできるだけ受け手の生活圏レベルに設定する努力も必要となる。また，「影響予測型」情報では，情報処理時の「心理的負担」が高くなる傾向も示され，その負担の反動から情報受容拒否

のリスクを助長することも懸念される。熟慮誘発機能の確保には，受け手側の政治情報リテラシー向上とともに，メディア側にも情報受容時の心理的負担を軽減するような工夫が必要になろう。現行のバラエティー化した政治報道はこの流れに逆行するが，政策のメリット・デメリット可能性を一般有権者の生活圏に近づけて多方面から予期する番組の娯楽的構成は，テレビ選挙報道のこれからの課題でもある。

　最後に，今後の検討課題を2点挙げておきたい。本論文では，2000年少年法改正当時の実際の全国紙報道フレームを調査分類し，それらと今回使用したフレームを対比していない。今回の実験室調査によって，本論文で採用した報道フレームが，読者の熟慮誘発に貢献する可能性が追試を含めて検証に至るならば，このフレームをひとつの指標にして，実際の報道フレームの分析が可能になると考えている。第二に，熟慮誘発の動機付けの強さを測定する要因として，内省的思考だけでなく外部情報志向性や会話参加志向性を想定したが，友人の多さや性格の内向外向性，争点に関する事前知識などの被験者の属性が，これらの要因に影響を与えることは十分考えられる。今後は，これらとの関係からも熟慮誘発と情報フレームとの関係を考察することも必要であろう。

　有力な政治情報メディアと考えられるインターネットにおいても，有権者の熟慮誘発がなければ，主体的な関連情報の検索は難しいと考えられる。世論調査の『世論』とは，ある時点の人々の「民意の配置」であることを前提に，それを成熟させる試みが報道の課題であるならば，争点報道フレームの熟慮誘発度を探ることは，情緒的な感情に流されがちな"世論"と，冷笑的ではない懐疑に基づく意見としての"輿論"間との距離を測定することにも繋がるであろう（佐藤，2008）。

【謝辞】　執筆にあたり匿名の査読者2名の先生から，貴重な助言を頂いた。本論文ですべてに答えることができなかったが今後の糧とし，記して感謝の意を表したい。

（1）　朝日新聞社は，07年6月の政治意識調査（6月24日朝刊掲載）で「世論調査の対象者になったら，『直感で答える方か』『じっくり考える方か』」の質問を行った。有権者名簿から層化無作為2段抽出法で選ばれた，全国有権者3000人を対象に郵送法で調査している（回答率72％）。それによると

「直感で」が60％，「じっくり考える」が32％となり，直感派が約2倍の多さを示している。直感派は，20代男性で72％，30代女性では80％，60歳代でも過半数に達する。その一方で，「世論が誘導される危険は感じているか」に対しては，「感じている」は「大いに」「ある程度」を併せて68％。「誰に誘導されているか（複数回答）」に対しては，「マス・メディア（新聞・雑誌・テレビ）」が53％，「テレビのキャスター，コメンテーター」が28％と続いている。

(2) 教育的更生を目的として1949年に制定された少年法は，2000年改正を契機に厳罰化の志向性を強め，刑罰対象年齢が16歳から14歳へ引き下げられた。また，2007年にも適応年齢の修正が追加され，従来，児童相談所が対応してきた14歳未満児童にも「おおむね12歳」ならば，警察の取り調べ，当該児童の少年院送致が可能になっている。

(3) 2000年の少年法改正論議当時，全国3紙を対象にした既存の内容分析によると，同年「少年法改正」の用語を含む記事数は，朝日（319本）・読売（259本）・毎日（512本）となっているが，うち，厳罰化「抑止力あるいは抑止効果」関連記事数は朝日（19本）読売（5本）毎日（10本）。厳罰化の更生力に関すると思われる「再犯率」関連記事は，朝日（5本）読売（3本）毎日（4本）。厳罰化に対する実際の「遺族意見」に関する記事数は朝日（31本）読売（16本）毎日（21本）となっている。特に，遺族意見の掲載時期をみると，10月10日以降，国会での参考人質疑に呼ばれたことでの報道割合が高くなっている（小川，2007年）。

(4) マス・メディアの議題設定機能を提示するマッコウムスは，同じ争点に関し，事実報道を中心とするいわゆるストレートニュース（Fragmentary information）と，争点の社会的影響を予測する解説記事（Influential forecast information）とを比較した研究事例をもとに，議題設定力は従来から指摘されてきた情報量や目立ちやすさ，当初の争点との"疎遠さ"や"身近さ"といった変数だけでなく，提供される情報の質（内容）によっても，受け手のオリエンテーション欲求を媒介要因にして影響を受ける可能性を示唆している（Maxwell McCombs, 2006）。

引用・参考文献

Austin, E. W., Roberts, D. F., & Nass, C. I. (1990). Influence of family communication on children's television—interpretation processes. 17, 545-564.

Benjamin, I. Page (1996). *WHO DELIBERATES?*. University of Chicago Press.

カペラ，J. N. &ジェイミソン，K. H.（1997）『政治報道とシニシズム』平林紀子・山田一成監訳（2005年），ミネルヴァ書房，pp. 347-363.

Dahl, R. A. (1982). *Dilemmas of Pluralist Democracy: Autonomy versus Control*,

Yale University Press.
団藤重光ほか『「改正」少年法を批判する』日本評論社, 2000年.
Fiskin, J. S. (1991). *Democracy and Deliberation: New Directions For Democratic Reform*, Yale University Press.
林香里『マス・メディアの周辺, ジャーナリズムの核心』新曜社, 2002年, pp. 199-231
Huckfeld, Robert, Mendez, Jeanette M. & Osborn, Tracy (2004). "Disagreement, ambivalence, and engagement: The political consequences of heterogeneous networks" *Political Psychology*, 25, 65-95.
池田謙一「情報環境のメタモルフォーゼとコンピュータ・コミュニケーション」川上善郎ほか『電子ネットワーキングの社会心理学』誠信書房, 1993年, pp. 1-24.
石井小夜子『少年法・少年犯罪をどう見たらいいか』明石書店, 2000年, p. 4.
Iyengar, S. (1991). *Is anyone responsible? How television frames political issues*. University of Chicago Press.
Iyengar, S., & Kinder, D. R. (1987). *News that matters: Television and American opinion*. University of Chicago Press.
Jon Elster Eds. (1998). *Deliberative Democracy*, Cambridge University Press.
葛野尋之「厳罰指向の少年法改正案・批判」刑法読書会編『犯罪と刑罰』14号, 成文堂, 2000年.
葛野尋之編『「改正」少年法を検討する』日本評論社, 2004年.
Kimberly, G., & Lisa, D. (2004). "Framing Emotional Response." *Political Psychology*, 25, 1-30.
木村光太郎「討議的民主主義―ユルゲン・ハーバーマスの民主主義論について」有賀誠ほか編『ポスト・リベラリズム―社会的規範理論への招待』ナカニシヤ出版, 2000年.
ルピア, A. ＆マカビンズ, M. D.（1998）『民主制のディレンマ』山田真裕訳 (2005年), 木鐸社, p. 253.
Maxwell McCombs. (2006). *Setting the agenda—the mass media and public opinion*, 131-132.
Mutz, Diana, C. (2006). *Hearing the Other Side: Deliberative versus Participatory Democracy*. Cambridge, MA: Cambridge University Press.
新倉修監修『もう一度考えよう「改正」少年法』現代人文社, 2001年.
大石裕『ジャーナリズムとメディア言説』勁草書房, 2005年, pp. 104-117.
小川恒夫「2000年少年法改正をめぐる新聞報道と世論形成」慶応義塾大学法学研究会『法学研究』第80巻第12号, 2007年, pp. 415-435.
岡田直之『世論の政治社会学』東京大学出版会, 2001年, pp. 238-241.

大矢吉之「熟慮民主主義論の展開とその政策理念」足立幸男ほか編『公共政策学』ミネルヴァ書房，2003年，pp. 343−356.

Price, V. & Tewksbury, D. (1997). "News values and Public Opinion." (In) George A. B, Franklin J. B. (Eds.) *Progress in Communication Sciences*. 173-212.

Robinson, J. P., & Levy, M. R. (1986). "International communication and news comprehension." *POQ*, 50, pp. 160-175.

佐々木毅『現代アメリカの自画像　行き詰る中産階級社会』日本放送出版協会，1995年，第4章第3節.

佐藤卓巳『輿論と世論―日本的民意の系譜学』新潮社，2008年，p. 262.

Scheufele, D. A. (1999). "Framing as a theory of media effects." *Journal of Communication*, 49(1), 103-122.

Scheufele, D. A. (2000). "Agenda-setting, priming, and framing revisited: Another look at cognitive effects of political communication." *Mass Communication & Society*, 3, 297-316.

Scheufele, D. A. & Tewksbury, D. (2007). "Framing, Agenda Setting, and Priming: The Evolution of Three Media Effects Models." *Journal of Communication*, 57, 9-20.

高瀬淳一『情報と政治』新評論，1999年，pp. 198−201.

谷藤悦史『現代メディアと政治』一藝社，2005年，p. 172.

内田満「2005年総選挙−25周年記念シンポジウムⅠ」『選挙研究』日本選挙学会年報，第22号，2007年，p. 78.

上田道明「デモクラシーにおける『参加』と『熟慮』」日本政治学会編『年報政治学1996』岩波書店，1996年.

Weaver, D. H. (2007). "Thoughts on Agenda Setting, Framing, and Priming." *Journal of Communication*, 57, 142-147.

Will, G. F. (1992). *Restoration: Congress, Term Limits and the Recovery of Deliberative Democracy*, Free Press.

2010年度　書評

日本政治学会書評委員会

政治理論　　　　　　　　　　　　　　＜評者　飯田文雄＞

対象　トマス・ポッゲ／立岩真也監訳『なぜ遠くの貧しい人への義務があるのか―世界的貧困と人権』生活書院，2010年
　　　伊藤恭彦『貧困の放置は罪なのか―グローバルな正義とコスモポリタニズム』人文書院，2010年

　今日，国際的正義論は，政治理論の一大成長分野の一つとなりつつある。従来日本では，正戦や人道的介入に対する議論が先行してきたが，昨年度は，グローバルな資源配分に関係する，二つの重要な業績が相次いで公刊されることとなった。
　それでは，こうした国際的な資源配分論は，どのような共通関心を有しているだろうか。この点をまず，資源配分論の先駆的業績であるポッゲの著書を通じて確認しよう。ポッゲは，近年の世界的な貧困拡大が，途上国側の自己責任よりも，むしろ先進国側の責任に起因するものだと想定し，そうした先進国側の態度を，多様な思想的言説のあり方から説明し，徹底的に批判する。例えば，ポッゲはまずリバタリアニズムを採り上げるが，それは貧困への積極的な対応のために社会経済的な諸権利を認めることを一切拒絶し，貧困への自己責任を絶対視する。更に，ナショナリズムの諸形態が採り上げられるが，それは貧困の原因を各国固有の地域的要因に求めることにより，貧困の不当な固定化を帰結している。加えて，ミラーやロールズなどの文脈主義も，国内的な資源配分基準と国際的なそれとを区別する，二重の基準論を容認することによって，世界的な貧困拡大に貢献してきた。
　こうした現状に対し，ポッゲが対置するのは，途上国の貧困解消のために先進国側にも一定の制度的な改革を要請する，制度的なコスモポリタニズムの理念である。この理念の主たる内容は，必要とするものを欠くほどの貧困や他者の支配からの解放，すなわち普遍的価値としての人権を，途

上国の万人に対して保障することにある。この理念の最大の特質は，先進国側の市民に対して，過大で積極的な義務要求を課することなく，むしろ不正義を支援しないという消極的な義務遵守のみを要求するという，実現可能性の高さにある。それ故に，ポッゲはこの理念の具体的な政策的帰結の一つとして，各国政府が領域内の自然資源の使用者から一定の費用を徴収し，世界的な貧困解消に用いるグローバル資源配当を提唱するが，この政策は，資源使用を抑制し先進国側にも一定の利益がある点で，高い実現可能性を有していると主張する。あるいは，ポッゲは途上国の疾病治療に不可欠な必須薬について，その開発成功者に対して先進国政府が奨励金を与える代わりに，その生産ライセンスを広く途上国に解放するシステムを提唱するが，この政策も，先進国側の薬剤開発インセンティブを確保し得る点で，高い実現可能性を有していると主張するのである。

このように，ポッゲの改革案が漸進的なものであったのに対し，伊藤はより根本的な現状の変革を訴える。即ち，伊藤の議論は，貧困の認識や，その原因としてのリバタリアニズム・ナショナリズム批判という，ポッゲと共通の論点から開始される。しかし，伊藤はこうした貧困の原因を更に追求する過程で，グローバル資本主義が生み出す構造的暴力の廃棄という，よりラディカルな議論に到達する。その際，伊藤の立論の主要な根拠を成すのが，故アイリス・ヤングが提示した，構造的不正義に関する「責任の社会的つながりに基づくモデル」である。このモデルは，劣悪な労働条件を労働者に強制することにより，先進国向けに安価な製品の生産を行う「搾取工場」の例などを参照しつつ，先進国の市民は，仮に自覚的に搾取行為に加担しなくとも，貧困撲滅への責任を免れ得ないと主張する。そして伊藤は，国際的な構造的暴力への抵抗は，先進国市民の義務であり，貧困はこうした構造的暴力の一現象形態に他ならないと主張する。

こうしたより徹底した危機認識を前提にして，伊藤の具体的な政策提言もまた，極めてラディカルなものとならざるを得ない。というのも，伊藤は，国際的正義実現の財源論のレベルでは，ポッゲと同様の資源配当やトービン税などに言及しつつ，先進国側での合意形成に配慮した漸進的改革を主張しているが，援助の配分形態に関しては，ODAの増額や相手国の多様化という，より論争的な改革を主張している。更に彼は，グローバル資本主義の暴力性を打破するため，多国籍企業課税やグローバル・コンパク

トを通じた企業の統制強化をも主張しているが，こうした市場や資本主義への敵対性という側面でも，伊藤の議論は遙かにラディカルな方向性を示している。

以上本稿では，ポッゲと伊藤の議論を対比させつつその特色を探ってきたが，評者はその結果，伊藤は今後いかなるポッゲ批判を展開し得るかという発展的な論点を思い抱くに至った。つまり，伊藤の議論は，ポッゲ理論と共鳴しつつ，より根源的な改革を目指しているが，伊藤自身の今回の著書は，明示的なポッゲ批判をおよそ含んでいない。しかし，伊藤が自らの資本主義批判を今後より徹底させるなら，基本的にロールズ的でリベラルなポッゲ理論に対しては，より体系的で徹底した批判を展開することが不可欠なようにも思われる。

だがしかし，こうした評者の読後感は，両著の学術的意義を打ち消すものでは決して無く，むしろ優れた著作のみが生み出し得る，発展的で生産的な論点と思われる。その意味で，この両著は，今後長く続くであろう国際的正義に関する論争の序章を飾るに相応しい好著と言うことが可能である。

政治過程　　　　　　　　　　　　　　＜評者　増山幹高＞

対象　竹中治堅『参議院とは何か－1947〜2010』中央公論新社，2010年

議会研究が参議院を重視してこなかったわけではないが，本書は参議院を真正面からとりあげた画期的な研究で，現下の国会情勢に鑑みると，学術的にも実践的にも時宜にかなう貢献が期待されるものである。地方議会を体系的に把握しようとする最近の研究とともに，議院内閣制という権力融合を基本とする政治体制にビルトインされた権力分立のメカニズムを解明しようとする一連の研究と捉えることもできよう。本書では，参議院を通史的に分析し，とくに戦後の歴代首相が参議院対策にいかに苦労してきたかを丹念に追うことによって，著者が前著『首相支配－日本政治の変貌』（中央公論新社，2006年）で戦後の首相を論じたように，参議院の観点から戦後政治を再構成することが試みられている。評者も本書を高く評価するものの一人であるが，議会研究のフロンティアがさらに開拓されることを願って，ここでは評者なりの疑問を提起しておきたい。

まず表題が示すように，本書は，「参議院とは何か」に答えることを目的

とし,「参議院とは,議院内閣制の下で内閣と衆議院が一体となって行なう立法などの活動を抑制する存在である」(355頁) と結論づけている。ただし,例えば,アメリカの大統領も議会対策に苦労するが,それは権力分立の憲法構造からすると当然のことであり,程度の差こそあれ,立法権の一翼を担いつつも,内閣との信任関係にない参議院が首相に対して均衡と抑制の関係にあることは制度的には自明とも言える。言い換えると,見かけ上,大統領が議会に手を焼かずとも,権力分立の制度的前提は立法府と行政府が相互抑制することにあり,本書を通じて明らかにされる首相と参議院の対立や首相の意向が参議院で通らないという歴史が仮になくとも,参議院が首相に対する抑制であると結論づけることは可能である。本書の焦点が「参議院と首相」にあることを表題か副題に示しておけば,本書の分析の射程はより明確であったと思われる。

また参議院の強弱に関する論争に決着をつけることも本書の目的とされている。参議院については,衆議院の繰り返しに過ぎないという見解がある一方,政局を左右するまでに強いとする見解もあり,本書は戦後の参議院と首相の関係を跡づけることによって,「参議院は,国会の法案審議過程のみならず,政権の構成や内閣が法案を準備する過程にまで大きな影響力を及ぼしてきた」と主張する (327頁)。評者は,こうした見解自体に異を唱えるものではないが,結論に至る分析に疑問を抱かざるを得ない。例えば,福元健太郎は,衆参で法案審議が異なるか,議員構成が異なるかを検証し,参議院が衆議院と同じことを繰り返すのでは存在する意味がないと主張する (『立法の制度と過程』木鐸社,2007年)。そうした主張が極端なものであるとしても,衆参両院が異なることにその存在意義があり,異なることが影響力の行使であるとする観点は研究者にも根強い。これに対して,竹中は参議院の意向を衆議院や内閣が先取りすることに参議院の影響力行使を見出そうとし,むしろ「参議院は,内閣が実現しようとする政策を阻止したり,一部を見直させたり,あるいは遅らせるという形で影響力を発揮してきたことの方が多かった」(327頁) とする。顕在的な影響力のみを影響力とする観点と異なり,本書は潜在的な影響力に目を向けるという意味で議会研究を新たな高みに到達させうるものであった。

しかし,著者が採用しようとした潜在的な影響力観をつきつめれば,首相と参議院に軋轢のないほうが参議院は首相に対して影響力を行使してい

ると解釈できる。したがって，本書の示す参議院と首相の関係は，潜在的影響力観からすると，むしろ首相が参議院の意向を無視して政策実現を図ろうとし，結果的に参議院が抵抗せざるを得なくなったことを示しているに過ぎないとも言える。例えば，小泉首相による郵政民営化の政治過程は，著者からすると，首相が参議院に配慮したことの証左とされるが，潜在的影響力観からは，参議院が首相に民営化を断念させられなかった事例と解釈することもできる。つまり，本書の結論とは裏腹に，本書は参議院が首相に及ぼしうる影響力の限界を明らかにしていることになる。本書が着目した潜在的な影響力と，首相が参議院対策で苦労したことを参議院の影響力行使とみなすことの整合性はより厳密に検討されるべきであろう。

　本書が参議院を体系的に把握しようとする野心的な取り組みで，本書の知見や情報が日本の議会研究にとって貴重であることに疑いはない。しかし，評者の好む将棋の喩えを持ち出せば，本書の対象とする政治過程は素人にわかりやすい王手までいきつく将棋で，先々を読んで投了する玄人好みの将棋に相当する部分は手つかずのままとも言える。参議院や地方議会は，権力融合を基本とする政治体制にビルトインされた権力分立のメカニズムを解明するうえで格好の題材であり，意欲的な研究が本書に続くことを期待したい。

行政学・地方自治　　　　　　　　　　　＜評者　金井利之＞

　対象　村松岐夫『政官スクラム型リーダーシップの崩壊』東洋経済新報社，2010年

　2010年も行政学・地方自治の領域ではたくさんの書評に採り上げるべき著作が見られたが，評者としては，村松岐夫『政官スクラム型リーダーシップの崩壊』を採り上げたい。改めて紹介するまでもなく，著者はここ30年以上にわたって，行政学・政治学の領域をリードしてきた研究者であり，その研究意欲と生産力は一向に衰えることがない。その著者が「1つの主張を伴った研究書を上梓することができ，心の中は非常に穏やかになった」（279頁）とするが本書である。その意味で1つの集大成である。

　「政官スクラム型リーダーシップ」とは，政権党を本人とし官僚制を代理人とする政官の密接な提携関係のことである。近年の本人代理人論の枠組で表現されているように，本人である政権党の意向が政治的リーダーシッ

プとして発揮されている状態である。同時に，政権党と官僚制の権力関係は，プラスサムの関係である。つまり，政権党も強く，官僚制も強い。著者は『戦後日本の官僚制』（東洋経済新報社，1981年）で「政党優位論」を唱えていたが，伊藤大一による「刺激的」(219頁)な書評を受けて，政官関係がプラスサムであることを確認したという。政官のゼロサム関係を想起しやすい「政党優位論」ではなく，評者としては「政党有為論」と表現したいところである。

政官スクラム型リーダーシップという体制では，政権党は政策を官僚制に委任する。もちろん，その前提として，外交防衛の大方針は政権党が決定している。その余力を地方組織の整備に当てた。「活動型官僚制」（『日本の行政』中公新書，1994年）は，自発的に政策を進めるのであり，政策を進めるには政治の力が必要だから，待っていても政権党の意向を忖度してくる。だから，権力を維持さえすれば，官僚制に委任できる。そのためには，組織整備と選挙対策によって政権党であり続ける必要があるし，そうした意向を忖度して官僚制は政策を打つ。

政官スクラム型リーダーシップは，1990年代半ばから，段階的に崩壊してきたことが，重要な主張である。その要因は，①冷戦終了とグローバリゼーション，②細川政権の成立，③財政リソース減少，という3つの仮説で説明される。小泉政権が崩壊させたとか，2009年の政権交代が崩壊させたというのではなく，1998年を「分水嶺」(263頁)に崩壊していたのである。むしろ，小泉政権は「首相リーダーシップ」という新しい型の政治的リーダーシップを模索したが，その後，新たな型の構築にまでは至っていないという。以上が本書の大要である。

以下は評者の見解である。第1に，「政官スクラム型リーダーシップ」とは，政官が保守陣営という同一チームを形成していることを示している。敵陣営は明示されていない。共産圏諸国か国内革新陣営か，あるいは，経済成長と安全保障という政策成果そのものか。政官が同一チームであれば，政官関係はプラスサムであることも理解しやすい。チーム内で足の引っ張り合いをし，非協力・疎遠になれば，力が出ないからである。では，敵陣営を含めた全体でも，権力関係はプラスサムだったのかどうか，非常に興味が湧くところである。

また，第2に，このスクラムは政治側メンバー交代を想定しえないかど

うかである。細川政権の成立は，本人の交代あるいは二重化をもたらし，スクラム崩壊の引き金になった。自民党が素直に下野を受け入れられなかったこと，政権復帰後も意趣返しをしたことは，少なくとも自民党には政治側メンバー交代が規範群に入っていなかったことを示す。「政党優位」ではなく「優位政党」論である。しかし，自民党長期政権でも疑似政権交代はあったし，首相・内閣でそれぞれ政策の重心は異なってきた。むしろ，首相・内閣交代は行政側メンバーの交代だった。とするならば，細川政権の本人の二重化や，2010年以降の「ねじれ国会」でも，政官スクラム型リーダーシップは可能かもしれない。国会（特に参議院）を自民党政調会の拡大版と見ればいいのである。

　第3に，著者の研究の魅力は，実証性と規範性の精妙な（ときにはあえて「誤解」の可能性を織り込んだ）均衡であり，本書にもそれが連綿と流れている。「政治的リーダーシップの再建への関心がある」（ⅸ頁）ことは明示的に肯定されている。研究的設問の背景は，こうした規範的関心であり，こうした関心が当を得ているからこそ，本書には価値がある。

　但し，「良質のリーダーシップを求めるという立場」から，「政治に不実があればこれを責め」るというが，その基準は明示されない。『戦後日本の官僚制』が，「誤解されたくない」という著者の意図に反して，「自民党の支配を肯定する理論」として誤解されたのは，そのあたりに原因があろう（評者個人的には，自民党支配を肯定する実証研究であっても全く問題ないと思っているが）。「Aに権力があるというとき，政治学は，Aに責任があると主張する監視の立場に立つ」。官僚支配論は政治家の無責任を助長するという規範的関心が，責任論を母体に研究をしてきた著者の背後にある（もっとも，政党優位論は官僚の無責任を助長させるが）。しかし，監視の必要性を主張することではあっても，監視の基準を示さないために，誤解されるのであろう。政官スクラム型リーダーシップの良否を鑑別する基準がなければ，あるいは，権力とリーダーシップという概念の規範的射程を明らかにしなければ，同じ轍を踏まないとも限らない。これは，我々読者が発展的に読み取るべき作業であろう。

政治思想史（欧米）　　　　　　　　　　　　　　＜評者　井柳美紀＞
　対象　木村俊道『文明の作法――初期近代イングランドにおける政治と社

交』ミネルヴァ書房，2010年

　本書は，初期近代のイングランドにおける「文明の作法」(civility) の概念史を辿り，そこに異質な他者との交際や共存を可能にする条件を探ろうとした政治思想史研究である。

　「文明の作法」とは「礼節」,「適正」,「行儀の良さ」,「上品さ」,「マナーズ」などの語彙群から構成されるものであるが，これまでの政治思想史研究においては必ずしも光が当てられてはこなかった。本書は，そうした「文明の作法」に光を当て，自由・平等・デモクラシーの政治思想史とは別種の政治思想史を描き出そうとしている。それのみならず，初期近代に共和主義 (civic humanism) の伝統を見いだすポーコックらとも一線を画し，もう一つの人文主義としての宮廷の政治学の系譜の重要性をも主張している。

　著者によれば，「初期近代」（ルネサンス期から18世紀）と「近代」（フランス革命と産業化以降）の分水嶺となるのは「文明の作法」の衰退である。すなわち，デモクラシーとナショナリズムの時代とされる「近代」とは，自律的個人や自分流を貫く人々が増えるなか，他者との共同生活を成立させる「文明の作法」が失われ，「剥き出しの暴力や感情，利益やイデオロギー，個人と大衆が前面に出てくる」時代とされる。また，外交においては，18世紀後半に「外交」(diplomacy) という語彙が誕生すると，初期近代における交渉の技術としての「外交」(negotiation) は衰退し，勢力均衡によるヨーロッパの国際秩序は文明の営為を失ったという。これもまた「国民国家」の枠組みを前提として論じられてきた従来の政治思想史研究が見逃してきた視点である。

　著者は，こうした歴史叙述を通して，「文明の作法」の可能性に光を当てようとしている。すなわち「文明の作法」は，思想や意見によって成立する政治の世界において，しかし思想信条が往々にして共約不能な中で，「文明の作法」が人々の物理的な暴力や内面的な感情を抑制し，アクターによる日常的な交際や共存を可能にするための「型」や「わざ」として機能するというのだ。

　しかし，「文明の作法」は，他者との交際を可能にする「かた」や「技」である一方，エリート支配の道具，現状維持の道具となりはしないだろうか。その意味において，「文明の作法」は両義的たらざるをえないだろう。

著者はこの点に自覚的であり，トクヴィルが述べた言葉――「形式」は「強者と弱者，政府と被治者の間の障壁」となる――を敢えて引用している。

にもかかわらず，著者は初期近代の宮廷で育まれたcivility（本来「豊かな意味内容」を備えた，と著者が言うところのcivility）の積極的側面に目を向けるのである。すなわち，宮廷のcivilityを消極的にとらえるエリアスやハーバマスらとは対照的に，civilityによって特徴づけられる宮廷社会のうちに，一元的に閉ざされた空間ではなく，他者による宮廷社会への参与を可能にする多元的な世界――例えばヨーロッパ各国のエリートらが行き交う場――を見いだそうとするのである。

たしかに，歴史家に徹しようとする著者は，「文明の作法」の現代的意義を語ろうとはしない。しかし，そうした歴史叙述のなかに著者の強烈な問題意識を読むこともまた可能であろう。例えば，著者は「公共性を担うものとしてのcivilityの復権の動き」として脚注においてキムリッカらの名前を挙げている。そしてキムリッカの著作を繙くと，黒人など偏見を抱いていたかもしれない人たちとの日常の交わりにおける市民性civilityの必要性が語られている。著者は「文明の作法」の両義性に自覚的でありつつも，剥き出しの情念や利害が蔓延する今日の政治の世界に，他者との交際と共生のための「実践知」としての役割を期待しているのかも知れない。

本書は，初期近代イングランドの政治思想史の「リヴィジョン」を目指す思想史研究書であるにとどまらず，現代政治における「文明の作法」のアクチュアリティを説いた政治思想書でもあるといえるだろう。

政治思想史（日本・アジア）　　　　　　　　＜評者　山田央子＞
　　対象　渡辺浩『日本政治思想史［十七〜十九世紀］』東京大学出版会，2010年

　この書物を織りなす著者の問題関心は，一つには，「政治」とは何か，という問いである。人が集まって生き，そこに生ずる共同の課題に取り組み，運営していくことが「政治の問題」だと考えるならば，「政治はいかにあるべきか，統治はいかになされるべきか，それはいかにして可能なのか」――その問いを「過去の，政治にかかわる思想を探り，理解」することから考えていこうとする試みである。

　もう一つには，「歴史」そのものへの関心である。本書が対象とする「十

七〜十九世紀」は、徳川政治体制の成立、瓦解そして変革としての維新を経験する時期である。十七世紀初頭から二世紀半、様々な危機を乗り切った体制が、ペリー来航を機に揺れ始め、「わずか一四年余りで瓦解」し、数年後には「武士身分自体が消滅してしまった。」その理由を説明しようとすれば、徳川の「軍事兼統治組織」がいかにして成立し、二世紀以上にわたる平和、静謐がいかにして維持され、その後のあっけない、全面的かつ徹底的な崩壊がいかにして準備され、いかにして果たされたのか、を問うことになる。それら二つの大いなる問いが、横糸と縦糸となって本書を織りなしていくのである。

その際に、従来の「政治思想史」研究とやや異なる色彩を帯びているのは、著者の「あらゆる政治には演劇・演技の要素がある。政治は、『公共的な事柄』についての『理性的な議論』や『熟議』だけではなされない。言語以外の、目に見え体感される物が、制度を体現し状況を定義するのに利用される」(65頁)とする政治観ゆえであろう。著者によれば、徳川政治体制は、とりわけ「演劇的舞台装置と儀式的演技」が異常なまでに発達したシステム、すなわち「御威光」の支配であった。「天下泰平」の中で、戦う機会を失った武士が強者であることを示し続けるという要請が、完璧なまでの「御威光」と「格式」のシステムを創りあげたのである。この徳川政治体制を支えたもう一つの契機として著者が指摘するのが、中国の「家」とは区別された日本の「イエ」である。親への孝行が「イエ」への忠誠に連続し、あらゆる身分階層において「家業」に精を出すことが奨励される。この「イエ」が、社会の細部から国家まで「入れ子」細工のように貫かれ、全体を成り立たせている。このような視座自体、すでに著者が「通念」といわれるものを切り崩しながら、徳川日本やその崩壊を捉え返そうとしていることを語っていよう。

本書の中心たるテーマ「儒学」の世界も、そうした視座から描き出されていく。本来、「徳」を身につけた者による統治を主張する「儒学」は、「世襲にして無学な武人の統治」とは相容れないものであり、著者はそれを「遊芸の一つ」と位置づける。儒者たちは、「道」を説くにあたっての「自由」と、その裏面たる「権力からの疎外」という「独特の思想的場に置かれ」、そこに「百花繚乱の思想的展開」はもたらされた。「当時さまざまな意味で魅力的であり、しかも危険だった」儒学は、「慈愛の徳」を説いて

「独自の新しい儒学体系を構築」した伊藤仁斎から，実際の政治に大きな影響力をふるった新井白石，荻生徂徠へと広がり，そしてその政策提言が容れられなかったが故に，徂徠学者の中から儒学への懐疑とともに「中国に対する日本優位論」すなわち「国学的立場」が生まれていく。さらに，本居宣長，安藤昌益，海保青陵といった個性的な思想家が取りあげられ，全体として徳川儒学の多様性が立体的構図で捉えられるよう描き出されていく。

　こうした知的営みに加え，武士や百姓の心情，そして「性」をめぐる諸相も「政治・社会の在り方を根底から変革させ，新体制を生み出させるような何か」を準備した複数の水脈として探り出される。「御威光」のシステムは，それが「虚威」に支えられていることが露見すればあっけなく瓦解する。「公儀」ではなく「禁裏」こそが正統な君主であるとしてその価値を高める役割を担ったのも儒学であった。しかし，儒学の「道」への信奉はさらに「『西洋』観の構造変化」，すなわち「理想の儒学的統治」が実現している「西洋」という新たな理解をももたらしたと解き明かされる。

　こうして本書は，膨大な史料の引証に支えられ，徳川前半期からその崩壊と維新以降にまで連なる日本の「政治思想」の多彩な側面を描き出している。著者は，本書の対象を，「『一般』の読者」とし，難解な儒学，朱子学について，きわめて平易に自らの言葉で語り，全体を「何故か」というわかりやすい疑問で紡いでいく。しかし，一見素朴な疑問に対する触発的な解答は，読者をさらなる思索の楽しみへと誘い込む奥行きをもっており，専門研究者としての著者の到達点の高みを示していると言えよう。

政治史（日本・アジア）　　　　　　　　＜評者　井上寿一＞

　対象　小林道彦『政党内閣の崩壊と満州事変　1918—1932』ミネルヴァ書房，2010年

　　　　松浦正孝『「大東亜戦争」はなぜ起きたのか—汎アジア主義の政治経済史』名古屋大学出版会，2010年

　　　　馬場公彦『戦後日本人の中国像—日本敗戦から文化大革命・日中復交まで』新曜社，2010年

　両大戦間期と戦後を対象とする，研究の飛躍的な発展の契機となるような研究が相次いだ。ここでは3冊とり上げる。

第一は小林道彦『政党内閣の崩壊と満州事変』である。政党内閣制・ワシントン体制・国際金本位制の三つの政治経済システムはなぜ同時に崩壊したのか。このように課題を設定する本書は，政軍関係と「金解禁の政治学」の二つの視点からの分析によって，独自性の主張に成功している。満州事変によって，それまで安定的だった政軍関係が崩壊に向かう。両大戦間期は総動員体制の確立過程として分析されてきた。本書はこの通説的見解に再考を促す。1920年代における政党内閣と陸軍との連携による政治的安定を描き出しながら，その崩壊過程として1930年代を位置づけなおす試みは，示唆に富む。

　もう一つ強調したいのは，井上（準之助）財政の政治学とでも呼ぶべき，経済と政治の相互連関に対する斬新な分析である。井上の主導する金本位制がなぜ満州事変の勃発によって崩壊したのか。それは井上の〈大陸〉国際秩序構想と関連があった。その鮮やかな実証作業は，繰り返し参照されるだろう。本書をもとに今後は，陸軍統治システムの解体と政党内閣復活の可能性とを統合する分析視角から近衛新体制の成立に至る政治過程の再構成が求められる。そうなれば戦前昭和の政治史研究は重層的な展開をみるにちがいない。

　第二は松浦正孝『「大東亜戦争」はなぜ起きたのか』である。1000頁を超える壮大な知的構築物の本書は，近代日本の「汎アジア主義」の全体像を余すところなく明らかにする。アジア太平洋戦争原因論は論じつくされた観がある。ところが本書に接すると，そうではないことがわかる。合理的な政治過程分析は，非合理的で情緒的な「大東亜戦争」の言説を十分には解明できない。本書は「汎アジア主義」という縦穴をどこまでも深く掘り進む。そのさきに戦争の原因を発見する。

　「素朴かつ非論理的・非合理的」な庶民レベルに至る「汎アジア主義」のイデオロギーの分析と政治経済史研究を結びつける力技は並大抵のものではない。複雑で多義的な「アジア主義」を3類型に分けて説明する。「汎アジア主義」をインド・台湾・朝鮮＝大陸の3要因から分析する。「イデオロギー・ネットワーク」としての「大亜細亜協会」に注目する。これらはすべて本書の創見である。その結果，私たちは「人種的・宗教的・文化的に共通のものがない」虚構の地域「アジア」において，なぜ「一つの共同体に属する存在として結びついているということを想像・実感させる」のか

を知る。こうして本書は研究の欠落部分を一挙に埋めた。日米開戦70年の2011年に向けて，アジア太平洋戦争像を統合する大きな手がかりを得ることができた。

　第三は馬場公彦『戦後日本人の中国像』である。本書は一つの巨大なデータベースである。何が集積されているのか。敗戦（1945年）から日中国交回復（1972年）までの時期における総合雑誌の中国関連記事2554件である。どの頁からでも自由にデータを引き出して，日中関係を考えることができる。

　これらの雑誌記事の内容は，政治・経済・社会・文化・思想などのあらゆる分野に及ぶ。データは著者が整然と可能な限り客観的に配置している。本書は時間軸に沿って，つぎのような戦後日本人の中国観の変容を追跡する。戦後はこの反省から再出発したはずである。ところが反省は活かされない。冷戦下の日本の中国観は党派的思考によって分断される。国際政治のパワーゲームが日本を翻弄する。スターリン批判，中ソ対立，中印紛争，中国の核保有。その度ごとに中国観は分裂した。なかでも深刻な影響を及ぼしたのが文化大革命である。中国国内の権力闘争を日本の革命の理想と誤認したことの代償は大きかった。「日本文化大革命」は幻想だった。

　結局のところ戦後日本は戦前と同様に再度，中国認識の確立に失敗したのか。本書の客観的な分析はそうだと答えるだろう。しかし複雑で多様な，立場を異にする1347人の言説の内在的な理解に努めた結果が示唆するのは，別のことである。別のこととは何か。第一は多面的な国家としての中国像の再構築である。第二は非対称的な日中関係の是正である。第三は新しい日本の自画像の確立である。

　戦後において「中国とは何か」を問うということは，「日本とは何か」を問うということだった。その帰結は本書の結論のとおりである。そうだとすれば，自立的な自国像の確立をとおして，中国像を確立することが重要になる。本書はこの作業の出発点である。

比較政治・政治史（欧州・北米ほか）　　＜評者　岡山　裕＞
　対象　五十嵐武士『グローバル化とアメリカの覇権』岩波書店，2010年
　　　　多湖淳『武力行使の政治学―単独と多角をめぐる国際政治とアメリカ国内政治』千倉書房，2010年

本書評の対象時期には，アメリカ合衆国について，ここしばらく関心の集中してきた今日のイデオロギー対立を越えて，長期的あるいは一般的な形で政治過程の特徴を解明しようとする著作が目についた。ここでは，なかでも対外政策に関わる興味深い研究を二点取りあげたい。

　冷戦後，唯一の超大国となったアメリカをめぐっては，21世紀に入っていわゆる「テロとの戦い」を通じて「帝国」化したのかどうかが議論されてきた。五十嵐武士はそれを意識しつつ，グローバル化との関係に焦点を当ててアメリカの対外的関わりを歴史的に説明しようとしている。具体的には，ある国家が国際公共財を提供し国際政治・経済の主導権を握る状況を覇権として，軍事力を用いて他国の内政に干渉する帝国とは区別し，アメリカが覇権的，あるいは帝国的な行動をとる背景を，とくに20世紀以降について検討している。

　そこでは，広大な多民族国家であるアメリカが，膨張し他地域の政治・経済・文化を自らに似せようとする特質を持ち続けてきただけでなく，グローバル化によってこのトランスナショナルな性格が一層強まり，外部から受ける影響も増大したのだという。もっとも，グローバル化で全てが説明されるわけではなく，とくに軍事力の行使については，それぞれの状況下で国益との兼ね合いで指導者がどう考えたのかという事例毎の要因も重視される。「テロとの戦い」にしても，ジョージ・W・ブッシュ大統領が「自分なり」に考えた末のグローバル化への対応と位置づけられる。だとすれば，アメリカの軍事力の行使のあり方を内政と外交の連関の中で考える意味は，ますます増大すると考えられよう。

　そのような試みの一つとしても読めるのが，多湖淳の著書である。本書は，第二次世界大戦後の超大国としてのアメリカによる軍事力行使の形態を，単独か多角か，後者の場合他国と協力して軍事力を展開したか，さらに国際機構の承認を得たか，に分けて，いかなる要因が違いを生みだしているのかを解明している。その際，先行研究がアメリカのパワー等，単一の要因に集中しがちだったのに対して，国内・国際両方にまたがる10の変数について，独自のデータセットを用いた回帰分析と，いくつかの事例分析を行っている。

　政権毎の違いよりも，軍事行動の正当化の困難さの程度や利用可能な手段といった複数の要因が，軍事行動の単独・多角主義の違いを決めている

という著者の主張は説得的である。他方で，冷戦後に限ると政権毎の違いが顕著であることも明らかにされ，今後の検討が期待される。本書の強みは，質的・量的手法の巧みな組み合わせ方もさることながら，分析の守備範囲の周到な確定と，関連する論点への徹底した目配りの良さにあり，とくにこれから博士論文を書こうとする大学院生には多いに参考になるものと思われる。今後も多くの分野で，異なるアプローチ間の対話を通じて，共通の対象への理解が深まっていくことを期待したい。

比較政治・政治史（ロシア・東欧）　　　＜評者　仙石　学＞

対象　小森宏美『エストニアの政治と歴史認識』三元社，2009年

　本書は，エストニアにおける1991年の独立「回復」（ちなみにこの「できごと」をどのように表現するかということすら政治的問題となりえる，というのも本書の論点の一つである）の前後から現在までの政治過程を，ロシア語系住民に対する政策に主たる焦点を当てて，分析を試みたものである。その際に筆者が注目しているのは，「エストニアの歴史をめぐって，エストニア人とロシア語系住民のそれぞれの歴史認識が，独立の達成や喪失，その回復という過程の中で，国家を単位としてみた場合に，どのように位置づけられてきたのか。その位置づけが行われる際に，何が記憶され，何が忘却されたのか」（p. 231）という，アクターの有する「認識」と，その認識が実際の政治に与えた影響である。国籍法や言語政策，あるいはEU加盟にかかわる政治過程の中で，エストニア国家とは何か，あるいはエストニア人とは誰かという問題が常に議論されてきたこと，およびそのことが現実の政策形成に大きな影響を与えてきたことが，いわゆる「言説政治」の議論に依拠する形で整理されている。

　ここで重要なポイントとなるのが，歴史認識の相違の問題は単純な「純粋なエストニア人」と「ロシア語系住民」の間の対抗関係ではないということである。筆者は本書において，「エストニア人」とされる人びと，ないし「ロシア語系住民」とされる人びとのそれぞれの中で異なる歴史認識を有するグループが存在していることや，時としてエストニア人とロシア語系住民の「対立」がみられるように感じられる場合でも，そこには経済的な格差やEU加盟に伴う国境往来の制限への不満など，「利益政治」にかかわる要因も作用していることなどを指摘することで，広く共有される「歴

史認識」というものはそもそも存在していないことを強調している。それにもかかわらずエストニアにおいて「歴史認識」が政治を動かしてきたとするのは，一つにはある「できごと」を契機として特定の「歴史認識」が優勢となると，その認識がその後の政治過程を規定する要因として作用してきたこと，もう一つはある特定の歴史認識に基づいて形成された制度や政策がそのまま固定化されるわけではなく，状況が変化して新たな歴史認識が優勢となると，それがまた異なる形の変化をもたらしてきたということがある。歴史認識は多元的でありかつ流動的であるが，まさにその多元性と流動性こそが現実の政治を動かしているということを説得的に整理している点が，本書の大きな貢献となるであろう。

本書は厳密には政治学というより歴史学の文献であるが，複雑でかつ一般になじみのない体制転換後のエストニアの政治過程を，「歴史認識」を軸としてわかりやすく描くことに成功しているのみならず，政治過程の分析におけるアクターの「利益」と「認識」との連関をとらえるための一つの方向性を提示している点で，政治学的にも有意義な議論を提起している。これには「歴史家」を自認する著者があえて通時的な記述をとらず，状況によりアクターごとに，あるいはイシューごとに議論を整理したことも，プラスに作用していると考えられる。一つ残念なところとして，本書では「なぜエストニアをとりあげるのか」ということに関する議論が欠落していること，およびこれと関連してエストニアの現状を相対化ないし一般化する試みが必ずしも十分ではないということがある。ただこの点に関しては，筆者は別稿でラトヴィアとの比較などを通して自身の議論を拡張する試みを行っていることから，今後の議論の展開に期待することとしたい。

比較政治・政治史（第3世界全般） ＜評者　堀金由美＞
対象　高橋基樹『開発と国家—アフリカ政治経済論序説』勁草書房，2010年

開発途上国を扱う政治経済学あるいは開発学にとって，経済発展における国家・政府の役割は，常に重要なテーマである。それにもかかわらず，わが国において，従来，経済学以外の社会科学，特に政治学がこれを正面から取り上げることは多くなかったように思われる。しかし最近，このギャップを埋める重要な研究が現れるようになった。本書はその好例である。

本書の特徴は，実に広範にわたる分野の先行研究をレビューした上でその特徴と欠点とを明らかにし，その欠点を補う新しいアプローチを提示しているところにある。

著者は，冒頭，従来アフリカがどのように理解されてきたかを概観し，当初は近代的「普遍」の及ばぬ対象とされたアフリカが，やがて社会科学の「普遍」の中に取り込まれ，「経済学主流派」の流れを汲む方法論的個人主義の中で捉えられるようになったと説く。その後も繰り返し参照されるロバート・ベイツは，指導者たちの合理的選択を前提とし，その政治的合理性に基づく判断が社会全体の資源配分を左右するとき，そこに経済的には非合理的な結果が生まれたと論じた。これに対し筆者は，ベイツ理論は「普遍」に偏り，アフリカの現実を無視していると批判する。「いかなる普遍的理論も，現実に存在する国家の分析へと連結させてゆくためには，それぞれの社会の政治経済の具体的分析から知見を得なければならない」（p. 132）のである。

そこで著者が注目するのがアフリカにおける歴史と民族の多様性，土地の（相対的）希少性，そしてそれら条件の動態であり，普遍を模索するモデルにこうした視点を取り入れることにより，開発研究と地域研究の融合が目指される。さらに，従来，「政府の役割や政治経済学的背景についての議論は定性的な検討に偏してきた」（p. 146）とされ，この方法論的欠点を補うため，一部「統計的な裏づけ」を取る試みもなされている。

400ページを越える大著であるが，その中では公共選択の理論や比較制度分析，アンダーソンの想像の共同体の議論等，実に広範な社会科学の諸理論がカバーされており，読者の知的好奇心を満足させる。しかし，本書のこの魅力こそが，中心的課題であるアフリカ国家論，そしてその中心とされる政治権力と農村との共益関係などにつき，必ずしも十分に説得的な議論が展開されない原因となっていることも否めまい。また，アフリカの歴史と民族・国家の多様性が強調されている一方で，一部の「特殊な」国の例から「アフリカ」が論じられている点も気になるところである。しかしながら，全体を通して提示される多くの問題提起の重要性とともに，アフリカ研究にとどまらず広く途上国一般の国家論，そして開発と政府の役割研究に，間違いなく大きな一石を投じ，この分野の研究に大きな弾みをつける重要な業績といえよう。読み応えのある1冊である。

国際関係論　　　　　　　　　　　　　　＜評者　土佐弘之＞

対象　足立研幾『レジーム間相互作用とグローバル・ガヴァナンス
　　　―通常兵器ガヴァナンスの発展と変容』有信堂、2009年
　　　上村雄彦『グローバル・タックスの可能性―持続可能な福祉社会
　　　のガヴァナンスをめざして』ミネルヴァ書房、2009年

　混沌とした時代状況もあり、グローバル・ガヴァナンスは如何なる方向に進んで変容しているのか、また、どのような方向へと変革していくべきなのか、といった議論は依然として盛んに行われている。そうした中でも気鋭の研究者二人による注目すべき二冊を、ここではとりあげた。足立氏の『レジーム間相互作用とグローバル・ガヴァナンス』は、依然として権力政治の論理が優勢で制度・規範の役割が限定されると言われる安全保障分野に焦点を当てて、そこけるレジームやガヴァナンスの新しい動向について、詳細なデータを整理し明快なチャートを駆使しながら独自の説明を試みた力作である。ここで扱われるのは、特に、対人地雷、小型武器、クラスター弾などの通常兵器に関する複数のレジームであるが、その複数のレジーム間の相互作用過程に焦点が当てられている点が、他の研究と違った独自性を際立たせている。趨勢としては、九・一一事件以降の揺れ戻しはあるものの、NGOが一部の国家と連携しながら人道規範強化の動きを推し進めたことで、対人地雷禁止条約採択へと至るオタワ・プロセスやクラスター弾に関する条約採択へと至るオスロ・プロセスといったように、通常兵器に関する複数のレジームが相互に影響しあいながら人権規範により大きく影響を受けるようになってきているという。グローバル・ガヴァナンスが「薄い」とされてきた安全保障分野においてもレジームが形成・強化されているというだけではなく、NGO（市民社会組織）などが、国家による武器使用に対して規制する力を発揮しだしてきているという指摘は重要であろう。

　一方、上村氏の『グローバル・タックスの可能性』は、市民社会組織による市場のコントロールに焦点を当てたものである。上村氏は、グローバルな政府が不在で、グローバルな市民社会が不在という状況下で、グローバル市場の失敗をどのように解決するかが我々に突きつけられた喫緊の課題となっていると指摘する。確かに、2008年のグローバル金融危機によっ

て，我々は，その課題を突きつけられた形になっていると言えよう。そこで上村氏は悲観的にならず，CSR やグローバル・コンパクト等の多国籍企業に対する規制などの事例を挙げながら，ネットワーク的グローバル市民社会が相当な役割を果たしているソフト・ガヴァナンス的な仕組みが立ち上がっていることに着目する。本書が特に焦点を当てているのは，タイトルに示されている通り，国際連帯税などグローバル・タックスの制度化によるグローバルな福祉社会の実現を目指した動きである。まだ，それは，ソフト・ガヴァナンスの試みにとどまっているものの，ミドル・ガヴァナンスないしはハード・ガヴァナンスの方向へと歩む潜在的可能性をもっているという。上村氏は国際連帯税推進協議会（通称，寺島委員会）や「開発のための国際金融取引に関するハイレベル・タスクフォース」の専門家委員会のメンバーとして活躍していることもあり，国際連帯税をめぐる経緯・実態についての記述も詳細で，貴重な記録にもなっている。当然，その評価も極めてポジティブである。

　足立氏の『レジーム間相互作用とグローバル・ガヴァナンス』においては，安全保障領域における国家の行動に対するグローバル市民社会組織によるコントロールの試みについての現状分析にとどめた形での抑制の効いた記述が展開されているものの，上村氏の『グローバル・タックスの可能性』は，経済領域における企業の行動に対するグローバル市民社会組織によるコントロールの試みが望ましいといった規範論にまで踏み込んでいる点で，両者の間には差異は認められるものの，両者に共通しているところは，グローバル・ガヴァナンスにおいてグローバル市民社会組織が積極的な役割を果たしているという指摘であろう。問題は，やはりグローバル市民社会が，＜市民社会－国家－市場＞といった三項関係の中で，どの程度，市場や国家を規制する役割を果たし得るだろうか，ということであろう。近い過去を振り返っても，例えば，ネオ・リベラリズムの政策アイディアの普及に大きな役割を果たしたのは，ハイエクらのモンペルラン協会といった市民社会組織であることを想起すれば良いだろう。また，市民社会の概念史を振り返って見れば，アリストテレス以来，国家共同体と市民社会は等値の関係にあった訳だし，その用語法に大きな変更を加えたヘーゲルもまた市民社会を「欲求の体系」とみなし利己的個人によって形成される商業社会を重ねあわせて見たように，市民社会と国家や市場との関係は複

雑に折り重なる歴史を辿ってきた。単純化をおそれず言えば，市民社会を国家や市場に対峙するものとみなすよりは，市民社会はヘゲモニー闘争の場であるとするグラムシ的な見方の方が妥当かもしれない。市民社会（組織）も権力ネットワークの一部とするフーコー的な見方もあり得よう。といったように，市民社会（組織）と言われるものがグローバル・ガヴァナンスにどのような影響をどの程度与えうるのかといった問題の答えは，市民社会をどう位置づけるかによって大きく変わってくるように思われる。そうした疑問は残るものの，尽きない懐疑によって，海図のマッピングも不可能となり舵のとるべき方向も見失ってしまうのも愚かなことであろう。その意味では，ここに挙げた二冊は，グローバル・ガヴァナンスが進む（べき）方向を指し示してくれている明るいビーコンのように見える。

2011年度書評委員会から

　2011年度書評委員会のメンバーは，以下の会員にお願いした。(1)政治理論：飯田文雄（神戸大学），(2)政治過程：増山幹高（政策研究大学院大学），(3)行政学・地方自治：金井利之（東京大学），(4)政治思想史（欧米）：井柳美紀（静岡大学），(5)政治思想史（日本・アジア）：山田央子（青山学院大学），(6)政治史（日本・アジア）：井上寿一（学習院大学），(7)比較政治・政治史（欧州・北米ほか）：岡山裕（慶應義塾大学），(8)比較政治・政治史（ロシア・東欧）：仙石学（西南学院大学），(9)比較政治・政治史（第3世界全般）：堀金由美（明治大学），(10)国際関係論：土佐弘之（神戸大学）の10名である。多忙中にもかかわらず，すべての方々が委員に加わることを快諾し，また示唆に富む原稿を提出して下さった。深く感謝したい。

　全体を通読してみると，政治学のさまざまな分野で現在何が問われているのかが，浮き彫りになってくる。会員には，それぞれの専門分野だけでなく，「食わず嫌い」の分野の書評にも，ぜひ目を通していただきたい。

　最後に，対象とならなかった本の著者に，お詫びを申し上げたい。2009年から10年にかけても，政治学の分野では，多くの優れた著作が若手やベテラン研究者によって出版された。その中からどれを書評するかという決断こそが，書評委員にとって最大の悩みだったことは，付言するまでもない。

（書評委員長　西崎文子）

日本政治学会規約

一，総則
第一条　本会は日本政治学会 (Japanese Political Science Association) と称する。
第二条　（削除）

二，目的及び事業
第三条　本会はひろく政治学（政治学，政治学史，政治史，外交史，国際政治学，行政学及びこれに関連ある諸部門を含む）に関する研究及びその研究者相互の協力を促進し，かねて外国の学会との連絡を図ることを目的とする。

第四条　本会は前条の目的を達成するため左の事業を行う。
　　　　一，研究会及び講演会の開催
　　　　二，機関誌その他図書の刊行
　　　　三，外国の学会との研究成果の交換，その他相互の連絡
　　　　四，前各号のほか理事会において適当と認めた事業

三，会員
第五条　本会の会員となることのできる者はひろく政治学を研究し，且つ会員二名以上から推薦された者で，理事会の承認を得た者に限る。

第六条　入会希望者は所定の入会申込書を理事会に提出しなければならない。

第七条　会員は，理事会の定めた会費を納めなければならない。

第八条　会費を二年以上滞納した者は，退会したものとみなす。但し，前項により退会したとみなされた者は，理事会の議をへて滞納分会費を納入することにより，会員の資格を回復することを得る。

四，機関
第九条　本会に左の役員を置く。
　　　　一，理事　若干名，内一名を理事長とする。
　　　　二，監事　二名
　　　　三，幹事　若干名
　　　　四，顧問　若干名

第十条　理事及び監事の選任方法は，別に定める理事・監事選出規程によるものとする。
　　　　理事長は，別に定める理事長選出規程に基づき，理事会において選出する。
　　　　幹事及び顧問は理事会が委嘱する。

第十一条　理事長，理事及び幹事の任期は二年とする。
　　　　　監事の任期は三年とする。
　　　　　補充として就任した理事長，理事，監事及び幹事の任期は前二項の規定にかかわらず，前任者の残存期間とする。
　　　　　理事長，理事，監事及び幹事は重任することが出来る。

第十二条　理事長は本会を代表し，会務を総括する。
　　　　　理事長が故障ある場合には理事長の指名した他の理事がその職務を代表する。

第十三条　理事は理事会を組織し，会務を執行する。

第十四条　監事は，会計及び会務執行を監査する。

第十五条　幹事は，会務の執行につき，理事に協力する。

第十五条の二　顧問は会務の執行につき理事長の諮問に応える。

第十六条　理事長は毎年少なくとも一回，会員の総会を招集しなければならない。
　　　　　理事長は，必要があると認めるときは，臨時総会を招集することが出来る。
　　　　　総会（臨時総会を含む）を招集する場合は，少なくとも一ヶ月以前に全会員に通知しなければならない。
　　　　　会員の五分の一以上の者が，会議の目的たる事項を示して請求したときは，理事長は臨時総会を招集しなければならない。

第十七条　総会（臨時総会を含む）は，出席会員によって行うものとする。
　　　　　理事会は，役員の選任・会計・各委員会および事務局の活動その他，学会の運営に関する基本的事項について総会に報告し，了承

第十八条　本会の会計年度は，毎年四月一日に始り，翌年三月末日に終る。

五，規約の変更及び解散
第十九条　本規約を変更する場合は，理事会の発議に基づき会員の投票を実施し，有効投票の三分の二以上の賛成を得なければならない。

第二十条　本会は，会員の三分の二以上の同意がなければ，解散することができない。

（二〇〇〇年一〇月八日改正）

日本政治学会理事・監事選出規程

理事の選任
第一条　理事の選任は，会員による選挙および同選挙の当選人によって構成される理事選考委員会の選考によって行う（以下，選挙によって選出される理事を「公選理事」，理事選考委員会の選考によって選出される理事を「選考理事」と称する）。

第二条　公選理事は，会員の投票における上位二〇位以内の得票者とする。

第三条　投票が行われる年の四月一日現在において会員である者は選挙権及び被選挙権を有する。
　　　　ただし，顧問および理事長は被選挙権を有しない。

第四条　会員の選挙権及び被選挙権の公表は会員名簿及びその一部修正によって行なう。

第五条　一，選挙事務をとり行なうため，理事長は選挙管理委員長を任命する。
　　　　二，選挙管理委員長は五名以上一〇名以下の会員により，選挙管理委員会を組織する。

第六条　一，選挙は選挙管理委員会発行の，所定の投票用紙により郵送で行なう。
　　　　二，投票用紙は名簿と共に五月中に会員に郵送するものとする。
　　　　三，投票は六月末日までに選挙管理委員会に到着するように郵送されなければならない。

　　　　　四，投票は無記名とし，被選挙権者のうち三名を記する。

第七条　一，選挙管理委員会は七月末までに開票を完了し，得票順に当選人を決定し，九月初旬までに理事長及び当選人に正式に通知しなければならない。
　　　　　二，最下位に同点者がある場合は全員を当選とする。
　　　　　三，投票の受理，投票の効力その他投票及び開票に関する疑義は選挙管理委員会が決定するものとする。
　　　　　四，当選人の繰上補充は行なわない。

第八条　一，前条第一項の当選人は理事選考委員会を構成する。
　　　　　二，理事選考委員会は，十五名以内の理事を，地域，年齢，専攻，学会運営上の必要等に留意して選考する。
　　　　　三，理事選考委員会は当選人の欠員補充をすることができる。その場合には，前項の留意条件にとらわれないものとする。
　　　　　四，常務理事については，本条第二項にいう十五名の枠外とすることができる。

第九条　理事長は，選出された公選理事および選考理事を，理事として総会に報告する。

監事の選任
第十条　監事の選任は理事会において行い，理事会はその結果を総会に報告し，了承を受けるものとする。

規程の変更
第十一条　本規程の変更は，日本政治学会規約第十九条の手続きによって行う。

（了解事項）理事選挙における当選者の得票数は，当選者に通知するとともに，理事会に報告する。

　　　　　　　　　　　　　　　　　　　（二〇〇〇年一〇月八日改正）

日本政治学会理事長選出規程

第一条　理事長は，公選理事の中から選出する。
第二条　現理事長は，理事選挙後，理事選考委員会（日本政治学会理事・監

事選出規程第八条）に先だって，公選理事による次期理事長候補者選考委員会を招集する。
　二　公選理事は，同選考委員会に欠席する場合，他の公選理事に議決権を委任することができる。
　三　次期理事長選考委員会では，理事長に立候補した者，または推薦された者について投票を行い，過半数の得票を得て，第一位となった者を次期理事長候補者とする。
　四　投票の結果，過半数の得票者がいない場合，上位二名につき再投票を行い，上位の得票者を次期理事長候補者とする。
　五　再投票による得票が同数の場合は，抽選によって決定する。
第三条　選考理事を含めた次期理事会は，次期理事長候補者の理事長への選任について審議し，議決する。
　二　理事は，欠席する場合，他の理事に議決権を委任することができる。

（二〇〇二年一〇月五日制定）

日本政治学会次期理事会運営規程

一　〔総則〕　次期理事が選出されてから，その任期が始まるまでの次期理事会は，本規程に従って運営する。
二　〔構成〕　次期理事会は，次期理事および次期監事によって構成する。
三　〔招集〕　次期理事会は，次期理事長が召集する。但し，第一回の次期理事会は現理事長が招集する。
四　〔任務〕　イ　次期理事会に関する事務は，次期常務理事が取り扱う。また，その経費は次期理事会経費に準じて学会事務局が支払う。
　　　　　　　ロ　次期理事会は，任期の間の次期常務理事，次期幹事，各種委員会の長および委員を必要に応じて委嘱できる。
　　　　　　　ハ　次期理事会は，任期の間の日本政治学会行事について，現理事会の委嘱にもとづき，企画，立案できる。
五　〔記録〕　次期理事会の記録は，次期常務理事の下でまとめ，次期理事会および現理事会の構成員に配布する。

（二〇〇二年一〇月五日制定）

日本政治学会倫理綱領

　日本政治学会は，政治学の研究・教育および学会運営に際して規範とすべき原則を「日本政治学会倫理綱領」としてここに定める。会員は，政治学研究の発展と社会の信頼に応えるべく，本綱領を尊重し遵守するものとする。

第1条〔倫理性を逸脱した研究の禁止〕会員は，社会的影響を考慮して，研究目的と研究手法の倫理性確保に慎重を期さなければならない。

第2条〔プライバシー侵害の禁止〕各種調査の実施等に際し，会員は調査対象者のプライバシーの保護と人権の尊重に留意しなければならない。

第3条〔差別の禁止〕会員は，思想信条・性別・性的指向・年齢・出自・宗教・民族的背景・障害の有無・家族状況などによって，差別的な扱いをしてはならない。

第4条〔ハラスメントの禁止〕会員は，セクシャル・ハラスメントやアカデミック・ハラスメントなど，ハラスメントにあたる行為をしてはならない。

第5条〔研究資金濫用の禁止〕会員は，研究資金を適正に取り扱わなくてはならない。

第6条〔著作権侵害の禁止〕会員は，研究のオリジナリティを尊重し，剽窃・盗用や二重投稿等，著作権を侵害する行為をしてはならない。

＊この綱領は2009年10月12日より施行する。改廃については，総会の議を経ることとする。
倫理綱領の施行にともない，理事会に以下の内規をおく。この内規については，理事会の承認後大会に報告し，また会報で各会員に公示する。

倫理綱領施行に伴う理事会内規

　倫理綱領の禁止事項に関して重大な違反があったと認定された会員（所属先でのハラスメント認定を含む）に対し，理事会は，学会の役職・研究大会での登壇・年報への論文掲載を3年間自粛するよう要請する。

（二〇〇九年一〇月一一日制定）

『年報政治学』論文投稿規程

※第9条の「投稿申込書」は，日本政治学会のホームページからダウンロードできます（URL: http://wwwsoc.nii.ac.jp/jpsa2/publication/nenpou/index.html）。

1．応募資格
　・日本政治学会の会員であり，応募の時点で当該年度の会費を納入済みの方。

2．既発表論文投稿の禁止
　・応募できる論文は未発表のものに限ります。

3．使用できる言語
　・日本語または英語。

4．二重投稿の禁止
　・同一の論文を本『年報政治学』以外に同時に投稿することはできません。
　・同一の論文を『年報政治学』の複数の号に同時に投稿することはできません。

5．論文の分量
　・日本語論文の場合，原則として20,000字以内（注，参考文献，図表を含む）とします。文字数の計算はワープロソフトの文字カウント機能を使って結構ですが，脚注を数える設定にして下さい（スペースは数えなくても結構です）。半角英数字は2分の1字と換算します。図表は，刷り上がり1ページを占める場合には900字，半ページの場合には450字と換算して下さい。
　　論文の内容から20,000字にどうしても収まらない場合には，超過を認めることもあります。ただし査読委員会が論文の縮減を指示した場合には，その指示に従って下さい。
　・英語論文の場合，8,000語（words）以内（注，参考文献，図表を含む）とします。図表は，刷り上がり1ページを占める場合には360語（words），半ページの場合には180語（words）と換算して下さい。
　　論文の内容から8,000語にどうしても収まらない場合には，超過を認めることもあります。ただし査読委員会が論文の縮減を指示した場合には，その指示に従って下さい。

6．論文の主題

・政治学に関わる主題であれば，特に限定しません。年報各号の特集の主題に密接に関連すると年報委員会が判断した場合には，特集の一部として掲載する場合があります。ただし，査読を経たものであることは明記します。

7．応募の締切
・論文の応募は年間を通じて受け付けますので，特に締切はありません。ただし，6月刊行の号に掲載を希望する場合は刊行前年の10月末日，12月刊行の号に掲載を希望する場合は刊行年の3月末日が応募の期限となります。しかし，査読者の修正意見による修正論文の再提出が遅れた場合などは，希望の号に掲載できないこともあります。また，査読委員会が掲載可と決定した場合でも，掲載すべき論文が他に多くある場合には，直近の号に掲載せず，次号以降に回すことがありますので，あらかじめご了承ください。掲載が延期された論文は，次号では最優先で掲載されます。

8．論文の形式
・図表は本文中に埋め込まず，別の電子ファイルに入れ，本文中には図表が入る位置を示して下さい。図表の大きさ（1ページを占めるのか半ページを占めるのか等）も明記して下さい。また，他から図表を転用する際には，必ず出典を各図表の箇所に明記して下さい。
・図表はスキャン可能なファイルで提出してください。出版社に作成を依頼する場合には，執筆者に実費を負担していただきます。
・投稿論文には，審査の公平を期すために執筆者の名前は一切記入せず，「拙著」など著者が識別されうるような表現は控えて下さい。

9．投稿の方法
・論文の投稿は，ワードまたは一太郎形式で電子ファイルに保存し，『年報政治学』査読委員会が指定する電子メールアドレス宛てに，メールの添付ファイルとして送信して下さい。投稿メールの件名（Subject）には，「年報政治学投稿論文の送付」と記入して下さい。
・なお，別紙の投稿申込書に記入の上，投稿論文と共にメールに添付して送付して下さい。
・また，投稿論文を別に3部プリントアウト（A4用紙に片面印刷）して，査読委員会が指定する宛先に送ってください（学会事務局や年報委員会に送らないようにご注意ください）。
・送付された投稿論文等は執筆者に返却致しません。

10．投稿論文の受理

・投稿論文としての要件を満たした執筆者に対しては，『年報政治学』査読委員会より，投稿論文を受理した旨の連絡を電子メールで行います。メールでの送受信に伴う事故を避けるため，論文送付後10日以内に連絡が来ない場合には，投稿された方は『年報政治学』査読委員会に問い合わせて下さい。

11. 査読
    ・投稿論文の掲載の可否は，査読委員会が委嘱する査読委員以外の匿名のレフリーによる査読結果を踏まえて，査読委員会が決定し，執筆者に電子メール等で結果を連絡します。
    ・なお，「掲載不可」および「条件付で掲載可」と査読委員会が判断した場合には，執筆者にその理由を付して連絡します。
    ・「条件付で掲載可」となった投稿論文は，査読委員会が定める期間内に，初稿を提出した時と同一の手続で修正稿を提出して下さい。なお，その際，修正した箇所を明示した修正原稿も電子メールの添付ファイルとして送って下さい。

12. 英文タイトルと英文要約
    ・査読の結果，『年報政治学』に掲載されることが決まった論文については，著者名の英文表記，英文タイトル，英文要約を提出いただくことになります。英文要約150語程度（150 words）になるようにして下さい（200語以内厳守）。査読委員会は原則として手直しをしないので，執筆者が各自で当該分野に詳しいネイティヴ・スピーカーなどによる校閲を済ませて下さい。

13. 著作権
    ・本『年報政治学』が掲載する論文の著作権は日本政治学会に帰属します。掲載論文の執筆者が当該論文の転載を行う場合には，必ず事前に文書で本学会事務局と出版社にご連絡下さい。また，当該『年報政治学』刊行後1年以内に刊行される出版物への転載はご遠慮下さい。
    ・また，投稿論文の執筆に際しては他人の著作権の侵害，名誉毀損の問題を生じないように充分に配慮して下さい。他者の著作物を引用するときは，必ず出典を明記して下さい。
    ・なお，万一，本『年報政治学』に掲載された執筆内容が他者の著作権を侵害したと認められる場合，執筆者がその一切の責任を負うものとします。

14. その他の留意点
    ・執筆者の校正は初校のみです。初校段階で大幅な修正・加筆をすることは

認められません。また，万が一査読委員会の了承の下に初校段階で大幅な修正・加筆を行った場合，そのことによる製作費用の増加は執筆者に負担していただきます。
・本『年報政治学』への同一の著者による論文の投稿数については何ら制限を設けるものではありませんが，採用された原稿の掲載数が特定の期間に集中する場合には，次号以下に掲載を順次繰り延べることがあります。

査読委員会規程

1. 日本政治学会は，機関誌『年報政治学』の公募論文を審査するために，理事会の下に査読委員会を置く。査読委員会は，委員長及び副委員長を含む7名の委員によって構成する。

    査読委員会委員の任期は2年間とする。任期の始期及び終期は理事会の任期と同時とする。ただし再任を妨げない。

    委員長及び副委員長は，理事長の推薦に基づき，理事会が理事の中から任命する。その他の委員は，査読委員長が副委員長と協議の上で推薦し，それに基づき，会員の中から理事会が任命する。委員の選任に当たっては，所属機関，出身大学，専攻分野等の適切なバランスを考慮する。

2. 査読委員会は，『年報政治学』に掲載する独立論文および特集論文を公募し，応募論文に関する査読者を決定し，査読結果に基づいて論文掲載の可否と掲載する号，及び配列を決定する。特集の公募論文は，年報委員長と査読委員長の連名で論文を公募し，論文送付先を査読委員長に指定する。

3. 査読者は，原則として日本政治学会会員の中から，専門的判断能力に優れた者を選任する。ただし査読委員会委員が査読者を兼ねることはできない。年報委員会委員が査読者になることは妨げない。査読者の選任に当たっては，論文執筆者との個人的関係が深い者を避けるようにしなければならない。

4. 論文応募者の氏名は査読委員会委員のみが知るものとし，委員任期終了後も含め，委員会の外部に氏名を明かしてはならない。査読者，年報委員会にも論文応募者の氏名は明かさないものとする。

5. 査読委員長は，学会事務委託業者に論文応募者の会員資格と会費納入状況を確認する。常務理事は学会事務委託業者に対して，査読委員長の問い合わせに答えるようにあらかじめ指示する。

6. 査読委員会は応募論文の分量，投稿申込書の記載など，形式が規程に則しているかどうか確認する。

7. 査読委員会は，一編の応募論文につき，2名の査読者を選任する。査読委員会は，査読者に論文を送付する際に，論文の分量を査読者に告げるとともに，論文が制限枚数を超過している場合には，超過の必要性についても審査を依頼する。

    査読者は，A，B，C，Dの4段階で論文を評価するとともに，審査概評を報告書に記載する。A～Dには適宜＋または－の記号を付してもよい。記号の意味は以下の通りとする。

    A：従来の『年報政治学』の水準から考えて非常に水準が高く，ぜひ掲載すべき論文

　　　　B：掲載すべき水準に達しているが，一部修正を要する論文
　　　　C：相当の修正を施せば掲載水準に達する可能性がある論文
　　　　D：掲載水準に達しておらず，掲載すべきではない論文。
　　査読者は，BもしくはCの場合は，別紙に修正の概略を記載して査読報告書とともに査読委員会に返送する。またDの場合においては，論文応募者の参考のため，論文の問題点に関する建設的批評を別紙に記載し，査読報告書とともに査読委員会に返送する。査読委員会は査読者による指示ならびに批評を論文応募者に送付する。ただし査読委員会は，査読者による指示ならびに批評を論文応募者に送付するにあたり，不適切な表現を削除もしくは変更するなど，必要な変更を加えることができる。
　　AないしCの論文において，その分量が20,000字（英語論文の場合には8,000語）を超えている場合には，査読者は論文の内容が制限の超過を正当化できるかどうか判断し，必要な場合には論文の縮減を指示することとする。
8．修正を施した論文が査読委員会に提出されたときは，査読委員会は遅滞なく初稿と同一の査読者に修正論文を送付し，再査読を依頼する。ただし，同一の査読者が再査読を行えない事情がある場合には，査読委員会の議を経て査読者を変更することを妨げない。また，所定の期間内に再査読結果が提出されない場合，査読委員会は別の査読者を依頼するか，もしくは自ら査読することができるものとする。
9．最初の査読で査読者のうち少なくとも一人がD（D＋およびD－を含む。以下，同様）と評価した論文は，他の査読者に査読を依頼することがある。ただし，評価がDDの場合は掲載不可とする。修正論文の再査読の結果は，X（掲載可），Y（掲載不可）の2段階で評価する。XYの場合は，委員会が査読者の評価を尊重して掲載の可否を検討する。
10．査読委員会は，年報委員長と協議して各号に掲載する公募論文の数を決定し，その数に応じて各号に掲載する公募論文を決定する。各号の掲載決定は，以下の原則によるものとする。
　　1）掲載可と判断されながら紙幅の制約によって前号に掲載されなかった論文をまず優先する。
　　2）残りの論文の中では，初稿の査読評価が高い論文を優先する。この場合，BBの評価はACの評価と同等とする。
　　3）評価が同等の論文の中では，最終稿が提出された日が早い論文を優先する。
　　上記3つの原則に拘らず，公募論文の内容が特集テーマに密接に関連している場合には，その特集が組まれている号に掲載することを目的として掲載号を変えることは差し支えない。
11．応募論文が特集のテーマに密接に関連する場合，または応募者が特集の一

部とすることを意図して論文を応募している場合には，査読委員長が特集号の年報委員長に対して論文応募の事実を伝え，その後の査読の状況について適宜情報を与えるものとする。査読の結果当該論文が掲載許可となった場合には，その論文を特集の一部とするか独立論文として扱うかにつき，年報委員長の判断を求め，その判断に従うものとする。
12. 査読委員長，査読委員及び査読者の氏名・所属の公表に関しては，査読委員長の氏名・所属のみを公表し，他は公表しない。

付則1
 1．本規程は，2005年10月より施行する。
 2．本規程の変更は，理事会の議を経なければならない。
 3．本規程に基づく査読委員会は2005年10月の理事会で発足し，2006年度第2号の公募論文から担当する。最初の査読委員会の任期は，2006年10月の理事交代時までとする。

付則2
 1．本規程は，2007年3月10日より施行する。

The Annuals of Japanese Political Science Association 2011-I

Summary of Articles

Do not Use "Kokumin" (国民 or nation) without Reasonable Doubt.

Masahiro OKAMOTO (11)

The word "国民", 'kokumin', is used too much without a close examination and this word should be abandoned in many contexts, even not all.

The use of "国民" is almost pervasive in Japanese political and legal discourses. "国" means the state or the country, and "民" means the people. Usually "国民" can be translated to "the people" or "the nation".

Historically "国民主権", national sovereignty, was used for substitute of the popular sovereignty to make obscure which has sovereign, the Emperor or the people. In the Constitution of Japan, "We, the Japanese people," is translated to "日本国民", which can mean Japanese nationals or Japanese nation. It is not easy to change the constitution, however, the ambiguous "国民" should not be used as much as possible or at least should be interpreted as the people "人民" and as including all the people who live long enough under Japanese sovereignty.

As EU conceptualized EU citizenship, many countries have been forced to re-define each concept of nationality and citizenship. Japan has a large number of non-citizens residents, which include Koreans who lost Japanese nationality in 1952. Recently voting rights of those people in local elections has become one of the big political issues. We argue that separation of citizenship and nationality is necessary for not only living with those people but also constructing multi-layer political units with each level of citizenship. "国民", the national people, as the subject of the sovereign should be transformed to "人民", the people, constituted with "市民", citizens, of course, who do not mean exclusively the national citizens.

国民, and maybe "nation" also, is the concept of the modern, the historical stage dominated by sovereign nation-states. We should scrutinize necessity of these words carefully for the emerging next stage.

Can Transnational Democracy Be Effectively Democratic ? Changing Civic Loyalties in a Deterritorialized Politics
Takashi OSHIMURA (49)

Nation-states are suffering the loss of autonomy: market-driven globalization dictates the government a neo-liberal policy and global capital narrows the capacity to respond to democratic demands. In facing these difficulties, some democrats consider transnational democracy (TD) to be a possible alternative to conventional territory-based democracy. TD opens, as its proponents argue, new democratic space and calls for democratic deliberation and participation beyond the state.

The paper explores the ideals and institutional designs of TD, and takes a critical look at their goals of democratizing international and regional organizations like the UN and EU, building a global civil society as a network of social forces, and establishing democratic control over global governance. The paper also suggests that the goals of TD may at times come into conflict with one another, and global civil society, despite its claim to be 'inclusive', is not logically democratic but may serve as an instrument for the exclusion of certain people like non-active citizens in developing countries, who little know the rule of bottom-up game.

Awaking from the Liberal Dream: Feminist Politics and its Passion
Yayo OKANO (69)

According to Michael Walzer, "[i]nvoluntary associations is a permanent feature of social existence" and we cannot envision the more equal society without taking this social reality seriously. The paper starts with analyzing Walzer's claim that the gender hierarchy is the most ancient, enduring and "hardest" constrains of any other categorical inequalities and concludes with the suggestion of "social" possibility for the ethics of care to go beyond the current political boundaries.

Firstly, I examine why feminist politics and theory seem to be unlocked within women's world and therefore they are often criticized by its emotional, sometimes intensively passionate way of arguments. However, as Walzer pointed out, involuntary lives such as female beings offer also the space of opposition and resistance. Then, I try to argue that the ethics of care, which mainly focus on how our society should maintain the relation of care without dominance and violence, provides the collective empowerment model for feminist politics, instead of the emancipation model.

In the third section, I examine Eva Kittay's argument, which criticizes radically Rawlsian idea of liberal society constituting of autonomous, free, and equal citizens. Here, I distinguish the ethics of care from altruism, self-sacrifice, even so-called maternal love. The ethics of care prohibits anyone from being enforced on care responsibilities to needy dependents as well as deteriorating the relation of care into dominant relationship. In other words, the ethics of care tries to show us how we should begin to create our connectedness, which right-based ethics, such as ethics of justice takes for granted.

I conclude the paper with remarking that the ethics of care is a certain kind of revolutionary program of feminist politics because it is committed to overthrow the most entrenched hierarchy, that is, the hierarchy of gender by empowering activities and relationship which are used to suppose that they belong to the women's world.

The relation of care can provide us another kind of dream of creating a new kind of human relationship beyond the current political borders in global society.

Compulsory Loyalty: Philanthropy and Liberal Nationalism

Toshio OCHI (93)

How and why do nation-states require loyalty from its people? In the discourse of "liberal nationalism", nation building is considered a necessary condition for the construction of liberal democracies. While it is widely believed that the nation-state as a political unit is an important framework underpinning political stability, throughout history one can find many examples of nationalism that has deconstructed democracy. It is for this reason that the actual relationship between nationalism and democracy should be examined. To consider this relationship, in this paper, we will first discuss the moment when loyalty is required of the people, especially the political dynamism surrounding the notion of philanthropy in the United States. Within the concept of philanthropy, the rich and successful seek to support the next generation and new immigrants. However these social ethics are located within efforts of the elite to reduce the national budget dedicated to social welfare. It is here that the state uses the citizen's loyalty for its own benefit. Secondly, we will demystify the discourse of the left-wing nationalists in the US, especially that of Richard Rorty, who emphasizes aspects of the democratic function of American nationalism, but whose theories also rely upon a complicated and subtle form of ethnocentrism. His arguments are seen as problematic when used to support democratic theories, because the people demonstrate loyalty to the state via ethnocentrism.

Protection of the Weak and Prosecution of the Strong:
The Age of Responsibility to Protect and Transitional Justice?

Atsushi ISHIDA (113)

The UN General Assembly's "Declaration on the Granting of Independence to Colonial Countries and Peoples" in 1960 rejected the imposed international standard of domestic governance. But the recent wave of responsibility to protect and transitional justice (including the establishment of International Criminal Tribunal for the Former Yugoslavia, International Criminal Tribunal for Rwanda, and International Criminal Court) resurrected the practice which the international society of sovereign states abandoned half a century ago. A variety of atrocities are now considered to be crimes of international concern so that the state, in which they take place, is held responsible to protect their victims and prosecute their perpetrators while the international society is prepared to intervene if it fails to do so.

Realists would argue that this combination of protection of the weak and prosecution of the strong deprive the latter of their incentives to make political compromises at the table of international or domestic bargaining, and as a result impede "negotiated settlement" and "negotiated transition." The primary purpose of this article is to examine and question the validity of this realist claim.

Commitment and Loyalty in Collective Self-Help Social Movements:
A Proto-Model of "Club-Good Collective Action" and Some Latin American Cases

Naoya IZUOKA (133)

We can hypothetically formulate a model to analyze a category of collective action that may be called "collective self-help social movements." The thesis of "collective action problem" that M. Olson posits for collective actions that produce public goods does not apply to that category of actions, because the goods they produce are "club goods," which are characterized by excludability (and non-rivalrousness). However, the cost of administrating and managing collective action (that corresponds to "second-order free-rider problem" for collective actions that produce public goods) tends to be remarkably higher than that of "first-order" activities that produce club goods themselves in those collective actions, and it tends to be covered by a limited number of members that form the leadership, who are characterized by "irrational" commitment and loyalty to the causes, ideologies, or goals of the movements they lead, and/or to the groups to which they suppose that they belong to (or, identities). We can hypothesize that that kind of collective actions tend to succeed where two conditions exist: where (1) there are committed or loyal leaders, and (2) the benefit from participating in those actions (the utility of the club goods produced by those actions) is high for a substantial part of the population. It is shown that Hirschman's findings on social movements for grassroots development in Latin America can be re-interpreted by that hypothesis and that the rise and fall of the "barter club" movements in Argentina can be interpreted (if not explained) by the same hypothesis. We might suppose that plausibility of the hypothesis presented in this essay would show that "irrational" elements play a substantial role in politics.

Thought of Kobayashi Hideo about the Japanese War
                                              Tsutomu TSUZUKI (167)

Kobayashi Hideo, one of the most excellent founders of criticism in 20th century Japan, has been regarded as a strong supporter of the Japanese war from 1931 to 1945. Because he had been an Anti-Marxist critic since his debut of 1929, many people looked upon him as a right-wing statist or at least a conservative thinker. He was indeed a conservative like as Michael Oakeshott, because he thought the role of politics was very small in human affairs. He did not live in the world of politics or statecraft, but lived in the world of art and literature. When the war between Japan and China began at 1937, he suddenly said he was already to die for the Japanese state as one of the Japanese people. But the Japanese state often disliked his writing about his travel around China during the war. Though he was apt to be silent and indulged in collecting old china after the war between Japan and USA happened, his very rare writing such as "Mujyo to iu Koto"(Nothing to be eternal) of that time(at 1942) would have been his dying message telling us a cultural heritage if he and his state had perished by that war together.

Social Cooperation and the Boundaries of Democracy
Chikako ENDO (187)

In much of contemporary political theory, the boundaries of democracy have been assumed to coincide with citizenship within a democratic nation-state. The purpose of this article is to examine critically the normative grounds for democratic rights. If the traditional link between citizenship and democratic rights cannot be taken for granted, what are the normative grounds for granting democratic rights to some and not to others? One influential argument is the 'all affected principle', which stipulates that all those who are affected by political policies should be entitled to participate. However, grounding the right to participation on affectedness faces serious challenges, in particular, that of justifying one's democratic control over others. In this article, I consider whether a reciprocal relationship of social cooperation provides a stronger basis for grounding democratic rights than the all affected principle.

A Conceptual Analysis of "the Sovereign":
Perspectives and Features of the Contemporary Theory of Sovereignty
Takefumi UKAI (208)

This article aims to make clear the reasons of the absence of "the sovereign" in the contemporary theory of sovereignty. This article sheds light on the ontology of the sovereign which has been composed in current political theory such as Negri=Hardt and Laclau in order to reveal conceptual features of the sovereign. This article argues that the concept of the sovereign contains the political instance which provides the concrete meanings of the sovereign and, therefore, is changeable through public processes. Section 1 analyzes some of typical theories of sovereignty and refers to a common feature that the theory of the sovereign is absent. Section 2 confirms that there is a gap between the universal people and the particular nation in terms of the sovereign's existence. Then, Section 3 considers the conceptual relationship between politics and the sovereign. "The sovereign" is not theoretically required because it is provided by real politics.

Realism and Constructivism: A Study in the Disciplinary History of International Relations Theory

Kuniyuki NISHIMURA (229)

Having emerged as a criticism of the realist International Relations theory (IR), constructivism has usually been considered to entail certain liberal tendencies. Recent studies, however, not only advocate its potential affinity with realism; they even advance the thesis that realism–and classical realism in particular–is inherently constructivist because of its anti-positivist epistemology. This understanding of the two theories potentially conflicts with the widely-accepted understanding of the disciplinary history of IR, according to which the development of IR is depicted as realism's progress toward a "scientific" theory. Reexamining the relationship between realism and constructivism along with their places in the disciplinary history of IR, it proves that IR has developed not in a linear way; it has rather circled around the same epistemological issue. From this insight, the present article draws suggestions for the future development of IR theorizing.

The Expansion of Presidential Tool Box in the Reagan Administration: the Conservative Lawyers and Institutionalization of Presidential Signing Statement

Takeshi UMEKAWA (247)

In legislative process, the American Constitution allows President to sign a bill or veto it. However, the modern American Presidents have issued "Signing Statement" when they sign a bill into law without constitutional provision. In signing statement, Presidents have declared unconstitutionality of a bill.

The previous researches found the Reagan administration began to use signing statement to point unconstitutionality. How have the Reagan administration institutionalize the usage of constitutional signing statement as a new presidential tool?

This paper focuses on primal resources of the Department of Justice and White House and shows how the conservative lawyers had institutionalized constitutional signing statement. For the conservative lawyers, the primary goal of constitutional signing statement was to restrict "Judicial Activism" of judicial branch and they relied on the conservative constitutional interpretations, "Originalism" and "Departmentalism," to legitimate signing statement as a new presidential tool.

Policy information framework and issue-deliberative motive formulation analysis for toughening measures under Juvenile Law

Tsuneo OGAWA (271)

Conventional research on mass media effects focuses on the areas of recipient recognition, image, and evaluation. However, in this study, midway through the process of recognition through evaluation, we focus on before an evaluation is formulated and the impact on "issue-deliberative motive formulation." This paper examines the issue of Japan toughening measures under the Revised Juvenile Law in 2000, which is thought to be, in part, an emotional directive, and analyzes the issue of the toughening of measures against junior high-school students.

Three types of information frameworks covering the same amount of information were prepared, read by 120 college students, and upon reading, their degree of stimulation for the issue was measured. Measured items were orientation toward a) inner reflection, b) external information, and c) discussion.

As a result, despite the information covering the same issue, the "information type foreseeing individual contrasts type" framework which predicts the pros and cons of toughening measures or providing rehabilitation education for each subordinate issue was significantly different from the other two frameworks. In contrast, the "impact foreseeing type" framework showed a disposition toward heightened mental burden when processing information.

年報政治学2011－Ⅰ
政治における忠誠と倫理の理念化

2011年6月10日　第1刷発行　Ⓒ

編　者　日 本 政 治 学 会（年報編集委員長　越智敏夫）
発行者　坂　口　節　子
発行所　有限会社　木鐸社
印刷　㈱アテネ社／製本　大石製本

〒112-0002　東京都文京区小石川5-11-15-302
電話（03）3814-4195　郵便振替　00100-5-126746番
ファクス（03）3814-4196　http://www.bokutakusha.com/

ISBN978-4-8332-2445-1　C3331

乱丁・落丁本はお取替致します

顧問官の政治学 ■フランシス・ベイコン研究
木村俊道著（九州大学法学部）
A5判・308頁・5000円（2003年）ISBN4-8332-2333-3
　「顧問官」という政治的アクターとしての経歴に着目して、「フランシス・ベイコン政治学」の思想史的意義を動態的に解明する。併せて伝統的な「近代」理解や「政治」論の歴史的再考を促すもので、70年代以降の英ケンブリッジを震源とする新たな思想史方法論や政治的人文主義・古来の国制論など、欧米における最先端の研究を踏まえた成果。

近代化と国民統合
清滝仁志著（駒澤大学法学部）
A5判・300頁・5000円（2004年）ISBN4-8332-2346-5
　本書は、19世紀イギリスを中心とするIntellectual Historyを政治・社会制度の近代化を基礎づける国民統合の観点から論じる。とくに政治思想史的観点から、同時代の代表的著述家の問題関心とその理論的展開をたどることで、彼らが近代化の時代状況の中で伝統的秩序体系の核心をなしている国教会のあり方と国民統合との密接な連関性をどのように問い直そうとしているのかを解明する。

言語慣習と政治
高濱俊幸著（恵泉女学園大学）
A5判・360頁・5000円（1996年）ISBN4-8332-2216-7
■ボーリングブルックの時代
　著者はボーリングブルックがその政治的著作で持続的課題とした反対活動に際して採用した政治的言語の戦略を分析する。ある時は、同時代の政治的言語慣習によって訴え、ある時はその意図的修正を行う。それがどこまで成功しているかを、同時代の政治的言語慣習を検討して明らかにする。1730年代英国の政治思想状況を叙述。

主権・神法・自由
鈴木朝生著（二松学舎大学国際政治経済学部）
A5判・430頁・6000円（1994年）ISBN4-8332-2188-8
■ホッブズ政治思想と17世紀イングランド
　本書は、17世紀の哲学者ホッブズについてのコンテクスト主義による研究書である。本書の独自性は、ホッブズの時代の政治状況と、『リヴァイアサン』や『ビヒモス』の内容との関連を追求する著者の醒めた眼である。これによって我が国のホッブズ研究は明らかに一歩前進した（『読書人』掲載澁谷浩氏評）

キリスト教民主主義と西ヨーロッパ政治

田口　晃・土倉莞爾編著
A5判・250頁・3000円（2010年2刷）ISBN978-4-8332-2411-6 C3022

　現代ヨーロッパ政治を理解する重要な鍵の一つにキリスト教とりわけカトリック勢力がある。こうしたキリスト教勢力は20世紀後半以降、キリスト教民主主義の名称で一括りにされてきたが、その中身は極めて複雑・多岐で、全体像を描くことはなかなか困難である。本書は、10年近く研究会を組織し、共同研究を進めてきた成果。

現代民主主義における 政党の社会学

Robert Michels, Zur Soziologie des Parteiwesens in der modernen Demokratie, 1910

R. ミヘルス著　森　博・樋口晟子訳
A5判・700頁・7000円（1990年）ISBN4-8332-0005-8
■集団活動の寡頭制的傾向について
Ⅰ指導制の病原学　Ⅱ指導者の事実的支配の性格　Ⅲ大衆指導が指導者に及ぼす心理的反作用　Ⅳ指導者の社会的分析　ⅤⅥ寡頭制
　20世紀初頭の社会主義運動の体内に繰り広げられた支配と権力をめぐる争いを冷徹に凝視し、考察した現代政治学の古典的名著。

国民主権と民族自決

唐渡晃弘著（京都大学大学院法学研究科）
A5判・320頁・5000円（2003年）ISBN4-8332-2340-6
■第一次大戦中の言説の変化とフランス
　戦後処理と秩序の構築に当った戦勝諸国の各リーダーによる「国民主権」と「民族自決」をめぐる利害と打算のせめぎあいに焦点を当てる。パリ講和会議の政治過程をフランスの立場を中心に一次史料を踏まえ、活写する。今なお解決の道を見出せない難問に正面から取り組んだ野心作。

ハンナ・アレントと国民国家の世紀

伊藤洋典著（熊本大学法学部）
A5判・250頁・3000円（2001年）ISBN4-8332-2312-0
　アレントの人間観を支えている「世界を媒介にした関係」を軸にその思想を検討する。「疎外」、「共和国」の中身、「ペルソナ」概念と共同性の論理に焦点を絞り、「国民国家の時代とも言うべき20世紀的条件」を解明する。従来のアレント論を乗り越える野心的試み。

イギリス立憲政治の源流
土井美徳著（創価大学）
A5判・500頁・7000円（2006年）ISBN4-8332-2371-6 C3022
■前期ステュアート朝時代と「古来の国制」論
　慣習と理性に基づく「古来の国制」論を再検討し，ローマ法をも受け入れ，新たな構想の下に英国立憲政治の源流を確立した17世紀前期ステュアート時代の庶民院で活躍したコモン・ローヤーたちの言説を分析し，その思考形式とレトリックを抽出。従来の近代英国史の修正を迫る。

英国の立憲君主政
Vernon Bogdanor, The Monarchy and the Constitution, 1995
ヴァーノン・ボグダナー著　笹川隆太郎・小室輝久他訳
A5判・400頁・5000円（2003年）ISBN4-8332-2335-X
　本書は近代民主主義国家である英国にあって君主制はどのように機能しているのかという疑問に答えようとするもの。英国の憲法は「歴史が生んだ」憲法であり，構想の所産ではなく時の流れの中で生成してきた。英国が持つ諸制度の中でも君主制は最も深く歴史に根ざした制度であり，この理解が最重要である。

マキァヴェッリの拡大的共和国
厚見恵一郎著
A5判・506頁・6000円（2007年）ISBN978-4-8332-2390-4 C3032
■近代の必然性と「歴史解釈の政治学」
　本書はマキァヴェッリの「歴史解釈の政治学」における手法と内容に着目し，彼を共和主義的伝統の近代的転換者として位置づける。また，彼の共和主義を伝統的な政体論と歴史的賢慮論の枠組でとらえることで，統治拡大の必然性にそって機能するように歴史を利用しようとした彼の思想的核心を考察する。

文士と官僚　■ドイツ教養官僚の淵源
西村　稔著（京都大学人間環境学研究科）
A5判・466頁・5000円（2002年2刷）ISBN4-8332-2256-6
　中世から現代に至るドイツ官僚の類型的性格変化（教養人型から専門人型へ）を概念史的視角から論証するもの。第一部で学識と官僚の関係から説き起こし，文学や哲学の学識に染み通る市民性と「世間的知恵」を見通し，第二部では文芸の持つ公共性から官僚像を探り，第三部で官の側からする啓蒙とエリートの輩出を，第四部で法律専門家としての官僚が持つ専門知と教養知に考察は及ぶ。